U0791669

电力企业
标准化建设与管理

段传和　王发莲　袁忠军
刘莉莉　景丽宏　闫　青　编著

中国电力出版社
CHINA ELECTRIC POWER PRESS

内容提要

本书是对企业标准化工作的实务指导，有系统的程序和直观的示例，具有很强的可操作性。上篇：创建与运行，以“标准化良好行为企业”的创建为主线，指导发电企业开展标准化体系构建和标准编制、促进运行和持续改进工作；下篇：提升与引领，以期促进企业对标准化工作的重要性和意义能有更深、更全面的理解和把握。

本书既可作为电力企业标准化建设的实操手册，也可作为咨询公司工作人员以及相关机构推行标准化管理咨询的培训用书。

图书在版编目（CIP）数据

电力企业标准化建设与管理 / 段传和等编著. —北京：中国电力出版社，2022.6（2024.7 重印）
ISBN 978-7-5198-6714-0

Ⅰ.①电…　Ⅱ.①段…　Ⅲ.①电力工业—工业企业管理—标准化管理—中国
Ⅳ.①F426.61

中国版本图书馆 CIP 数据核字（2022）第 065623 号

出版发行：中国电力出版社
地　　址：北京市东城区北京站西街 19 号（邮政编码 100005）
网　　址：http：//www.cepp.sgcc.com.cn
责任编辑：郭丽然　贾丹丹
责任校对：黄　蓓　朱丽芳　王海南
装帧设计：赵丽媛
责任印制：钱兴根

印　　刷：中国电力出版社有限公司
版　　次：2022 年 6 月第一版
印　　次：2024 年 7 月北京第二次印刷
开　　本：787 毫米 ×1092 毫米　16 开本
印　　张：22.25
字　　数：513 千字
定　　价：88.00 元

前　言

标准化作为一门偏重于应用实践的学科，它源于人类改造自然的社会实践经验的总结和提升，已经逐渐形成自身存在和发展的理论体系，这些理论知识是从长期的标准化实践工作中总结和概括出来的，反过来它又指导人类的标准化活动，并在新的实践中丰富和发展。

习近平总书记在2016年9月12日致第39届国际标准化组织大会的贺信中指出：标准是人类文明进步的成果。从中国古代的“车同轨、书同文”，到现代工业规模化生产，都是标准化的生动实践。伴随着经济全球化深入发展，标准化在便利经贸往来、支撑产业发展、促进科技进步、规范社会治理中的作用日益凸显。标准已成为世界“通用语言”。世界需要标准协同发展，标准促进世界互联互通。

企业标准化就是以标准为工具，解决企业在实际具体问题的过程中一系列管理活动，是国家标准化、行业标准化和地方标准化的源泉和基础。企业是标准的使用者、参与者、受益者，离开企业标准化，其他标准化都会成为无源之水、无本之木。标准化和规范化管理延伸到企业管理的每一个环节，从企业的领导决策层到管理层，再到操作执行层，一层也不能少。

企业标准化是企业内部的事务，其宗旨和使命应该是为企业生产、运行、管理服务的，是帮助企业达到目标的活动。企业标准化的定位，应该根据企业在市场的位置，以及企业在技术水平、设备状态和员工能力状态而定。外界的过多干预不一定对企业有所帮助，任何试图搞统一模式的做法都会抹杀企业的个性、扼杀企业的创造性，写本书的初衷就是要辅导企业理解国家标准、行业标准中对企业标准化工作的基本要求，帮助企业掌握基本方法、熟悉基本原理，指导企业从实际出发、从需要出发，去创造能够体现企业自身特色的标准化活动与标准化成果。

基于以上这些认识，基于对众多电力企业在标准化实施过程中共性问题进行深入分析，本书以发电企业创建标准化良好行为企业为例，从创建的策划与监督、体系的建设与评价、企业标准的编制与复审、科技创新与企业标准化等方面，提供实操指导，以期望读者拿到本书就能知道在创建的各阶段有哪些任务、每项工作为什么要做、由谁来做、什么时候做、如何做、做到什么程度，并通过提供的参考示例、模板，提升工作效率，促使员工快速上手。

促进企业参与国家标准、行业标准和国际标准化工作也是本书的目标之一，进入信息时代、数字时代，电力企业仅仅做好“围墙内”的事是远远不够的。近年来，科技创新成果累累，我国电力企业在特高压电网、先进发电技术、能源清洁低碳转型方面取得举世瞩目的成就，发电装机容量和发电量均为世界第一，在火电机组的技术改造升级、电站运维、太阳能发电、水电等方面经验丰富，为电力企业的国际标准化工作打下坚实的基础。

本书的主要内容可分上下两篇。

上篇：创建与运行，包括第1～12章。主要内容是以“标准化良好行为企业”的创建为主线，指导发电企业开展标准化体系构建和标准编制、促进运行和持续改进工作，在企业内建立“最佳秩序”，实现经营方针和目标。其他企业可以借鉴原理方法和给出的示例。

下篇：提升与引领，包括第13～17章。主要围绕国内标准化、国际标准化、标准与科技创新、标准与专利、标准化与其他管理理念等内容进行介绍，以期促进企业对标准化工作的重要性和意义能有更深、更全面的理解和把握，希望能帮助所有的电力企业都能走出企业的“围墙”，促进企业决策层领导都能重视标准化工作、关心标准化人才的成长，这也是所有电力企业都应积极参与、奉献的工作，更是对“标准化良好行为企业”的更高、更迫切的要求。

本书起意于2016年，不断积累和积攒。在编制过程中得到业界朋友的大力支持和帮助，刘莉莉、景丽宏、闫青等老师参加了相关章节的编写，还引用、参考和借鉴了相关网站、专家的研究成果、观点和经验，在此一并表示衷心感谢。

关于企业标准化的文章和著作有很多，多年的实践中，学习众多“大咖”的论述，使我们受益颇丰，更使我们深深感到企业标准化是一门大学问，本书是编者们对企业标准化工作的探索、思考和阶段性总结，浅见与心得不一定完全正确，还需要通过实践来丰富、检验。更希望得到标准化专家、领导，尤其是电力行业各位领导、朋友、同志们的批评、指导和帮助，以便我们继续提高与前进。

特别说明，标准化工作是一项政策性、专业性较强的工作，我们的认知可能存在偏差，书中内容与政府文件或标准不一致的，请以政府文件或标准为准。

编　者

2022年6月

目 录

下篇 提升与引领

上篇

创建与运行

第一章

企业标准化

第一节　我国电力标准化的发展概况

电力工业标准化工作一直以来走在我国标准化工作的前端，1930 年 9 月，我国第一部具有现代意义的标准《电气事业电压周率标准规则》经中华民国行政院批准发布，自 1931 年 1 月 1 日起实施，其确定的标准电压和供用电频率（50Hz）一直延续至今，为我国电力工业发展奠定了基础。1931 年民国政府设立了官办标准化机构——工业标准化委员会。

新中国成立以来，电力工业作为国民经济发展的基础产业，得到了空前的重视和发展。新中国成立初期，我国基本以苏联的标准为蓝本，编制我国的发电、电网等标准，用来指导电力工业生产建设。我国最先组建的电力行业标准化技术委员会（简称标委会）主要是针对电力设备的，包括避雷器、变压器、水轮机、汽轮机、电站锅炉等。为了满足生产运行的需要，自 1983 年起，电力行业电厂化学、高压试验技术、继电保护等标准化技术委员会先后成立，标志着电力行业标委会设立方式发生了变化，已由设备领域扩展到生产过程或方法。

20 世纪 80 年代以来，电力行业标准化工作历程如图 1–1 所示。

1994 年根据电力工业部重组和职能分工，在中国电力企业联合会（简称中电联）下设立电力行业标准化的专门管理机构，统一协调电力行业标准、国家标准的各项工作。1995 年作为指导电力工业标准化工作依据性文件——《电力标准体系表》发布，确定电力工业标准体系共分通用、专业、门类和个性标准 4 个层次，专业包括电力勘测设计、施工安装及验收、生产运行及电网调度、电力设备及技术条件、检修调试、安全、管理 7 个领域。

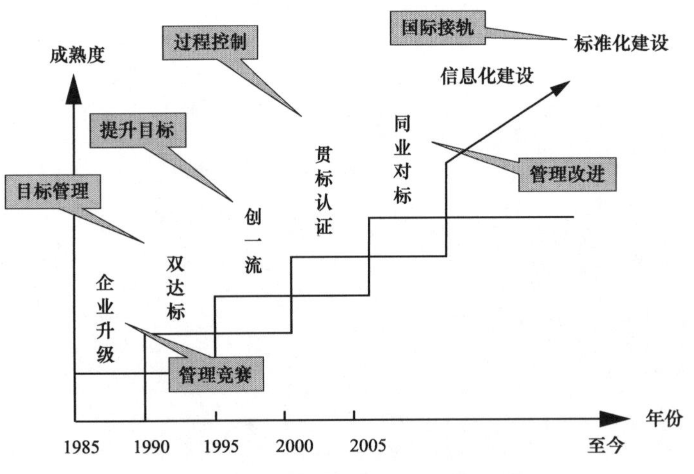

图 1–1　电力行业标准化工作历程

1998 年随着政府机构改革，电力标准化的政府主管部门也随之发生变化。DL/T 485—1999《电力企业标准体系表编制导则》和 DL/T 800—2001《电力企业标准编制规则》的发布，标志着中电联担负起了指导电力企业标准化工作的重担。此后中电联在原国家电力监管委员会（简称电监会）和国家标准化委员会（简称国标委）的授权下，在电力行业开展“标准化良好行为企业”试点及确认工作，规范了电力工业从业人员的业务行为，推动了电力技术快速进步，保证了电力安全、稳定、经济运行。

党的十八大以来，习近平总书记强调推动自主创新要与自主品牌、知识产权和标准化相结合，并把这三者称为自主创新的三大战略，要大力推进技术专利化、专利标准化、标准产业化，推进标准国际化，推动中国标准“走出去”。2015 年 3 月，国务院印发了《深化标准化改革方案》，2017 年新版《中华人民共和国标准化法》（简称《标准化法》）发布实施，GB/T 35778—2017《企业标准化工作　指南》等企业标准化工作系列标准的发布实施，其目标就是建立政府主导制定的标准与市场自主制定的标准协同发展、协调配套的新型标准体系，提高标准国际化水平。

为使电力企业更好地贯彻实施新版《企业标准化工作》系列国家标准，中电联在认真学习领会系列标准新理念方法和内容要求的基础上，发布了 DL/T 485—2018《电力企业标准体系表编制导则》、DL/T 800—2018《电力企业标准编写导则》、DL/T 1004—2018《电力企业管理体系整合导则》，以及中电联团体标准 T/CEC 181—2018《电力企业标准化工作　评价与改进》，使电力企业标准化工作从引导企业开展标准化体系建设到体系建设与标准实施并重的新阶段，助力电力企业管理实现新的跨越。

第二节　标准化原理

标准化与科技发展、社会管理、人们生活息息相关。在科学技术发展过程中，工业化生产促进标准化的跨越发展。但在 21 世纪，标准和标准化不再停留在工业化生产的领域，已经拓展到经济社会的各个领域，包括农业、信息技术、服务业以及人类社会生活的方方面面。

一、国外标准化原理的研究成果

关于标准化原理研究，国外比较有影响的是桑德斯在《标准化的目的与原理》中提出的七项原则和松浦四郎在《工业标准化原理》中提出的十九条原则。

1. 桑德斯原理

英国标准化专家桑德斯在 1972 年出版的《标准化目的与原理》中总结了标准化活动过程（制定—实施—修订—再实施过程）的实践经验，分析阐述了标准化活动的目的、作用和方法。主要观点如下：

（1）标准化从本质上来看，是人们有意识地达到统一的做法。标准化不仅是为了减少当前事物的复杂性，而且也能预防事物将来产生不必要的复杂化。

（2）标准化不仅是经济活动，也是社会活动，标准化工作应在社会各方面的通力协作下推进。

（3）标准发布的目的是实施，不实施的标准没有任何意义。在标准实施过程中，可能会为了整体利益的最优化而牺牲局部的利益。

（4）制定标准要慎重地选择对象和时机，并保持相对稳定。

（5）标准在规定的时间内，应根据需要进行复审和必要的修订。

（6）在规定产品的性能或其他特点时，必须规定相应的测试方法和必要的试验装置。需要采用取样的情形下，应规定取样方法；必要时，还应规定样本的大小和取样的频次。

（7）国家标准以法律强制实施的，必须谨慎考虑标准的性质、社会工业化程度及现行的法律配套等各方面因素。

2. 松浦四郎原理

日本标准化专家松浦四郎在《工业标准化原理》中阐述了标准化活动过程的基本规律，其主要观点如下：

（1）标准化的本质是简化，简化不仅要减少某些事物的数量，简化目前的复杂性，而且要预防将来产生不必要的复杂化。

（2）标准化的目的是实现最佳的“全面经济”，需要从系统的思维理念和全球的视野出发，通过制定和实施国际标准来实现。标准化是一项社会活动，需要社会各方面相互协作共同推进，需要克服过去形成的社会习惯。

（3）简单决定于“互换性”。“互换性”不仅适用于实物，而且也适用于抽象概念或思想。

（4）制定标准的活动实质上是慎重做选择（形成标准）的过程，必须根据各种不同观点仔细地选定标准化主题和内容。标准的制定应以全体一致同意为基础，一旦形成标准应保持固定。标准必须定期评审和及时修订，修订的时间间隔将视具体情况而定。有关人身安全和健康的标准，通常以法律形式强制实施。国家标准以法律强制实施的，必须参照标准的性质和社会工业化的水平。

松浦四郎理论的重要贡献就是把熵的概念引入标准化，生活中知识和事物的增加趋势和宇宙中熵的增加趋势是极为相似的，而标准化活动就是人们为创造负熵所做的努力，从而使事物从无序状态恢复到有序化。

二、国内标准化“简化、统一、协调、优化”原理

国内对标准化原理的研究和探讨，已有数十年历史。中国标准化研究院白殿一、王益谊等著的《标准化基础》中提出了标准化的“有序化原理”论述：标准化活动确立并应用了公认的技术规则，建立了人类活动的最佳技术秩序，包括“概念秩序、行为秩序、结果秩序”，达到了人类行为及行为结果的有序化，从而促进了人类共同的公共效益。我国已故标准化专家李春田提出“优化、统一、简化是标准化的基本方法”和“在优化的基础上统一和简化是标准化最基本的特点”理论，一些专家学者对该理论进一步丰富和发展，形成了“简化、统一、协调、优化”的标准化原理。

1. 简化原理

标准化的本质就是简化，就是要在一定范围内精简标准化对象（事物或概念）的类型数

目，以合理的数目类型在既定的时间、空间范围内满足一般需要的一种标准化形式，就是从多个可行方案中选择和确定一种最佳方案。

合理科学的简化并不是任意地缩减内容和数量，它只是去掉事物和概念中多余的、重复的、可替代的和次要的内容。在企业的标准化活动中，简化是指通过标准化活动把多余的、可替换的环节简化，减少事物、流程的复杂性。这里说的简化，是有原则的，只有合理地简化，才能在既定范围获得最佳秩序，达到总体最佳功能。对于企业标准化来说：

（1）从标准数量上减少，企业编制的标准不是越多越好，要实现以少胜多；

（2）从标准复杂程度上简化，将梳理的流程融入标准，减少过程描述字段；

（3）从标准操作性上简化，采用作业表单、记录、APP；

（4）从标准内容及方法上简化，相同合并、相近整合、相异独立。

2. 统一原理

统一化的实质是使对象的形式、功能（效用）或其他技术特征具有一致性，并把这种一致性通过标准确定下来，即从个性中提炼共性。简单说，就是把同类事物（操作）两种以上的表现形式归为一种，或限制在一个范围内的标准化形式。统一是标准化活动的目的之一，统一应符合以下一般原则：

（1）统一是在一定时间和一定空间范围内有效的，过了这个时间或离开这个空间，标准就不一定适用。

（2）统一后对象的形式、功能（效用）或其他技术特征必须与被统一取代的对象的形式、功能（效用）或其他技术特征具有等效性。

统一与简化的区别是：简化肯定了某些个性同时并存，着眼的是精练。在简化过程中往往保存若干合理的内容。而统一化的目的是消除由不必要的多样化而造成的混乱。它遵循的是适时、适度和等效的原则。

3. 协调原理

标准是利益相关方协商一致的产物。标准协调本身是多方面的，有技术层面、利益层面、管理层面，既有企业一项标准内容前后协调，也有标准之间指标的协调，还有企业标准与国家法律法规和上级文件精神的协调。

尽管企业标准体系中有关技术标准、管理标准、岗位标准的作用和重要性不同，但是每一个标准的存在都与其他标准有联系，都要受到其他标准的制约。标准的协调，不能仅仅强调一方面的优化，必须要在标准内各要素间、在相关标准之间进行协调，才能保证标准贯彻实施总体的最佳，最大限度地发挥标准体系的功能。

4. 优化原理

优化是标准化追求的一种效果，以最小的投入获得最大的成果或效益。企业标准化正是在简化优化的基础上，通过标准化活动，对标准系统的构成因素及其相互关系进行选择、设计或调整，优化流程、优化方法、优化资源，使标准化的对象形式更加规范、有序，更加合理、有效，使标准在实施后达到最理想的效果。需要强调的是，优化是要站在全局的高度、企业整体利益视角来考虑的最优化，不是局部系统、局部部门的利益或短期的效益等狭隘视角的最优化。

在建设以新能源为主体的新型电力系统的大政方针要求下，电力行业新技术、新工艺、新产品大量涌现，此时大力开展标准化建设工作，遵循“简化、统一、协调、优化”的标准化原则，把企业员工、行业企业的先进技术、良好操作规范、行之有效的实践经验和科学管理模式制定成文字简明、通俗易懂、逻辑严谨、便于操作的技术标准、管理标准和岗位标准，作为共同遵守的准则和依据，贯彻到生产实践中去，将极大提高企业的生产、经营、管理的工作效率，促成企业经济效益、社会效益目标的实现。

第三节　创建标准化良好行为企业由来

一、标准化良好行为企业定义

国标委编制的《标准化良好行为活动实施指南》中为标准化良好行为企业给出的定义：按照《企业标准体系》系列国家标准的要求，运用标准化原理和方法，建立健全以技术标准为主体，包括管理标准、工作标准在内的企业标准体系，并有效运行；生产、经营等各个环节已实行标准化管理，且取得了良好经济效益和社会效益的企业。

该定义的基本点如下：

（1）按照《企业标准体系》系列国家标准建立了标准体系，且正有效运行。

（2）企业各管理环节均实行了标准化管理，且取得良好经济效益和社会效益。

标准化良好行为（good standardizing practice，GSP）一词来源于 ISO（International Organization for Standardization，国际标准化组织）/IEC（International Electrotechnical Commission，国际电工委员会）指南 59：1994《标准化良好行为规范》，该规范是针对各类标准化机构和标准化人员提出标准制定程序、标准编制原则和标准化的参与及合作方面的良好规范。企业标准化良好行为借鉴了该规范的先进思想和理念。

二、国家的相关文件及标准

2001 年 11 月 10 日，在多哈举行的世界贸易组织（World Trade Organization，WTO）第四次部长级会议上，审议并批准了中国加入世界贸易组织，我国随即递交了全国人大常委会批准中国加入世界贸易组织议定书的通知书。按照世界贸易组织的规则，一个月后，我国正式成为世界贸易组织成员。

加入 WTO 之前，我国就充分认识到标准化在提高企业竞争力、破解国外贸易技术壁垒、促进出口贸易多元化以及完善市场经济体制等方面发挥着越来越重要的作用。加入 WTO 之后，国标委等相关部门就快速组织和推动标准化良好行为活动的开展。

2003 年版《企业标准体系》系列国家标准发布后，国标委以此为契机，坚持政府推动、企业自愿的原则，发布了一系列文件，主要有《关于推荐建立企业标准体系试点企业的通知》《关于开展“标准化良好行为企业”试点工作的通知》《关于做好“标准化良好行为企业”试点确认工作的通知》《标准化良好行为企业试点确认工作细则》等文件，用于指导企业标准化活动的开展。早期标准化良好行为企业创建活动依据的国家标准有 GB/T 15496—2003《企业标准体系　要求》、GB/T 15497—2003《企业标准体系　技术标准体系》、GB/T 15498—2003《企业标准体系　管理标准和工作标准体系》、GB/T 19273—2003《企业标准体系　评价与改进》。

上述系列国家标准是企业标准化工作的重要指导性文件。其中 GB/T 15496—2003 是建立企业标准体系的总则，GB/T 15497—2003、GB/T 15498—2003 是企业标准体系的框架；GB/T 19273—2003 是标准体系有效运行和持续改进的保证。

GB/T 13016《标准体系构建原则和要求》、GB/T 13017《企业标准体系表编制指南》这两项标准是企业编制标准体系表的指导性文件。

三、电力行业开展的工作

电力企业的标准化建设同全国其他行业的建设历程基本一致，从企业升级、双达标到创一流企业、贯标认证等，最初的特点是质量为先，兼顾安全、健康、环境等管理体系，通过导入 GB/T 19001《质量管理体系　要求》、GB/T 24001《环境管理体系　要求及使用指南》、GB/T 45001《职业健康安全管理体系　要求及使用指南》、GB/T 23331《能源管理体系　要求及使用指南》等标准，完善相关标准、制度体系，建立并实施一标或多标一体化管理。

为了在企业标准体系建设中更加突出电力生产的特点，全面推动电力技术发展，原电监会和国标委，联合开展了电力企业标准化良好行为企业试点与确认工作，中电联整合行业内外资源，在电监会和国标委的领导下，组织专家起草了《电力企业标准化良好行为试点及确认管理办法》（国标委农轻联〔2006〕25 号）、《关于印发〈电力企业标准化良好行为试点及确认工作实施细则〉的通知》（国标服务联〔2008〕76 号）等文件，由国标委、电监会联合发布，成为电力企业开展企业标准化良好行为试点及确认的重要依据。

国标委、电监会还组建了电力企业标准化良好行为试点及确认工作办公室、省级确认工作联合办公室，确认工作办公室挂靠中电联，负责试点确认的日常工作，为活动的开展提供组织保障。经企业申报、国标委和电监会研究，确定了第一批 88 家电力行业试点单位，试点单位包括电网、发电、电建、设备制造、电科院、设计院等电力行业的多类型企业，并于 2011 年开展了对试点企业的确认工作，第一家电网企业、第一家发电企业开展现场确认的首次会议情景如图 1–2 所示。2012 年国标委、电监会召开了电力企业标准化良好行为企业试点及确认工作现场会（见图 1–3），为首批通过确认的 30 家电力企业颁发了标准化良好行为企业牌匾和证书。

图 1–2　电力行业第一家电网、发电企业开展现场评价的首次会议图片

图 1–3 2012 年电力企业标准化良好行为试点及确认现场工作会

2013 年电监会与国家能源局进行重组后，国家能源局对电力企业标准化良好行为试点及确认活动开展的模式进行了调整，明确继续支持和推动这项工作，委托中电联具体组织实施。截至 2021 年年底，已有近 350 家电力企业通过了现场评价工作。同时，标准化良好行为企业评价工作也走向海外，中国电建海外投资公司柬埔寨甘再水电公司等 4 家企业也通过了现场评价。

四、新的指导和评价标准体系

随着改革开放政策的深化，企业的生产、经营、管理体制发生了巨大变化，企业标准化工作已进入一个全新的阶段。为适应改革和市场需要，国标委组织专家对《企业标准化体系》系列标准进行了重新设计和构建，突出企业要围绕产品（服务）实现和基础保障这一主线，进行企业标准体系的策划和建设。

产品实现标准体系以产品（服务）标准为核心，围绕企业产品（服务）实现过程进行设计，提供产品（服务）全生命周期的标准体系。基础保障标准体系主要以保证企业产品（服务）实现有序开展为前提进行设计，以生产、经营和管理活动中的保障事项为要素。新版《企业标准体系》系列标准数量由四项增加到五项，新增 GB/T 35778—2017《企业标准化工作 指南》。新体系为了与国家相关工作评价等级的一致性，将“标准化良好行为企业”评价由 A ～ AAAA 级修改为 A ～ AAAAA 级，最高级别为 AAAAA 级。

对接新版《企业标准化工作》系列国家标准，结合电力行业特点，T/CEC 181—2018《电力企业标准化工作 评价与改进》中，确定电力行业标准化良好行为企业也为 A ～ AAAAA 级，最高级别为 AAAAA 级，并从四个评分模块进行评价，分别是：① 企业标准化工作基本要求部分 90 分；② 企业标准体系建设部分 180 分；③ 实施评价与改进部分 180 分；④ 加分项部分 50 分。

T/CEC 181—2018 更加明确要遵循 PDCA 的管理方法，建立“策划与建设—实施与运行—监督与评价—改进与创新”的管理机制和方法，推动电力企业综合管理水平的提升。

第四节 标准化的基本概念

GB/T 20000.1—2014《标准化工作指南 第 1 部分：标准化和相关活动的通用术语》中界定了标准化活动中的相关术语及其定义，对该标准的了解与掌握有助于弄清标准化概念。

一、标准化

标准化这一概念是标准化领域众多概念中的根本概念。标准化领域中的其他概念，或者是在标准化概念的基础上衍生出来的，或者是与标准化概念相关，这些概念共同构成了标准化概念体系。

在 GB/T 20000.1—2014 中 3.1 给出的定义为：为了在既定范围内获得最佳秩序，促进共同效益，对现实问题或潜在问题确立共同使用和重复使用的条款以及编制、发布和应用文件的活动。根据这个定义，我们知道：标准化活动确立的条款，可形成标准化文件，包括标准及其他标准化文件；标准化的主要效益在于为了产品、过程或服务的预期目的改进它们的适用性，促进贸易、交流以及技术合作。

该定义将标准化界定为一项活动，确切地说是一项人类的主观活动。相对于人类的其他活动，标准化有着独自的特点，具体表现在：

（1）活动的目的。人类的任何组织的任何活动都不是盲目的，而是有意识、有目的的。定义中给出了标准化的最终目的，即获得最佳秩序，并通过秩序的获得，消除混乱，促进人类相关组织的共同效益。标准化的目的既是标准化活动的出发点，又是标准化过程的归宿。对标准化过程的评价与考核，归根到底就是看它是否达到了预定的目的。这个目的要通过标准的实施来实现。

（2）活动的范围。任何一项标准化活动都有其预先确定的范围。制定标准的目的是在“既定范围”内获得最佳秩序，也就是说最佳秩序的获得不是无限的，效益的获得方是有限的，在已经确定的范围内获得最佳秩序即达到目的。这里的范围包括三层意思：① 标准化活动涉及的地域范围，如国际、区域、国家、地方、企业等，企业是标准化的发祥地和最基层组织，随着市场经济的发展和扩大，行业标准化组织、国家标准化组织、国际标准化组织才相继发展起来；② 标准化活动涉及的标准化领域的范围，如电网、火电、水电、环保、信息技术等；③ 标准化活动涉及的时间范围，即标准涉及技术发展、人员认知的过去、现在、将来等。

（3）活动的对象。定义中将“现实问题或潜在问题”作为标准化的对象，是将标准化活动作为一个整体，从宏观层面做出的总概括。根据 GB/T 20000.1—2014 中 3.2，标准化对象是指“需要标准化的主题”。除了以上从宏观层面理解标准化对象，还可以从中观和微观层面来考察。从中观层面，可以将标准化对象聚焦到企业能提供的“产品、过程或服务”；从微观层面，可以将标准化对象细化到“原材料、零部件、制成品、系统、过程或服务”，例如锅炉水冷壁钢管技术要求、发电机技术条件、发电厂运行规程、网络安全运维服务等。

（4）活动的内容。定义中明确标准化活动的内容包括四个方面：确立共同使用或重复使用条款以及编制、发布和应用文件。① 确立条款是在众多解决方案中选择一种或者重组一种解决方案并形成条款；② 编制文件是起草标准化文件草案，同时履行响应的程序；③ 发布文件是审核批准已经编制完成的标准化文件草案；④ 应用文件是在适用的领域、范围等指导工作开展或者按照文件的要求开展验收、评价等工作，标准化文件得到应用，是建立其最佳秩序获取效益的基础。

（5）活动的结果。从以上分析可以看出，标准化活动所建立的标准化文件（其中大部分是标准）具有共同使用和重复使用的特征，不仅针对当前存在的问题，而且针对潜在的问题。

而应用文件产生的结果是促进贸易、交流以及技术合作，“获得最佳秩序，促进共同效益”。

二、标准化文件与标准

GB/T 20000.1—2014 中 5.2 规定：标准化文件是通过标准化活动制定的文件，从该定义可知，凡是标准化活动形成的文件都称为标准化文件（其中绝大部分是标准）。

GB/T 20000.1—2014 中 5.3 规定：标准是通过标准化活动，按照规定的程序经协商一致制定，为各种活动或其结果提供规则、指南或特性，供共同使用和重复使用的文件。根据这个定义，我们可以得出：标准宜以科学、技术和经验的综合成果为基础；规定的程序指制定标准的机构颁布的标准制定程序；诸如国际标准、区域标准、国家标准等，由于它们可以公开获得以及必要时通过修正或修订保持与最新技术水平同步，因此它们被视为构成了公认的技术规则；其他层次上通过的标准，诸如专业协（学）会标准、企业标准等，在地域上可以影响几个国家。

从定义看出，标准是一种规范性文件（GB/T 20000.1—2014 中 5.1 规定：“规范性文件”是为各种活动或其结果提供规则、指南或特性的文件，诸如标准、规范、规程和法规等文件），“文件”可理解为记录有信息的各种媒介。因此，标准可以是以纸张反映的文字和图表，或电子产品、各种事物。该种规范性文件有以下明显的特征：

（1）该文件的形成需要“通过标准化活动，按照规定的程序经协商一致制定”。这一特征表征的是标准与标准化的关系，标准产生于标准化活动，没有标准化活动，就没有标准。然而标准化活动形成的又不仅仅有标准，还会有其他标准化文件，其中只有“按照规定的程序”并且达到标准所要求的协商一致程度的文件才能称为标准。这里所说的“规定程序”是指各标准化机构（可以是国际标准化组织、区域标准化组织、国家标准化主管部门、行业标准化主管部门、企业标准化管理委员会等）为了制定标准而明确并颁布的标准制定程序。履行标准制定程序的全过程，达到了普遍同意的协商一致后形成文件，并且必须经标准化专业机构批准，方能发布。对于企业标准必须由企业法人或其授权的代理人批准后，方能发布。否则，即使发布并实施，也是无效标准。

这里所说的“协商一致”，是对有关各方的观点和争议按程序进行了充分研究和协调（目前我国采用三稿——征求意见稿、送审稿和报批稿定标），在研究和协调过程中得到普遍同意，对于实质性问题，有关重要方面没有坚持反对意见，并不意味着没有异议。“协商一致制定”体现了标准的自愿性、民主性和公正性，保证了标准内容与最新技术水平同步，相对成熟的技术充分考虑。

（2）该文件具备“共同使用和重复使用”的特点。共同使用是从空间上界定的，指标准要具有一定的使用范围，即发布标准的标准化机构所覆盖的范围，如国际电工委员会（IEC）标准的使用范围就是所有 IEC 成员国，电力（DL）行业标准的使用范围是电力行业，企业发布的标准是企业内部。重复使用是从时间上界定的，即标准不应仅使用一两次或一两个人使用，不但现在要用，将来还要经常使用。“共同使用”与“重复使用”两个特点之间是“和”的关系，也就是说，只有某文件在一定范围内被大家共同使用并且多次重复使用，才可能考虑将其制定成标准，这也是为降低企业管理成本考虑的。

（3）该文件具有“为各种活动或其结果提供规则、指南或特性”的功能。“标准”的目的和作用是获得最佳秩序、促进最佳的共同效益。标准化的目的是通过实施标准来获得的。最佳秩序的建立首先要对人类所从事的“活动”以及“活动的结果”确立规矩。标准的功能就是提供这些规矩，包括对人类活动提供规则或指南，对活动的结果给出规则或特性。

（4）该文件（尤其是技术标准）产生的基础是“科学、技术和经验的综合成果”。这一特征强调的是标准对人类实践经验的归纳、整理，要反映其对象的科学成就和实践经验的最新技术水平，而不是主观臆断、武断和推断，因此标准是具有技术属性的文件，标准是科技成果，随着科学技术和实践经验的不断进步和发展，标准的内容需要不断改进，这也是标准区别于其他文件（如法律法规）的特征之一。

（5）该文件强调“共同效益”的获得。任何一项标准的制定与发布，不仅考虑制定与发布者的利益，还必须考虑到相关方的利益。对于企业标准来说，相关方包括企业的所有者、企业内的所有员工、顾客、与企业有社会或经济关系的其他组织或个人（如企业所在地的社会管理机构，利益相关的组织、社团，供应商、承包商等）。这里所说的效益包括社会效益、经济效益和环境效益 3 个方面，单强调哪一方面都不是制定和实施标准的目的。

（6）该文件的应用效果服从收益的递增原理。在西方经济学中，传统的有形资源（如劳动、土地、资本等）投入的收益是递减的。技术标准或企业通过标准化活动形成的其他各种标准，是企业拥有的一种高级形态的知识资源，是企业最重要的无形资产，是企业的核心竞争力。它的共享性和利用的无限性，使得它的收益服从收益递增原理。通过技术标准的方式推广企业科技成果，能快速地将科技成果扩散，实现科技成果的几何增值。技术标准推广的范围越大，实现的经济增加值就会越大。

三、企业标准

企业标准是企业组织生产、经营活动的依据。目前关于企业标准的定义比较权威的有两种：①“由企业通过供该企业使用的标准”（GB/T 20000.1—2014 中 5.3.6）；② 1990 年国家技术监督局发布的《企业标准化管理办法》给出的企业标准定义：对企业范围内需要协调、统一的技术要求、管理要求和工作要求所制定的标准。

前者简洁明确，指出企业标准是企业自己负责制定、企业自己使用的标准；后者则明确指出企业标准的基本范畴（技术要求、管理要求和工作要求）与属性类别（即技术标准、管理标准、岗位标准）。

结合新版《企业标准化工作》系列标准精神，借鉴“标准化”“标准”的定义，企业标准可以定义为：为了在企业内建立最佳秩序，实现企业的经营方针和目标，在总结技术成果和管理经验的基础上，按照企业规定的程序，由企业编制、发布、应用并持续改进的标准。

这个定义揭示了企业标准这个概念的内涵如下：

（1）制定企业标准的目的是实现企业的经营方针和目标。这里所说的企业标准，是指企业自己制定的各类标准；这里所说的经营方针和目标，同样包括企业在不同时期、不同情况下制订的方针和目标。总之，企业标准的目的坚定而明确，始终不偏离企业的方针和目标，并为实现这个方针和目标服务。

突出地强调这一点非常重要。因为在以往的企业标准化工作中，有的企业有自己的方针目标，但标准化方针目标偏离于企业的方针目标，各搞各的一套，这就是通常所说的“两张皮”现象。只有克服了“两张皮”现象，企业标准才能真正为企业发展服务。

（2）在企业内建立起最佳秩序是实现企业经营方针和目标的必由之路。这就是说，实现企业经营方针和目标是标准要达到的目的，建立最佳秩序则是达到这个目的的手段。在企业里通过实施标准能够建立起的秩序一定是有利于实现企业方针目标的秩序，而不是别的秩序。如果离开企业方针目标这个约束条件，单纯地强调建立秩序或者建立最佳秩序，就不可能搞清楚建什么样的秩序，更无法知道什么是最佳秩序。最后的结果就是企业制定了许多标准，却起不到显著的作用，甚至可能起到反向作用，究其根本原因，就是在企业经营方针与目标尚不十分清楚的情况下，就着手大量制定标准。

（3）标准是企业的技术成果和管理经验积累。首先，企业标准从技术成果和管理经验中来。在制定企业标准时，可以广泛参考、采用其他标准，包括国家标准和国际标准，但是最重要的还是自己企业从生产经营实践中总结出来的成果与经验。其次，企业标准的发展过程也是企业技术成果和管理经验的积累过程，这个过程永不止息，企业的经验积累便永无中断。标准水平一步步提高，是企业经验一次次升华。

（4）企业标准是由企业自己主导制定的。只有企业亲自主导制定标准，才能更好地总结，并把宝贵的精神财富加以消化和积累起来；只有亲自主导制定标准，才能使所定标准与企业的方针和各项目标相契合；只有亲自制定标准，才能深刻领会标准中那些规定的确切含义，以便创造条件去实施。可以说，制定标准是企业的一项重要的制度建设，企业决策层领导不仅应该关注而且应该亲自参与。那些图省事把制定标准的任务委托给别人或照抄别的企业标准的做法均不可取。

（5）按照企业规定的程序批准发布企业标准。这就是说，企业标准是企业的规范性文件，必须遵照规定的程序制定、审查、批准和发布。至于这个程序如何规定，是企业自己管理权限内的事，可以借鉴国家标准、行业标准的管理程序，更可以根据实际情况由企业自主做出规定。

四、标准体系

GB/T 13016—2018《标准体系构建原则和要求》中 2.4 规定：标准体系是一定范围内的标准按其内在联系形成的科学的有机整体。要正确理解这一概念，还需要弄清楚体系这一概念。

GB/T 13016—2018 中 2.1 规定：体系，即系统，由相互作用和相互依赖的若干组成部分结合而成的具有特定功能的有机整体。系统可以指整个实体，系统的组件也可能是一个系统，此组件可称为子系统。系统是由元素组成的。

这个定义揭示了标准体系的内涵：

（1）标准是标准体系的基本单元。标准体系是客观存在的标准的有机整体，是标准的集合。也就是说，标准体系内通常只有标准（经过标准文本明确导入的非标准形式的规范性文件）是特例（如在标准化良好行为企业创建过程中，企业管理制度纳入标准体系，作为管理标准的有效补充等）。

（2）标准是科学的有机整体。按内在联系特性制定标准，全面贯彻实施，发挥标准体系的总体功能，这样才算科学有机整体，方能达到获得最佳秩序和取得共同效益的目的。

（3）以“系统”的概念认识和理解标准体系，即标准体系具有系统所具有的一切特性。标准体系的系统特性体现在以下方面：

1）目标性。企业标准体系的目标是促进企业的标准组成达到科学、完整、有序，推进企业技术进步、优化生产经营管理和提高经济效益。理解与掌握标准体系的这一特性，将指导企业结合企业目标，对体系要素进行合理组合、剪裁。不同的目标，可以组合不同的标准体系。

2）集合性。标准体系的集合性是指由一定范围内的所有标准集合成一个整体的特征。或者说，标准体系是由两个以上的标准或分体系组成。同一标准可根据需要集合到不同的体系而形成不同的标准体系。如设备安装验收标准可与相关标准集合成质量管理标准体系，也可以集合成过程建设标准体系。不管集合到哪一种标准体系，设备安装验收标准本身的特有功能是不变的。理解与掌握标准体系的这一特性，有助于在编制标准体系表的实际运用中解决具体问题。

3）整体性。这里强调的是系统整体性效益：标准系统的效应，不是直接从每个标准本身得到，而是从组成系统的相互协同的标准集合中得到，并且这个效应超过了标准个体效应的总和，即“1+1 ＞ 2”。理解与掌握标准体系的这一特性，可以指导建立一个具有一定质量的企业标准体系，按系统的目标需求去收集和制定标准。标准体系的整体性表现在体系组成的完整性、一体性和均衡性 3 个方面。

a. 完整性：表现在标准体系的组成标准必须完整、齐备，否则，标准体系的目标是达不到的。如要验收设备安装的质量，就需要该设备的通用技术条件（给出验收要求与条件、测试参数和条件等）、环境试验条件和试验方法标准、产品性能试验标准、验收规则标准、计量标准和误差标准等。

b. 一体性：表现在标准体系的组成标准之间必须密切配合、互相协调、互相补充，而不是互不相关，甚至互相矛盾。

c. 均衡性：表现在标准体系的组成标准的技术水平均衡一致，而不是新和旧、先进和落后等参差不齐。

4）可分解性。任何标准体系可根据不同的目的分解成若干个分体系、子体系，指导所分解标准体系的方法有按标准体系的层次结构分解和按标准体系的序列结构分解两种。理解与掌握标准体系的这一特性，有助于理解标准体系的结构。

5）相关性（内在联系）。这里强调标准系统的层次秩序、时间（或按其他逻辑）序列、数量比例及其相互关系，依系统目标的要求合理组合，使之稳定，并能产生较好的系统效应。相关性（内在联系）包括：

a. 系统联系，指企业标准体系内，各分系统之间及分系统和子系统之间存在着相互依赖又相互制约的联系。依照这种联系，确定各分系统及子系统的合理位置。

b. 结构联系，包括：①上下联系。在层次结构中，下层标准的共性形成或制定上层标准，上层标准对下层标准形成指导制约或贯彻关系。②左右联系。它指标准门类之间的相互协调统一、衔接配套。

c. 功能联系，包括：① 同功能联系。将功能相同的标准归并在一个子系统内，以发挥标准整体功能的作用，如供应商评价程序、供应商管理、采购计划与控制、采购物资质量控制等均可以纳入采购管理标准子体系。② 不同功能联系。将不同功能的标准按其功能安排标准的先后顺序，如设备与原材料、运行与维护、检验、试验与实验等。

6）适应性。企业要实现的企业经营方针和目标是不断地变化和更新的，社会环境、企业的设备和员工技术能力都在动态的变化中，因此，标准体系必须不断地优化和调整，标准体系只有及时淘汰其中落后的、低功能的和无用的标准，并补充对系统进化有激发力的新标准，才能使体系从较低有序状态向较高有序状态转化。理解与掌握标准体系的这一特性，有助于对企业标准体系采用动态管理，使其持续有效。

五、企业标准体系

企业标准体系是企业内的标准按其内在联系形成的科学有机整体（GB/T 15496—2017 中 3.1）。这个定义说明：

（1）企业标准体系中的标准不仅仅是企业自编的标准，而是包括企业直接执行的外来标准的集合，即该企业实施的涉及生产、经营和管理各方面的国际标准、国家标准、行业标准、团体标准、地方标准和企业标准，有的企业还采用国内外其他企业的先进标准。

（2）企业标准体系有明确的目的，总体目的是实现企业方针目标，如提高管理水平、设备可靠性、生产效率和节能降耗等。其目标应是具体的、可测量的，从而可在实践中评价和有效控制。

（3）企业标准体系是一个科学的有机整体。它表明企业标准体系首先要有科学性。企业标准体系中的各类标准不是杂乱无章的标准叠加集合，而是依据业务梳理结果，按照一定层次的排列组合，是相互有内在联系的，也是相互发生作用的，如原燃料标准、运行规程等都是为了实现产品（电能）标准，设备管理标准是为了确保设备完好。

（4）任何系统都不可能是静止的、孤立的、封闭的，它总是处于更大的系统环境之中，系统与外部存在环境的相互作用、信息交流，促使系统为适应环境而持续改进。企业标准体系要有适宜性，其发展是有阶段性的，即“稳定—非稳定—高一级稳定”的发展，而不是连续发展，动态的阶段性发展大大提高了企业标准体系对外界环境的适应能力。标准的制定、实施、复审就体现了这一特征。

第五节 价值链的基本知识

本书在业务梳理、标准化效益评估等章节会涉及价值链的相关知识，现把相关知识简单介绍一下，以助后文的理解。

一、价值链理论

价值链概念最早由美国学者迈克尔·波特于 1985 年在其著作《竞争优势》中首次提出，并被当今先进管理思想者所采用，已经成为研究竞争优势的有效工具。迈克尔·波特认为，企业的总价值是由一系列活动共同构成的，这些活动既包括基础活动，也包括辅助活动。正是由这些互不相同但又相互关联的生产经营活动，构成了一个创造价值的动态过程，即价值链。价值链理论即是将企业价值作为研究主体，通过对企业内部及外部的分析，找出增值高效及非增值低效作业，从而有效改进作业链，提升企业价值。

企业价值链包括内部价值链、横向价值链及纵向价值链，如图 1–4 所示。

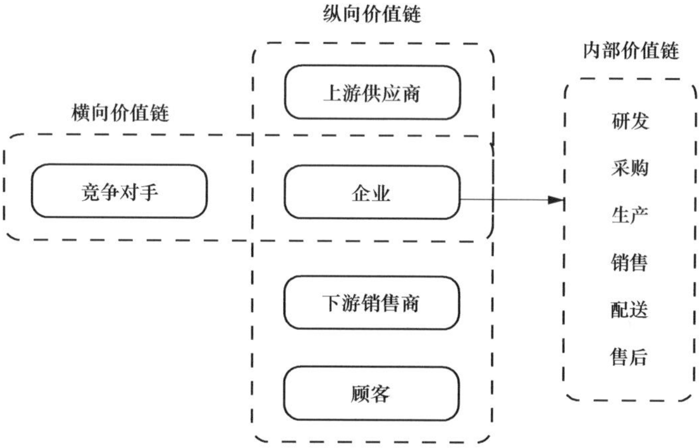

图 1–4　企业价值链示意图

内部价值链包括产品整个生命周期，有研发、采购、生产、销售、配送、售后等内容。

纵向价值链也可以称为行业价值链，是指企业所处的行业大环境中，将企业与上下游企业相连接，以顾客的需求为目标，是一种基于战略角度的分析。以火力发电企业为例，纵向价值链包括煤炭企业、发电企业、国家电网有限公司、直供用电企业和用户。将企业置于纵向价值链中，有利于企业宏观把控经济环境发展，创建上下游企业联动机制，加强与企业间的协同合作。

横向价值链又称竞争对手价值链，是指对与企业本身处于同一层级的竞争对手企业的分析。企业通过对竞争对手的分析，一方面，可以寻找自己相较于竞争对手的优劣势，进行相应发扬或弥补，形成标杆动力；另一方面，良性的竞争有利于企业的进步，有利于推动经济的发展。

二、企业内部价值链

内部价值链是企业经营管理的基础，是横、纵向价值链的基点，三条价值链共同作用、互相影响，可以帮助企业增强其核心竞争力。要让企业在行业竞争中具备核心竞争力，需进一步强化内部的产业结构、减少成本、提升劳动效率，进而加强和完善企业的竞争力。迈克尔·波特指出，竞争优势归根结底产生于企业为客户所能创造的价值，或者提供同等效益时采取相对的低价格，或者其不同寻常的效益用于补偿溢价而有余。他认为价值链的含义是：企业从创建到投产经营所经历的一系列环节和活动中，既有各项投入，又显示价值的增加，企业的每项生产经营活动都是可以创造价值的，这些相互关联的活动便构成了创造企业价值的一个动态过程，即企业内部价值链。如果企业所创造的价值超过其成本，便有盈利；如果超过竞争对手，便会拥有更多的竞争优势。

波特价值链把为顾客提供价值的业务活动链称为价值链，并将企业的活动分为两类：① 能为企业增加价值的基本活动，涉及企业生产、销售、进向物流、去向物流、售后服务；② 支持基本活动的辅助活动，涉及人事、基础设施、技术开发、采购等。企业内部价值链的构成如图 1–5 所示。

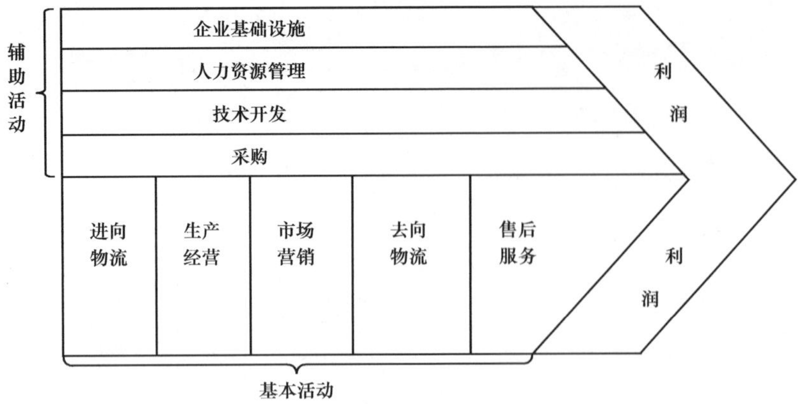

图 1–5 企业内部价值链的构成

三、价值链管理与企业标准化的关系

价值链管理是一个系统工程，需要解决企业的生产、营销、财务、人力资源等方面的问题，并且使它们形成一个价值链条。对于这样一个价值链条的正常运转，需要企业实行标准化管理活动，使价值链条上的每一个环节都按照标准化的运作程序进行，这样才能使其各个环节相互衔接、相互配合、相互关联、相互协调，推动企业从供应商开始直到顾客价值实现的一系列价值增值活动的实现。

价值链管理是对企业进行的一个全方位、全过程、立体化的管理过程，需要做好计划、协调、监督和控制等各个环节的工作，使它们形成相互关联的整体。这必然要求企业用标准化规范企业的每一道程序，建立一个比较完善、规范的从企业生产、营销、财务、人力资源一直到销售及售后服务等标准化的工作程序，保证企业价值链管理活动的顺利实施。

企业标准化作为价值链管理的前提条件，需要企业通过规范化的管理活动来实现价值链管理。因此，企业必须不断提高其标准化水平，以适应不断变化的市场环境，通过不断制定新的标准化工作程序保证价值链中的每一个环节的增值活动，为企业创造利润源泉。

第二章

策划启动

第一节　创建阶段划分及主要依据

企业开展“标准化良好行为企业”的创建，只要认识正确、思路清晰、稳抓稳打、注重实效，就一定能取得相应工作成效和成就。

一、标准化良好行为企业创建的 5 个阶段

对于首次开展标准化良好行为企业创建的单位，从策划启动到完成第三方外部评价，一般需要为 1 ～ 2 年的时间，工作可以分为策划启动、体系构建与标准编制、体系运行与标准实施、自我评价与整改、第三方评价与改进 5 个阶段。每个阶段各有侧重又相互促进，各阶段的主要工作内容如下。

（1）策划启动：成立机构、明确职责；确定标准化方针和目标；制订创建工作进度计划；动员教育与标准、标准化基本知识培训。

（2）体系构建与标准编制：标准化现状分析、业务梳理；体系构建；体系文件编写与发布。标准体系文件包括三大方面内容：①按照 GB/T 35778—2017、GB/T 15496—2017 等的要求，编写有关标准化管理文件，如制订标准化规划、计划，创建工作方案等；②构建与发布企业标准体系；③制定和修订有关标准（制度）。

（3）体系运行与标准实施：体系的发布；实施计划制订；体系与标准文件的培训；标准的实施和监督检查。

（4）自我评价与整改：编写自我评价计划；自我评价的实施；评价结果的处置。

（5）第三方评价与提升：提出第三方评价申请；制订迎审计划；接受确认审查；确认评价结果处置。

二、依据的基础性标准简介

电力企业开展创建工作主要依据的几项标准分别简介如下。

1. GB/T 13016—2018《标准体系构建原则和要求》

GB/T 13016—2018 由中国标准化研究院提出、归口并负责起草，于 2018 年 9 月 1 日实施。

该标准规定了构建标准体系的基本原则、一般方法以及标准体系表内容要求。该标准适用于各类标准体系的规划、设计和评价。该标准提出了构建标准体系“目标明确、全面成套、层次适当、划分清楚”的四项基本原则。

2. GB/T 35778—2017《企业标准化工作　指南》

GB/T 35778—2017 由中国标准化协会归口、江苏省标准化协会牵头起草，于 2018 年 7 月 1 日实施。该标准给出了企业标准化工作策划、企业标准体系构建、企业标准制（修）订、标准实施与检查、参与标准化活动、评价与改进、标准化创新、机构、人员与信息管理的指南。该标准作为企业开展标准化工作的指引文件，明确企业开展标准化工作的范围、内容、要求等，是广大企业开展标准化工作的基础性、系统性指导文件。

3. GB/T 15496—2017《企业标准体系　要求》

GB/T 15496—2017《企业标准体系　要求》由中国标准化协会提出并归口，由浙江省标准化协会牵头起草，于 2018 年 7 月 1 日实施。该标准规定了企业标准体系总体要求，标准体系构建、运行及评价与改进的要求。该标准是《企业标准体系》系列标准之一，规定了标准体系的结构由原技术标准体系、管理标准体系、工作标准体系变更为产品实现标准体系、基础保障标准体系和岗位标准体系；给出了企业标准体系模型，提出企业标准体系是企业顶层设计的思想，体系要为企业战略服务；更强调领导作用；更关注企业内生性需求，以需求为导向建立标准体系；给出企业建立标准体系的方法。

4. DL/T 485—2018《电力企业标准体系表编制导则》

DL/T 485—2018 由中电联标准化管理中心提出、归口并负责起草，于 2018 年 7 月 1 日实施。该标准给出了电力企业标准体系表的编制要求、内容及编制程序。该标准根据电力行业的特点、按照《企业标准体系》系列国家标准理念方法和内容要求的精神起草，是电力企业开展标准化工作主要依据文件之一，从标准体系表编制要求、企业标准体系表构成、企业标准体系结构图、技术标准体系结构图、管理标准体系、岗位标准体系、标准明细表、标准统计表、编制说明、企业标准体系表编制程序等方面，给出了更加适应电力企业发展和经营管理需求的企业标准体系表编制导则。

5. DL/T 800—2018 《电力企业标准编写导则》

DL/T 800—2018《电力企业标准编写导则》由中电联标准化管理中心提出、归口并负责起草，于 2018 年 7 月 1 日实施。该标准给出了电力企业标准编制要求、编号方法，以及技术标准、管理标准和岗位标准的编写原则和内容。该标准是电力企业开展标准化工作主要依据文件之一，强调电力企业标准的编制一定要根据生产、经营、管理的需要，要做到企业的技术标准、管理标准、岗位标准应协调，每个标准应主题明确、内容完整、逻辑严谨、结构清晰，易理解，无歧义，便于实施。

6. DL/T 1004—2018 《电力企业管理体系整合导则》

DL/T 1004—2018 由中电联标准化管理中心提出并归口，由国网陕西省电力公司牵头编制，于 2018 年 10 月 1 日实施。该标准以 ISO 导则给出的高层架构对多领域管理体系进行整合，结合了我国电力行业安全生产管理的特点和要求，以过程控制为基础，给出了融合电力企业常见的各类分支管理体系的标准化方法，为电力企业开展质量、安全与职业健康、环境保护、能源管理等体系建设工作以及与电力企业标准体系相融合提供了一个更为实用的指导性文件。

7. T/CEC 181—2018《电力企业标准化工作　评价与改进》

T/CEC 181—2018 由中电联标准化管理中心提出、归口并牵头编制，于 2018 年 9 月 1 日实施。该标准规定了电力企业标准化工作的评价策划、实施、结果管理和改进，是对开展标准化工作、建立并运行企业标准体系的电力企业进行标准化工作水平等级评价与改进的指导性文件之一，适用于电力企业标准化工作自我评价、第三方评价及企业标准化工作的改进。

企业标准化工作为企业实现科学管理提供了系统方法和管理工具，企业标准体系的建立和运行是企业实现标准化管理的重要基础。企业标准化工作评价与改进机制的建立是满足企业长期发展所需的基础性工作。

8. 其他相关标准

GB/T 1.2《标准化工作导则　第 2 部分：以 ISO/IEC 标准化文件为基础的标准化文件起草规则》及 GB/T 20000《标准化工作指南》系列标准，读者可以结合工作中的需要学习。相关标准如下：

（1）GB/T 20000.1《标准化工作指南　第 1 部分：标准化和相关活动的通用术语》；

（2）GB/T 20000.3《标准化工作指南　第 3 部分：引用文件》；

（3）GB/T 20000.6《标准化工作指南　第 6 部分：标准化良好行为规范》；

（4）GB/T 20000.7《标准化工作指南　第 7 部分：管理体系标准的论证和制定》；

（5）GB/T 20002.3《标准中特定内容的起草　第 3 部分：产品标准中涉及环境的内容》；

（6）GB/T 20002.4《标准中特定内容的起草　第 4 部分：标准中涉及安全的内容》。

第二节　工作策划

创建策划阶段的主要工作内容有明确企业标准化方针目标、成立组织机构、建立标准化队伍、召开启动会、开展宣贯培训、筹划信息平台建设等。

一、策划的重要性与原则

企业标准化工作是一项系统工程，涉及企业的方方面面和每位员工。每个企业都有现有的管理机制和模式，推进标准化需要打破或纠正现有的一些不合理机制、流程等，困难和阻力是不言而喻的，若想取得好的绩效成果，不出现“两张皮”现象，做好创建活动的策划十分重要和必要。

1. 策划的重要性

企业标准化的策划不是一件单独的、一次性的活动，而是一个持续的过程。策划工作应该伴随“标准化良好行为企业”创建的全过程，不同的工作阶段有不同的策划内容：企业开展自我评价时，需要有针对自我评价的策划；企业迎接第三方评价时，需要有针对第三方评价的准备工作策划；企业开展一项标准编制时，也可以有策划。策划需要因时、因需而作。此处所说的策划，是对整个创建过程全面的策划，从创建启动到第三方现场评价后的持续改进。

企业推动标准化工作是为了在企业内获得最佳秩序，促进共同效益，这是企业标准化工作的总体目标。策划就是为了将总体目标分解成一个个小目标，即具体的可操作的工作任务，确保这些小目标相互协调一致，并紧紧围绕着总体目标而展开，实现各个小目标正确的指向。

企业标准化工作策划的主要活动包括：确定企业实施标准化管理的范围；确定企业标准化方针和目标；明确标准化的组织机构组成和队伍建设、运行机制等基础性的工作，需要明确创建的工作进展里程碑和各阶段的任务分工、资源配置等。策划是对整个创建过程全面的策划，它的输出主要是企业的“创建工作方案”。

2. 策划的基本原则

策划是一门创造性极强的学科，在企业标准化工作策划过程中不仅要遵循科学的理论，运用先进的方法，还要坚持一些策划的原则。策划的原则主要是创新原则、理论与实践相结合的原则、系统集成的原则。

（1）创新原则。企业标准化工作策划是一种创造性的思维和实践活动，创新是企业策划的灵魂。对于每个具体企业来说，没有一个完全可以模仿和照搬的管理模式，先进的理念、典型企业的经验可以学习，但绝不能简单模仿、照搬。要达到企业推进标准化的目标，一定要有实用的创新，做到一企一案，一事一策。

（2）理论与实践相结合的原则。要做到理论与实践相结合，首先必须重视理论的巨大作用，开展企业标准化工作策划的员工必须认真学习策划相关理论；其次要认真开展企业的情况调查，目标的确定、进度的把握要做到心中有数，因为每个企业的设备状况不同、人员素质不同、标准化基础不同，离开了企业的实践，标准化工作策划就会变成空中楼阁。

（3）系统集成的原则。企业标准化工作策划所面对的企业是一个复杂系统，既要考虑企业的近期利益，又要顾及企业的长远目标；既要分析企业所处的行业水平，还要考虑企业的资源条件，策划方案需要综合运用多学科的知识，整合各方面的资源来完成策划这项复杂的工作，要注重企业的整体优化、协同性，注重适应不断变化的企业环境，整合企业的要素。

二、策划的依据、内容与要素

1. 策划的依据

按照 GB/T 35778—2017，策划的依据主要包括以下 3 个方面的内容：

（1）相关方需求和期望。相关方包括顾客、企业所有者、股东、企业员工、供方和合作伙伴、社会等。企业可按照 GB/T 15496—2017 中表 1 对相关方的需求和期望进行分解，按 GB/T 15496—2017 中表 2 的分析方法在对相关方的需求和期望分解的基础上，识别相关方需求和期望的关键过程、资源和要素，确定该企业的标准化对象。

（2）以顾客为关注焦点。以顾客为关注焦点是 GB/T 19000—2016《质量管理体系　基础和术语》的首要原则，组织只有赢得和保持顾客和其他相关方的信任才能获得持续成功。因此，企业应理解顾客当前和未来的需求，满足顾客要求并争取超越顾客的期望。在策划活动中，企业可以试着从以下 6 个方面，将企业的目标与顾客的需求和期望联系起来：① 理解顾客需要与期望；② 确定并转化为顾客要求；③ 确定企业质量方针（战略）；④ 确定企业质量目标（量化目标）；⑤ 将企业质量目标分解到各职能部门及个人；⑥ 根据质量目标要求制定各过程运作文件。

（3）企业发展战略及内部管理现状。“战略”在《辞海》上解释为对战争全局的筹划和指挥。企业战略就是企业发展的方向，对于发电企业来讲，就是发展愿景和经营目标，以实现企业快速、健康、持续发展。依据企业发展战略，并考虑企业内部管理现状，制订企业标准化方针、目标，可确保标准化工作与企业发展战略的一致性、协调性。

2. 策划的内容

在创建启动阶段，为了从整体对创建工作进行谋划和部署，策划的主要内容应该按照 GB/T 35778—2017 的要求，尽量全面、周到。对于一些认识比较模糊和理解不到位的策划内容，可以暂缓进行，已经策划的方案内容也需要根据情况的变化及时做出调整或变更。

策划的主要内容包括以下几个方面：

（1）标准化工作方针、目标以及标准化管理体制和机制的策划。标准化方针是企业标准化活动的纲领，指引标准化工作的方向；标准化目标是标准化活动的预期目的；标准化管理体制和机制是指企业采用怎样的组织形式，以怎样的手段、方法来实现管理的任务和目的。具体说，就是规定企业标准化活动的管理范围、权限职责、管理活动的内容与方法，它的核心是标准化管理机构的设置、各管理机构职权的分配以及各机构间的相互协调，它的强弱直接影响到标准化管理的效率和效能。

（2）企业标准体系、标准制（修）订计划的策划。企业标准体系是企业内的标准按其内在联系形成的科学的有机整体，构建企业标准体系是企业标准化的基础工作之一；企业标准制（修）订计划是根据企业标准体系运行情况，并结合企业生产经营情况，将每年拟编制（修订）的企业标准列入计划，通过计划的实施，不断完善企业标准的内容。

（3）标准实施与监督检查方案的策划。方案应明确标准实施与监督检查的方式、内容、步骤、负责人员、起止时间、应达到的要求等。应建立与企业各项业务紧密结合的，纳入日常管理流程的标准实施与监督检查机制。

（4）采用国际标准或国外先进标准的策划。采用国际标准或国外先进标准简称为采标，企业采标是指将国际标准或国外先进标准的内容，经过分析研究，不同程度地转化为企业标准并贯彻实施。

（5）参与标准化活动的策划。参与标准化活动包括采用国际标准或国外先进标准，参与国家标准、行业标准、地方标准、团体标准制（修）订，参与标准化试点示范创建，参与国内标准化技术委员会活动，参与社会团体组织标准化活动，参与国际标准化活动等。

（6）评价与改进的策划。企业需要制定企业标准体系和标准化工作的自我评价方案，明确评价范围、评价程序与方法、责任部门、评价周期等内容。改进的内容、措施、方法可通过制（修）订标准，纳入标准体系固化并持续实施。

3. 策划的要素

创建工作策划是应用企业有限的资源，确保创建工作方案的可行和实施过程的可控，以及标准化工作质量。因此，创建策划除了关注以上过程的内容外，还需要确定或明确以下要素内容：

（1）创建活动内容、流程及要求。要对创建活动中每个活动流程节点进行详细分析、研究，以确定活动内容及活动要求，确保有序开展。

（2）创建所需的各种资源。要梳理和明确活动开展所需要的资源，如人员、资金、设备、基础设施、制度保障等。

（3）活动的负责部门、负责人。要按照“凡事有人负责”的原则，明确每项活动内容的牵头部门、参与部门以及责任人。

（4）实现的阶段与时限。要确定每项活动按照活动要求完成的时间节点。

（5）对结果的评估程序与方法。明确对活动结果开展评估的工作流程以及工作方法，提高过程监督质量与成效。

（6）达到预期的标准化工作目标。要确定每一阶段、每一步骤的目标，将企业策划的目标贯穿在策划过程当中，使企业策划的目标与整个策划过程有机结合，避免策划目标与策划工作脱节。

三、标准化良好行为企业创建策划工作方案

创建策划工作方案是创建活动策划的输出文件。该工作方案由标准化办公室组织制定，应根据创建标准化良好行为活动的流程具体排出工作内容、工作要求、阶段的成果、责任部门、时间安排、参加人员等，列成计划表，见表2-1。工作方案应得到最高管理者或分管领导的批准。

表2-1　　创建标准化良好行为企业工作计划表

序号	工作项目	工作内容	工作成果	完成时间	责任部门	配合部门	备注

工作方案包含但不限于以下内容：

（1）确定标准化组织机构、标准化人员网络，明确标准化人员职责；

（2）启动会安排；

（3）标准化方针、目标制订计划；

（4）企业标准体系策划与构建计划；

（5）标准化工作规划、计划与培训安排；

（6）标准实施监督检查计划；

（7）标准化信息管理策划；

（8）自我评价与改进策划；

（9）标准化成效与成绩工作安排；

（10）第三方现场评价计划。

标准化良好行为企业创建工作方案示例参见第十二章。

四、策划阶段各岗位的工作任务

为顺利完成策划阶段的各项工作，企业决策层领导、中层干部和企业员工都应承担和完成相应的任务。

1. 企业决策层领导的工作任务

企业领导在创建策划阶段的任务包含但不限于：

（1）贯彻国家标准化工作的法律、法规、方针、政策要求，对策划工作进行全过程指导，审核创建工作方案；

（2）审批企业标准化工作方针、目标；

（3）审批企业标准化组织机构、人员及其职责；

（4）对标准化人才队伍建设进行指导；

（5）主持召开或者参加启动会；

（6）审批宣贯培训方案或计划，按要求参加培训；

（7）审批标准化信息平台建设技术方案等。

2. 中层干部的工作任务

企业中层干部在创建策划阶段的任务包含但不限于：

（1）贯彻国家标准化工作的法律、法规、方针、政策要求，熟悉企业标准化组织机构的职责要求；

（2）落实企业标准化方针，负责创建工作方案及任务在部门的落实；

（3）择优确定部门标准化专兼职人员，确定部门标准化人才队伍建设方案，并组织推进、实施；

（4）制订部门培训方案或计划，按要求参加培训和创建启动会；

（5）提出标准化信息平台建设需求等。

3. 企业一般员工的工作任务

企业一般员工在创建策划阶段的主要工作任务包含但不限于：

（1）掌握企业标准化工作方针、目标；

（2）按照工作安排，承担或配合创建工作方案及任务在部门的落实；

（3）了解创建阶段的主要工作、标准化组织机构构成以及相关职责；

（4）积极参加标准化培训和企业标准化建设工作，努力成为企业标准化人才；

（5）按要求参加企业创建启动会，对信息系统的建设提出需求等。

第三节　标准化组织机构与职责

一、成立标准化机构的必要性

各企业的体制机制不同、管理模式不同、企业决策层领导对标准化工作的认识和重视程度不同，有的企业图省事或者为了应付检查，把整个企业的标准化工作交由一个部门去推动。实践证明，这种由于组织机构设置得不合理，加之部分企业标准化工作人员的技术力量比较薄弱、标准化专业知识缺乏，难以发挥组织机构应有的效能。

经验证明，健全的组织机构是完成业务工作的保证。创建标准化良好行为企业应由企业最高管理者推动，企业全体干部职工积极参与，在人力、物力、财力等方面给予组织保障，才能扎实、稳步、有效推进。建立一个比较完善的与该企业经济发展相适应的标准化组织机构，才能推动企业标准化建设，确保企业生产、经营、管理水平的不断提高。

为了加强部门之间的有效沟通、团队作战能力，各部门班组应配备专兼职标准化工作人员，形成企业、部门、班组三级标准化管理人员网络。在人员培训、标准化人才队伍建设、信息化建设、标准化经费支出上做出明确规定，形成标准化工作各级“一把手”主抓的领导工程。这种组织模式便于企业对标准化工作的统筹规划，有利于企业业务工作的相互协调，便于对各工作做出客观的评价。

二、发电企业典型的标准化组织机构

企业设置怎样的标准化机构和配备多少标准化人员由企业根据实际情况自主确定。发电企业典型的标准化组织机构组成如图 2–1 所示。

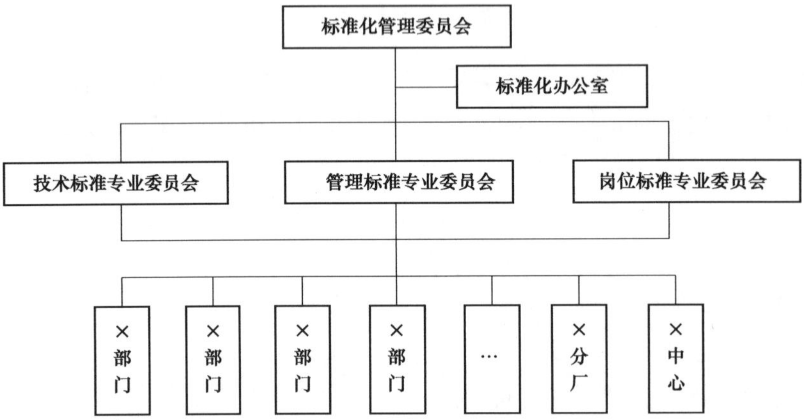

图 2–1 发电企业典型的标准化组织机构组成

企业成立以主要负责人为主任的企业标准化管理委员会（简称企业标委会），领导企业的标准化工作，下设标准化办公室（简称标办）、技术标准专业委员会、管理标准专业委员会、岗位标准专业委员会（简称专委会），以及各部门组成的标准化组织机构。标准化组织机构和专（兼）职标准化人员名单及职责应以文件形式下发，并根据主要负责人变动情况及时调整。

典型的发电企业标准化组织机构人员组成情况如下：

（1）标委会主任由企业主要负责人担任，副主任由企业其他领导担任，委员为各部门负责人和相关骨干人员。

（2）标办是标准化归口管理部门，应挂靠到具体部门，主任由企业标准化主管领导担任，副主任由挂靠部门负责人担任，成员由相关部门专（兼）职标准化人员组成。

（3）技术标准专业委员会主任由总工程师或生产副总经理担任，副主任由挂靠部门负责人担任，成员由生产部门（如发电部等）相关负责人和技术专家组成。

（4）管理标准专业委员会主任由行政副总经理担任，副主任由挂靠部门负责人担任，成员由企业各部门相关负责人组成。

（5）岗位标准专业委员会主任由主管人事副总经理担任，副主任由人事部门负责人担任，成员由企业各部门负责人组成。

（6）各部门专（兼）职人员应具有相应专业知识、标准化知识和工作技能，沟通协调能力突出，具有一定企业管理知识的人员担任。

三、机构与人员职责

1. 企业最高管理者职责

最高管理者决定企业标准化工作的任务和目标，企业最高管理者应确保以下企业标准化工作得到落实：

（1）贯彻国家标准化工作的法律、法规、方针、政策和有关强制性标准。

（2）确定与该企业总方针、目标相适应的标准化工作方针、目标和任务。

（3）确定企业标准化机构、人员及其职责。

（4）审批标准化工作规划、计划和标准化活动经费，提供必要的设施与资源保障。

（5）批准或授权批准企业标准和企业标准体系。

（6）建立全员参与标准化工作机制。

（7）鼓励、表彰为企业标准化工作作出贡献的单位和个人，对不认真贯彻执行标准造成损失的责任者进行惩戒。

2. 标委会的职责

企业标委会负责组织和领导企业标准化工作，其职责包括但不限于：

（1）贯彻国家标准化工作的法律、法规、方针、政策和有关强制性标准。

（2）审核与企业方针、目标相适应的标准化工作方针、目标和任务。

（3）审核企业标准化工作规划、计划。

（4）审核企业标准化机构、人员及其职责。

（5）组织建立企业标准体系，审核企业标准体系和企业标准。

（6）组织标准实施，审核标准化管理工作的监督和考核结果。

（7）审批标准化成果评审结果。

3. 标办的职责

标办是标委会的日常办事机构和工作协调机构，宜挂靠在企业办公室或综合管理部门，负责标委会的日常工作。其职责包括但不限于：

（1）在标委会的领导下，负责企业标准化建设各项工作的组织协调和日常管理。

（2）组织起草，制订标准化方针、目标，督促检查落实情况。

（3）组织编制标准化规划、年度各项工作计划。

（4）组织开展企业业务梳理、体系构建，牵头体系运行评价和改进工作。

（5）组织开展企业标准的编制、发布、定期复审工作。

（6）负责企业标准化平台建设和标准、资料数据库的动态管理，解决标准化信息系统运行中的相关问题。

（7）组织开展企业标准化培训和标准宣贯工作。

（8）协调督促标准化管理各项推进计划的实施与落实。

（9）组织企业参加国内、外标准化活动。

（10）负责企业标准化工作组织实施的监督考核工作。

（11）负责组织开展标准化成果申报及评审工作。

（12）负责向标委会报告标准化工作的开展情况和需要其决策的重大问题。

4. 标准化专委会职责

（1）技术标准专委会。技术标准专委会宜挂靠生产部门，归口管理企业技术标准的相关工作，其职责包括但不限于：

1）组织实施国家、行业、地方和上级单位相关专业技术标准；

2）组织编制技术标准立项计划、经费预算等，参与编制、审核标准化方针、目标、规划和计划；

3）组织建立企业技术标准体系和持续优化工作；

4）组织开展技术标准的制（修）订、审查、定期复审和采标工作；

5）组织开展技术标准的技术培训、对外交流和科学研究工作；

6）负责对技术标准贯彻实施进行技术指导、监督和检查，提出奖惩意见；

7）组织收集相关专业国际标准、国外先进标准以及国家、行业、地方、团体标准，做好信息整理、研究和传递工作；

8）负责评审标准化科技创新方面的成果。

（2）管理标准专委会。管理标准专委会宜挂靠办公室或综合管理部门，归口管理企业管理标准的相关工作，其职责包括但不限于：

1）贯彻落实国家、行业、地方的方针政策，组织实施上级单位相关管理标准（制度）、文件要求；

2）组织编制管理标准立项计划、经费预算等，参与编制、审核标准化方针、目标、规划和计划；

3）组织建立企业管理标准体系和持续优化工作；

4）组织开展管理标准的制（修）订、审查、定期复审工作；

5）组织开展管理标准的培训、对外交流和创新研究工作；

6）负责对管理标准贯彻实施进行指导、监督和检查，提出奖惩意见；

7）组织收集整理国家、行业、地方政府相关法律、法规及上级规章制度，做好适用性识别和信息传递、研究工作；

8）负责评审标准化管理创新方面成果。

（3）岗位标准专委会。岗位标准专委会宜挂靠人力资源管理部门，归口管理企业岗位标准的相关工作，其职责包括但不限于：

1）组织实施国家、行业、地方和上级单位相关政策、要求；

2）组织编制岗位标准制（修）订计划、经费预算等，参与编制、审核标准化方针、目标、规划和计划；

3）组织开展岗位标准的制（修）订、审核、复审工作；

4）负责指导、监督和检查各部门岗位标准的实施情况，提出奖惩意见；

5）兑现标准化工作的考核激励。

如果企业人员较少，可成立标准化专业委员会，直接履行技术标准、管理标准、岗位标准 3 个专业委员会相应职责。

5. 各部门职责

各部门是企业标准化工作的责任主体，其职责包括但不限于：

（1）贯彻企业标准化方针，组织实施下达的标准化工作任务、目标；

（2）参加企业业务梳理、体系构建和标准化工作规划、计划的编制；

（3）负责收集、整理部门职能范围内的国家、行业、地方政府相关法律、法规及上级规章制度、标准，做好适用性识别和信息传递、研究工作；

（4）负责制（修）订和组织实施部门职能范围内的标准（制度）；

（5）对企业技术改造和技术引进，提出标准化要求；

（6）负责部门标准化的培训，做好标准实施的原始记录汇总、归档工作，对发现的问题进行分析并向标办提出改进意见或建议；

（7）承担或参加国家、行业、地方或上级单位标准制（修）订任务，积极参加国内、外标准化活动和标准成果交流工作；

（8）负责部门标准化工作的考核评价，对企业的考核评价提出改进建议。

6. 标准化专兼职人员职责

标准化专兼职人员职责包括但不限于：

（1）在部门负责人的领导下，具体协调处理部门的标准化工作，履行上述“5. 各部门职责”；

（2）熟悉该企业生产、技术、经营及管理现状，掌握一定的企业管理知识；

（3）不断丰富和提高与标准化工作相适应的专业知识、标准化知识、组织协调能力和工作技能，经过培训考核取得标准化任职资格。

7. 组织机构文件注意事项

标准化组织机构成立（或调整）公文示例参见第十二章。注意事项如下：

（1）组织机构文件应按照公文管理的要求，从发文机关标识、发文文号、发文字号、发文字体、标题、主送部门、正文等方面，一一进行规范，以行政公文的形式发布、落实；

（2）组织机构文件中的标委会、专业委员会、标办等机构的人员名单构成应与企业编制发布的《标准化管理办法》中规定的岗位一致；

（3）组织机构文件中的标委会、专业委员会、标办等机构的职责应与企业编制发布的《标准化管理办法》中规定的职责一致，为了避免不协调，在文件中可以不用一一抄录，注明职责见《标准化管理办法》的条款号即可；

（4）标准化组织机构一般每年年初应根据人员变动情况进行一次调整，平时可根据企业主要领导人员的变动及时进行调整，并行文下发至企业各部门及班组，确保标准化组织机构各项职责有效履行。

第四节　企业标准化队伍建设

企业标准化人才队伍建设是企业标准化工作成败的根本。

一、建立标准化专家队伍的必要性

党的十八大以来，党中央国务院高度重视标准化工作，国务院办公厅《国家标准化体系建设发展规划（2016 — 2020 年）》明确提出 ：“要加强标准化人才培养……加大国际标准化高端人才队伍建设力度，加强标准化专业人才、管理人才培养和企业标准化人员培训，满足不同层次、不同领域的标准化人才需求。”

随着我国标准化改革工作的深入推进，标准化人员专业能力直接影响标准化工作（任务）的质量水平。企业标准化工作人才队伍应该具有一定的素质和能力。

二、素质方面的要求

素质，本意是指事物本来的性质及其品质、质量等。对于人来说，是指人与生俱来的以及通过后天培养、塑造、锻炼而获得的身体上和人格上的性质特点。人的素质是以人的先天禀赋为基质，在后天环境和教育影响下形成并发展起来的内在的、相对稳定的身心组织结构及其质量水平。以下从身体、思想、文化 3 个方面介绍标准化人员的素质要求。

1. 身体素质要求

身体健康，具有从事高强度标准化工作需要的体能和精力，能够独自组织和开展活动。

2. 思想素质要求

要具有勇于开拓创新的意识。标准是科学技术成果，标准化科学技术是一门正在发展的新交叉学科，更需要有勇于开拓创新的精神去发展和完善。

要具有热爱标准化、甘当铺路石的敬业精神。企业标准化工作是企业管理的基础工作，在很多企业不受重视和不被理解，常常被视为多此一举、劳民伤财。如果不热爱标准化，没有甘当配角、乐于做铺路石子的精神，很难坚持。

要有正直诚实的品格。企业标准化工作人员应正直诚实，坚持在标准面前人人平等。实事求是地尊重他人劳动成果，不会嫉贤妒能，更不能把别人劳动成果和集体的劳动成果窃为己有。实施标准时不为任何利诱而盲从，不被任何压力而屈服。

要有团结协作的风格。由于企业标准化工作涉及面广、接触人多，因此，标准化工作人员还要有善于交往，有团结他人、协作工作的风格，乐于与人合作共事，乐于听取和协调各方面意见，既坚持原则，又能说服别人，带领大家共同做好标准化工作。

要具有公正、无私的职业道德。能为实现企业标准化的目的坚韧不拔、坚持不懈；果断明断，以理服人；主动适应各种不同环境和情况，接纳各种不同观点和意见，及时组织更改或修订标准。

3. 文化素质要求

企业标准化工作人才应是“复合型”人才，既要有企业特定的专业技术知识，又要有广泛的其他有关专业知识；既要有标准化管理方面的专业知识，又要具备系统工程、价值工程、信息技术等各种现代新科学知识，更要有标准化科学技术知识。概括起来说，合格标准化人才的知识结构包括：

（1）要求具有与大学文化水平相当的最基本的文化知识；

（2）要求具有能够从事一般科技工作的科学基础知识；

（3）要有能够从事电力企业相关专业技术工作的专业技术知识；

（4）要具有使用计算机、PAD 等现代电子办公产品的专业知识；

（5）要有经过专门培训、实践和从事标准化技术业务工作的标准化知识以及现代管理科学知识。

三、能力方面的要求

能力是完成一项目标或者任务所体现出来的综合素质，是通过应用知识和技能执行任务的本领和意愿。而本领是在实践中使用知识和技能的经验、理解和判断力；意愿则是态度、承诺、勇气和责任，技能则是应用已有的各种知识。

一般来说，企业标准化工作人才应该获得下列能力：

（1）联系实际调查研究的能力；

（2）获取国内外标准信息及其他相关专业技术信息的能力；

（3）不断探索和勇于创造标准化新技术、新方法的能力；

（4）具有科学的逻辑思维，综合分析、系统分析和准确判断能力；

（5）组织协调、团结协作和独立处理、解决实际问题的能力；

（6）制定企业标准和组织实施标准的能力；

（7）清晰、准确、简练的语言、文字表述能力；

（8）国际标准化专家还应具备必要的外语、外交能力。

企业标准化工作的特点要求企业标准化专业人才政策性强、知识面宽，满足以上素质和能力要求的人才，能协调、处理好企业各方面的关系，调动各方面的积极性，共同把标准化工作做好。

四、专家队伍分级与任务

企业应建立专家培训机制，专家队伍分级可依据技术能力、专家角色、工作内容进行，从低到高分为企业标准化专家、国内标准化活动专家、国际标准化活动专家。

1. 企业标准化专家

企业标准化专家的基本任务包括但不限于：

（1）为制订企业标准化方针、目标、规划、计划等提供智力支持；

（2）主持企业标准体系创建工作；

（3）开展企业标准化培训、交流、宣贯和技术研讨活动；

（4）参加企业标准的起草与评审，标准化试点示范项目的指导、评估及验收等工作；

（5）发挥专业优势，提出本专业领域技术发展建议，推动标准化自主创新；

（6）承担企业交办的其他相关标准化工作等。

2. 国内标准化专家的任务

国内标准化专家除应完成企业标准化专家的基本任务外，还应包括但不限于：

（1）对国家标准化发展战略以及方针、政策的制定提出意见和建议，供决策参考；

（2）协助做好国内相关行业标准化宣传、培训工作；

（3）为国内相关企业、事业单位及其他机构提供标准化技术咨询；

（4）主持国家、行业标准化重点课题申报及研究工作；

（5）主持国家标准、行业标准、团体标准制（修）订申报及起草工作；

（6）加强标准化政策研究，跟踪国内外先进标准，促进技术成果转化和应用；

（7）参与相关行业标准化活动以及技术标准文件制（修）订等方面的评审等；

（8）承担相关专业技术委员会交办的其他标准化工作。

3. 国际标准化专家

国际标准化专家除应完成国内标准化专家的基本任务外，还应包括但不限于：

（1）积极推动企业参与国际标准化活动，开展标准化对外合作与交流；

（2）主导制定国际标准，结合国情组织采用国际标准，推进中国标准与国外标准之间的转化运用；

（3）参加或支撑国际标委会 TC/SC（标准化技术委员会 / 分技术委员会）的工作，对国内技术对口单位提供技术支持。

第五节　企业标准化方针与目标

标准化方针、目标是愿景、价值定位，企业标准化方针、目标的制订是为了保障企业方针、目标的实现，是企业标准化工作的指导性文件。

一、制订依据

方针是引导企业前进的方向。目标是对活动预期结果的主观设想，是在头脑中形成的一种主观意识形态，也是活动的预期目的。

发电企业制订标准化方针、目标时要体现长远目标和当前目标并重、社会效益和企业效益并重、发展生产和提高职工福利并重的原则，工作依据主要有以下方面：

（1）市场需求状况和有关部门宏观管理要求；

（2）企业总的方针、目标与发展规划；

（3）企业对公众、对社会的承诺；

（4）行业竞争对手情况；

（5）上一年度未实现的目标及存在的问题点；

（6）员工的利益与需求。

二、标准化方针、目标制订

企业标准化方针与目标需要在企业总体方针、目标指导下，根据企业生产、经营和管理的需要，由标办组织确定、标委会审批，并以文件形式下发、传达给企业所有员工。根据一些企业的实践经验，标准化方针、目标的制订一般有以下步骤。

1. 准备阶段

在准备阶段，由标办组织开展以下工作：

（1）组织学习、研讨方针、目标管理的理论知识，分析企业形势及资源现状；

（2）收集制订方针、目标需要的相关资料，如企业总的方针、目标，企业规划，行业先进企业的标准化方针、目标等；

（3）对资料进行加工整理和分析；

（4）访谈主要领导、分管领导及相关部门负责人；

（5）召开 3 个专委会挂靠部门负责人和其他部门标准化专兼职人员参加的座谈会。

2. 制订阶段

制订阶段的主要工作内容如下：

（1）根据企业标准化方针、目标的主要内容，由标办主任主持召开相关人员参加的研讨会，初步确定企业的标准化方针、目标及释意说明；

（2）将方针、目标草案和释意说明分发各部门征询意见和建议；

（3）标办对反馈意见进行综合分析，修改完善方针、目标和释意说明；

（4）将草案提交标委会审核，经标委会主任签字后发布。

3. 方针、目标的内容要求

企业标准化方针就是企业标准化发展的远景要求，是企业标准化的宗旨和方向，是方向性的、纲领性的。

企业的标准化目标按年度展开，一次制订的目标最多不超过 3 年，可以纳入企业标准化规划进行管理和滚动调整。企业的标准化目标如下：

（1）实现方针的具体工作与步骤，是方针要求的体现；

（2）一定时期内可测量的量化目标，抽象的目标等于没有目标；

（3）要高于现实水平，但通过努力是可以实现的。

企业标准化方针和目标应协调一致。方针、目标、指标之间的关系见表 2–2。

表 2–2　　方针、目标、指标之间的关系

比较方式	内容			
	方针	目标	指标	实施方案
相对具体程度	原则性的	较具体的	具体的	具体的
相对时间长短	长期	中期或年度	年度、季度	年度、季度
范围明确度	全企业	全企业 / 部门	全企业 / 部门	部门

三、标准化方针、目标的分解

目标不是口号，是要通过努力实现的，应按期考核，所以必须将目标分解展开实施。企业确定了标准化方针、目标后，应加强宣贯和有效分解，转变成各个部门以及各个人的分目标，通过分目标的完成，实现总体目标。

1. 目标分解的原则

在组织企业标准化任务目标分解落实时，应坚持：

（1）整分合原则，将总体目标分解为不同层次、不同部门的分目标，各个分目标的综合又体现总体目标，并保证总体目标的实现；

（2）分目标要保持与总目标方向一致，内容上下贯通，保证总体目标的实现；

（3）目标分解过程中要注意人力、财力、物力和协作条件、技术保障等；

（4）分目标之间在内容与时间上要协调、平衡，并同步发展，不影响总体目标的实现；

（5）分目标的表达要简明、扼要、明确，有具体的目标值和完成时限要求。

2. 目标分解的方法

企业标准化任务目标分解落实时，应根据实际情况确定分解方法。以下两种方法供参考：

（1）颁布指令进行分解。指令式分解由领导者确定分解方案，以指令或者指示、计划的形式下达，这种分解方法虽然容易使目标构成一个完整的体系，但是由于没有和下级协商，对下级承担目标的困难、意见不了解，容易造成某些目标难以落实下去；更由于下级感到这项目标是上级制订的，因而不利于下级积极性的激励和能力的发挥。

（2）协商的方式分解。协商式的目标分解使下级对总体目标的分解和层次目标的落实进行充分的商谈或讨论，取得一致意见。这种协商容易使目标落到实处，也有利于激励下级积极性，逐级将目标分解下去，不但构成了目标体系，各级目标的实现也落到实处。

3. 目标分解的形式

以下两种目标分解的形式，企业可以参考使用。

（1）按照时间顺序分解，确定目标实施进度，以便实施过程中的检查和控制，这种分解形式构成了目标的时间体系。

（2）按空间关系分解，将目标逐级分解到每个管理层次，有些目标还可以一直分解到个人；还可以按照职能部门分解，将目标项目分解到有关职能部门，这种分解方式构成了目

标的空间体系。

4. 应该注意的问题

在制订和分解企业标准化目标需要注意以下问题：

（1）目标必须是从全局出发，整体考虑的结果，各分目标必须协调一致。

（2）目标层次要清楚，一个组织的各种目标不是同等重要的，要突出关于组织经营成败的关键目标，在总目标下再分层次列出相应的分目标。

（3）目标应建立在可靠的基础上，必须是可行的，而不能是可望而不可即的，应建立在对组织内外环境进行周密调查研究的基础上，有充分的客观依据。

（4）目标必须是具体的，要便于衡量，而不是笼统、空洞的口号，应尽可能用数量表示出来。

（5）目标要保持相对稳定，经确定就要相对稳定，不能朝令夕改，同时根据组织内外环境的变化及时调整，实行滚动目标。

四、方针、目标的实施和检查

企业标准化方针、目标发布后，各部门应根据部门需要承担的任务目标，编制月度实施计划，按工作进行月度调控管理，要做到数据明了、责任明确，对方针、目标中的措施落实起到科学完整、系统的支撑和保证作用。

企业标准化方针、目标的实施过程应与企业各部门、企业每名员工的日常工作和经济利益相联系。月度实施计划要实行分层管理和考核，管理和考核要落实到每个部门、每个人。班组考核个人，部门考核班组，企业考核部门。

当企业面临的主、客观环境产生变化，原来设定的方针、目标的条件已部分或全部丧失，导致原定的方针、目标或进度需要调整时，由该项目的责任部门报标办进行协调，经主管领导审核、标委会主任批准后予以调整修改。

五、标准化方针、目标的示例

通常，标准化方针的内涵要体现规范、执行、改进等内容，以下列出了相关企业的标准化方针，供参考。

（1）恪守标准，规范行为，持续改进，追求卓越；

（2）标准先行，有章可循，全员参与，持续改进；

（3）规范管理，完善体系，持续改进，创良好行为；

（4）整合优化，精简实用，以标准化规范提升企业管理水平，追求卓越；

（5）建立健全标准体系，实现规范工作秩序，创行业一流业绩；

（6）用标准规范我们的行为，获得最佳秩序；

（7）规范管理夯实百年根基，标准实施确保持续发展。

某企业 2020 年制订了以下 5 项标准化年度目标：

（1）完成企业供热改造后相关标准的制（修）订工作；

（2）完成企业岗位说明书到岗位标准的转化；

（3）参加国家标准、行业标准的征求意见反馈 5 项次以上；

（4）主导完成国家标准 / 行业标准提案申请 1 项以上；

（5）公司标准体系有效运行，完成 AAAAA 级标准化良好行为现场复审评价。

企业标准化方针、目标独立成文发布的示例参见第十二章。

第六节　编制企业《标准化管理办法》

企业标准化管理同企业的生产经营管理、安全管理等一样，是企业管理的重要组成部分，企业标准化管理要求、机制、考核评价的标准化是其保障基础。

一、制定企业《标准化管理办法》的必要性

1. 企业标准化工作规范化的依据

企业标准化管理标准（或管理制度）规定了企业标准化工作体制、组织机构、任务、职责、工作程序与要求等内容，这是对企业标准化管理本身的规范化要求。制定企业标准化管理标准（或管理制度），就是为实现企业标准化工作的规范化管理提供统一的依据。

2. 确立企业标准化管理在企业管理中的地位

企业的各项管理制度是进行企业生产、经营和管理活动中的“法规”，对各个部门和全体员工都具有约束性。将企业标准化管理制定成企业的管理标准，使其成为企业管理制度的组成部分，这样就明确了企业标准化工作在整个企业管理中的地位，有助于企业各级人员把企业标准化工作摆上自己的工作日程，促使企业各级人员考虑和落实管辖内的标准化工作。对于企业标准化机构来说，企业标准化管理标准是开展企业标准化工作的依据。

二、企业《标准化管理办法》的基本内容与编制要求

开展“标准化良好行为企业”创建的单位，应根据《标准化法》及其实施条例等法律法规、GB/T 35778—2017 和 GB/T 15496—2017 等国家标准的要求，制定企业开展标准化工作的指导性文件。企业标准化管理标准可以是一个单独的文件，也可以是一组标准化管理文件组成的系列文件，但总体应涵盖以下内容：

（1）企业标准化工作的基本要求与任务；

（2）标准化方针及目标制订及管理要求；

（3）规定标准化组织机构、标准化工作任务、职责、工作方法和要求；

（4）制订标准化规划、计划内容、工作程序和要求；

（5）企业标准体系构建的原则及具体要求；

（6）规定企业标准的制（修）订、复审的工作原则、工作程序及具体要求；

（7）规定实施标准及对标准实施进行监督检查的原则、方式、要求、程序和分工；

（8）规定标准及标准信息的收集、管理和使用等方面的要求；

（9）规定贯彻各级有关标准的程序和方法 [这里的各级有关标准是指与该企业有关而又需要贯彻实施纳入企业标准体系的国家标准、行业标准、地方标准和上级单位的标准（制度）]；

（10）规定标准化培训的任务、目标、方法和程序；

（11）规定标准化经费使用等方面的要求；

（12）规定标准化与创新相关的要求；

（13）规定参与国内外标准化活动要求；

（14）规定自我评价、第三方评价与持续改进方面的要求；

（15）规定标准化成果奖励工作程序和要求等。

企业《标准化管理办法》范例参见第十二章的相关内容。

三、注意事项

企业在编制《标准化管理办法》文件时，还应注意以下事项：

（1）文件中所有业务名称应与企业业务名录（参见第三章相关内容）中的名称保持一致，力争明确每项标准化工作由谁干、干什么、干到什么程度、何时何地干、怎么干及应达到的要求，如何进行控制等，不应有缺项；避免笼统、缺乏操作性。

（2）标准化组织机构成员用对应的岗位名称描述，不应直接用具体的姓名，例如“标准化管理委员会主任由总经理担任”，不应描述为“标准化管理委员会主任由 ××× 担任”。

（3）按照“凡事有人负责”的原则，将企业标准化各项业务工作一一落实到标准化组织机构及成员的职责中，确保职责与企业标准化业务工作协调一致。

（4）标准化方针、目标应明确制定要求、程序，而不是企业具体的标准化方针内容及目标内容。

（5）企业标准体系构建应明确原则、要求、方法，而不是企业标准体系的内容。

（6）企业标准编号规则宜在《标准化管理办法》中给出要求，必要时可以在规范性附录中给出示例。

（7）企业标准制（修）订流程图应根据企业实际情况绘制，并应与职责、正文中的文字描述协调一致。

（8）文件的最后一章应该是“报告与记录”，对执行该文件形成的报告与记录一一列出，每一表单应明确给出示例（样表）和编号等。

第七节 企业标准化信息管理

通过企业标准化的信息化管理系统，开展标准化信息管理是确保企业标准化工作顺利开展的重要环节、重要内容，也是开展企业标准化工作的基础。

一、企业标准化信息化管理工作的作用

标准化信息对发电企业的生产、经营和管理活动起着非常重要的作用，信息化手段和能力已成为企业在市场竞争中取胜的重要手段。

1. 标准化信息是企业生产、经营、管理信息化的重要组成部分

在企业需要的诸多信息中，标准化信息有重要的地位，在企业的生产、经营、管理活动中，直接应用大量的标准化信息，如技术标准、管理标准和岗位标准，这些标准是企业开展生产、经营、管理活动的重要信息依据，是企业信息的重要组成内容。

2. 有助于企业对新标准的使用和企业标准的制定

每年，国际标准化机构和国家、行业、地方都要发布大量的新标准和修订的标准或作废一些标准。对于强制性标准、有关标准化的法律法规和规章的信息，企业必须及时掌握，这是关系到企业合法经营、安全生产的原则问题。企业只有建立了标准化信息渠道，及时收集有关的标准化信息，才能做到及时识别与使用。企业可根据上级标准情况及时指导企业标准的制（修）订。

3. 有效缓解人员能力要求的问题

目前，发电企业标准化人员缺失问题比较严重，标准化工作又牵涉企业的所有部门、所有环节，不同人员对于标准化的认识和能力都不一致，实现信息系统的管理，大家按照规定流程、表单要求做即可，绝大多数人不用去思考为什么，降低了对人员能力的需求，也大大降低了人员成本，提高效率。

4. 有效解决标准有效融合的问题

缺乏标准化信息系统的企业，虽然建立了结构图、明细表等，但事实上，都分散在各个职能部门或者某些人手上，形不成系统合力。可以通过企业标准体系信息化管理系统中的“标准体系”结构图、子体系（模块）和明细表之间进行一致性验证，找出重复标准、相似标准、缺失标准、失效标准等。同时，标准明细表中的每个标准均和部门、岗位进行关联，通过权限系统，方便标准的学习和使用。

二、企业标准化信息管理的范围

企业标准化信息管理的范围主要包括以下方面：

（1）国家、行业和地方有关标准化的法律、法规、规章和规范性文件。

（2）企业生产、经营、管理等方面适用的各种标准有效文本。

（3）国内外有关标准化期刊、出版物、专著等。

（4）其他与企业有关的标准化信息，一般包括：

1）标准化手册（如设计手册、工艺手册等）；

2）标准化管理资料、统计资料等；

3）与标准化相关的音像资料（录音磁带、录像、电影等）；

4）标准化会议的会议报告、决议，纪要、文件；

5）相关设备图纸、使用说明书等。

三、企业标准化信息管理的基本要求

开展“标准化良好行为企业”创建的单位首先确定所需要的标准化信息的范围和对象，以确保企业标准化信息工作能够满足企业发展的需要。

1. 要建立广泛而稳定的信息收集渠道

国家、行业和地方政府标准化信息的发布、出版、发行的部门和单位是明确而固定的，企业可依据标准发布公告、标准目录或出版通报，也可以依据标准化机构的互联网网站信息进行订购。国家标准全文公开系统网址：http：//openstd.samr.gov.cn/bzgk/gb/index；中电联标准化中心和电力出版社主办“电力标准信息”公众号“gh_e6920814b5d5”；中电联标准化管理中心的网址：https：//cec.org.cn/template1/index.html?181；工业和信息化标准信息服务平台：https：//miitstd.cn/index.aspx；国家工程建设标准信息网：http://www.risn.org.cn/；中国计划出版社网站：www.jhpress.com。

标准化信息收集，可以通过订购、互联网下载、参加有关的标准化会议（如工作会议、学术交流会、座谈会）、参加标准化培训班等各种途径进行收集。有些企业需要国际标准和国外先进标准，可与国标委相关部门建立联系。

2. 对收集到的信息进行整理、分类、登记编目，及时传递到使用部门

一般由企业标办人员和技术专业人员，共同对标准化信息（或标准资料）进行整理、分类、编目，工作分以下几个阶段进行：

（1）标准信息资料的登记。由各业务部门收集来的标准资料进行盖章和登记。登记时在资料上编注日期、编号、名称、来源、数量、内容、单价和页数等。登记编号是查阅、清点和保管的主要依据。

（2）加工整理，对登记后的标准资料进行编目、分类。要根据最新的标准公告、年鉴、目录、修改单等，核对现有的标准资料，将修改、补充、勘误、更正、代替等内容予以落实，以确保标准资料信息的完整、准确和有效。

（3）标准信息资料的保管和传递。经整理好的资料入库上架，一般按标准号顺序排放或装盒。标准资料的保管应及时进行以新替旧，核对情况，还要防潮、防蛀、防盗、防晒、防尘等，对破损资料进行修补。

（4）对整理好的标准资料，资料管理人员应及时通知有关部门，办理借用、归还手续。

3. 实现标准化信息的计算机管理

对于以上对收集到的信息进行整理、分类、登记编目，企业应借助计算机对标准信息资料进行采集、加工、储存、传递和服务，方便使用，并能提高利用率。

四、标准化信息系统平台策划

企业标准体系信息化管理系统要能够对企业标准体系和标准资源进行有效管理，以适应

企业高质量发展的需要。

1. 功能模块的设置

企业标准化信息系统开发设计的功能模块应满足 GB/T 35778—2017、DL/T 485—2018、DL/T 800—2018、T/CEC 181—2018、企业制定的《标准化管理办法》等的相关要求。典型的企业标准化信息系统管理主要的功能模块如图 2-2 所示。

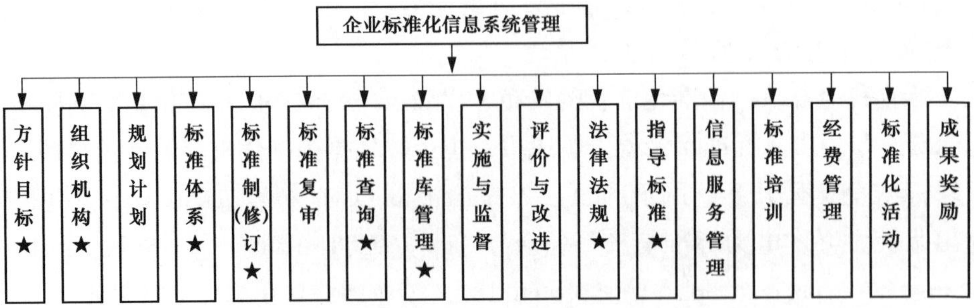

图 2-2　企业标准化信息系统管理主要的功能模块

2. 平台各模块的基本要求

企业标准化信息系统（或应用 App）可根据需要选择图 2-2 中相应的功能模块进行建设，（图 2-2 中带有“★”可视为是企业标准化信息系统的基本功能），各模块应满足以下基本要求。

（1）企业标准化方针、目标：实现企业标准化方针、目标制订与审核过程管理，查阅企业制订的标准化方针及释义、企业标准化工作目标。

（2）标准化组织机构：能够录入并查阅企业标准化组织机构，企业标准化组织机构组成、成员以及对应的标准化工作职责，并能够对标准化组织机构进行动态管理。

（3）标准化规划、计划：能够录入、查阅企业制订的标准化规划、计划；能够实现标准化规划、计划征集、起草、审核、发布、实施信息化管理。

（4）企业标准体系：建立企业标准体系信息数据库，将企业的技术标准、岗位标准、管理标准、相关的标准资料按照标准体系规则进行分类归纳，最终以结构树的形式呈现给用户（至少显示二级子体系），用户可以查看不同节点下的内容。标准体系管理包括标准体系框架管理、标准体系明细管理、标准体系统计，能够动态录入、更新、查阅文件。

（5）标准制（修）订：能够按照企业《标准化管理办法》确定的流程，实现标准制（修）订过程的信息化管理。

（6）标准复审：能够实现标准复审工作的信息管理，并实现对复审信息的查询、排序、报表等操作。

（7）标准查询：可根据需要查询企业标准库及指导标准库内的所有标准。标准检索范围包括相关标准信息属性和标准全文。检索类别包括模糊检索、二级检索、全文检索。系统可关联新发布标准，根据客户浏览历史进行后台推送，以及可个性化选择推送标准，还可以进行相关知识推送，并有系统检索浏览统计等辅助功能。

（8）标准库管理：标准库管理是对每个标准的属性信息进行动态管理，包括标准编码、标准级别、体系分类、标准代号、标准名称等。具有标准库信息的添加、修改、删除、检索、报表导入导出、排序、复制粘贴等操作功能；标准库与标准体系库相关联，保证标准数据唯一性，查询时相互调用，方便管理员维护。

（9）标准实施与监督：建立监督检查问题库，满足监督检查中发现问题的闭环管理；能够满足体系文件实施信息反馈；能够满足监督检查结果的通报。

（10）评价与改进：能够实现企业自我评价过程、第三方评价结果的信息化管理和问题的闭环管理。

（11）企业适用法律法规：建立企业适用法律法规信息数据库，能够收集、录入、更新企业适用的法律法规，能够查阅企业适用的法律法规、法律法规在企业标准落实的对照。

（12）指导标准和相关文件：建立企业指导标准和相关文件信息数据库，能够收集、录入、更新企业指导标准和相关文件，能够查阅企业指导标准和相关文件。

（13）标准信息服务管理：包括企业标准化消息、公司外部消息、公司标准公告、标准知识，提供标准模板及其他模板的上传下载功能、期刊资料管理、标准档案资料管理等。

（14）标准宣贯培训：能够实现培训内容的管理，应包括对各部门及基层（班组）组织人员进行必要的标准化基本知识、企业标准体系构成与要求、标准内容及专业技能等培训内容；能够实现培训记录的管理，应包括培训时间、地点、参加人员、培训内容、授课教师、培训课件、考试和考核记录等。

（15）经费管理：能够实现标准化经费计划、使用过程等方面的信息化管理。

（16）标准化活动：能够实现企业人员参与国内外标准化活动计划、过程和成果的动态管理。

（17）成果奖励：能够实现企业在标准化工作中取得成果的评审、奖励工作的信息化管理。

在实际工作中，信息化基础比较好的“标准化良好行为企业”，应根据企业自身实际需求，按照有明确控制点地厘清分级，有明确顺序和逻辑关系地理出流程图，深入研究技术标准、管理标准（规章制度）、岗位标准在各个专业领域的不同要求，运用信息技术嵌入相关业务应用系统，实现工作流、信息流及其控制要求与标准流程和标准要求完全一致，实现对标准体系运行的在线管理，从根本上推动企业管理迈向新台阶。

第八节　创建启动会

一、召开启动会的必要性

良好的开端是成功的一半。召开创建“标准化良好行为企业”启动会，对创建工作进行动员和部署，通过启动会，明确目标、明确职责、明确任务，让全体干部职工明白“我们要做什么、为什么去做、怎么去做、做了有什么好处”，为顺利开展创建工作奠定基础。

二、会前应该完成的工作

为了保证启动会内容充实、有效，在召开启动会前，应该完成或基本完成以下工作：

（1）企业成立了标准化组织机构；

（2）确定了企业标准化方针、目标；

（3）完成了“创建工作方案”的编制；

（4）相关培训内容的准备。

三、参会人员要求

有条件的企业，“标准化良好行为企业”的创建启动会应该要求全员参加，但参会人员至少应包括以下人员：

（1）企业决策层领导层人员；

（2）企业全部中层干部；

（3）标准化组织机构全体成员；

（4）部门及班组兼职标准化管理人员；

（5）班组长；

（6）企业技术专家等。

四、启动会主体内容

创建启动会主要内容包含但不限于以下内容。

内容一：领导讲话。

讲话重点围绕以下内容展开和部署：

（1）创建工作实施背景，重点讲清楚国家、上级的部署以及企业自身需求（即为什么要做）；

（2）“标准化良好行为企业”的内涵，重点讲清楚标准化是什么、标准化的作用、企业标准化工作的基本任务（即要做什么）；

（3）要实现哪些提升、提高或改进（即创建目标、目的）；

（4）如何保障与实际工作的有机融合和有效推进（即采取的机制）。

内容二：宣读文件。

（1）宣布成立标准化组织机构文件，明确人员及职责；

（2）宣布和解读企业标准化工作方针、目标。

内容三：介绍“创建工作策划方案”。

（1）宣贯创建工作方案，让所有相关的人员明确各自的职责及任务（即怎样去做）；

（2）明确创建工作机制及奖惩办法，调动干部职工主观能动性，将标准化融入日常工作中，不断改进提升。

内容四：相关内容培训。

在启动会上，标办可以对以下内容进行初步的介绍：

（1）《标准化法》及实施条例、《企业标准化管理办法》等法律法规；
（2）标准化基础及专业知识；
（3）GB/T 35778—2017《企业标准化工作　指南》；
（4）企业《标准化管理办法》等标准 / 制度。

第九节　企业标准化的培训

一、怎样做好宣传与培训工作

培训就是培养和训练，使体力和智力得到发展。在企业标准化工作中，构建企业标准体系不是摆来看的，而是要在实际业务工作中执行的。标准化知识培训，是强化职工标准化意识，改变职工“标准化只是标准化人员的工作，树立标准化人人有责”的观念，养成学习标准、践行标准的习惯。

企业标准化宣传培训应抓好以下 3 个时机，将能起到事半功倍的效果。

（1）事前的宣传：创建活动前的政策、舆论宣传教育，使员工能初步理解标准化的目的和意义，意在营造氛围、强化标准化意识。

（2）工作中的知识和能力培训：这是整个宣传培训的核心阶段，使员工能有能力和信心的提升，增强参加标准化活动获得感、成就感。

（3）事后的表扬激励：工作总结或阶段工作时对标准化先进人物、好建议和好做法的宣传报道，意在引导、树立榜样和标杆，使员工能切实明白应该怎么做、怎么做就算做好。

1. 事前的宣传引导

在创建“标准化良好行为企业”活动开展前，应做好创建活动的宣传工作，侧重在标准化的意义作用宣传，使“标准化良好行为企业”概念深入人心。对于中层以上的干部，宣传方法可以是安排专题会议或利用领导层会议提出创建“标准化良好行为企业”的议题，介绍试点企业经验，传达国家和上级单位的要求和政策；对于广大企业员工，要充分利用板报、网络、自媒体等进行宣传，提高全体职工的标准化意识，达到营造氛围、引导参与的目的。

2. 事后的表扬激励

在 1990 年版的《企业标准化管理办法》第五章第二十三条中明确规定“企业标准属科技成果，企业或上级主管部门对取得显著经济效果的标准以及对企业标准化工作做出突出成绩的单位人员，应给予表扬或奖励”。

在工作中，每个员工都希望自己能够得到良好的声誉并被他人尊重，因为荣誉和尊严属于人类发自内心的一种社会性追求。表扬激励的人员既包括积极参与标准化推进工作的人员，也包括积极使用标准、加强标准实施监督的人员，充分激发职工的工作积极性，从而避免干多干少一个样、干好干坏一个样。热情参加和支持标准化工作的员工感受到企业决策层领导者对自己的重视和关心，认同自己的价值，会在心理上产生满足感，在工作时就会充满自信和热情，而且也会带动其他员工，不断规范员工行为、提升效率，从而保障企业标准体系建设稳步推进。

二、企业标准化培训的内容

培训内容与培训课程应围绕开展创建工作的 5 个阶段所需的专业知识和能力提升设计，按照“干什么学什么、缺什么补什么”的原则分阶段进行，确保培训的针对性和实效性。

1. 各阶段培训的内容

（1）第一阶段的培训以国家、行业、地方政府有关标准化的法律、法规，方针、政策，标准基础知识和基础性标准内容讲解为主，以促进创建工作的启动和开展。培训的主要内容包括但不限于：

1）国家、行业标准化战略部署以及重点工作；

2）《标准化法》《企业标准化管理办法》《国务院关于印发深化标准化工作改革方案的通知》等法律法规；

3）标准化基础及专业知识；

4）GB/T 35778《企业标准化工作　指南》；

5）地方政府、上级单位对标准化工作的要求；

6）企业的《标准化管理办法》；

7）企业标准化方针、目标的宣贯等。

（2）第二阶段的培训应围绕如何开展业务梳理、法律法规识别、企业标准体系的构建和企业标准编制展开，要有能力构建具有企业特色的标准体系和开展标准的编写工作。培训的主要内容包括但不限于：

1）GB/T 1.1《标准化工作导则　第 1 部分：标准化文件的结构和起草规则》；

2）GB/T 1.2《标准化工作导则　第 2 部分：以 ISO/IEC 标准化文件为基础的标准化文件起草规则》；

3）GB/T 13016《标准体系构建原则和要求》；

4）GB/T 13017《企业标准体系表编制指南》；

5）GB/T 15496《企业标准体系　要求》；

6）GB/T 19001《质量管理体系　要求》；

7）GB/T 24001《环境管理体系　要求及使用指南》；

8）GB/T 23331《能源管理体系　要求及使用指南》；

9）GB/T 35778《企业标准化工作　指南》；

10）GB/T 45001《职业健康安全管理体系　要求及使用指南》；

11）DL/T 485《电力企业标准体系表编制导则》；

12）DL/T 800《电力企业标准编写导则》；

13）企业如何参与国内标准化活动；

14）信息化、流程图绘制相关知识；

15）企业如何开展标准化创新等。

（3）第三阶段的培训一般应在企业标准体系发布之后，进入体系试运行的阶段展开，本阶段的重点是企业标准体系解读、企业标准内容宣贯学习和督导检查的方式方法的培训工作，要促进企业标准的有效实施。培训的主要内容包括但不限于：

1）安全生产、环境保护等法律法规学习；

2）纳入体系的国家标准、行业标准、上级单位标准制度的学习；

3）企业标准体系相关内容的解读；

4）企业标准宣贯学习（包括背景及相关注意事项的介绍）；

5）标准的实施、督导检查方式方法的培训；

6）标准化信息系统的使用培训等。

（4）第四阶段的培训主题掌握自我评价的方式方法，并通过第三方的评价来发现企业标准体系的适用性、标准化工作机制的有效性和标准实施过程中存在的问题，促进持续改进提升，展现企业标准化工作取得的成绩和成效。培训的主要内容包括但不限于：

1）T/CEC 181《电力企业标准化工作　评价与改进》；

2）标准化效益评价知识；

3）标准化促进技术进步的知识；

4）标准化促进管理提升的知识；

5）参加国内外标准化活动知识；

6）参与国际和地区标准化知识。

2. 培训方法

培训可采取多种形式，通常分为内部培训、外部培训以及其他的交流学习。例如参加标准化会议、举办培训班、网络课堂、技术交流、成果展示、内部学习讨论、外出学习交流、参观、师带徒等。

标准化专、兼职人员在企业内部培训的基础上，宜参加上级标准化机构组织的标准化培训班学习，并取得标准化相关资格证书。

三、应知应会的内容

1. 企业决策层领导应知应会

企业决策层领导应知应会内容包括但不限于：

（1）国家及所属上级企业对标准化工作的战略部署；

（2）标准化法律法规及相关政策要求；

（3）企业标准化工作的基本任务；

（4）企业的生产、技术、经营管理情况；

（5）开展标准化工作的资源保障；

（6）企业标准化组织机构组成及职责；

（7）与自身职务相关的标准。

2. 中层领导应知应会

企业标准化工作中层领导抓执行是保障，中层领导应知应会内容包括但不限于：

（1）国家有关标准化的法律、法规和方针、政策；

（2）企业标准化工作的基本任务；

（3）企业标准体系建设；

（4）技术标准、管理标准、岗位标准之间的协调关系；

（5）管理标准与管理制度的关系；

（6）标准制（修）订程序、标准审查、标准监督检查；

（7）与自身职务相关的标准。

3. 职工应知应会

企业标准化工作全员参与是基础，职工应知应会内容包括但不限于：

（1）国家有关标准化的法律、法规和方针、政策；

（2）标准化基础知识和相应的专业技术知识；

（3）与该岗位工作有关的各类技术、管理和岗位标准。

4. 标准化专兼职人员应知应会

俗话说“用专业的人做专业的事”，标准化专兼职人员是企业开展标准化工作的专业人才，标准化专兼职人员应知应会内容包括但不限于：

（1）专业领域技术知识；

（2）专业领域现有标准 / 技术法规；

（3）标准 / 技术分析和需求分析的方法；

（4）制定标准化规划的程序和方法；

（5）企业标准化体系；

（6）企业标准起草规则；

（7）标准制定程序和规则；

（8）国际标准化活动和相关组织知识；

（9）标准实施效果分析的程序和方法；

（10）企业标准验证方法。

要通过培训，培养精通标准化理论、懂专业技术、掌握行业发展趋势、熟悉标准化工作程序的标准化人才队伍，确保有效开展企业标准化工作。

第三章

业务识别和法规梳理

企业标准体系建立和标准编写，其核心依据不是企业外部大规模的标准数据，而是企业生产、经营范围的业务识别及其需要。业务怎么识别？业务名录与企业标准体系有什么关系？业务名录与各岗位工作、部门职责有什么关系？这是本章试着回答的问题。

第一节　基本概念和知识

在 T/CEC 181—2018 中表 B.1 评价项目“1.4　标准体系策划与构建”评价细则“1）应结合企业方针、目标，对生产、经营、管理过程和需求进行分析，按过程和层级形成业务项目清单；依据业务项目清单，构建标准体系结构框架，确定企业标准项目”，强调企业要依据业务项目清单构建标准体系。正确理解和掌握“流程”“业务”等相关概念，有利于促进企业完成“业务名录清单”这项工作。

一、业务的概念

业务，通常是指销售的事务。因此，也有人说，业务就是进行或处理商业上相关的活动。所谓主营业务是指企业为完成其经营目标而从事的日常活动中的主要活动；核心业务是企业擅长的、能创造高收益和高附加值、有发展潜力和市场前景的业务。企业在经营活动中，除了“主营业务”“核心业务”外，还会涉及“重要业务”“特殊业务”等提法，这些需要结合提及这些概念的业务活动来理解和解释。

系统将企业业务流程作为一个重要的分析对象的人是波特，在 1980 年左右，他把这个概念运用在“企业竞争优势”的研究之中。本书所谈到的业务可以理解为企业或个人围绕经营目标所从事的事务或事务的组合，简单说就是我们本职开展的日常事务、专业工作。

二、流程的概念

流程，基本意思是指水流的路程。在工业品生产中，就是“工作的流动”，是指从原料到制成品各项工序安排的程序，是业务与业务之间的传递或转移的动态过程。而国际标准化组织在 ISO 9001：2000《质量管理体系标准》中给出的定义是：“流程是一组将输入转化为输出的相互关联或相互作用的活动”。

流程决定效率，流程影响效益。好的工作流程能够使企业各项业务管理工作良性开展，从而保证企业的高效运转，相反地，差的工作流程则会问题频出，出现部门间、人员间职责不清、相互推诿等现象，从而造成资源的浪费和效率的低下。因此，设计、建立科学、严谨的工作流程并保持这些流程得到有效执行、控制和管理，对一个企业至关重要。

三、业务流程

企业是一个复杂系统，用流程的观点来看待企业，它的组成基本单元就是业务流程。这里所说“业务流程”，不是指狭义的销售、买卖过程，而是指企业运行的所有流程，企业各项业务活动之间的相互作用与相互联系构成了企业的业务流程。

MBA（工商管理硕士）智库给出定义为：企业内部发生的某项业务从起始到完成，由多个部门、多个岗位、经多个环节协调及顺序工作共同完成的完整过程。简单地讲，业务流程就是一组输入转化为输出的过程。过程之间不仅有严格的先后顺序限定，而且活动的内容、方式、责任等也都必须有明确的安排和界定，以使在不同岗位角色之间进行转手交接成为可能。

业务流程对于企业的意义不仅仅在于对企业关键业务的一种清晰描述和展现，更在于对企业的业务运营有着指导意义，这种意义体现在对资源的优化、对企业组织机构的优化以及对管理制度的一系列改变。

四、业务流程的层次性

业务流程是有层次性的（见图 3-1），这种层次体现在由上至下、由整体到部分、由宏观到微观、由抽象到具体的逻辑关系。流程的层次性是指组成流程的活动本身也可以是一个流程，即嵌套的概念，流程中的若干活动也可以看作是“子流程”，可以继续分解若干活动。这样一个层次关系符合人们的思维习惯，有利于企业业务模型的建立。一般来说，我们可以先建立主要业务流程的总体运行过程，然后对其中的每项活动进行细化，落实到各个部门的业务过程，建立相对独立的子业务流程以及为其服务的辅助业务流程。

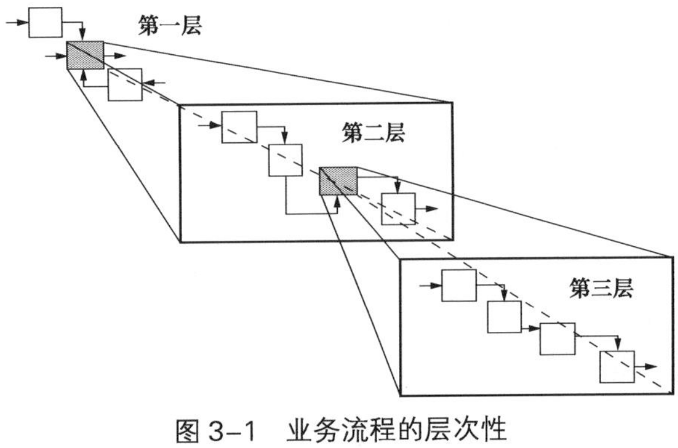

图 3-1　业务流程的层次性

业务流程之间的层次关系一定程度上反映了企业部门之间的层次关系。不同层级的部门有着对业务流程不同的分级管理权限。决策层、管理者、操作者可以清晰地查看到下属和下属部门的业务流程。

五、企业业务流程构成及特点

总结以上相关概念可知，企业活动与活动之间的各种关系构成了企业流程单元（或子过程），流程单元与流程单元之间的关系又构成了更深层次的企业流程，这样依次可构成各种不同层次的企业流程（流程的层次性）。反之，企业流程又可以层层分解为子流程，直至分解为基本活动。

一个具体的业务活动，通常有 4 类有关的联系，这就是流程的输入、输出、资源和控制。同时也存在与之对应的 4 类权益相关者，分别是供应商、顾客、资源提供者和高层授权者（或称“上层领导”，包括行政的、技术的领导等）。当然，第 5 类权益相关者就是实施过程的“员工”本身。图 3–2 表明了各个权益相关者及其与单个流程的基本联系。

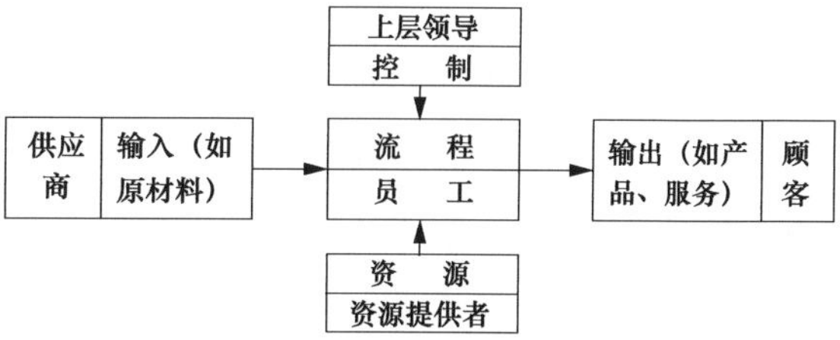

图 3–2　各个权益相关者与流程的基本联系

企业流程是一系列相互关联的活动、信息流和物流的集合。如果流程没有产生对接受者更价值的输出，那么此流程必定需要进行改善。根据前文对业务流程构成及流程间关系的分析，流程的执行不是自发的，需要具备一定的条件才可执行，这些条件包括为流程提供必要的支持资源和输入资源（即物流），还需要提供流程对这些资源进行执行的控制流（即信息流），也需要流程中一系列相互关联的活动支持等。

第二节　业务梳理的必要性

业务识别的结果是构建企业标准体系框图的核心需求，是企业标准体系划分的重要依据。

一、业务识别及流程梳理的重要性

没有一项管理是脱离业务而存在的，因此全面地业务识别、流程梳理就显得特别重要。其主要作用如下：

（1）有利于企业掌握价值创造的过程。业务清单本质上说明了企业是如何创造价值的。业务清单和组织结构图不同，组织结构图是从纵向反映了企业各级机构的管理关系，组织结构图的最上部是公司一把手的职位；而流程清单是从横向的角度反映了企业是如何创造价值的，业务清单中是看不到公司的行政级别的，最前端是企业创造价值所需要的“输入”。这也是为什么业务的梳理一定要打破职能部门的界限，以“价值创造”为链进行的原因。

（2）有利于企业发现业务盲点、交叉点。通过业务梳理，参与的人员会经常探讨不同的流程是否可以正常连接，避免出现流程各管一段、交叉或遗漏等问题，还可以发现公司价值链上的重大缺失、业务运营与管控方面的问题，继而探讨解决的途径。

（3）业务识别和流程梳理是企业岗位设置的重要依据。业务梳理同步完成岗位名称的梳理，得到岗位花名册。业务的识别就是要在进行分析的基础上对相应的业务设立对应的岗位，并且安排具体的工作者来承担，即“一个萝卜一个坑”，无论何时在某个岗位上出现了工作的失误都能迅速且准确地找到责任人，这样可以有效地防止相关工作的不同岗位间的互相扯皮、踢皮球现象。

二、各岗位的职责与任务

在业务梳理这一项工作中，各岗位的职责和任务如下。

1. 企业决策层领导

企业决策层领导尤其是企业主要负责人的职责和任务如下：

（1）提供充分的人力和其他资源；

（2）建立适当工作机制、措施；

（3）确定业务梳理即标准化工作涉及的范围；

（4）监督、指导业务识别和法规梳理过程、审批结果。

2. 部门领导

企业各部门领导应按照企业的要求，积极做好以下工作：

（1）确定部门负责业务识别人员，创造工作条件；

（2）明确部门业务和适用法律法规范围；

（3）审核标准化专（兼）职人员提交的业务识别及法律法规、标准制度结果；

（4）参加标办组织的协调、审核会议，汇报结果、提出建议意见；

（5）组织落实业务识别审核会议的要求。

3. 标准化专（兼）职人员

各部门标准化专（兼）职人员，是业务识别、规章梳理的重要力量，应做好：

（1）组织开展部门业务识别和适用法律法规、标准（制度）的梳理工作；

（2）负责完成部门业务识别和法规梳理结果（业务目录，企业标准制度清单，国家标准、行业标准清单，适用法律法规清单等），提出改善、改进建议意见；

（3）提出部门需要制（修）订标准（制度）项目、下一步工作的建议。

4. 企业员工

企业员工全员参与，才能确保业务梳理的全面性，应组织员工做到：

（1）按照给定模板或格式，完成岗位负责的业务识别；

（2）完成岗位现有标准制度、适用法律法规的梳理；

（3）提出岗位需要制（修）订标准（制度）项目的建议。

三、波特价值链分类方法

对于发电企业的业务识别与流程梳理，波特价值链分析法是个合适的工具。价值管理将企业的业务过程描绘成一个价值链，将发电企业的营销、发电、财务、人力资源等方方面面有机地整合起来，做好计划、发电、维护、监督和控制等各个环节的工作，使它们形成相互关联的整体，真正按照“链”的特征实施企业的业务流程，使得各个环节业务既相互关联，又具有自组织和自适应能力。

根据波特价值链理论，将发电企业的活动分为增加价值的基本活动（相当于产品实现）和支持基本活动的辅助活动（相当于基础保障）两类进行识别和梳理，图 3-3 是整理绘制的发电企业业务框架价值链模型，供读者参考。

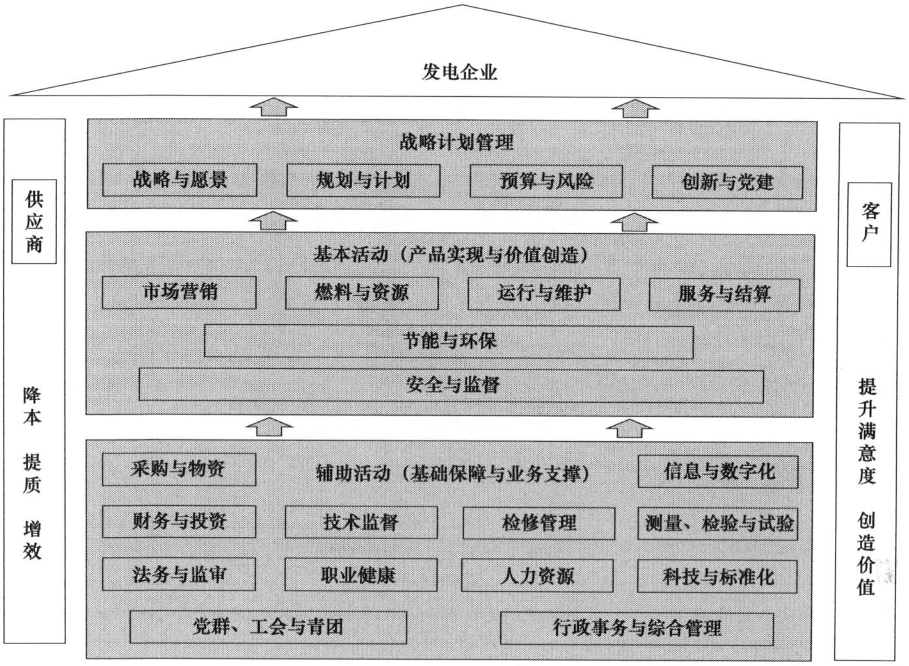

图 3-3 发电企业业务框架价值链模型

四、业务分级的建议

以业务流程为中心的管理方式超越以职能为中心的管理方式已是大势所趋，为使所建立的业务流程能够更顺畅地运行，业务流程的改进与企业组织结构的优化是一个相互制约、相互促进的过程。

业务分级可以简单理解为将不同颗粒度的业务按照粗细分为不同的级别，即把业务从粗到细、从宏观到微观、从业务模块到具体的业务操作进行分解。根据企业业务的复杂程度情况，应用价值链的方法，在标准化创建阶段通常将企业业务分为三个或四个级别为宜。

一级业务：主要是描述企业创造价值的过程，由企业的业务模块构成，有基本业务活动和辅助业务活动之分。梳理的结果主要用来企业部门设置、职能划分、领导分工的参考。

二级业务：业务模块的主要技术内容或管理事项，是生产班组或管理岗位设置的参考。

三级业务：每个业务模块的主要技术内容或管理事项所包括的分项技术或工作事项，是企业技术岗位设置或管理岗位关键业务。业务流程描述中最有价值且最重要的是三级业务流程；三级流程细化到部门，涉及了部门的具体岗位，但不涉及岗位的具体作业。一般来讲第三级业务已是标准的主题或标准的核心要素了。

四级业务：主要是技术上的具体工作事项或管理上的具体事项；一般是标准的核心要素内容，个别的也可以单独编制成标准。

如果把企业所有的业务做了这样的分类分级，形成一个清单，就得到了一张企业业务名录。如果对每一项业务进行规范编号，就为企业的数字化、信息化打下坚实的基础。图 3–4 直观展示企业各级业务流程间关系，从一级流程到四级流程，是自上而下层层分解落实、细化的过程，从四级流程到一级流程是自下而上层层支撑、引领的过程。

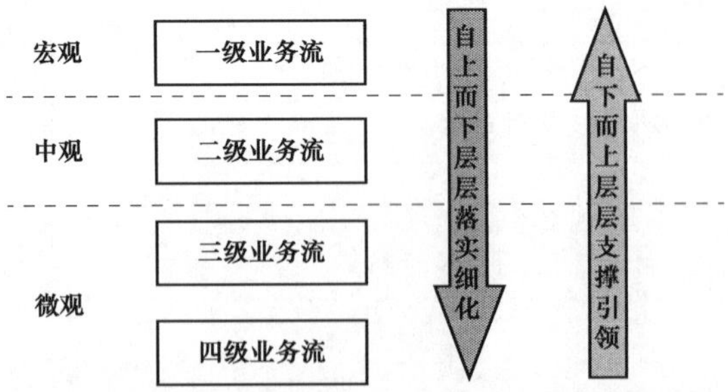

图 3–4 不同级别业务流程间的关系示意图

不能小看以上的分级工作，业务边界不清的问题源头就经常出在业务分级这里。由于业务边界的界定实际上就是管理边界的界定，管理职能的清晰化，管理流程的顺畅化，而如果分类分级工作进行顺利、彻底，那么业务梳理帮助企业管理者厘清现阶段企业管理中的重点和难点问题，提出更为具有针对性的意见和建议，这样就能使企业更准确、清晰地界定业务的边界，对管理起到优化与提升作用。

五、业务梳理的步骤

业务的识别是对现有业务内容的梳理，是部门职能调整和业务流程再定义的基础，由标办牵头，组织企业各部门，按照以下步骤，开展业务梳理工作。

（1）工作策划。明确工作职责、拟定初步原则、制订任务计划。

（2）组建队伍。以部门为单位，择优选出业务精、有责任心的一些人成立小组，识别部门管辖业务名称、业务接口要求。

（3）编制模板。根据业务识别分级的初步原则和需求，编制业务识别分级工作模板，并编制示例。

（4）专业培训。对于选出来的人员进行基本的培训和同行企业业务清单的研究，提高业务识别的效率和有效性。

（5）资料收集。相关业务内容资料的收集，并覆盖上下级、跨部门的接口业务资料。

（6）开展识别。确定业务分级的维度、方法和一级业务的名称，提出业务分级的建议，完成部门具体业务的级别识别和业务名称的拟定。

（7）单项汇总。以一级业务为主线，进行多部门业务链条的链接，进行业务汇总，分别由技术标准、管理标准、岗位标准归口管理部门对单项业务汇总情况进行核对，实现业务的层层分解、流程合理清晰。

（8）集合汇总。由标办将汇总的单项业务汇总形成完整的企业业务名录，重点对缺项、交叉、重复业务进行核对、补充和再定义。

（9）征求意见。在企业范围内公开征集员工对业务名录的建议意见，修改完善后提交研究讨论。

（10）评审确定。企业标委会组织进行业务名录及分级情况的评审，实现业务项目完整、层级清晰、流程通畅、管理有序。

（11）动态调整。建立业务名录年度定期评审制度，特别是机构调整、业务增减时应及时进行调整，确保业务符合企业实际。

第三节 一级业务的梳理

一、业务梳理依据

一级业务的梳理、识别、确定，直接决定了企业标准体系的基本结构和内容。主要依据文件或参考的材料如下：

（1）企业部门现有职能分工和工作内容；

（2）DL/T 485—2018《电力企业标准体系表编制导则》标准体系框架；

（3）其他企业业务梳理的清单。

二、DL/T 485—2018 的相关内容

DL/T 485—2018 在总结、提炼行业企业业务梳理成果的基础上给出的典型一级业务模块，如图 3–5 所示。

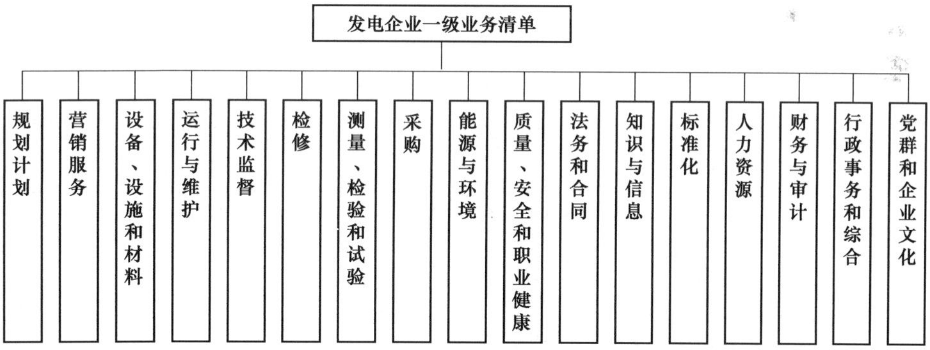

图 3–5 DL/T 485—2018 标准建议的一级业务清单

根据 DL/T 485—2018 给出的一级业务模块建议，对企业主要业务（活动）内容进行梳理、识别，详见表 3–1。

表 3–1 企业一级业务及主要内容（典型）

编号	一级业务名称	业务（活动）主要内容
YW01	规划计划	主要包括：企业发展战略、规划、经营计划的编制、调整、执行、效果评估与考核等相关业务

续表

编号	一级业务名称	业务（活动）主要内容
YW02	营销与服务	主要包括：市场调研、拓展、交易户服务及满意度调查、售后回款与服务等相关的业务
YW03	设备、设施和材料	主要包括：设备设施的定置、标识、台账、可靠性、点检、异动、缺陷、改造、报废、特种设备及工器具、材料等有关业务
YW04	运行与维护	主要包括：生产调度、运行值班、工作票、操作票、巡回检查、定期试验及轮换、运行分析与报告、优化运行、设备与设施日常维护等有关业务
YW05	技术监督	主要包括：生产方面的材料、设备设施、系统、电能质量、相关技术的监督等的有关业务
YW06	检修	主要包括：企业生产检修的策划、准备、实施（如质量、安全、进度）、验收评价、检修工器具和技术资料管理等的有关业务
YW07	测量、检验和试验	主要包括：生产设备相关表计的监视和测量，生产计量、检验及化学试验和检测等有关的业务
YW08	采购	主要包括：生产和非生产所需的相关采购计划、供应商、招投标、采购验收、仓储管理，上级集中采购的参与等相关业务
YW09	能源与环境	主要包括：企业能源计量、绩效管理及节能、节水、节电等业务；生产污染物的排放控制、环保设施的运行维护，环保等相关应急管理等业务
YW10	质量、安全和职业健康	主要包括：基于企业标准化管理的质量、安全、健康、消防、职业卫生等工作的策划、实施、评价、改进、考核激励等业务
YW11	知识和信息	主要包括：知识与知识产权，信息及网信安全；企业档案等业务
YW12	标准化	主要包括：标准化工作策划、建立、实施、评价、持续改进、考核激励；参与上级、地方、行业、国家、国际标准化活动等业务
YW13	人力资源	主要包括：劳动组织、劳动关系、绩效、薪酬福利保障、培训和人才开发等业务
YW14	财务和审计①	主要包括：财务、保险、资产、投融资、税务和审计、企业信息披露等相关业务
YW15	行政事务和综合	主要包括：会议、接待、公关、公文、印信、网站、保密、涉外事务、治安保卫人防，管理创新等业务
YW16	法务和合同	主要包括：规范运作、合规经营、法律纠纷案件、合同管理、风险控制等相关业务
YW17	党群和企业文化	主要包括：党的建设、共青团、工会、离退休等业务；企业文化及标识等文化管理业务

① 相较 DL/T 485 增加了“信息披露”的内容，并对相关文字进行了编辑。

三、某水电一级业务梳理清单

根据 DL/T 485—2018 中“4.4　根据产品、过程、服务的特点，对本标准给出的标准体系表结构进行调整。”的要求，某水电企业（通航升船机工程还在建）一级业务模块清单如图 3-6 所示。各模块的主要业务内容见表 3-2。

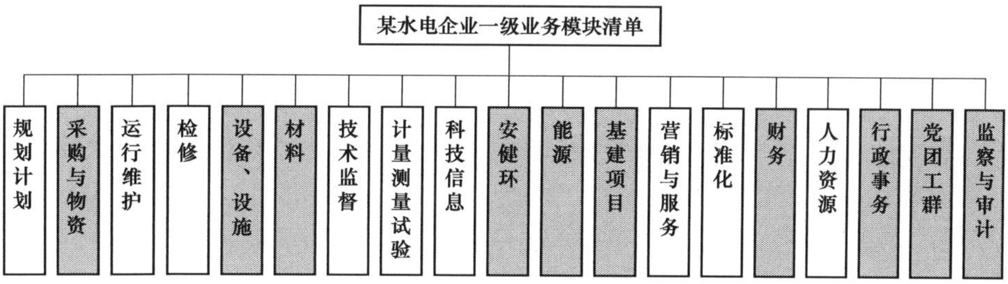

图 3-6　某水电企业的一级业务模块清单

相对于 DL/T 485—2018 给出的一级业务模块和主要业务内容，该企业结合企业生产、经营和管理实际，对一级业务模块做出了一些修改或调整，业务模块调整的具体情况如下：

（1）“采购”模块更改为“采购与物资”模块；

（2）“设备、设施和材料”模块拆分为“设备、设施”和“材料”两个模块；

（3）“质量、安全和职业健康”模块调整为“安健环”模块，并将“电能质量”相关业务调整到“运行维护”模块，其他与质量相关的业务融入具体业务模块，如检修过程中质量控制融入“检修”模块；

（4）“能源与环境”模块调整为“能源”模块；

（5）因为通航升船机工程还在建，企业增加了“基建项目”模块；

（6）“财务和审计”模块拆分为“财务”模块和“监察与审计”模块；

（7）“行政事务和综合”模块调整为“行政事务”模块；

（8）“党群和企业文化”模块调整为“党团工群”模块；

（9）“法务和合同”模块取消，法务相关业务调整到“行政事务”模块，“合同”相关业务调整到“采购与物资”模块。

表 3-2　某水电一级业务及主要内容

编号	一级业务名称	业务（活动）主要内容
YW01	规划计划	主要包括：战略规划、方针目标、全面计划、综合统计和大中型基本建设项目投资统计等业务
YW02	采购与物资	主要包括：非招标采购、合同、生产物资仓储、防汛物资、合同价款结算及支付、供应商、外包工程、项目变更、物资、采购督察、物资超市等相关业务
YW03	运行维护	主要包括：运行操作、操作票和工作票、临时用电、运行分析、运行值班、防误操作、运行交接班、运行巡回检查、设备定期轮换与试验、水库水情等业务
YW04	检修	主要包括：水工建筑物检修、机组检修、技改项目质量事件管理等有关业务

续表

编号	一级业务名称	业务（活动）主要内容
YW05	设备、设施	主要包括：生产任务及调度、设备台账、设备缺陷及异动、图纸资料、工器具、技术革新和技术改造、防汛、小型基建、设备健康水平评价、电力生产设备障碍维修等业务
YW06	材料	主要包括：钢材、阀门类、电工器材、焊接材料、绝缘材料、基建用材料等相关业务
YW07	技术监督	主要包括：电力行业生产企业九项监督、集团五项监督等业务
YW08	计量测量和试验	主要包括：计量、电力试验、测量等有关的业务
YW09	科技信息	主要包括：科技创新、科普、全面质量管理、网络与信息等相关业务
YW10	安健环	主要包括：安全生产、安全风险、生产区域安全、特种设备安全、职业健康、环境保护等相关业务
YW11	能源	主要包括：节能、节能调度等相关业务
YW12	基建项目	主要包括：建设项目进度、工程技术监督、工程设计、工程质量、工程验收等业务
YW13	营销与服务	主要包括：市场营销、全面风险管理、经济活动分析、统计资料报送、两个细则等业务
YW14	标准化	主要包括：标准化管理办法、标准编制规范、评价与改进等
YW15	财务	主要包括：包括会计管理、费用报销、成本、资产、全面预算等相关业务
YW16	人力资源	主要包括：劳动合同、劳动用工、优秀部室评比、薪酬、员工行为、干部、培训、社会保险等相关业务
YW17	行政事务	主要包括："三重一大"决策、公务、会议、保密、值班、法律事务、档案、后勤服务、交通、班组标准化建设、6S 等相关业务
YW18	党团工群	主要包括：党委工作、党务、宣传教育、团青工作、企业文化建设、工会工作、职代会、集体合同、劳动竞赛及表彰等相关业务
YW19	监察与审计	主要包括：党风廉政建设、效能监察、内部审计等相关业务

注　1. 为了控制篇幅，相对于企业主要业务内容进行了部分文字的精简、编辑。
2. 某些业务活动主要内容表述不一定恰当、分类不一定合适，仅供参考。

四、某燃煤火电企业一级业务梳理清单

某燃煤火电企业的一级业务清单如图 3–7 所示。一级业务及主要内容见表 3–3。

相对于 DL/T 485—2018 给出的一级业务模块和主要业务内容，该企业结合企业生产、经营和管理实际，对一级业务模块及主要业务内容做出了一些修改或调整，具体情况如下：

（1）"规划计划"模块和"营销服务"模块合并调整为"计划与营销服务"模块，规划的相关业务融入各业务模块中，如标准化的三年规划进入"标准化"业务模块中进行管理。

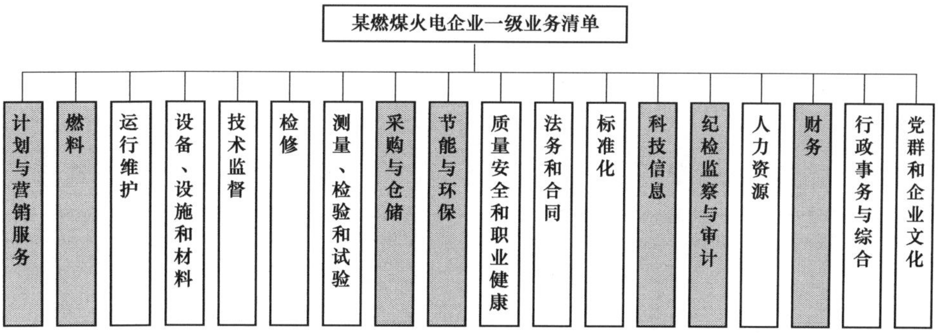

图 3–7 某燃煤火电企业的一级业务清单

（2） 增设“燃料”业务模块，涉及企业的煤、油等燃料采购、化验等业务。

（3） “采购”模块更改为“采购与仓储”模块。

（4） “能源与环境”模块调整为“节能与环保”模块。

（5） “知识与信息”模块调整为“科技信息”模块。

（6） “财务和审计”模块拆分为“财务”模块和“纪检监察与审计”模块。

表 3–3　某燃煤火电企业一级业务及主要内容

编号	一级业务名称	业务（活动）主要内容
YW01	计划与营销服务	主要包括：计划的编制、调整、执行、统计与分析、考核以及销售市场调研、拓展、交易、客户服务及满意度调查、售后服务等有关业务
YW02	燃料	主要包括：煤、油的采购，供应商管理，采质化验，煤场管理等业务
YW03	运行维护	主要包括：生产调度、运行值班、工作票、操作票、巡回检查、设备定期试验及轮换、运行分析与报告、优化运行、设备设施日常维护等有关业务
YW04	设备、设施和材料	主要包括：汽轮机、锅炉、电气一次、电气二次、热工设备、化水设备、金属、环保设备、水工构筑物、特种设备及工器具、材料等有关业务
YW05	技术监督	主要包括：技术监督管理、绝缘、金属、化学、热工、节能、环保、计量、继电保护、电压质量、电测、特种设备、旋转设备、励磁系统、压力容器及承压部件等的有关业务
YW06	检修	主要包括：检修计划、物资与材料采购、进度、质量、安全与职业健康、工器具、资金、机构与人员等有关业务
YW07	测量、检验和试验	主要包括：电力设备、继电保护、电力电子、仪器仪表等监视和测量管理，计量管理、检验、试验和化学检测等有关业务
YW08	采购与仓储	主要包括：物资采购的计划、供应商、招投标、验收、仓储、配送、废旧物资处置等有关业务
YW09	节能与环保	主要包括：环境监测、污染物排放，能源采样、计量、化验、能源消耗，环境应急预案、演练、通报、改进等应急准备和响应等有关业务
YW10	质量安全和职业健康	主要包括：安全生产保障与监督、安全风险识别与管控、危险作业管理、承包商安全管理、消防管理、职业健康管理、三防管理、文明生产管理、应急管理、事件管理等业务

续表

编号	一级业务名称	业务（活动）主要内容
YW11	法务和合同	主要包括：法人授权、章程及出资协议、证照、合规经营、法律纠纷案件、合同授权、谈判、起草、审批、执行、保管、纠纷处置、销毁以及合同分类等有关业务
YW12	标准化	主要包括：标准化工作组织与开展、各类标准化组织与人员的职责、标准制（修）订、标准实施与检查、标准复审、标准化信息、参与各类标准化活动、标准化工作评价和改进、标准化奖励、标准化效益评价等有关业务
YW13	科技信息	主要包括：科技创新、知识管理、信息管理、档案管理等有关业务
YW14	纪检监察与审计	主要包括：党风廉政建设、效能监察、内部审计及风险内控等相关业务
YW15	人力资源	主要包括：劳动组织、劳动关系、绩效考核、薪酬、社会保险、教育培训和人才开发等有关业务
YW16	财务	主要包括：预算、决算、核算、成本、资金、资产、投融资、税务等有关业务
YW17	行政事务与综合	主要包括：行政、文秘、涉外事务、后勤服务、治安保卫、综合管理等相关业务
YW18	党群和企业文化	主要包括：党的建设、共青团、工会、舆情宣传、信访、维稳、企业标识，以及文化建设、传播等有关业务

注　1. 为了控制篇幅，对企业主要业务内容进行了部分文字的精简、编辑。

2. 某些业务分类颗粒度与内容可能不协调，仅供参考。

五、不同分类方式的对比分析

1. 以“检修”业务模块为例

对于“检修”这一业务模块（见表 3–4），DL/T 485—2018、某水电企业、某燃煤火电企业都有“检修”模块，三者有不同的分类思路，企业关注业务活动的主要角度是不同的：DL/T 485—2018 是从检修的业务发生的先后顺序进行描述；某水电企业是从需要检修的对象来描述活动的主要内容；某燃煤火电企业是从活动的目的或功能来描述活动的主要内容。

表 3–4　　“检修”业务模块对比分析

序号	方案来源	业务（活动）主要内容	关注角度
1	DL/T 485—2018	主要包括：企业生产检修的策划、准备、实施（如质量、安全、进度）、验收评价、检修工器具和技术资料管理等的有关业务	先后顺序
2	某水电企业	主要包括：水工建筑物检修、机组检修、技改项目质量事件管理等有关业务	对象内容
3	某燃煤火电企业	主要包括：检修计划、物资与材料采购、进度、质量、安全与职业健康、工器具、资金、机构与人员等有关业务	功能目的

以上三种思维方式是我们进行业务梳理、识别常用的方法。

以检修对象内容为主线，企业可以根据每个检修对象编制一个标准（或指导手册），在标准的内容中按照策划、准备、实施（如质量、安全、进度）、验收评价的不同阶段，对检修的进度、质量、安全与职业健康、工器具、资金、机构与人员等进行规范、要求。这种方式具有较强的指导性和实用性，缺点就是企业需要编制较多的标准或方案。

以检修工作的先后顺序或功能目的为主线，可以制定较少的标准，对不同的检修对象或内容，提出共性、基本的规范和要求。具体检修时，进行细化、补充。

2. 以“设备、设施和材料”业务模块为例

对于“设备、设施和材料”这一业务模块，DL/T 485—2018、某水电企业、某燃煤火电企业三者的分类思路也不相同（见表 3–5）：DL/T 485—2018 是“设备、设施和材料”管理活动的目的或功能来描述活动的主要内容；某燃煤火电企业是从活动的具体对象来描述活动的主要内容；某水电企业是兼而有之、分类标准不协调。

表 3–5　　“设备、设施和材料”业务模块对比

序号	方案来源	业务（活动）主要内容	关注角度
1	DL/T 485—2018	主要包括：设备、设施的定置、标识、台账、可靠性、点检、异动、缺陷、改造、报废、特种设备及工器具、材料等有关业务	为主线
2	某水电企业	主要包括：生产任务及调度、设备台账、设备缺陷及异动、图纸资料、工器具、技术革新和技术改造、防汛、小型基建、设备健康水平评价、电力生产设备障碍维修等业务	对象内容
3	某燃煤火电企业	主要包括：汽轮机、锅炉、电气一次、电气二次、热工设备、化水设备、金属、环保设备、水工构筑物、特种设备及工器具、材料等有关业务	为主线

六、对一级业务的审核确定

一级业务梳理直接决定了企业标准体系的基本结构和内容。一级业务（活动）描述的主要内容，原则上就是二级业务的分类事项，决定了二级工作的方向和重点，表 3–6 中某水电一级业务“标准化”业务模块主要内容描述“标准化管理办法、标准体系表、标准编制规范等”，只是企业标准化工作中的局部内容，既没有反映出标准化整个工作的内容，也没有突出工作的目的。如果顺着这个思路去做，很容易就做成“两张皮”，为了标准化而标准化。

表 3–6　　某水电一级业务及主要内容（局部）

编号	一级业务名称	业务（活动）主要内容
YW14	标准化	主要包括：标准化管理办法、标准编制规范等
YW17	行政事务	主要包括：“三重一大”决策、公务、会议、保密、值班、法律事务、档案、后勤服务、交通、班组标准化建设、6S 等相关业务

表 3–6“行政事务”模块出现“班组标准化建设、6S”的相关内容，这项工作中可能是

由行政部门负责推进，但就其工作性质来说，应该归属“标准化”业务范畴。按照业务属性进行划分、梳理上下游，明确归口管理部门，可以有效打通企业堵点、减少企业的“半截路”。

七、扁平化的一级业务框架

以上列出的 3 个方案基本都沿用相近（或相似）组合（或合并）的思路进行一级业务的梳理识别，实现了同类型（项）合并，可以减少一级业务的数目，在一定范围内可以减少标准的数量，增加相关标准使用的次数和频度。

扁平化的一级业务梳理的思路，就是每项相对独立的业务都各自作为一个一级业务的数目，可以减少企业标准体系的层级，实现二级或三级管理，可以使业务名称更加明确突出，业务流程更直接。总结以上方案，结合目前企业开展的业务，扁平化的一级业务框架如图 3–8 所示，共计 32 个业务模块，供读者参考。

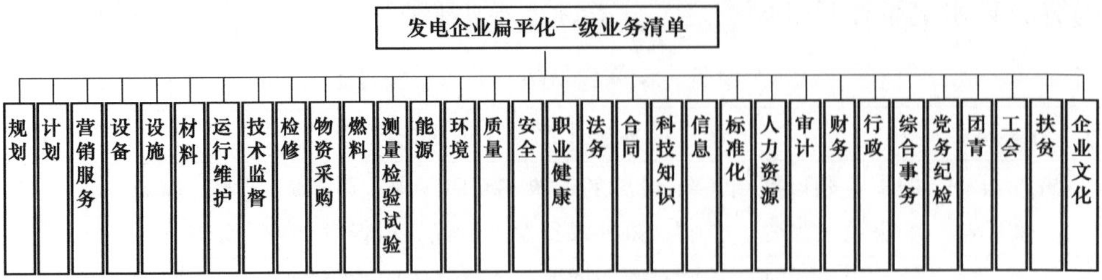

图 3–8　发电企业扁平化一级业务模块

第四节　多级业务的梳理

一、二级业务和三级业务梳理示例

二级业务名录是某个（类）业务活动的名称或集合，这取决于一级业务模块确定情况，表 3–7 给出了一级业务为某类业务活动集合的二、三级业务（示例），表 3–8 给出了一级业务为某个业务活动的二、三级业务（示例），供读者在进行业务梳理时参考。

表 3–7　一级业务为某类业务活动集合的二、三级业务（示例）

序号	一级业务	二级业务	三级业务	备注
1	设备、设施与材料	设备管理	设备缺陷管理	
			设备异动管理	
			……	
		设施管理	……	
		材料管理	……	
		工器具	……	
		……	……	

续表

序号	一级业务	二级业务	三级业务	备注
2	运行维护	运行值班	运行日志管理	
			运行岗位替班管理	
			……	
		运行巡回检查	……	
		设备定期轮换与试验	……	
		钥匙及门禁	……	
		……	……	
3	质量、安全和职业健康管理	质量管理	电能	
			采暖供热品质	
			……	
		安全管理	……	
		职业健康管理	……	

表 3–8　一级业务为某个业务活动的二、三级业务（示例）

序号	一级业务	二级业务	三级业务	备注
1	设备管理	设备缺陷管理	缺陷预防	
			缺陷处理	
			缺陷统计分析	
			……	
		设备台账管理	……	
		设备异动管理	……	
		设备报废管理	……	
		……	……	
2	安全管理	危险品管理	油品	
			危险化学品	
			……	
		消防管理	……	
		安全培训	……	
		安全风险识别管理	……	
		起重机械管理	……	
		……	……	

续表

序号	一级业务	二级业务	三级业务	备注
3	人力资源	劳动组织	机构设置与变更	
3	人力资源	劳动组织	机构人员与岗位设置	
3	人力资源	劳动组织	岗位标准管理	
3	人力资源	劳动组织	……	
3	人力资源	劳动关系	……	
3	人力资源	绩效管理	……	
3	人力资源	人才开发	……	
3	人力资源	……	……	
4	财务管理	预算管理	……	
4	财务管理	资金管理	计划内资金使用	
4	财务管理	投资管理	……	
4	财务管理	费用管理	……	
4	财务管理	固定资产管理	……	
4	财务管理	……	……	

每个单项管理活动按照过程的方法，按活动顺序进行过程分解，产生三级业务。三级业务再按活动顺序进行过程分解，产生四级业务。以此类推，层层展开，进行下一级的业务分解。从标准化管理的角度来说，业务划分提倡不超过四级。有的企业因数字化、e化管理的需要，有可能细化到五级、甚至六级。

二、对二级业务和三级业务的汇总归类

业务梳理基本上都是由各部门人员先根据目前工作内容进行识别、分类，提出基础性资料。表3–9是某火电企业关于“油”的业务梳理结果，不同的岗位或者不同的工作阶段，对“油”提出了不同工作要求，并编制了不同的标准，这种现状都不同程度地存在许多企业中。对于企业来说直接相关“油”的业务部门应该有设备部、发电部、安监部、采购部，间接相关的部门有财务、工会、人资等。

表3–9　　某火电企业关于“油”的业务梳理结果

一级业务	二级业务	三级业务	备注
设备与设施管理	点检管理	……	
设备与设施管理	点检管理	抗燃油管理规定	
设备与设施管理	点检管理	给油脂管理	
设备与设施管理	点检管理	汽轮机油管理规定	
设备与设施管理	点检管理	……	

续表

一级业务	二级业务	三级业务	备注
设备与设施管理	设备管理	……	
		油务管理	
		……	
	维护管理	……	
		设备给油脂管理	
		……	
	……	……	
运行管理	……	……	
	水、煤、油监督	……	
		节油管理	
		水、油化验	
		……	

如果通过业务梳理，企业编制相关的技术标准统一提出油品品质、更换技术要求和处置的技术规范等；编制管理标准从“油”的需求计划、采购、验收（付款）、仓储、出库、使用、处理等全过程进行管理，将能使企业“油”业务的职能分工和业务界限划分清晰明了。

三、业务梳理应注意的问题

1. 业务梳理与分级不应局限于部门内

一项完整的业务流程全部由一个部门完成的概率比较低。一般部门业务在二级业务以下，三级业务居多一些。业务按照流程跨越部门的同一工作环节集成起来，合并成一项完整的、全链条的管理。如“计划管理”涉及各个部门提出计划，计划归口部门汇总、编制，决策层领导审批，公文管理部门发文，计划归口部门检查计划落实情况并提出考核意见，人力资源部门落实考核等环节。

2. 业务与流程图需要协调一致

一项一级、二级业务下或许由多个流程组成，但通常三级业务以下只有一个流程图。如在《标准化管理办法》中可以绘制“企业标准计划审批流程图”“企业标准审查流程图”“企业标准发布流程图”等，这些都是三级业务的流程图；如果绘制“标准化管理流程图”是无法实现的，因为这项业务是由多个单独的业务流程组成的。每项管理标准（制度）后面的流程多少，需要根据业务管理需要确定，不可多也不能少，确保满足业务的需要。

3. 将习惯的管理术语当作一项业务

“两票三制”是一类业务的管理术语，包含了工作票、操作票、交接班制、巡回检查制、设备定期试验轮换制 5 项业务，且是并列的业务，并有单独的业务流程。表 3–10 是某电厂业务梳理的局部内容，将习惯的管理术语“两票三制”当作一项业务。

表 3–10　　业务梳理常见问题示例之一

一级业务	二级业务	三级业务	四级业务
运行管理	发电运行管理	调度管理	……
		值班管理	……
		设备异动管理	……
		文明生产管理	……
		“两票三制”管理	工作票管理
			操作票管理
			运行交接班管理
			运行巡回检查管理
			设备定期试验与轮换管理
	……	……	……

4. 业务项重复层级混乱

表 3–11 是某电厂业务梳理的局部内容，如表 3–11 所示二级业务中有“工作票管理”、四级业务中也有“工作票管理”，所以造成二级业务和四级业务并存的现象。

表 3–11　　业务梳理常见问题示例之二

一级业务	二级业务	三级业务	四级业务
运行管理	发电运行管理	发电运行过程	……
		“两票三制”管理	工作票管理
			操作票管理
			运行交接班管理
			运行巡回检查管理
			设备定期试验与轮换管理
	工作票管理	总则	工作票使用原则
			工作票分类
			基本要求
		工作票有关人员的培训和授权	工作票签发人
			工作票许可人
			……
	……	……	……

5. 非业务项的出现

这种现象往往来源于机械性地将管理文件的章节作为业务，而没有按照业务的流程进行梳理、划分。如表 3–11 所示中的“总则”，“总则”“工作票使用原则”“基本要求”一般是说明、要求的内容而不是一项业务；“工作票签发人”“工作票许可人”等是职责角色，而不是一项业务。

业务梳理中还有很多其他问题，出现这些问题的根本原因是对“业务”“流程”等概念的理解有偏差，需要标办人员做好标准化基本知识和业务梳理工作的培训和指导工作。

第五节 适用法律法规和标准（制度）的梳理

企业在进行业务梳理的同时，应该同时做好业务对应法律法规和标准（制度）的梳理工作。

一、要进行整理和收集的原因

企业不论是否创建“标准化良好行为企业”，掌握企业适用的现行标准（制度）及法律法规情况，以奠定企业管理基础，提升管理水平，都是必须的。通过收集、整理，可以做到：

（1）对已经实施的标准（制度）做到心中有数，掌握是否实施、实施的效果如何，可以对有标准没有实施的开展原因分析工作，促进制度完善；

（2）对零散的、各自为政的、不够协调的标准（制度）加以完善或整合；

（3）运用标准化的手段，实现以最少的标准（制度）去覆盖最大范围，实现企业标准（制度）数量上和内容上的瘦身。

总之，弄清企业应执行哪些标准与制度；企业现行的标准中哪些仍适用；哪些部分适用，应更改或修订；哪些已不适用，应废止。从而促进企业各项管理达到法治的管理要求，即大事有法可依，办事有章可循，事事有据可查，事故有责可问，发现有漏必补、有错必纠。

二、企业标准（制度）的梳理

企业各部门根据前期业务梳理结果和管理职能、业务范围，各部门（单位）专（兼）职标准化人员组织各班组（人员）逐一清理本岗位、本班组、部门现行的标准、制度（含上级单位的）。制度标准的清理范围包括企业正在执行或使用自己编制的、省公司的、集团公司的或相关企业（如电网公司），如设备部门清理现行的设备采购、验收、安装调试、使用维护修理、改造直至报废的各项管理标准（制度）；物资部门清理各类物质的分类、编号、采购、验收、仓储、领发料方面的标准（制度）；人资部门负责清理劳动关系、绩效管理、人才开发、干部管理、机构设置与变更等的管理标准（制度）。

业务梳理人员要对标准（制度）的内容与业务需求进行适用性对比，对标准（制度）的状况（如是否适用、待修订、待转换、待合并、需制定）进行初步的判断，同时评价其适用性，提出下一步的工作建议或意见。表 3–12 为某企业业务梳理和标准（制度）文件梳理的表格。

表 3–12　　某企业业务梳理与标准（制度）文件梳理表（示例）

业务名录（业务梳理）				业务对应的标准（制度）文件（文件梳理）										
序号	一级业务	二级业务	三级业务	文件名称	文件号	实施日期	层级			状况				
							上级文件	公司标准	公司制度	适用	需制定	待修订	待转换	待合并
1	设备管理	金属	金属监督						√				√	
2			……					√						
3		……	……											
4		锅炉	四管				√							√

注　“√”代表企业该项业务现已有标准（制度）及下一步将要开展的工作状况。

每个部门（班组）在梳理过程中，填写标准 / 制度梳理一览表（见表 3–13），梳理填报的内容可以包括文件名称、文件号、实施日期等主要信息。

表 3–13　　企业标准 / 制度梳理一览表（示例）

编号	部门（班组）	业务内容	标准 / 制度名称	发布 / 实施日期	文件号	适用状态

注　1. 业务内容按照企业审核通过的业务名录填写。
　　2 适用状态：适用、部分不适用应更改、基本不适用应修订、不适用应废止。

标办在各部门（单位）填报的“企业标准 / 制度清理一览表”基础上，进行汇总或科学分类，去掉重复、查补缺失，整理出一份“企业现行标准 / 制度一览表”（见表 3–14），确定相应的标准 / 制度规范。

表 3–14　　企业现行有效标准 / 制度一览表

编号	文件号 / 标准编号	制度 / 标准名称	实施日期	责任部门	业务内容	备注

三、国家标准、行业标准及其他标准的收集分类

此外，标办还要组织业务部门具体收集适用的国际标准及国外先进标准，以及我国现行有效适用于企业的国家标准、行业标准和地方标准等，尤其是强制性标准，3 个分委会挂靠部门，要牵头把这些标准纳入相应的标准分类表中去（见表 3–15）。

表 3–15　　企业适用的相关标准一览表

编号	标准编号	标准名称	发布日期	实施日期	责任部门	备注

四、适用法律、法规、规章收集识别

任何一个企业都要认真执行国家法律、国家和地方行政法规，以及企业生产产品所归口

部门的部门规章及所在地的地方规章。每个企业在清理完企业现行的制度 / 标准之后，就要有针对性地收集适用的现行法律法规和规章，并填报企业适用的法律法规清单见表 3–16。

表 3–16　　企业适用的法律法规清单

编号	文件号	法律法规名称	颁布部门	实施日期	责任部门	适用范围

与生产经营直接相关的法律法规如下：

（1）《安全生产法》及安全方面的法规、规章；

（2）《计量法》及计量方面的法规、规章；

（3）《环境保护法》及环境保护法规、规章；

（4）《合同法》及相关法规、规章；

（5）《节能法》及相关法规、规章；

（6）《审计法》及相关法规、规章；

（7）《水污染防治法》及相关法规、规章等。

需要特别说明的是，在梳理企业适用的法律法规和相关标准 / 制度（文件）要求的过程中，可能会有新增的业务，需要将新增业务纳入企业业务清单，并根据需要确立标准项目。

第六节　梳理结果的应用

形成企业业务名录，明确了企业的所有业务活动和各业务的构成、层级，实现企业标准、管理文件对业务的覆盖情况一目了然。可以发现企业是否实现了技术标准的全业务覆盖、管理标准的全流程覆盖和岗位标准的全岗位覆盖。

在进行企业决策层领导分工、部门设置、职责划分或业务分解时，可以根据确定业务的复杂程度、工作量的大小，实现业务均衡、工作量合理分解。业务梳理结果的主要应用如下：

（1）应用于企业决策层领导分工、部门职责划分；

（2）掌握人力资源的需求与配置的匹配度；

（3）指导企业班组、岗位设置与人员招聘；

（4）为搭建企业管理标准体系提供基本框架；

（5）基本确定了企业需要标准范围和编制标准数量；

（6）有利于发现企业技术或管理的长处或短板；

（7）有助于从全局把握企业工作规划、计划、总结。

通过业务识别和标准（制度）的梳理，就能发现没有国家标准、行业标准或者国家标准、行业标准不适用的业务，企业需要编制自己的技术标准、管理标准等。无论标准（制度）对应到业务的哪一级，一般其下级业务一定是该文件的章标题（或一级条）名称。以某企业标准 Q/CDTIZJKTP 2085—2015《电梯使用与维护管理》为例进行说明，标准文件的名称对应到企业的三级业务“电梯管理”（见表 3–17），企业标准《电梯使用与维护管理》的封面与目次如图 3–9 所示。

表 3–17　　企业业务与文件对应情况（示例）

一级业务	二级业务	三级业务	四级业务	与企业文件对应情况
设备管理	特种设备	锅炉、压力容器及气瓶管理	……	……
		电梯管理	电梯登记备案	Q/CDTIZJKTP 2085—2015《电梯使用与维护管理》
			电梯钥匙管理	
			电梯安全运行	
			电梯设备设施巡视	
			电梯维护保养	
			电梯故障处理	
			电梯定期检验	
			档案资料移交	

Q/CDT

X X X X X X X X X X X X 发电厂企业标准

Q/CDT IZJKTP 2085—2015

代替 Q/CDT IZJKTP—2012

电梯使用与维护管理

Elevator use and maintenance management

××××—××—××发布　　××××—××—××实施

××××××××××发布

目　　次

图 3–9　企业标准《电梯使用与维护管理》封面与目次

第四章

企业标准体系的构建

在构建企业标准体系的过程中，应注重应用系统的方法，发挥体系的系统效应，追求最佳效果。本章以标准体系表的编制为主题线，阐述标准体系的构建理念、原则和工作内容。

第一节　企业标准体系表

一、企业标准体系表的内涵

企业标准体系表：一种描述企业标准体系的模型，通常包括企业标准体系结构图、标准明细表，还可以包括标准统计表和编制说明（GB/T 13017—2018 中 3.2）。企业标准体系的标准按照一定形式排列起来的图表（DL/T 485—2018 中 3.3），由企业标准体系结构图、标准明细表、标准统计表和编制说明组成。

从上述两个定义可以知道：标准体系表是企业标准体系的表现形式，即按照标准化系统原则和企业标准体系的结构特性，用图或表的形式把企业范围内各个单项标准按一定结构形式、规则、顺序排列起来，发挥和利用其整体功能作用。不仅反映企业范围内所有标准的全貌、各个单项标准之间的联系，还反映出整个企业标准体系的层次结构、各类标准的数量构成。标准体系结构图、标准明细表、标准统计表和编制说明的功能如下：

（1）标准体系结构图表达了企业标准体系中标准的功能定位，以及与其他标准的相互关系，以图形的形式存在。

（2）标准明细表是与企业标准体系结构序列相对应，将标准进行排列的明细清单。

（3）标准统计表是对企业标准体系的内在比例关系和标准化状况量的反映。

（4）标准体系表编制说明是企业标准体系结构和标准明细表的说明性文件。

二、企业标准体系表的作用

建立一个科学合理的企业标准体系表，有利于指导企业生产、经营和管理等活动，促进企业规范化和标准化管理，持续提高企业管理水平。其主要作用或用途如下：

（1）描绘出标准化工作的发展蓝图。摸清了企业全部的现有标准底数和需要标准的标准项目，用图表形式直观地描绘出发展规划蓝图，明确了企业标准化工作的努力方向和工作重点，从而能科学地指导企业标准制（修）订、复审等。

（2）有利于企业标准体系完善和健全。通过研究和编制企业标准体系表，将现有标准有序地排列，研究摸清了标准相互的关系和作用，从而为调整、简化、完善、健全企业标准体系提供了基础，真正使企业标准体系实现简化、层次化、组合化、有序化和科学合理化。

（3）有利于与国际先进技术水平对比。通过编制企业标准体系表，系统地了解和研究国家标准、行业标准、地方标准、采用国际标准和国外先进标准的基本情况，清楚企业现行标准与国际标准和国外先进标准之间的差距，从而在自己企业标准体系中编制企业标准，特别是性能指标高于国家标准、行业标准的内控标准时提出相应采用国际标准和国外先进标准的要求，推进技术水平提升。

（4）有利于标准的查找、获取和使用。及时向每位员工提供反映全局又一目了然的标准体系表，使每位员工能及时获得标准信息，可以有效地指导营销、生产运行、物资采购、技术监督、测量检验、风险管控、科技创新等工作。

（5）有利于企业标准体系的评价、分析和持续改进。通过编制企业标准体系表，明确了体系中的关键和重点，指导、监督有关标准的实施，通过有目的、有计划地对企业标准体系进行测量、评价、分析和改进，有利于企业标准化的发展和进步。

三、企业标准体系表编制的依据

发电企业编制标准体系表的依据有以下几个方面：

1. 法律、法规和规章层面的依据

标准化方面的法律、法规和规章是企业编制标准体系表的重要依据，主要包括：

（1）《标准化法》；

（2）《中华人民共和国标准化法实施条例》；

（3）《企业标准化管理办法》；

（4）《采用国际标准管理办法》；

（5）《强制性国家标准管理办法》；

（6）《国家标准管理办法》。

企业适用的生产、能源、安全、环保、质量等法律法规是企业编制标准体系表的直接依据，主要包括：

（1）《中华人民共和国安全生产法》；

（2）《中华人民共和国清洁生产促进法》；

（3）《中华人民共和国节约能源法》；

（4）《中华人民共和国环境保护法》；

（5）《中华人民共和国电力法》；

（6）《特种设备安全监察条例》。

必要时，还有企业所在地的地方行政法规和规章。

2. 相关的标准依据

相关国家标准、行业标准、团体标准是企业编制标准体系表的主要依据，主要包括：

（1）GB/T 13016—2018《标准体系构建原则和要求》；

（2）GB/T 13017—2018《企业标准体系表编制指南》；

（3）GB/T 15496—2017《企业标准体系　要求》；

（4）GB/T 35778—2017《企业标准化工作　指南》；

（5）DL/T 485—2018《电力企业标准体系表编制导则》；

（6）T/CEC 181—2018《电力企业标准化工作　评价与改进》。

3. 上级及企业的标准 / 制度

企业标准体系表是建立在企业原有的标准 / 制度基础上，不可能也不应该抛弃原有的企业标准 / 制度（含集团、省公司）从零开始。

四、应纳入企业标准体系表的标准

概括说，企业标准体系应包含该企业客观存在的所有标准。它们包括：

（1）企业采用的国际标准；

（2）企业实施的国家标准、行业标准、地方标准和相关团体标准、上级单位标准；

（3）企业自行制定的企业标准；

（4）必要时还可以包括企业引入的国外先进标准。

以上标准主要是指企业现行有效的各类标准，但是为了体现企业标准体系的科学性和指导性，能够有效地指导企业标准化工作，还可包括企业的下列几类标准：

（1）企业应该实施，但尚未收集 / 采用的标准；

（2）企业未来三年技术改造、经营规划发展，拟或计划制定和实施的标准。

第二节　构建体系的准备工作

一、建立企业标准体系的总要求

建立企业标准体系是强化企业管理基础工作，企业标准体系应符合以下要求：

（1）应符合国家有关法律、法规，实施有关国家标准、行业标准和地方标准；

（2）企业标准体系应以技术标准体系为主体，以管理标准体系和岗位标准体系相配套；

（3）企业标准体系应在企业标准体系表的框架下制定；

（4）企业标准体系的标准，应能满足企业生产、经营、管理的需要；

（5）企业标准体系的标准之间应相互协调；

（6）管理标准体系、岗位标准体系应能保证技术标准体系的实施；

（7）企业标准体系与其他管理体系相协调，并提供支持。

二、确定人员及工作内容

在构建企业标准体系之前，企业应建立企业标准化的组织机构，标办应从人员、资源、资料、计划方案等方面做好全面、系统的策划。

1. 做好人员准备

结合业务梳理工作开展情况，成立以企业相关领导为组长的企业标准体系构建项目工作组，企业各部门专（兼）职标准化人员为成员。企业标准体系表编制的职责分工如下。

（1）企业决策层领导人员的职责与任务如下：

1）负责审核、批准企业标准体系编制工作的计划方案；

2）为企业标准体系编制工作提供必要的资源保障；

3）参与企业标准体系表的研讨；

4）负责审核批准企业标准体系表。

（2）部门领导人员的职责与任务如下：

1）组织部门员工参加企业标准体系表的构建、梳理和更新工作；

2）对部门构建、梳理的成果负审核责任；

3）对企业标准体系构建提供建议意见。

（3）企业标准化归口管理部门的职责与任务如下：

1）负责策划企业标准体系表编制工作的计划方案和职责分工；

2）负责企业标准体系编制工作的推动、指导和跟踪，做好资料的收集、汇总和整理，形成企业标准体系表（初稿）；

3）负责组织企业标准体系表的征求意见、研讨、修改、送审和发布工作。

（4）部门标准化兼职人员的职责与任务：负责贯彻执行标办下达的标准化工作任务，组织部门的员工参与企业标准体系的构建、梳理和更新工作。

（5）企业员工的职责与任务：按照部门领导的安排，参与企业标准体系表的构建与梳理工作。

2. 体系表编制工作的策划

编制标准体系表是企业标准化建设过程中的一项重要的标准化活动，企业可参照表 4-1 给出的 PDCA（策划—实施—检查—处置）模式，开展企业标准体系表编制的工作策划，确定主要阶段、工作内容、责任人，制订出该项工作的工作计划。

表 4-1　　企业标准体系表编制的主要阶段和工作内容

序号	工作阶段	工作步骤与内容	成果	责任人	完成日期
1	策划（P）	（1）成立工作组，进行人员分工； （2）组织调研、培训； （3）确定目标、明确范围； （4）根据业务梳理结果，梳理、收集标准和相关文件； （5）分析现有标准和相关文件，决定取舍	策划报告（含目标、范围）调研报告；相关清单、明细表		

续表

序号	工作阶段	工作步骤与内容	成果	责任人	完成日期
2	实施（D）	（1）分别编制：企业标准体系结构图、技术标准体系结构图、管理标准体系结构图、岗位标准体系结构图； （2）分别编制各子体系的明细表（初稿）； （3）编制标准统计表（初步）； （4）编写编制说明（初稿）； （5）完成企业标准体系表，并通过评审、批准后发布试运行	印发《企业标准体系表》		
3	检查、处置（C、A）	（1）通过标准的制（修）订修改明细表、统计表； （2）通过标准的实施、修改明细表、统计表； （3）通过自我评价完善标准体系表； （4）通过第三方现场评价完善标准体系表； （5）持续动态调整和优化	动态维护		
4	改进提升（A）	（1）体系运行中发现问题的反馈； （2）持续动态调整和优化	体系维护及修订《企业标准体系表》		

三、调研学习与培训

在对电力企业标准化工作评价发现的问题中，由于企业决策层领导和企业员工对标准化的概念、原理的理解参差不齐，企业在构建标准体系过程中存在着这样、那样的问题，为了避免企业走弯路，企业标办应该组织参加标准体系建设的人员，结合前期业务梳理工作开展情况，重点对以下标准进行学习和交流：

（1）GB/T 13016—2018《标准体系构建原则和要求》；

（2）GB/T 13017—2018《企业标准体系表编制指南》；

（3）GB/T 15496—2017《企业标准体系　要求》；

（4）GB/T 35778—2017《企业标准化工作　指南》；

（5）DL/T 485—2018《电力企业标准体系表编制导则》；

（6）T/CEC 181—2018《电力企业标准化工作　评价与改进》。

可由企业决策层领导带队，到其他企业调研学习，以便做到心中有数、工作有序。必要时可以邀请外部专家进行案例教学，重点围绕解决以下几种常见的问题展开：

（1）生搬硬套的问题。构建标准体系时生搬硬套国家标准和行业标准推荐的结构模式，不切合企业实际。

（2）目标模糊的问题。构建标准体系的目标不清晰，企业不清楚为什么目标而构建体系，导致标准体系不能为解决企业生产和管理中存在的薄弱环节或为实现企业发展目标服务。

（3）各自为政的问题。技术标准体系、管理标准体系、岗位标准体系三大子体系之间不协调、不统一、不配套。未将技术标准的技术要求和管理标准的管理要求落实到岗位标准中。或者在各子体系内的标准与标准之间，存在重叠、交叉、矛盾，不协调、不一致的现象。

（4）“多张皮”的问题。标准化文件存在“两张皮”或“多张皮”现象，企业内一套标准体系与一套或多套程序文件相互交叉、重叠；一套岗位标准和一套岗位说明书共同存在，员工不知道以哪套标准化文件为依据，无所适从。

（5）“空壳体系”的问题。企业建立了标准体系表，标准体系结构图、标准明细表、标准体系表编制说明表面看起来很完善，但体系内的标准没有文本，只有标准明细没有标准文本，或大部分经久失修，体系框架有形无神、无内核，称之为“空壳体系”。

通过交流、学习，理解和掌握企业标准化体系建设的基本概念，按照科学的方法进行标准体系的构建，做到相互协调、相互配套，内容完整、齐全，不交叉、不重复，力争以一套体系解决企业面临的不同问题，避免企业建立多套体系。

四、体系构建的基本理念与主要原则

1. 基本理念

企业应该根据其实际情况策划和建立企业的标准化体系，并根据内外部环境变化、企业发展需求不断调整或优化企业标准体系。遵循体系构建的基本理念包括：

（1）坚持需求导向。以企业战略需求、业务需求为导向，充分考虑企业内外部环境因素和相关方的需求与期望，以实现企业发展战略为根本目标，确定企业标准体系的内容和范围，构建企业标准体系，并融入企业经营管理系统。

（2）坚持创新设计。发电企业可按照 GB/T 13016—2018、GB/T 13017—2018 和 DL/T 485—2018 等标准给出的企业标准体系构建原则和要求，参考给出的范例，根据企业实际进行创新设计，构建系统、协调、适应企业发展战略和经营管理需要的企业标准体系，切忌生搬硬套和“拿来主义”。

（3）坚持系统管理。运用系统管理的原理和方法，开展企业业务识别，建立企业标准体系，并与企业经营管理系统充分融合、相互协调，发挥系统效应。

（4）实现多体系整合。发电企业应按照“简化、统一、协调、优化”的原则，依据 DL/T 1004—2018 的原则和方法，将各管理体系的文件、规范、标准、制度等进行整合并纳入企业标准体系，将各管理体系的通用要求合并，特定要求保留，减少文件化信息的重复编制。

（5）坚持 PDCA 循环法则。采用“PDCA（策划—实施—检查—处置）”的循环管理模式，运用于企业标准体系优化设计与运行的全过程管理。

2. 主要原则

（1）目标明确。标准体系是为业务目标服务的，根据不同的目标可以编制不同的企业标准体系表，因此，建立标准体系应首先明确目标，既包括标准化覆盖的业务范围，也离不开工作要实现的目的。企业可以围绕提高电能的品质和企业可提供的能源产品品种（供冷、供热、副产品）、确保生产安全和人身安全、保护环境等方面确定目标。

策划标准体系的范围不同，体系的结构和内容就不同。如企业尚未开展全面的标准化工作，可以围绕加强安全、环境保护、职业健康的管理，构建有关环境、安全和职业健康标准的数量或内容；如煤电企业为了降低燃料资源消耗这一专题，就可围绕企业燃料采购、采质化验、燃烧效率控制等建立模块化的标准体系，指导标准化专项活动。

（2）全面配套。企业标准体系的构建要体现系统整体性，企业的技术标准体系、管理标准体系和岗位标准体系都应该建立起来，即体系的子体系及子子体系的全面完整和标准明细表所列的标准全面完整。只有“全”才能充分体现企业标准体系的整体性，才能使企业管理形成系统管理；只有“全”才能从子项标准中提炼出共性标准，做到不重复、不漏项。

发电企业本身是一个由若干子系统组成的大系统，因此支撑企业目标实现的企业标准体系的建立应该遵循系统的原则，在识别企业现行及未来生产、经营和技术管理业务、过程及相关活动的基础上，要实现覆盖全部业务，相关的技术标准应齐全，与实施技术标准相关的管理标准应配套齐全，促进技术标准、管理标准落地的岗位标准也应齐全，没有死角空白点。

（3）层次适当。

1）企业标准体系的标准是严格按照其内在联系组成的，不是简单的标准文本的堆积。体系内标准的内在联系包括从下而上的共性形成或制定关系和从上而下的指导或贯彻关系的结构联系。

2）企业标准体系表编制应根据标准的适用范围，恰当地将不同的标准安排在不同的层次上。企业标准体系表中的标准，上下、左右关系要理顺。上层标准有改变，下层标准也要跟着改变。应用范围广的标准应安排在高层次上，应用范围窄的标准应安排在低层次上，一般应尽量扩大标准的适用范围或尽量安排在高层次上，即应在大范围内协调统一的标准不应在数个小范围内各自制定，以达到体系组成尽量合理简化。

3）标准体系的层次不宜太多。企业标准体系表的表述形式应简洁明了，表述内容应通俗易懂，不仅要让标准化专业人员理解掌握，而且便于企业员工理解和执行。

（4）划分清楚。标准体系表内的各子体系的范围和边界的确定，主要应按专业或门类等标准化活动性质划分，而不宜按行政机构的管辖范围而划分。应运用产品实现过程管理方法界定企业标准位置，确保标准的唯一性，同一标准不应同时列入两个或两个以上子体系中，即一项专业标准只能进入一个体系（子体系），一项标准只能明确一个负责人（标准责任部门及岗位），避免重复和空白。

标准所属门类的划分应按标准的功能划分，而不是按照行政系统划分，避免将应该制定成一项标准的同一事物或概念，由两项以上标准同时重复制定或无人制定。管理标准应按管理性质和标准的功能划分，即功能相同的标准应组成一个子系统，而不应按行政划分（即不应按部门分管的范围划分）。

（5）协调一致。协调一致不仅同一层次或上下层次的标准之间应达到，各子体系之间也应该达到，还要求企业融入其他专业管理体系的全部内容、避免重复；选用或制定标准应均不违反国家有关法律法规和强制性的标准；考虑生产各环节之间的协调配合，职能和流程间互不冲突。

协调一致还要求企业结合本企业需求情况，充分采用和贯彻国家、行业、团体、地方标准和国际标准，纳入企业标准体系并实施，便于企业间的交流和对标。

（6）动态发展。技术在发展、时代在进步、人员在更新，因此企业标准体系既不可能是封闭的，也不可能是绝对静止的，而是动态发展的，总是处于从一个稳态到另一个新的稳态的发展过程和阶段，每个阶段的标准体系表中呈现的只是当前阶段的结果，所以标准体系处于不断进化的过程，这就是标准系统的动态发展性，不能出现因标准更新不及时、体系陈旧不适应的问题。

随着企业的发展、机构的调整、设备的更新，标准体系需要不断地淘汰那些不实用的技术及相关标准，及时补充新的标准，企业标准体系表中的标准均应现行有效，没有过期废止的各类、各级标准，如有关国家标准或行业标准滞后于企业生产经营和技术水平时，则应制定替换为企业标准，从而使标准体系内的标准起到指导企业标准化工作的作用。

第三节　企业标准体系结构图

发电企业因其所属集团管理理念、组织机构设置以及具体的标准化需求的不同，故需借鉴国家、行业标准给出的标准体系结构框架，组织构建企业的标准体系结构图。

一、企业标准化工作现状分析与需求调研

标办应结合业务梳理，组织开展企业标准化现状调研与分析，梳理企业标准化建设的需求，为明确标准体系建设的愿景、近期拟达到的目标奠定基础，调查研究通常包括下列内容：

（1）业务现状及发展方向；

（2）需要构建标准体系的业务范围和边界；

（3）行业先进企业标准化的情况；

（4）现有标准化基础，包括已制定的标准和已开展的相关标准化研究项目和工作项目；

（5）组织机构与人员情况；

（6）存在的相关问题；

（7）对标准体系的建设需求；

（8）员工对企业标准化管理体制机制的建议。

充分地调研分析和总结归纳，找出企业存在的问题和差距，标办向企业标准化委员会提交调查报告，提出企业标准体系建设的初步设想、思路和下一步的相关建议。

二、确定企业标准体系结构

标准体系结构图功能和作用在 GB/T 13016—2018、GB/T 13017—2018 中从不同的角度给

予了说明，具体如下。

（1）GB/T 13016—2018：标准体系结构图用于表达标准体系的范围边界内部结构以及意图。标准体系的结构关系一般包括上下层之间的“层次”关系，或按照一定的逻辑顺序排列起来的“序列”关系，也可由以上几种结构相结合的组合关系。

（2）GB/T 13017—2018：企业标准体系结构图是描述企业标准体系结构关系的逻辑框图，包括内外部相关环境以及内部各子体系的相互支撑、相互配合的逻辑关系。

在 GB/T 13017—2018 中给出了功能结构、属性结构或序列结构 3 种模式，供企业根据实际情况进行选择，相关内容简述如下，详细内容见 GB/T 13017—2018 中条款。

1. 功能结构标准体系

企业标准体系功能结构由产品实现 / 服务提供标准体系、基础保障标准体系和岗位标准体系 3 个子体系组成，如图 4–1 所示。

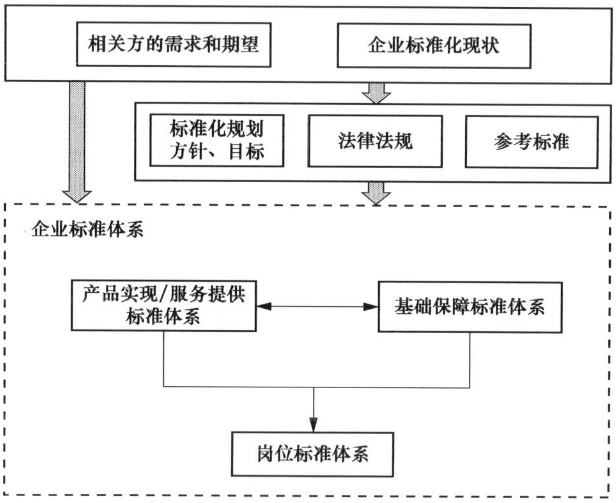

图 4–1　企业标准体系功能结构

（1）“相关方的需求和期望”和“企业标准化现状”是企业构建标准体系前应识别和分析的要素，是构建企业标准体系的源。

（2）“标准化规划方针、目标”是指企业愿景、价值定位以及与企业战略相匹配的标准体系构建规划，包括企业标准体系构建的远期和近期规划目标，为实现企业业绩体系构建所需的内容、要求及保障。

（3）“标准化规划方针、目标”是依据“相关方的需求和期望”和“企业标准化现状”制定，它和企业适用的“法律法规”“参考标准”共同构成企业标准体系构建所需的上层文件，用于指导构建企业标准体系，不列入企业标准体系。

（4）“法律法规”是指企业在生产经营过程中应遵守的法律法规，尤其是涉及人身财产安全、环境保护、职业健康卫生、劳动保护等与标准化紧密相关的法律法规。

（5）“参考标准”是指对于企业有指导作用的标准，这些标准通常不在企业范围内直接使用，而是经过企业的识别和归纳，将其中适用的内容转化在企业标准中。

（6）“产品实现 / 服务提供技术标准体系”和“基础保障标准体系”构成了企业标准体系的两个主体分支，共同服务于企业的业绩。

（7）“岗位标准体系”是“产品实现服务提供标准体系”和“基础保障标准体系”在岗位上落地的标准集合，依据“产品实现服务提供标准体系”和“基础保障标准体系”制定，落实“产品实现服务提供标准体系”和“基础保障标准体系”的要求。

2. 属性结构标准体系

企业标准体系属性功能结构由技术标准体系、管理标准体系和工作标准体系 3 个子体系组成，如图 4–2 所示。方针目标、法律法规、基础目标是企业建立标准体系的指导标准。

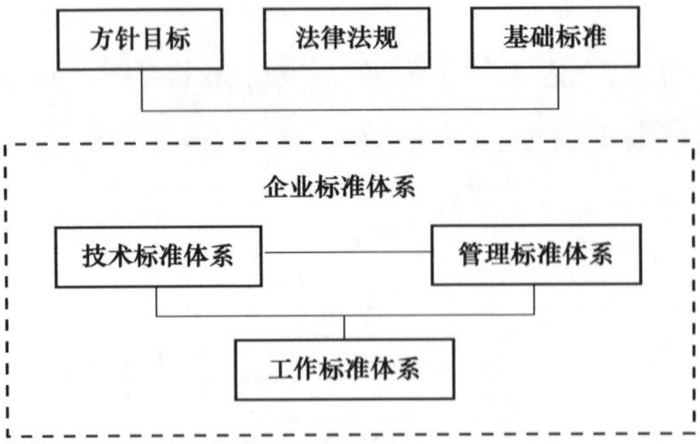

图 4–2　企业标准体系属性结构

（1）“方针目标”“法律法规”“基础标准”是构建企业标准体系的依据和外部环境，属于上层文件。

（2）“方针目标”是指企业标准化方针和目标，提出了企业标准化工作的愿景、价值定位、实施策略和近期阶段性的目标等。

（3）“法律法规”是指企业在生产经营过程中应遵守着法律法规，尤其是涉及人身财产安全、环境保护、职业健康卫生、劳动保护等与标准化紧密相关的法律法规。

（4）“基础标准”包括国家、行业、地方、团体、国际标准等，为了降低成本，提高技术兼容性，企业应采用公开发布的外部标准；企业采纳的基础标准是在企业已经采用、拟实施或正在实施的国家、行业、团体、地方标准或国际标准；通常不单独列出，融入各相关子体系中，需要时也可单独列出。

（5）“技术标准体系”和“管理标准体系”间的连线表示二者之间的交互制约作用。

（6）“工作标准体系”同时实施“技术标准体系”和“管理标准体系”中的相关规定，是技术标准和管理标准共同指导或制约下的下层标准。

3. 序列结构标准体系

序列结构指围绕着产品、服务、过程的生命周期各阶段的具体技术要求或空间序列等编制出的标准体系结构，一般用于局部标准体系的构建。图 4–3 是企业标准体系（企业价值链）序列结构示意图。企业价值链序列围绕企业的价值链而展开的序列结构，从企业的战略与文化、业务经营、管理支持等三大方面分解。本书关于业务识别梳理就是遵照价值链的思路进行的，相关内容参见本章第二节的描述。

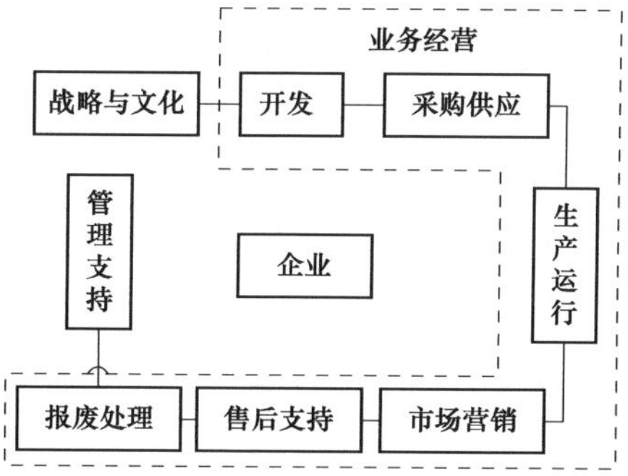

图 4-3　企业标准体系（企业价值链）序列结构示意图

三、发电企业标准体系结构图

发电行业依照企业标准化系列国家标准的理念和原则，基于需求导向，充分考虑了电力企业生产特点和需要，吸收了国家标准中“层次结构”和“属性结构”标准体系中适合电力行业特点的内容，DL/T 485—2018 给出了属性结构的电力企业标准体系结构图，如图 4-4 所示。图 4-4 显示，电力企业标准体系结构分两层。虚线框中的上层文件是指指导和制约企业标准体系的要素，包括“企业标准化方针、目标”“企业适用的法律法规”、“指导标准和相关文件”。

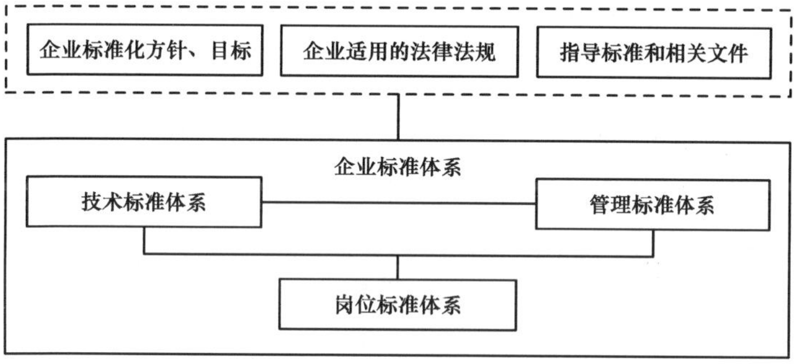

图 4-4　属性结构的电力企业标准体系结构图

（1）“企业标准化方针、目标”是指企业愿景、价值定位以及与企业战略相匹配的标准体系构建规划，包含企业标准体系构建的远期和近期规划目标，为实现企业业绩体系构建所需的内容、要求及保障。它和“企业适用的法律法规”“指导标准和相关文件”共同构成企业标准体系构建所需的上层文件，用于指导构建企业标准体系，不列入企业标准体系。

（2）“企业适用的法律法规”是指企业在生产经营过程中应遵守的法律法规，尤其是涉及人身财产安全、环境保护、职业健康卫生、劳动保护等与标准化紧密相关的法律法规。企业适用的法律法规是对企业标准体系内标准要求的制约，企业标准体系内的标准必须贯彻落实法律法规规定，相关要求不能低于法律法规的要求、不能违反法律法规的要求。

（3）“指导标准和相关文件”是企业标准编制过程中应符合的标准或规范性文件，如企业使用的国家、行业基础标准，已转化为企业标准的国家、行业、地方、团体标准，企业行政部门规范性指导文件，企业业务主管部门规范性指导文件等，这些标准通常不在企业范围内直接使用，而是经过企业的识别和归纳，将其中适用的内容转化在企业标准中。

实线框中的下层文件是电力企业标准体系，包括技术标准体系、管理标准体系和岗位标准体系。技术标准体系和管理标准体系之间的连线表示两者相互关联，技术标准体系通过管理标准体系落实，同时管理标准体系保障技术标准体系的落实。技术标准体系和管理标准体系与岗位标准体系的连线，表明技术标准体系和管理标准体系要对接到岗位标准体系中落实，同时岗位标准体系保障技术标准体系和管理标准体系的实施。

发电企业标准体系以技术标准体系为主体，管理标准体系和岗位标准体系相配套，三大标准体系的逻辑关系如下：

（1）技术标准体系和管理标准体系位于标准体系第一层次。技术标准体系由企业收集的适用国家、行业、地方、团体等外部标准，以及企业自编的标准等构成。

（2）管理标准体系是技术标准体系支撑性文件。管理标准体系中的管理标准主要是为支持技术标准而制定的，通过确保技术标准实施促进企业产品（服务）实现。应依据技术标准制定和实施管理标准。管理标准应明确企业归口管理部门，负责建立、实施、保持和改进管理标准体系，促进企业规范化和标准化管理。

（3）岗位标准体系是企业标准体系保证性文件。岗位标准体系表是企业标准体系中的第二层次文件，技术标准体系和管理标准体系最终要通过岗位标准体系来实现。

四、综合能源服务企业体系结构图

随着电力体制的改革和技术进步，发电企业业务已在不断扩展，很多企业已经不再是仅仅提供单一电能“产品”的企业了，已经逐渐成为提供包括电能、热力、热水、冷气、副产品（粉煤灰、石膏）和用户能源管理服务的综合能源服务公司。对于综合能源服务的能源企业在开展标准化工作的过程中，应该要更加关注“相关方的需求和期望”和“企业标准化现状”，因为这是构建企业标准体系的源。综合能源服务企业标准体系结构如图 4–5 所示。

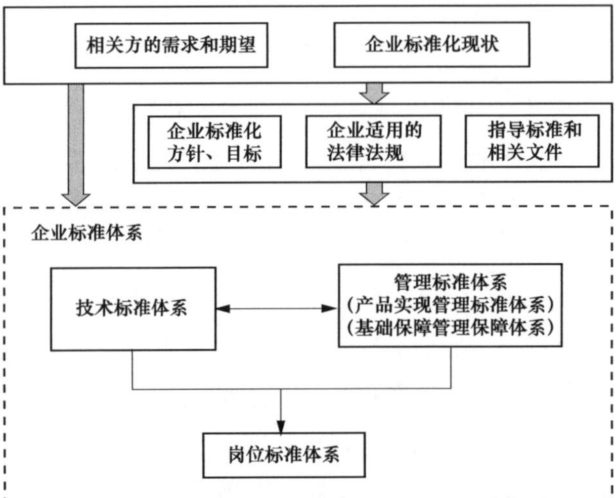

图 4–5　综合能源服务企业标准体系结构图

五、法律法规体系结构示意图

法律法规体系结构可对应企业管理标准体系结构设置，也可结合质量管理体系、环境管理体系、职业健康安全管理体系、能源管理体系、内部控制体系等多管理体系的要求设置。企业适用的法律法规主要包括但不限于：标准化类法律法规、质量技术类法律法规、安全生产和职业健康类法律法规、节能环境类法律法规、财务类法律法规、经营类法律法规和党群行政类法律法规七大类，如图 4–6 所示。

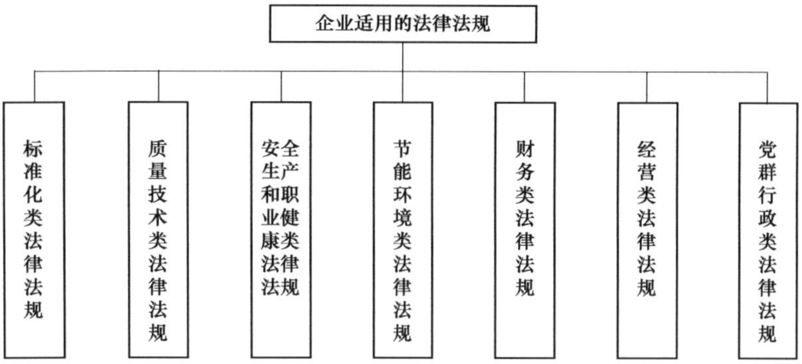

图 4–6　企业适用的法律法规体系结构图

法律法规子体系包含的主要内容如下。

（1）标准化类法律法规包括但不限于：《标准化法》及实施细则等。

（2）质量技术类法律法规包括但不限于：《中华人民共和国计量法》《电力工业技术管理法规》《电力系统继电保护技术监督规定》等。

（3）安全生产和职业健康类法律法规包括但不限于：《中华人民共和国安全生产法》《中华人民共和国消防法》《中华人民共和国突发事件应对法》《中华人民共和国特种设备安全法》《中华人民共和国治安管理处罚法》《中华人民共和国职业病防治法》等。

（4）节能环境类法律法规包括但不限于：《中华人民共和国节约能源法》《中华人民共和国环境保护法》《中华人民共和国清洁生产促进法》《中华人民共和国水污染防治法》《中华人民共和国固体废物污染环境防治法》《中华人民共和国大气污染防治法》等。

（5）财务类法律法规包括但不限于：《中华人民共和国企业所得税法》《中华人民共和国会计法》《中华人民共和国税收征收管理法》《中华人民共和国预算法》《中华人民共和国票据法》等。

（6）经营类法律法规包括但不限于：《中华人民共和国公司法》《中华人民共和国招标投标法》《中华人民共和国电力法》《中华人民共和国统计法》《中华人民共和国招标投标法实施条例》《电力监管条例》《电力业务许可证管理规定》等。

（7）党群行政类法律法规包括但不限于：《中华人民共和国监察法》《中华人民共和国审计法》《中华人民共和国工会法》《中华人民共和国公职人员政务处分法》《中国共产党党内监督条例》《国有企业领导人员廉洁从业若干规定》等。

六、指导标准和相关文件体系结构示意图

指导标准通常不在企业范围内直接使用，而是经过企业的识别和归纳，将其中适用的内容转化在企业标准中。应包括上级单位或主管部门制定的标准、制度等其他标准化文件，可以细分为标准化工作导则、通用技术语言标准、量和单位标准、数值与数据标准、互换性与精度及通用标准、环境保护安全通用标准、各专业的技术通则与导则、上级标准化文件等八大类，如图 4–7 所示。

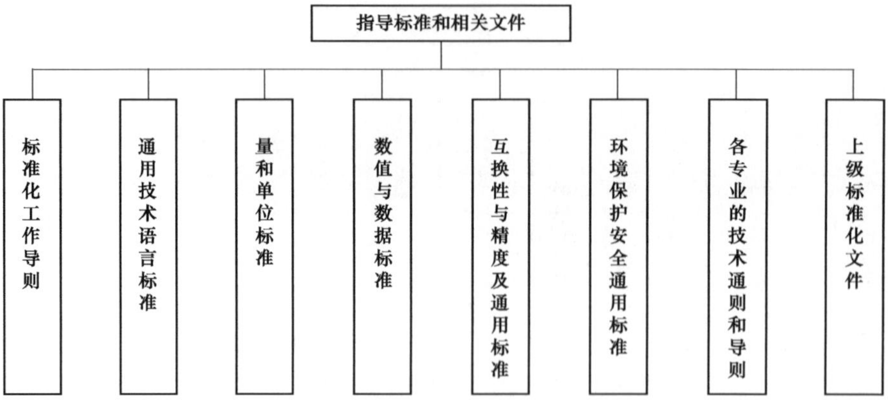

图 4–7　企业指导标准和相关文件体系结构图

各子体系包含的相关内容如下。

（1）标准化工作导则包括但不限于：标准的结构和编写规则、标准中规范性技术要素内容的确定方法、各类标准的通用编写规定、各管理体系要求等标准。

（2）通用技术语言标准包括但不限于：全国通用的综合性术语标准，行业通用的术语标准，符号、代号、代码、标志、制图等技术标准。

（3）量和单位标准包括但不限于：对于量和单位国家标准应强制执行，企业可直接采用，也可根据需要选择部分内容，转化为企业标准，转化为企业标准后的量和单位标准，纳入指导标准体系。

（4）数值与数据标准包括但不限于：生产经营中各种极限数值的判定与表示标准、包含有特性值和数据表的标准。

（5）互换性与精度及通用标准包括但不限于：互换性与精度标准及实现系列化的标准。

（6）环境保护安全通用标准包括但不限于：环境保护、安全通用标准。

（7）各专业的技术通则和导则包括但不限于：发电企业机、炉、电、热、化、燃料、档案等各专业技术通则和导则。

（8）上级标准化文件包括但不限于：集团公司、省（区域）公司的制度等标准化文件。

第四节　企业标准体系

一、技术标准体系

1. 子体系划分及要求

发电企业技术标准体系内容应覆盖和满足发电生产经营全过程的技术要求。应根据业务需要，确定、选用或自行制定技术标准。按照 DL/T 485—2018 给出的发电企业技术标准体系框架，包括设备设施和材料，运行和维护，检修，技术监督，测量、检验和试验，质量、营销和服务，安全与职业健康，能源和环境，标准化和信息技术等九个门类，如图 4–8 所示。

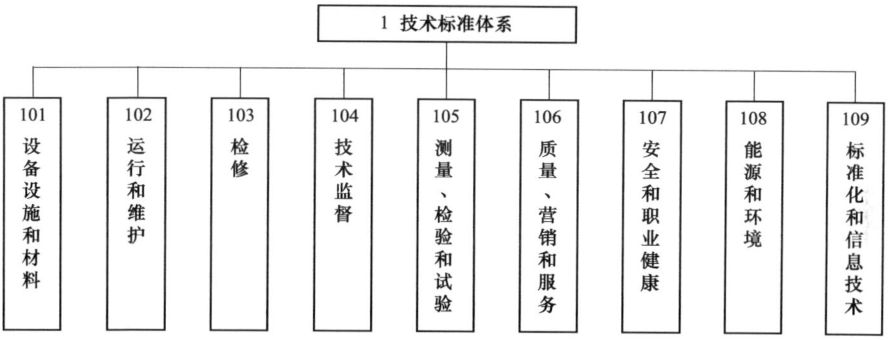

图 4–8　发电企业技术标准体系结构图

2. 各子体系包含的具体内容

（1）设备设施和材料技术标准包括但不限于：设备设施选型的技术要求、备品备件及材料的采购技术要求。

（2）运行和维护技术标准包括但不限于：发电运行和维护，设备设施及系统的运行与维护等技术标准。

（3）检修技术标准包括但不限于：设备及系统的检修技术标准及检修规程等。

（4）技术监督技术标准包括但不限于：电能质量监督、绝缘监督、电测监督、保护与控制系统监督、自动化监督、信息通信监督、节能监督、环境保护监督、化学监督、热工监督、金属监督、汽轮机监督等技术标准。

（5）测量、检验和试验技术标准包括但不限于：测量、检验、试验方法，测量设备设施检定、校准等技术标准。

（6）质量、营销和服务技术标准包括但不限于：电能的电压、频率、谐波、可靠性，热能产品压力、温度、流量等性能技术参数，营销和服务规范等技术标准。

（7）安全与职业健康技术标准包括但不限于：通用标准、应急安全、事故处置，职业健康等技术标准。

（8）能源和环境技术标准包括但不限于：通用标准、能源使用、能源消耗、污染物排放等技术标准。

（9）标准化和信息技术标准包括但不限于：通用标准、标准化、科技、档案、信息应用、通信等技术标准。

二、管理标准体系

1. 子体系划分及要求

管理标准的首要任务是保证企业技术标准的实施，管理标准体系构成形式，应与相应技术标准协调一致。管理标准体系应能涵盖企业生产经营管理中各项重复性的管理活动。依据企业业务名录清单，按照 DL/T 485—2018 给出的发电企业管理标准体系框架，由产品实现管理标准体系和基础保障管理标准体系组成，如图 4–9 所示将体系划分为 17 类。

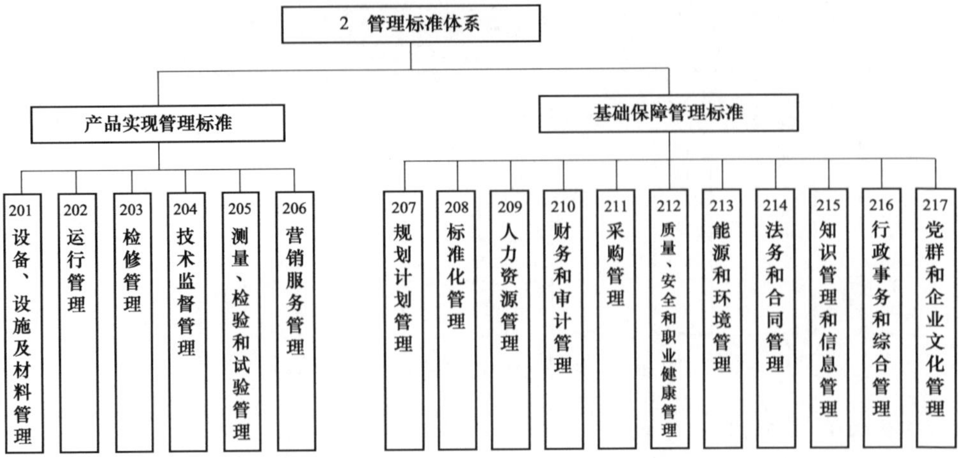

图 4–9　发电企业管理标准体系结构图

产品实现管理标准包括设备、设施及材料管理，运行管理，检修管理，技术监督管理，测量、检验和试验管理，营销服务管理；基础保障管理标准包括规划计划管理，标准化管理，人力资源管理，财务和审计管理，采购管理，质量、安全和职业健康管理，能源和环境管理，法务和合同管理，知识管理和信息管理，行政事务和综合管理，党群和企业文化管理。

2. 子体系包含的内容

（1）设备设施及材料管理标准包括但不限于：设备设施的定置、标识、台账、可靠性、维护、点检、异动、缺陷、改造、报废、特种设备及工器具、材料等有关的管理标准。

（2）运行管理标准包括但不限于：生产调度、运行值班、工作票、操作票、巡回检查、设备定期试验及轮换、运行分析与报告、优化运行等有关的管理标准。

（3）检修管理标准包括但不限于：检修策划、检修准备、检修实施（如质量、安全、进度）、验收评价、检修技术资料等有关的管理标准。

（4）技术监督管理标准包括但不限于：技术监督的内容、方法、结果等有关的管理标准。

（5）测量、检验和试验管理标准包括但不限于：电力设备、继电保护、电力电子、仪器仪表等监视和测量管理，计量管理、检验、试验和化学检测等有关的管理标准。

（6）营销服务管理标准包括但不限于：销售市场调研、拓展、交易、客户服务及满意度调查、售后服务等有关的管理标准。

（7）策划计划管理标准包括但不限于：企业发展规划、计划的编制、调整、执行等企业各项规划、计划管理标准。

（8）标准化管理标准包括但不限于：标准化工作组织与开展、各类标准化组织与人员的职责、标准制（修）订、标准实施与检查、标准复审、标准化信息、参与各类标准化活动、标准化工作评价和改进、标准化奖励、标准化经济效益与社会效益评价等管理标准。

（9）人力资源管理标准包括但不限于：劳动组织、劳动关系、绩效、薪酬福利保障、培训和人才开发等管理标准。

（10）财务和审计管理标准包括但不限于：预算、决算、核算、成本、资金、资产、投融资、税务和审计等管理标准。

（11）采购管理标准包括但不限于：采购计划、供应商、招投标、采购验收等管理标准。

（12）质量、安全和职业健康管理标准包括但不限于：质量、安全和职业健康管理的策划、建立、实施、评价、改进的管理标准。

（13）环境和能源管理标准包括但不限于：环境监测、污染物排放等环境管理标准，能源计量、能源消耗、能源绩效等能源管理标准。

（14）法务和合同管理标准包括但不限于：法人授权、章程及出资协议、证照、合规经营、法律纠纷案件等管理标准，合同授权、谈判、起草、审批、执行、保管、纠纷处置、销毁以及合同分类等管理标准。

（15）知识管理和信息管理标准包括但不限于：知识鉴别、创造、获取、存储、共享、应用等知识管理标准，信息收集、加工、传递、使用、储存等管理标准，档案收集、鉴定、整理、保管、检索、使用等档案管理标准。

（16）行政事务和综合管理标准包括但不限于：行政、文秘、涉外事务、治安保卫等行政事务管理标准，生产经营管理活动中的创新、积累、推广、应用等管理标准。

（17）党群和企业文化管理标准包括但不限于：党的建设、共青团、工会等管理标准，理念信念、价值观念、诚信建设、社会责任、企业群体意识、职工素质和优良传统、道德意识等精神文化管理标准，各种行为规范、领导体制、沟通协调、礼仪管理、纪律管理等制度文化管理标准，企业标识、产品形象、环境建设以及文化传播等物质文化管理标准。

特别强调的是，企业在构建企业标准体系时，应充分考虑与相关管理体系（如质量管理体系、环境管理体系、职业健康安全管理体系、风险控制管理体系）等的融合问题，按照第八章的要求，将多标体系整合纳入企业标准体系中，避免多套文件交叉重叠、多张皮的现象。

三、岗位标准体系

企业所有的技术活动和管理活动都是通过岗位上的人来实现的。通过岗位标准，对管理环节中的内容、条件、职责进一步明确，把工作中应实施的技术标准、标准化作业指导书和管理标准的要求落实到相应岗位当中。

依据 DL/T 485—2018 的要求，发电企业岗位标准体系由决策层岗位标准、管理层岗位标准和操作层岗位标准构成，发电企业岗位标准体系结构如图 4–10 所示。

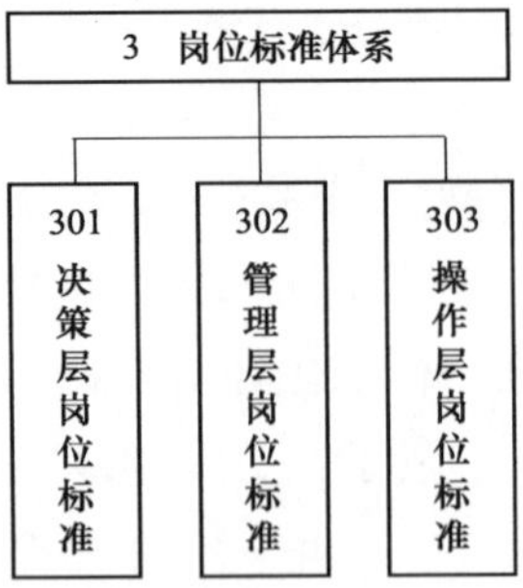

图 4–10　发电企业岗位标准体系结构图

岗位标准体系应与企业组织机构和岗位定编保持一致，每个岗位都应制定岗位标准，岗位标准体系应完整、齐全。子体系包含的内容如下：

（1）决策层岗位标准由决策层人员岗位标准组成；

（2）管理层岗位标准由中层管理人员岗位标准、一般管理人员岗位标准及管理人员通用岗位标准组成；

（3）操作层岗位标准由操作人员岗位标准和操作人员通用岗位标准组成。

第五节　明细表、统计表及编制说明

一、标准明细表的设计与要求

1. 标准明细表应该表达的信息和要求

标准明细表应与企业标准体系结构图对应，标准明细表中的标准是企业标准体系结构图的细化和内容展示。企业标准明细表的编制应通过专业人员对内容确认，确保体系表中的各项标准都能在企业生产、经营、管理中得到使用，明细表中应明确责任部门，便于对标准识别、收集、跟踪、更新和监督检查，标准明细表应及时调整、更新和完善。

标准明细表一般应包括序号、体系代码、标准编号、标准名称、责任部门等内容（见表 4–2）。

表 4–2　标准明细表

序号	体系代码	标准编号	标准名称	实施时间	被代替标准号	责任部门

注　纳入体系的标准化文件为制度形式的，其编号为发文文号。

标准明细表中的每类标准均应有体系代码。体系代码应能反映该标准在体系内的位置及其与其他标准的关系。体系代码的意义与编码方法如表 4–3 示例（BZ207，BZ 为基础保障标准体系的代号，2 代表管理标准体系，07 是基础保障管理标准体系的第 7 个子体系为规划计划管理子体系）。每类标准可以是一个标准也可以是多个标准。

表 4-3　　体系代码编码及使用（示例）

序号	体系代码	标准编号	标准名称	实施时间	被代替标准号	责任部门
1	BZ207	Q/×× ××××	目标指标及对标管理	××××	××××—××××	××××
2	BZ207	Q/×× ××××	规划、计划管理	××××	××××—××××	××××
……	……	……	……	……	……	……

2. 明细表中技术标准

（1）排列原则。技术标准体系明细表应按照企业标准体系结构图进行设计，对于每个业务模块中标准，应按照国家标准、行业标准、地方标准、团体标准、企业标准、国内有关文件、国际标准、国际有关文件顺序排列，同一类标准先按标准代号拉丁字母和（或）阿拉伯数字顺序排列，再按标准顺序号排列。纳入体系的技术标准不需改变原标准编号，只需明确体系代码。

（2）内容管理。对于初建标准体系的发电企业，企业技术标准分委会组织各部门专业技术人员，分析企业生产、经营业务情况，识别适用的国家标准、行业标准、团体标准、地方标准、上级技术标准、国际标准或国外先进标准，以及企业现有的技术标准和拟编制的技术标准。

企业的标准工作票、标准操作票、标准隔离证书、应急预案（现场处置方案）等文件不适合纳入标准体系，应在对应的《两票管理标准》《应急管理标准》《文件与记录管理标准》中，将标准工作票、标准操作票、标准隔离证书、应急预案的编制、使用、检查、改进等管理活动进行规范。

3. 明细表中管理标准

（1）排序原则。管理标准明细表应按照管理标准体系结构图进行设计，对于每个子体系中的标准（制度），一般应按照企业直接执行的上级制度、企业标准、企业规章制度的顺序排列。

（2）内容管理。管理标准分委会负责企业标准明细表中管理标准的管理：

1）组织各部门梳理企业的规章制度，直接纳入或整合纳入管理标准体系。

2）组织各部门识别、梳理适用的上级制度文件，将企业直接执行的上级制度，纳入管理标准明细表。

3）将需贯彻转化的上级制度，贯彻转化纳入企业的管理标准（制度）当中，已贯彻转化后的上级制度文件，纳入指导标准明细表。

4. 明细表中岗位标准

岗位标准体系反映了企业特性和管理机构设置情况，岗位标准明细表和岗位名称反映企业岗位设置情况与企业生产特性之间的配套性。

（1）排序原则。岗位标准明细表应按照岗位标准体系结构图进行设计，即按决策层岗位标准、管理层岗位标准、操作层岗位标准排列，其中管理层岗位标准子体系又按管理人员通用岗位标准、中层人员岗位标准、一般管理人员岗位标准排列；操作层岗位标准子体系按操作人员通用岗位标准、操作人员岗位标准排列。

（2）内容管理。岗位标准分委会应组织梳理企业组织职位体系，对照组织职位图，编制岗位标准明细表，做到每个岗位都有岗位标准，实现全岗位覆盖。结合企业实际，进行岗位性质分类，制定岗位性质分类规定，明确决策层、管理层、操作层人员岗位，使企业标准体系的构建及运作与企业实际相符。

组织梳理通用岗位标准。对同一类型、同一层级的岗位通用要求和职责进行界定，如中层管理人员通用岗位标准、一般管理人员通用岗位标准、操作人员通用岗位标准、党支部书记通用岗位标准等，为企业各个岗位提供依据。

二、编制标准统计表

标准统计表是企业标准体系表的组成部分和表现内容之一，宜使用信息化手段实现。标准统计表格式根据统计目的而设置不同的标准类别及统计项，一般格式见表4–4。统计表应根据企业标准明细表中标准变化情况及时调整。

表4–4　标准统计表

标准类别	企业标准	团体标准	地方标准	行业标准	国家标准	国际标准	合计
设备设施与材料							
……							
总计							

三、标准体系表编制说明

标准体系表编制说明大纲范例参见第十二章的相关内容。通常内容包括但不限于：

（1）企业现状和标准化工作情况分析；

（2）编制目标、依据及原则；

（3）体系框架结构说明；

（4）与法律法规、强制性标准、上级制度关系；

（5）与其他体系协调配套的情况；

（6）体系运行和评价改进的建议。

四、发布企业标准体系

企业标办应组织企业标准体系表编制工作小组，对企业标准体系表草案进行讨论，并由企业主要领导或其授权的企业相关领导主持研讨会，修改完善企业标准体系表草案，形成征求意见稿。企业标办将企业标准体系征求意见稿向全厂各部门征求意见，根据意见予以修改完善。经企业标准化委员会主任批准，以正式文件发布。企业标准体系发布令范例如图4–11

所示。

关于发布企业标准体系的通知

（发文字号 ××××）

公司各部门：

围绕企业标准化方针、目标，公司在业务梳理和相关方需求分析的基础上，构建了企业标准体系，并按照规定的程序进行了征求意见和审查，经公司标准化委员会批准，现予以发布，请各部门遵照执行。企业标准体系自发布之日起实施，执行过程中发现问题，请反馈至标办（联系人：×××××；电话：××××××××）。

附件：

1. 企业标准体系结构图

2. 企业标准体系文件明细表

3. 企业标准统计表

4. 企业标准体系表编制说明

×××× 发电有限公司

×× 年 ×× 月 ×× 日

图 4–11　企业标准体系发布令范例

企业标准体系表发布实施后，企业应建立维护与改进机制，由标办根据内外部环境的变化进行动态管理、维护、更新，确保体系的适宜性、符合性和有效性。

第五章

标准化规划计划

制订企业标准化规划是“标准化良好行为企业”创建“体系文件编写”阶段的一项重点工作。标准化工作规划可以是独立的文件，也可以是企业战略规划的一部分。

第一节　规划计划的基本要求

一、标准化规划计划的重要性

《辞海》（第七版）中“计划”的基本含义是指人们为了达到一定目的，对未来时期的活动所做的部署和安排；“规划”的基本含义是指比较全面的、长远的计划。可以看出，“规划”也是“计划”，是比“计划”更为全面、长远的“计划”，都属于“计划”工作范畴。从内容角度来说规划侧重战略层面，重指导性或原则性；计划相对规划而言具有微观性、区域性、灵活性和操作性强的特点，所以规划通常更加提纲挈领，计划是规划的延伸与展开，可以通过年度工作计划，来促进规划的落实。

在《管理学》教科书中，罗宾斯博士提出：“管理者们为什么做计划？这是因为计划可以给出方向，减少变化的冲击，使浪费和冗余减至最少，以及设立标准以便于控制。”在《论持久战》这一著作中，毛泽东同志指出：“‘凡事预则立，不预则废’，没有事先的计划和准备，就不能获得战争的胜利”。由此可见计划工作的重要性。

发电企业无论是否开展“标准化良好行为企业”的创建，都依标组织开展生产、经营和管理工作，相关强制性标准都必须执行，因此企业的标准化工作计划是每个企业都需要完成的任务。企业制订的标准化规划一般是指中期（3～5年）计划，很少做长期（通常指5年以上）的计划。编制标准化年度工作计划是企业标准化基本工作之一，一方面可使企业标准化的各项工作能够有目标、有步骤地开展，以便能合理地利用人力、物力和财力等资源，增强工作的主动性，减少盲目性，使工作有条不紊地进行；另一方面，促进企业全力以赴地去实现企业标准化的既定目标，有效地协调企业内外各方面的生产经营活动，使标准化工作与企业总的方针、目标及其他管理工作协调、同步发展。

二、标准化规划制订原则

标准化规划计划工作是一个指导性、预见性很强的管理活动，一般由标办牵头组织制订，宜遵循的基本原则如下：

（1）可行性原则。要以国家、地方政府方针政策以及上级单位的要求为依据，进行系统、全面的调研，分析主客观因素，酝酿、讨论，对未来的工作做出预测和安排，千万不可闭门造车，根据个人的主观愿望、理想、热情和意志来“编造”。

（2）统筹性原则。规划计划不是某一个部门的工作，而是企业一把手工程，要统筹部署，处理好一般工作与中心工作的关系，使各项工作均衡、协调地发展，不能简单从上而下制订下发，也不能简单地从下而上进行汇总，还要依据“轻重缓急”的原则，安排好工作的先后顺序。

（3）明确性原则。规划计划上的任务、指标、措施、办法、步骤、负责部门或个人等应写得具体明确、责任分明。便于执行计划，也便于检查工作。

（4）效益性原则。规划计划的目标、措施等都要考虑节省企业的人力、物力，本着节约的原则；还要考虑企业生产给社会带来的综合效益。

（5）动态调整原则。制订规划计划不宜绝对化，在执行中可根据实际情况的变化进行修订。那些“高大上”的规划计划，看似振奋人心，实为空文；那些要求过低的计划，虽易执行，却不会起到促进工作、鼓舞士气的作用。

三、规划计划编制步骤

企业标准化规划与计划的编制过程，可按以下几个步骤组织开展：

（1）研究过去。研究企业在过往标准化工作中得与失，调研行业企业好的做法、取得的成绩、可借鉴的经验；不仅要从过去发生过的事件中得到启示和借鉴，更重要的是寻找过去通向现在的一些规律，提高企业标准化工作的效率。

（2）认清现在。认识现在的目的在于寻求实现目标的途径。认清现在不仅需要有开放的精神将组织、部门置于更大的系统中，考察环境、对手与组织自身随时间的变化情况与相互间的动态反应。

（3）确定目标与任务。确定目标是决策工作的主要任务。目标为企业、各部门和各成员指明了方向，并且要制定措施、推进任务实施。

四、制订要求

企业标准化规划计划的编制，力争要清楚地确定和描述“5W1H”的内容，“5W1H”含义如下：

（1）What——做什么？要明确组织的使命、战略、目标，以及行动计划的具体任务和要求，明确中心任务和工作重点。

（2）Why——为什么做？论证组织的使命、战略、目标和行动计划的可能性和可行性，也就是说要提供制订的依据。

（3）Who——谁去做？计划不仅应明确规定目标、任务、地点、进度，还应明确负责部门和负责人。

（4）Where——何地做？规定计划的实施地点或场所，了解计划实施的环境条件和限制，以便合理安排计划实施的空间组织和布局。

（5）When——何时做？规定计划中各项工作的开始和完成的进度，以便进行有效的控制和对能力及资源进行平衡。

（6）How——怎样做？制定实行计划的措施以及相应的政策和规则，对资源进行合理分配和集中使用，对人力、生产能力进行平衡，对各种派生计划进行合理平衡等。

第二节　规划与计划的主要内容及编制

一、标准化工作规划的主要内容

标准化工作规划的时间一般为3年，基本内容包括但不限于：

（1）标准化工作现状分析。企业标准化工作现状分析工作可以与企业业务梳理和法律法规识别等工作结合起来进行（相关内容参见第三章），主要从企业组织机构、企业标准、其他管理体系、企业管理制度与其他标准、人员状况等方面进行研究分析。需要分析的对象和要素参见表5–1。

表5–1　企业标准化现状分析

<table>
<tr><th colspan="2">分析对象</th><th colspan="2">要素分析</th><th>结论建议</th></tr>
<tr><td colspan="2">企业组织机构</td><td colspan="2">组织机构与业务流程的适宜性</td><td>优化组织机构或建立，调整相关标准体系</td></tr>
<tr><td rowspan="2">企业标准体系</td><td>已建立</td><td colspan="2">体系的目标性、完整性、适宜性</td><td>企业标准体系的延续，变更或再设计</td></tr>
<tr><td>未建立</td><td colspan="2">体系的必要性</td><td>按照该标准建立企业标准体系</td></tr>
<tr><td rowspan="4">其他管理体系</td><td rowspan="3">已建立</td><td rowspan="2">企业标准文件已整合</td><td>通用性要求</td><td rowspan="3">按照该标准，对各体系内标准文件直接纳入或修订后纳入企业标准体系</td></tr>
<tr><td>特定性要求</td></tr>
<tr><td colspan="2">各管理体系标准未整合</td></tr>
<tr><td>未建立</td><td colspan="2"></td><td>按照该标准建立企业标准体系</td></tr>
<tr><td colspan="2">企业管理制度及其他标准</td><td colspan="2">制度涉及的对象流程等与标准化对象的契合度</td><td>企业标准体系的架构延续、变更或补充，将相关系统性管理活动固化为标准，纳入体系</td></tr>
</table>

注　分析对象可不限于本表所列内容。

分析从总结成绩开始，找出可以加以改进的地方，需要集中力量解决什么问题等，从中得到启示和借鉴；其次要结合国家、上级单位对标准化工作的最新要求，分析标准化工作新形势，找出当前存在的差距；对照企业有效标准清单，检查标准是否得到贯彻，在技术监督、运行规程、检修工艺方面贯彻标准是否达到一致；在管理体制机制还有哪些制约或可优化、改进的方面。为确定标准化工作目标以及工作任务提供依据。

（2）标准化规划编制依据。它包括国家的方针、政策、法令、发展国民经济长远计划对企业提出的任务和社会需求，技术发展以及企业自身条件变化等方面的需求。

（3）标准化方针、总体目标。要明确“做什么”以及行动的具体任务和要求，明确中心任务和工作重点。

（4）编制原则。从标准化工作现状分析中，提炼出企业标准化工作应遵守的基本准则，即标准化工作思路或标准化工作原则等。

（5）主要工作任务。根据总体目标，研究确定具体应该做哪些事情，着力解决现状分析找出的差距或问题。

（6）保障措施。保障措施主要指达到既定目标需要采取什么手段、动员哪些力量与资源、创造什么条件、排除哪些困难等。企业可从组织机构保障、工作机制保障、资金投入保障、政策制度保障等方面制定出相应的保障措施。

标准化工作规划（大纲）示例参见第十二章的相关内容。

二、标准化工作年度计划的内容

组织制订标准年度工作计划，应满足简单、清楚、可操作的基本要求，主要由以下5个要素构成。

（1）工作内容：要做什么或完成什么，即明确工作任务，包含目标、数量、程度等。

（2）工作分工：计划由谁执行，即明确工作任务的担当者及职责。

（3）工作方法：明确完成的方式、方法，包括人员组合、工作路径、验收标准等。

（4）工作进度：明确完成的时间。

（5）工作反馈：在执行过程中发现问题，对人员和方法进行更合理的调整，确保工作计划的顺利进行。

年度标准化工作计划内容包括但不限于：

（1）标准制（修）订计划。编制企业标准制（修）订计划，应依据国家法律法规及上级单位最新要求、科技成果应用和企业标准体系；计划中应列出项目名称、主要内容、工作进度要求、负责起草部门和参加人员等。

（2）标准化培训计划。标准化培训计划可列入企业年度教育培训计划中，应包括培训的对象、培训的内容、标准教材、培训时间、培训资源等内容。

（3）实施标准的项目计划。实施标准的项目计划内容应包括实施标准的名称，实施的时间、方式、步骤，负责人员，工作进度，应达到的要求等。

（4）标准复审计划。复审计划中应列出标准名称、标准编号、起草部门、复审责任部门、复审责任人工作进度要求等。

（5）自我评价工作计划。自我评价工作计划应包括评价目的、评价依据、评价范围、评价组成员、评价日期、评价日程安排等工作内容。

有条件的企业应该还编制以下计划：

（1）采用国际标准和国外先进标准的计划。应包括采用国际标准和国外先进标准的具体项目（标准）以及需要采取的重大技术改造、设备更新和相应的工艺措施等内容。

（2）标准化科研的计划。企业标准化科研计划主要包括两个方面的内容：① 标准化管理研究项目，即针对企业自身标准化管理所进行的研究；② 为制（修）订企业标准需要进行的研究项目、科技成果转化为技术批准（参见第十五章相关内容）。

（3）对外交流与参加国家标准、行业标准计划。主要包括参与国内技术标准化委员会活动，了解国内标准化技术委员会设置情况、关注各级标准化协会以及相关行业协会等社会团体组织开展的标准化活动信息，结合企业人才、技术、资金等情况，制订对外交流活动计划，提交国家标准、行业标准制（修）订申请。

企业在制订以上各项计划时，将经费计划同时考虑，纳入经费预算，以便任务实施。

第三节　规划计划的管理

规划计划管理还包括工作计划的执行、检查、调整、评估等，是一个完整闭环的流程。

一、制订规划计划各岗位职责与任务

为了顺利完成规划计划的编制、组织实施工作，企业决策层领导、中层干部和企业员工都应承担和完成相应的任务，确保各项工作高质高效完成。

1. 企业决策层领导

企业决策层领导的职责与任务包括但不限于：

（1）确定标准化规划的内容范围与原则；

（2）负责审批企业标准化工作规划、计划；

（3）为标准化工作提供必要的人力、经费设施等资源保障；

（4）督促检查与考核激励。

2. 部门领导

部门领导的职责与任务包括但不限于：

（1）参与编制、审核标准化规划、计划；

（2）组织实施标准化规划、计划；

（3）检查评价规划、计划执行情况。

3. 标办及标准化专（兼）职人员

标办及标准化专（兼）职人员的职责与任务包括但不限于：

（1）组织各部门编制标准化工作规划、计划；

（2）组织开展标准化规划、计划的宣贯和学习；

（3）协调督促标准化规划、计划的实施与滚动修订；

（4）组织检查与评价执行情况，提出考核与激励建议。

4. 企业员工

企业员工的职责与任务包括但不限于：

（1）参与编制标准化年度工作计划；

（2）学习理解和主动实施标准化年度工作计划；

（3）提出改进的建议与意见。

二、规划的过程管理与要求

“标准化良好行为企业”在创建阶段，应组织编制企业标准化工作规划，并要根据需要滚动修订。企业标准化规划的编制过程一般可分为启动阶段、调研与准备阶段、编制阶段、审核发布阶段 4 个阶段。

1. 组织制定

首先要成立由标办成员和相关专业人员组成的编制组，确定该次规划工作范围和重点，确定规划的初步提纲，明确质量要求、时间进度、里程碑时间点，确定参编人员分工、职责、界面等事项。

在调研阶段，编制小组要事先进行调研提纲的准备，调研中可以充分利用信息化手段，扎扎实实地接触一线工作场景、一线人员、管理人员、企业决策层领导等各个层面。通过座谈、搜集资料和考察实际工作等方式了解实际情况，掌握外部环境、摸清企业标准化现状与需求。必要时可以到行业先进企业去调研，对标准行业先进找到差距或需求。

在编制阶段，首先对调研、收集的材料进行梳理分析，结合企业发展规划，编制组提出的初步发展目标、任务和需要的资源配置情况，要在公司相关层面进行充分讨论，必要时提交决策层进行讨论，确认并调整发展目标。在规划中本着近细远粗的原则，强调规划工作内容与计划的紧密相关性，按规划年限，把任务、目标、措施落实到年度中。

在审核发布阶段，编制组内部（可以要求标办主任、三个专业委员会挂靠部门领导参会）对照计划进行初步核对、初审，修改完善后召开由最高层领导和中层人员参加规划的评审会（必要时或有外聘专家参加），对规划的全部内容进行确认、审核，经企业标准化管理委员会主任签署发布。标办组织开展标准化规划的宣贯和分解落实工作。每次会议应做好会议记录并形成书面会议纪要。

企业标准化的规划编制应注意的事项包括但不限于：

（1）是否符合国家、行业标准化相关法律法规以及发展规划要求；

（2）是否符合企业发展和员工培养的要求；

（3）是否围绕主业，提升企业核心竞争力；

（4）是否坚持效益优先原则；

（5）是否具有可行性、先进性；

（6）保障措施、资源配置是否恰当。

2. 滚动调整

《中央企业发展战略和规划管理办法》（国资委令第 10 号）中提出“企业发展战略和

规划包括 3 ～ 5 年中期发展规划和 10 年远景目标。编制重点为 3 ～ 5 年发展规划，并根据企业外部环境和内部情况的变化和发展适时滚动调整”要求，企业对发布实施的标准化工作规划进行滚动调整是十分必要的。因为在执行过程当中，由于相关因素发生了变化，从而导致规划的执行或企业的预期结果产生改变，企业适时调整规划，使规划更切合实际，更可行。

那么如何开展规划的滚动调整呢？按照滚动计划法，企业对标准化规划的滚动调整宜逐年进行滚动调整，形成工作制度，即企业三年标准化规划编制完成后，要在规划实施的第一年后，由标办组织企业各部门对规划进行评估，形成评估结果，评估结果报企业主管领导审核通过后，由标办人员对规划修订完善，对后两年规划内容和主要目标进行必要调整，并研究提出新的三年规划目标，形成规划修订草案，按照企业规定的审核程序进行审核，经企业决策层领导审批后，发布实施。除了正常的滚动调整以外，有下列情况出现时，也应组织对规划进行调整：

（1）公司外部环境（如经济形势、产业政策、技术进步、行业竞争态势以及不可抗力）发生重大变化，出现重大机遇或重大威胁；

（2）规划的实施情况与目标出现重大偏差，致使目标难以或不能实现；

（3）公司内部发生重大变化，使规划调整成为必要等；

（4）企业主要领导认为有必要调整时。

企业的标准化方针、目标可纳入企业标准化规划进行管理，随标准化规划一起发布和宣贯。

三、计划的过程管理

1. 制订要求及注意事项

企业标准化年度工作计划编制的时间应和企业综合计划的时间保持一致，一般在每年的四季度开始，一般由标办组织启动标准化计划的编制工作。

企业的年度计划内容应按照本章第二节的要求；计划应按照规定的审核程序进行审核，确保计划的可行、可靠；计划经企业决策层领导审批后发布，由各部门编制部门年度标准化工作计划并组织落实。

标准化年度工作计划的制订应结合企业年度生产、经营、管理等方面的重点工作展开，可能需要从上往下、从下往上几个来回。标办可以先拟一个提纲，组织征集各部门、班组的意见和细化分解的任务，在此基础上进行分析、汇总、提炼，形成工作计划初稿，明确重点任务、目标；工作计划初要在公司相关层面进行充分讨论，必要时提交决策层进行讨论，确认并调整工作目标、任务。

企业年度标准化工作目标制订要求请参见第二章第五节的相关内容。标准制（修）订计划的制订请参见第六章第一节的相关内容。

2. 组织实施，动态调整

企业年度标准化计划一经下达，各责任部门负责人应组织实施计划任务，对计划任务的执行效果进行跟踪，协调人力、物力、财力，做好上传下达的工作，确保计划的实现。如果因为外部环境变化或实施条件的不允许，一般可以在年中对计划进行一次调整，计划的调整需要按照程序进行审批。

3. 检查计划执行情况，进行考核评定

各部门对计划完成质量负责。企业标办应按月监督、检查各责任部门对计划的执行情况，及时发现计划执行过程中出现的各类偏差，对如期高质量完成计划的责任部门或责任人提出奖励建议，对计划完成不符合要求的责任部门或责任人，提出考核意见，企业可以将计划完成情况纳入月度绩效考核中，通过监督、检查、考核评定，促进计划高质高效落实。

4. 计划的总结

每年11月份，由标办组织对年度标准化工作计划完成情况进行总结，梳理重点任务进展、年度目标达成情况，总结经验和成绩，分析存在问题及原因，认真吸取教训，为下一年度标准化工作计划提出建议和意见。

第六章

企业标准的研制与编写

企业标准的研制是企业标准化活动的重要内容，是构建最佳秩序、获得最佳效益的前提。企业应根据生产、经营、管理需要，依据国家法律法规和标准要求，对技术要求、管理事项、岗位标准工作分别制定企业技术标准、管理标准和岗位标准。

第一节　基础知识与要求

创建工作时，集中编制企业标准的工作量非常大，涉及的人员多，时间也较长，一定要做好策划，细化任务与要求，明确职责与分工，才会取得好的效果。

一、标准的分类知识

标准化文件的数量众多、范围广泛，根据不同的属性可以将文件归为不同的类别。确认与定位好标准的类别，能够帮助起草者起草适用性更好的标准。

1. 国际上标准的分类

根据 2008 年版 ISO/IEC 导则第 2 部分国际标准的结构和编写规则的相关规定，国际标准化文件通常包括标准（IS）、技术规范（TS）、可公开提供规范（PAS）、技术报告（TR）、指南（Guide）及文件的某个部分等类别。详细内容参见第十四章的介绍。

2. 我国标准的分类方法

以下分类方法是从不同角度对同一标准集合所进行的划分，因此它们之间有相互交叉的关系，不是非此即彼的对立关系。

按照标准发生作用的范围或审批权限，可分为国家标准、行业标准、地方标准、团体标准、企业标准等，即现行的五级标准。

按照标准化对象可以将标准划分为产品标准、过程标准、服务标准等。

按照标准内容的功能可以将标准划分为术语标准、符合标准、试验标准、规范标准、规程标准、指南标准等。

按照标准对象的归属及在实际实施过程中的作用，可分为基础标准、卫生标准、安全标准、环境保护标准等。

3. 电力行业标准 DL/T 485—2018 中分类

依照系列国家标准的原则，考虑电力企业生产特点和需要，DL/T 485—2018 按照标准的属性，确定了电力行业分为技术标准、管理标准、岗位标准的分类，相关的定义与内涵如下：

（1）技术标准是对企业标准化领域中需要协调统一的技术事项所制定的标准。技术标准中的标准化对象是各种技术问题、技术方法、技术工艺和产品等。

（2）管理标准是对企业标准化领域中需要协调统一的管理事项所制定的标准。“管理事项”主要指在企业管理活动中，所涉及的经营管理、设计开发与创新管理、质量管理、设备与基础设施管理、人力资源管理、安全管理、职业健康管理、环境管理、信息管理等与技术标准相关联的重复性事物和概念。

（3）岗位标准是对企业标准化领域中需要协调统一的工作事项，以岗位作业为组成要素的标准。“工作事项”主要指在执行相应管理标准和技术标准时与工作岗位的职责、岗位人员基本技能、工作内容、要求与方法、检查与考核等有关的重复性事物和概念。

二、企业标准的范围

企业标准是企业组织生产、经营活动的依据。根据国家《企业标准化管理办法》的规定，对于发电企业来说，企业制定标准一般有以下 5 种：

（1）企业生产的产品，没有国家标准、行业标准、地方标准和团体标准的企业，应制定企业产品标准。需要制定和实施满足提供顾客产品需要的技术标准（如提供的热力、蒸汽、制冷及其他副产品的相关标准等）。

（2）为提高产品质量和技术进步，制定的严于国家标准、行业标准、地方标准或团体标准的企业产品标准。对于发电企业“电能”这一产品有国家相关标准对其电压偏差、频率偏差、电压三相不平衡、谐波和间谐波、电压的波动和电压的闪变等指标进行了规范，企业根据自身情况，可以制定严于国家标准规定指标的企业“电能”产品标准，以及促进提升企业供电可靠性、服务质量的其他技术标准（如运行规程、检修规程或检修指导书、技术监督、性能试验与验收等）。

（3）对国家标准、行业标准、地方标准、团体标准的选择或补充的标准。

（4）根据业务梳理和标准识别，确定需要企业编制的生产工艺、检修、技术监督和试验方法标准。

（5）满足企业生产、经营活动需要的管理标准和岗位标准。

三、企业标准项目立项与计划管理

1. 标准项目立项条件

具备下列条件之一者可进行标准制（修）订任务立项，纳入企业计划进行管理：

（1）已有国际标准或国外先进标准文本，企业准备采标的；

（2）有国家标准或行业标准，但需要制定高（严）于这些标准要求的；

（3）相关技术规定、业务管理、岗位要求缺失或漏项的；

（4）经过复审确定修订的；

（5）企业生产流程、设备有更新的；

（6）外部条件、相关方需求发生变化，现有标准不能满足要求的；

（7）管理业务内容、流程有变化的；

（8）岗位资格与能力要求、内容有变化的；

（9）法律法规、强制性标准有新要求的。

企业标准在进行项目立项时，应注意的要点如下：

（1）是否确需制定企业标准，国家标准、行业标准或上级标准能否满足企业要求；

（2）计划项目是否交叉重复；

（3）防止将一个完整的标准分割为多个分标准（根据企业部门的设置将一个完整的业务事项，进行人为的条块分割，与标准因为结构需要而划分为部分标准是两回事）；

（4）对相互引用且配套使用的标准同时列入计划，同时制定和报批。

2. 标准制（修）订任务的管理

“标准化良好行为企业”创建过程中标准制（修）订项目的确定，应该结合企业业务梳理，法律法规的识别，国家标准、行业标准的收集与分析、研究，确定标准缺失项、不符合项、重复项、交叉项，根据业务需求迫切情况，由专业部门提出、标办汇总、各专委会确认、标委会批准，可以单独发文明确创建期的标准制（修）订任务与进度要求，也可以纳入企业创建工作方案中。

企业在日常的标准化工作中，应该由标办组织制订年度的标准制（修）订计划。每年第四季度由标办按照《企业标准化管理办法》的规定，组织征集下一年度标准制（修）订项目计划。各部门所申报项目经标办分类汇总后，发送技术、管理、岗位标准归口管理部门，由其组织对各部门（单位）的标准项目计划进行审核，提出审核意见，由标办汇总编制年度企业标准制（修）订计划，报企业标委会审核、标准化委员会主任批准后以正式文件形式发布实施。

计划可以采取各种形式，实用就行。表 6–1 只是企业计划的格式，企业部门可以根据自己的情况，进行进一步细化或优化。

表 6–1　企业标准制（修）订计划

序号	编号	名称	起草完成时间	征求意见时间	专委会审核时间	标委会审核时间	责任人	归口部门	备注
		…							

注　编号是指标准年度制（修）订任务的计划编号。

标办可以通过任务书（示例见表 6–2）的形式下达制（修）订任务，督促、指导标准归口管理部门开展标准的编制工作。

表 6-2　　企业标准制（修）订任务书（示例）

××××公司标准制（修）订计划项目任务书

编号：××—××××

<table>
<tr><td>项目名称</td><td colspan="5"></td></tr>
<tr><td>制定或修订</td><td colspan="2">□制定　□修订</td><td colspan="2">被修订标准号</td><td></td></tr>
<tr><td>计划起止时间</td><td colspan="5">年　月　日至　年　月　日</td></tr>
<tr><td>主要部门</td><td colspan="2"></td><td colspan="2">主要起草人</td><td></td></tr>
<tr><td>参加部门</td><td colspan="2"></td><td colspan="2">参与人员</td><td></td></tr>
<tr><td>联系人姓名</td><td colspan="2"></td><td colspan="2">联系电话</td><td></td></tr>
<tr><td>查新情况</td><td colspan="5">国家标准、行业标准　□有　□无
国家标准制（修）订计划、行业标准制（修）订计划　□有　□无</td></tr>
<tr><td colspan="6">一、必要性、目的及意义</td></tr>
<tr><td colspan="6">二、范围和主要内容</td></tr>
<tr><td colspan="6">三、相关法律法规、国际标准、国家标准、行业标准、地方标准、团体标准情况等国内外情况简要说明</td></tr>
<tr><td colspan="6">四、标准宣贯实施工作计划</td></tr>
<tr><td colspan="2">负责起草部门意见：
签字（盖章）
年　月　日</td><td colspan="2">标准化专委会意见：
签字（盖章）
年　月　日</td><td colspan="2">标委会意见：
签字（盖章）
年　月　日</td></tr>
<tr><td colspan="6">五、推迟或取消的原因</td></tr>
<tr><td colspan="2">负责起草部门意见：
签字（盖章）
年　月　日</td><td colspan="2">标准化专委会意见：
签字（盖章）
年　月　日</td><td colspan="2">标委会意见：
签字（盖章）
年　月　日</td></tr>
</table>

标准制（修）订计划一经发布，标办要做好过程检查、监督工作，并协调因管理界面及专业衔接产生相关问题，确保标准编写计划顺利实施并取得预期效果。技术标准专委会、管理标准专委会、岗位标准专委会的挂靠部门应负责督促计划项目的完成。

标准制（修）订任务需要推迟或取消的，负责起草的部门要说明原因、提交申请，报技术、管理、岗位标准专业委员会审核，报标委会主任审批。原则上每项任务推迟不宜超过两次。

企业牵头制定的上级、行业、国家的标准项目的进度计划与标准质量应满足上级及相关标委会的要求。主导制定的国际标准应在国际标委会国内对口单位、中电联、国标委的指导性进行。

四、确定标准编制人员

企业标准的质量也是反映企业整体水平的重要方面，一份好的企业标准不仅符合相关规范，还应是该企业长期技术积累、实践经验的总结和升华。所以企业需集中精英人才、技术骨干，经专业培训方能保证完成好这项工作。

成立标准编写工作组是非常必要的，根据业务清单和企业标准体系业务模块的划分，由业务管理部门负责推荐编写组织与人员，要以业务为主线分配编写任务，切忌将有对应关系的技术与管理标准分别对应不同的人，各专业起草负责人一定是该专业主管部门的负责人或首席专家，参与起草人可以是多个部门的人，要体现权威性和代表性。工作组成立后，首先需要制订工作计划，包括工作组内部分工、进度安排、调研内容和质量要求等。

根据《标准化法》第十九条的规定，发电企业必要时可邀请外部企业的专家联合制定企业标准（如企业电网接入、热力供应的相关标准），以便更好地满足客户的需求。

五、明确职责与任务

1. 企业决策层领导（标委会）的职责与任务

企业决策层领导（标委会）的职责与任务如下：

（1）审批标准制（修）订项目计划；

（2）参加标准化编写的知识培训；

（3）掌握全局性、重要标准协商过程中的问题及解决情况；

（4）编写或审核自己的岗位标准；

（5）指导或参与重要标准的编制工作；

（6）参加相关标准的征求意见、审核；

（7）协调和处理标准编制过程中的重大问题；

（8）标委会主任负责批准审核通过的标准。

2. 标办的职责与任务

标办的职责与任务如下：

（1）负责组织制（修）订计划，负责监督指导标准制（修）订计划的执行；

（2）负责组织标准编制基础知识的培训；

（3）了解标准起草、征求意见、审核过程；

（4）负责标准的规范性审查；

（5）组织标准的法务审查；

（6）协调和处理标准编制过程中的问题；

（7）负责批准标准的编号、发布；

（8）标准入库及维护管理。

3. 专委会归口部门的职责与任务

专委会归口部门受专业委员会的委托如下：

（1）负责组织审核标准的制（修）订计划和任务书的编制；

（2）负责确定标准审核责任人和审核人员；

（3）负责企业标准编制模版或典型标准示例的编制；

（4）负责标准编制进度、质量管理；

（5）组织相关标准审核工作；

（6）三大标准体系之间协调性审查；

（7）与有关法律法规、强制性标准的一致性审查；

（8）与企业规划发展和技术创新方向的一致性审查。

4. 部门领导的职责与任务

部门领导的职责与任务如下：

（1）参加标准编写的知识培训；

（2）编写或审核自己的岗位标准；

（3）审核部门职能范围内的标准制（修）订计划；

（4）组织相关标准编制调研；

（5）确定标准起草负责人和起草人员；

（6）指导或参与部门职能范围标准的编制工作；

（7）参加相关标准的征求意见、审核；

（8）负责职能范围标准的初审；

（9）负责专委会、标委会审核材料的汇报，促成审核通过、批准。

5. 部门标准化专（兼）职人员的职责与任务

部门标准化专（兼）职人员的职责与任务如下：

（1）参加企业组织的标准化编写的知识培训；

（2）组织部门标准编制的培训；

（3）提出部门职能范围内的标准制（修）订计划；

（4）主导或参与部门职能范围标准的编制工作；

（5）组织相关标准的征求意见工作；

（6）协助专委会、标委会审核材料准备。

6. 企业员工的职责与任务

企业员工的职责与任务如下：

（1）参加标准编写的知识培训；

（2）编写或参与审核自己及关联岗位的岗位标准；

（3）参与岗位职责相关技术标准、管理标准的编制工作；

（4）参与相关标准的征求意见。

7. 标准起草责任人的能力与职责

为了高质量地完成企业标准编制任务，企业可以任命标准的起草负责人，负责人的能力与职责应该满足以下要求：

（1）要具有丰富的专业知识和实践经验；

（2）了解标准编写的有关规则并具有较强的语言文字能力；

（3）必要的沟通和协调能力；

（4）具体组织编写，采取措施解决疑难问题；

（5）负责分管范围内标准的编写内容、进度与质量。

8. 起草人的能力与职责

企业标准的起草人的能力与职责要求如下：

（1）应是从事与该标准技术内容、管理事项、岗位要求有关的骨干；

（2）能够识别并确定所编写标准的类型；

（3）能够独立调研、收集并分析相关资料；

（4）按照标准的规范性要求，完成标准草稿的起草，并对其质量负责；

（5）能够按照要求完成标准征求意见的征集和对标准的修改工作；

（6）负责标准制（修）订过程文件、材料的归档工作；

（7）根据需要参见标准的宣贯和执行检查、监督。

9. 审核责任人的资格与职责

为了高质量地完成企业标准审核任务，企业可以根据企业实际，任命标准的审核负责人，负责人的能力与职责应该满足以下要求：

（1）应是长期从事与该标准技术内容、管理事项、岗位要求相关的专家或负责人，掌握行业技术发展的现状、管理的水平及国内外先进标准；

（2）负责审核标准草稿是否符合或达到预期目的；

（3）负责与国家标准、行业标准、上级要求的一致性审查；

（4）负责所分管范围内标准的协商一致；

（5）负责所分管范围内标准与相关标准的协调一致。

10. 审核人员的资格与职责

参与企业标准审查的审核人员，应满足以下要求：

（1）应是长期从事与该标准技术内容、管理事项、岗位要求相关的骨干或负责人，了解行业技术发展的现状、管理的水平及国内外先进标准；

（2）参与相关标准审核，对相关内容的适用性、充分性、先进性提出意见、建议；

（3）从实施标准的角度提出标准的可行性、可操作性、完整性的建议、意见。

第二节　企业标准的制定流程

我国确立了国家标准的制定程序，即预备阶段、立项阶段、起草阶段、征求意见阶段、审查阶段、批准阶段、出版阶段、复审阶段、废止阶段。电力企业制定企业标准的一般程序是编制计划、调查研究、起草标准草案、征求意见，对标准草案进行必要的验证、审查、批准、编号、发布。制（修）订程序流程如图 6–1 所示。

各阶段的主要工作内容与要求如下：

（1）计划的确定。编制企业标准制（修）订的计划，就是要对潜在的项目的必要性、目的和意义进行评估，对项目的可行性、技术的成熟性进行评价，并为相关项目配备必要的资源。有关立项与计划的管理详见本章第一节的内容。

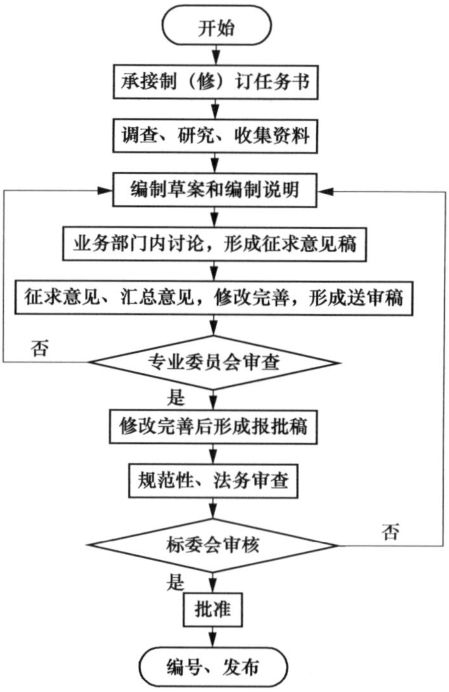

图 6–1　企业标准制（修）订程序

（2）调查研究。标准的起草人在承接标准制（修）订任务后，一定要熟知编制要求，开展调查（不仅是企业内部的，必要时需要进行外部的调研）、研究、收集资料，这是顺利完成标准编写之前必须要做的基础工作，但往往被企业决策层领导和编制人员忽略。因为每份标准的编制过程都是该项活动相关技术、经验的总结和升华过程，没有分析比较、没有对标先进，仅仅停留在企业内部如何做就如何写的水平，是起不到总结和升华效果的，是编制不出具有行业领先水平企业标准的。根据制（修）订标准的需要，收集和分析与标准化对象相关的以下资料：

1）政策、经济、社会、环境、顾客需求、国际标准及国外先进标准、国家标准、行业标准、地方标准、团体标准等外部信息；

2）国内外最新科技成果，包括有关科技文献、出版物、专利、科研成果等，由此获得大量的技术情报，掌握国内外相关科学技术发展的水平和趋势；

3）企业生产、经营、管理实践中积累的经验数据、员工反馈意见、日常检查评价结果等内部信息等。

（3）标准草案起草。对于收集的资料进行整理分析，必要时进行试验验证，参照本章第三节给出的标准内容起草顺序，起草标准的草案及编制说明，二者都完成后先由该标准的归口部门（或标准起草责任人）组织研讨、修改，形成征求意见稿。

（4）征求意见。按照企业规定的方式、流程，将标准草案发企业各有关部门（必要时发企业外部有关单位，如用户、检验机构、电网等）征求意见，汇总、分析反馈的意见，逐一研究、决定取舍，对未采纳的意见应做好沟通、解释，根据需要形成送审稿。

（5）标准审查。由专委会（或专委会任命的审核负责人）组织送审稿的审核，专委会委员、所有要实施的部门都应参与审核（必要时也可以聘请外部专家参加），评审会应逐条对标准条款进行审查（必要时还要组织对标准草案进行验证的工作），充分听取意见，形成审核意见，争取当面修订后形成报批稿。

企业标准的审查可采用会议或书面形式（对于重要标准的审查应以会议审查为主），审查的内容至少应该包括：

1）符合有关法律法规、强制性标准的要求；

2）符合或达到了任务书的目标和要求；

3）可操作性、适用性、先进性、可验证性；

4）与企业相关标准的协调情况；

5）符合国家、企业规定的标准编写格式及形式的要求。

对于有原则性修改或其他重要技术方案变更的，需要返回由起草人员重新编制，必要时也要补充调研、收集材料等。

（6）批准。由标办、法务人员分别进行标准编制的规范性、合规性审核，编制人员根据审核意见进行修改，编写标准报批稿，准备报批需要提交的相关文件资料，报企业的标委会审核。审批企业标准时，一般需有以下材料：

1）企业标准草案（报批稿）；

2）企业标准草案编制说明（包括对不同意见的处理情况等）；

3）必要的验证报告。

（7）编号、发布。报批稿经标委会审核、标委会主任或指定的人批准后，由标办编号、发布。

电子版录入企业标准化信息系统，必要时可以适量地书面印制发放给员工。专委会或标准的归口管理部门组织宣贯、实施。标准的起草人应对标准编制材料、征求意见材料、审查意见等进行归档。

（8）企业标准的全生命周期管理。标准全生命周期管理除了以上环节以外，还有标准的复审和废止两个阶段。

企业标准应定期进行复审。复审的结论通常包括继续有效（含修改）、修订、废止 3 种，在企业中有时还会出现过渡使用的情况。

有关企业标准复审的详细内容请参见第九章第四节的内容。

第三节 企业标准编写的基础

为确保企业标准研制质量，标办应该组织拟参加标准编制人员学习和掌握标准编制的基本规则，只有这样才能使制定出来的标准便于理解和有效运用，在企业中发挥应有的作用。

一、企业标准编写的原则

1. 统一性原则

统一性是对企业标准编写及表达方式的最基本的要求。统一性原则包括 4 个方面，即标准结构的统一、文体的统一、术语的统一和形式的统一，以此保证标准能够被企业员工无歧义地理解、使用。

（1）结构的统一。企业标准体系中的每项标准（如技术监督标准）或一项标准的不同部分的结构及其章、条的编号应尽可能相同。在起草系列标准中的各项标准或起草分为多个部分的标准的各个部分时，应尽量做到各项标准或标准各部分之间的结构尽可能相同。各项标准或标准的各部分中相同或相似的内容的章、条编号应尽可能相同。

（2）文体的统一。企业标准化体系中每项标准或系列标准（或一项标准的不同部分）内标准的文体应保持一致，类似的条款应使用类似的措施来表述，相当的条款应使用相同的措施来表述。

（3）术语的统一。每项标准或系列标准（或一项标准的不同部分）内标准的术语应保持一致，对于同一概念应使用统一术语，对于已定义的概念应避免使用同义词，每个选用的术语应尽可能只有唯一的含义。为了便于对外交流和对标，企业应尽可能选用国家、行业标准中已经定义或广泛使用的术语，以利于企业标准与上级标准的配套贯彻执行。

（4）形式的统一。统一的形式有助于使用者对标准内容的查找和使用，GB/T 1.1—2020 中对相关内容形式的统一做出了规定，在编制企业标准时，应予遵守。

2. 协调性

企业标准体系内的各有关标准之间存在着广泛的内在联系。标准之间只有相互协调、相互配合，才能充分发挥标准系统的功能，获得良好的系统效应：

（1）企业编制的标准之间要协调，不能相互交叉、重复甚至矛盾；

（2）企业标准不能低于甚至与上级标准、行业标准、国家标准相抵触。

根据《标准化法》的规定，企业可制定严于现行国家标准、行业标准或地方标准的企业标准，以保证标准的统一性和协调性。要注重和同一领域的行业标准、国家标准、国际标准进行协调，注意采用、引用已经发布的现行标准中做出的规定。

3. 规范性

起草高质量的标准化文件，是标准化活动重要内容。现行支撑标准制（修）订的系列国家标准有 GB/T 1《标准化工作导则》、GB/T 20000《标准化工作指南》、GB/T 20001《标准编写规则》、GB/T 20002《标准中特定内容的起草》、GB/T 20003《标准制定的特殊程序》和 GB/T 20004《团体标准化》等。

企业标准编写格式宜符合 GB/T 1.1—2020《标准化工作导则　第 1 部分：标准化文件的结构和起草规则》的要求。电力行业相关标准内容上应按照 DL/T 800—2018《电力企业标准编写导则》给出了电力企业标准编写基本要求、编号方法，以及技术标准、管理标准和岗位标准的编写原则和内容。

企业的技术标准、管理标准、岗位标准应协调，应将技术标准的执行要求贯彻到管理标准，管理标准的落实要求分解到岗位标准，岗位标准确保技术标准、管理标准的有效实施。

4. 适用性

适用性是指企业制定的标准要便于在企业内实施，并且容易被其他标准（如技术标准被管理标准引用、管理标准被岗位标准引用）所引用的特性。标准的适用性是对标准本身质量的综合要求，企业制定标准必须结合企业实际，充分考虑标准的使用和实施时的需要。标准中的每个条款都应该是可操作的，便于直接使用或者被引用。

GB/T 1.1—2020 规定的标准编写规则中许多条款都是为了便于被引用的需求而制定的。企业标准的条款编号不规则是常见问题，如图 6–2 所示，虽然分条进行列举，但没有按照要求进行条款的编号。

6.1　**生产管理数据**

应实现记录填写、工作票、操作票、钥匙管理、交接班管理等运行管理的信息化和智能化。

应实现发电量报表、设备可靠性报表、风电场周期性报表、专项管理报表等统计报表的信息化和智能化。

宜实现设备图纸、设备台账、设备检修维护、技改消缺、检修工单、预防性试验等设备管理的信息化和智能化。

宜实现采购计划、采购单、物资入库、物资出库、查询统计等物资管理的信息化和智能化。

宜实现安全规章措施、安全培训、安全活动、应急预案、安全检查、安全演练、反事故演习等安全管理的信息化和智能化。

图 6–2　企业标准编制过程中常见问题（示例）

二、标准编写的方法

1. 常见的几种方法

企业的标准，尤其是技术标准可采用以下途径进行标准编写：

（1）采用国际标准。就是吸收国外先进技术、生产、经营、管理的方法和指标，将国际标准或国际先进标准的内容，经过分析研究和必要的试验验证，等同或修改采用转化为企业标准，其具体的编写规则除了满足 GB/T 1.1—2020 的规定外，还要满足 GB/T 1.2—2020《标准化工作导则　第 2 部分：以 ISO/IEC 标准化文件为基础的标准化文件起草规则》的相关规定。等同或等效采用国际标准及国外先进标准的，完成翻译及对译文审核工作后，可以直接进入送审阶段；标准的审查的重点应对原标准的技术要求是否适合国情和企业的实际技术水平。采用国际标准是一定要遵循国际标准或国际先进标准的版权政策。

（2）甄别法律、法规、规章和强制性标准对应的领域，如质量、安全、环境和卫生健康等法律法规要求，结合企业的实际，把其中的要求转化为企业标准的要求，在标准的审核时，应提出切实可行的修改意见或实施意见。

（3）对国家标准、行业标准、地方标准、团体标准或上级标准进行选择或补充，即按照 GB/T 1.1—2020 的规定要求和规定程序，经过分析研究，将一个或多个国家标准、行业标准、地方标准、团体标准或上级标准中的适用部分摘录（组合）编制该企业的标准，提出更加严格的要求、更加细化的措施等。

（4）自主研制。当尚无适用的国家标准、行业标准、地方标准、团体标准或上级标准时，企业应结合自身经验，按 GB/T 1.1—2020 的规定要求和企业规定程序，自行研制企业标准。自主研究企业标准时，应充分考虑以下因素：

1）符合法律、法规、强制性标准，与相关标准协调；

2）促进行业新技术、企业新发明成果转化；

3）有利于降低企业成本，提高生产、经营和管理效率；

4）有利于改善环境、安全和健康，促进节约资源；

5）标准实施的可行性；

6）方便员工理解、使用。

2. 标准文本起草步骤

企业标准宜按以下步骤进行标准文本的编制工作。

第一步：起草“1　范围”。

第二步：起草规范性技术要素中的“核心技术要素”。标准的“核心技术要素”是完成“范围”中规定内容的，是为标准适用人、标准业务对象服务的，是标准的核心内容。这部分内容可以是一章，也可以是多章，根据内容的多少、复杂程度确定。后面的三步是否存在，完全依据此部分内容的需要决定。

第三步：按照“核心技术要素”内容的需要，起草规范性技术要素中的“其他技术要素”。当“技术要素”内容中反复出现很多术语、缩略语、符号、代号时，宜设立相应章节进行定义或明确。

第四步：按照“核心技术要素”“其他技术要素”内容的需要，起草附录。当“技术要素”的条款提及了附录，应按其设立的性质，编写规范性附录或资料性附录。

第五步：按照技术内容的需要，起草“2　规范性引用文件”。当“技术要素”的条款中引用了其他标准化文件时，应按照规则在此章中列出。

第六步：起草“前言”。

第七步：按需起草“引言”。

第八步：起草“目次”。

第九步：完成参考文件等编制。

第十步：完成“封面”的编制。

3. 标准编制说明的主要内容

编制说明是标准起草全过程的真实记录，根据具体标准的内容，主要包括：

（1）起草部门、协作部门、主要起草人、工作概况；

（2）标准制（修）订必要性分析；

（3）国内外相关标准情况；

（4）制定标准的原则和确定主要技术指标、试验方法的依据；

（5）标准主要技术内容及说明；

（6）与国内外同类标准或技术法规的水平对比和分析，修订现行标准的，应有与该标准技术或控制水平、主要参数的对比分析的内容；

（7）与现行法律、行政法规、标准的关系；

（8）参考标准、文献、资料目录；

（9）征求意见工作情况及对意见的处理情况（送审稿编制说明增加内容）；

（10）标准送审稿技术审查的情况（报批稿编制说明增加内容）。

以上内容，依具体标准草案而定，不是所有编制说明都要完整具备的内容。

三、标准编写软件的使用

编写标准的规则，可分为内容和形式两个方面。内容上要符合统一性、协调性、适用性、规范性等；形式上，应按照 GB/T 1.1—2020 的要求来写。GB/T 1.1—2020 的规定全面而细致、规范性强却相对枯燥，标准编制时，常常出现不符合 GB/T 1.1—2020 的问题。

为提高电力企业标准化从业人员编写标准的效率和水平，中国电力出版社开发了标准编写工具“标准编写模板”（部分功能示意见图 6–3），标准编写模板可集成在 Word、WPS 里，简单实用，将标准化从业人员从 GB/T 1.1—2020 的规则和相关法律法规、政策文件的要求中解脱出来，使 GB/T 1.1—2020 的格式自动化，自动生成封面、目次、索引、章条编号、示例、注、表题、图题、附录标题、公司顺序号等标准要素，自动更新编号，保证文件修改后编号的自动更改，给予标准的编写提供了便利，是标准编写人员的好助手。

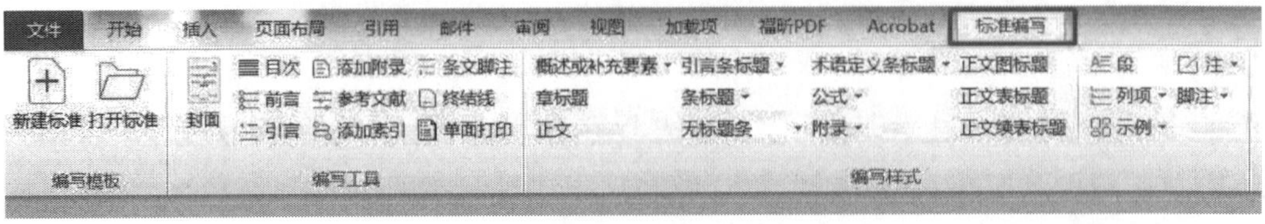

图 6–3 标准编写模板部分功能示意图

企业在安装注册成功后，Word 或 WPS 界面中就会出现标准编写模块，单击“新建标准”即可开始编写标准，单击工具栏中相应选项就可自动生成格式符合要求的要素，进行标准编写。

第四节 企业标准的结构

构建标准的结构是起草企业标准的重要工作。标准的结构是标准的外在形式，使标准区分于法律、法规、设计工艺文件、图书等的重要因素。标准在结构上的独特性可从文本上一目了然地辨认出它是标准，而不是其他文件。

标准的不同内容发挥着各自的功能，标准中组成某一类功能的内容单元称为“要素”。在编写标准的内容时，出于清晰、有序表述的需要，将标准内容划分成具有从属关系的若干“层次”。标准中发挥各自功能的“要素”和标准内容的表现“层次”构成了标准的结构。在确定了标准的技术内容开始起草标准草案时，要从标准的技术内容出发，合理安排标准的要素和层次，才能使标准起草工作顺利进行，最终形成高质量的标准文本。

一、层次

从方便“要素”（主要是规范性要素）的表述出发，可以从形式上将企业标准划分成若干“层次”。标准的层次采用部分、章、条、段、列项等形式。部分、章、条的编号都采用阿拉伯数字加下脚点的形式，列项如需编号，则采用拉丁字母或阿拉伯字母的编号形式。表6–3给出了一项独立的企业标准中可能有的各个层次及相应的编号示例。

表 6–3　标准的层次及其编号示例

层次	编号示例
部分	GB/T 1.1—2020、GB/T 1.2—2020、GB/T 20001.6《标准编写规则　第 6 部分：规程标准》和 GB/T 20001.7《标准编写规则　第 7 部分：指南标准》
章	6（没有下脚点）
条	6.1
条	…
条	6.5.4.3.2.1
段	［无编号］
列项	列项符号“——”和“・”；列项编号：a）、b）和 1）、2）
附录	附录 A（规范性），A.1 / 附录 B（资料性），B.2.1

有关“部分”划分原则和方法，章、条、段、列项、附录的设置原则和注意事项应符合 GB/T 1.1—2020 的要求，这里不再赘述。

关于“部分”的应用，发电企业可根据以下两种原因针对一个标准化对象，将一个标准分成若干个部分来编写、使用：

（1）文件篇幅过长。例如某企业将《600MW 超超临界机组运行规程》可以分为《600MW 超超临界机组运行规程　第 1 部分：锅炉部分》《600MW 超超临界机组运行规程　第 2 部分：汽轮机部分》《600MW 超超临界机组运行规程　第 3 部分：电气部分》《600MW 超超临界机组运行规程　第 4 部分：输煤部分》《600MW 超超临界机组运行规程　第 5 部分：环境保护部分》等。

（2）标准使用者需求不同。例如：结合业务梳理参见表 3–9 显示的结果，某火电企业关于“油”的业务根据部门不同需要，可以编制《油务管理　第 1 部分：总则》《油务管理　第 2 部分：采购与仓储》《油务管理　第 3 部分：设备给油脂管理》《油务管理　第 4 部分：油品化验管理》《油务管理　第 5 部分：安全管理》等。

二、要素

1. 要素的分类

根据要素发挥的作用这一维度来划分，可以将标准中的要素分为规范性要素和资料性要素两大类。规范性要素是“界定文件范围或设定条款的要素”。标准中的规范性要素通常有范围、术语和定义、符号和缩略语、分类和编码、总体原则 / 要求、核心技术要素等。资料性要素是“给出有助于文件的理解或使用的附加信息的要素”。标准中的资料性要素有位于标准正文之前的封面、目次、前言、引言；位于标准正文中的规范性引用文件；位于标准正文之后的参考文献、索引等。

根据要素在标准中是否必须存在的状态，可将标准中的要素划分为必备要素和可选要素两类。必备要素是在标准中不可缺少的要素，标准中的规范性要素有范围、术语和定义、核心技术要素 3 个必备要素；资料性要素中有封面、前言、规范性引用文件 3 个必备要素。可选要素在标准中并非必须存在，其存在与否取决于起草特定标准的具体需要。标准中除了“封面、前言、范围、规范性引用文件、术语和定义以及核心技术要素”6 个要素之外，其他要素都是可选要素。

2. 要素的编排及允许的表现形式

表6–4给出了GB/T 1.1—2020界定的企业标准中要素的类别、构成、要素允许的表达形式。

表 6–4　　文件中要素的类别、构成及表达形式

<table>
<tr><th rowspan="2">要素</th><th colspan="2">要素的类别</th><th rowspan="2">要素的构成</th><th rowspan="2">要素允许的表达形式</th></tr>
<tr><th>必备或可选</th><th>规范性或资料性</th></tr>
<tr><td>封面</td><td>必备</td><td rowspan="4">资料性</td><td rowspan="4">附加信息</td><td>标明文件信息</td></tr>
<tr><td>目次</td><td>可选</td><td>列表（自动生成的内容）</td></tr>
<tr><td>前言</td><td>必备</td><td>条文、注、脚注、指明附录</td></tr>
<tr><td>引言</td><td>可选</td><td>条文、图、表、数学公式、注、脚注、指明附录</td></tr>
<tr><td>范围</td><td>必备</td><td>规范性</td><td>条款、附加信息</td><td>条文、表、注、脚注</td></tr>
<tr><td>规范性引用文件</td><td>必备 / 可选</td><td>资料性</td><td>附加信息</td><td>清单、注、脚注</td></tr>
<tr><td>术语和定义</td><td>必备 / 可选</td><td>规范性</td><td>条款、附加信息</td><td>条文、图、数学公式、示例、注、引用、提示</td></tr>
<tr><td>符号和缩略语</td><td>可选</td><td rowspan="5">规范性</td><td rowspan="5">条款、附加信息</td><td rowspan="5">条文、图、表、数学公式、示例、注、脚注、引用、提示、指明附录</td></tr>
<tr><td>分类和编码 / 系统构成</td><td>可选</td></tr>
<tr><td>总体原则和 / 或总体要求</td><td>可选</td></tr>
<tr><td>核心技术要素</td><td>必备</td></tr>
<tr><td>其他技术要素</td><td>可选</td></tr>
<tr><td>参考文献</td><td>可选</td><td rowspan="2">资料性</td><td rowspan="2">附加信息</td><td>清单、脚注</td></tr>
<tr><td>索引</td><td>可选</td><td>列表（自动生成的内容）</td></tr>
</table>

表 6–4 中最左边的一列给出了在标准中要素的典型排列顺序，这些要素形成了标准的基本框架。表中所列的核心技术要素是一个统称，任何功能类型标准都有其特定的核心技术要素，标准的功能类型不同，其核心技术要素就会不同。规范性要素中的可选要素可根据起草

标准的具体情况在表中选取，或者进行合并或拆分，要素的标题也可以进行调整，还可以另设表中没有列出的其他技术要素。

三、企业技术标准的结构要素和编排

1. 企业技术标准的结构要素和编排

企业技术标准的结构要素和编排可以按照表 6–5 进行展开，所有要素是否一一具备，需要根据内容的需要确定。

表 6–5　　企业技术标准的结构要素和编排

要素类型		要素编排示例
资料性要素		**封面**、目次、**前言**、引言
规范性要素	一般要素	名称、**范围、规范性引用文件**
	技术要素	**术语和定义**，符号和缩略语，分类和编码 / 系统构成，总体原则和 / 或总体要求
		核心技术要素（要求、试验方法等），其他技术要素，规范性附录
资料性要素		资料性附录、参考文献、索引

注　黑体字为必备要素，其余为可选要素。

“核心技术要素”按该项技术内容的复杂程度可以分为多章来写，其中“试验方法”可以是经过企业经验证的有效方法，但涉及相关方时，应该是国家标准、行业标准或在国家标准化主管机关企业标准自我公示平台上公示的企业标准中规定的试验方法。其他相关要素等根据需要来进行编写。

2. 企业管理标准的结构要素和编排

企业管理标准的结构要素和编排可以按照表 6–6 进行展开，所有要素是否一一具备，需要根据内容的需要确定。

表 6–6　　企业管理标准的结构要素和编排

要素类型		要素编排示例
资料性要素		**封面**、目次、**前言**
规范性要素	一般要素	名称、**范围**、**规范性引用文件**
	技术要素	**术语和定义**，符号和缩略语，分类和编码 / 系统构成，总体原则和 / 或总体要求
		职责，管理活动的内容、**方法和要求**，文件和记录，规范性附录
资料性要素		资料性附录、参考文献、索引

注　黑体字为必备要素，其余为可选要素。

“职责”“管理活动的内容和方法”相对于技术标准中“核心技术要素”。“管理活动的内容和方法”视管理活动复杂程度决定是否分多章来写。完成活动过程中或活动结束要求形成的文件和记录，应在正文中提及名称，在最后一章“文件和记录”中设计表格的样式。

3. 企业岗位标准的结构要素和编排

企业岗位标准的结构要素和编排可以按照表 6–7 进行展开，所有要素是否一一具备，需要根据内容的需要确定。

表 6–7　　企业岗位标准的结构要素和编排

要素类型		要素编排示例
资料性要素		**封面**、目次、**前言**
规范性要素	一般要素	名称、**范围、规范性引用文件**
	技术要素	**术语和定义**，符号和缩略语，分类和编码 / 系统构成，总体原则和 / 或总体要求
		职责与权限，岗位人员资格，工作内容与要求，检查与考核，记录和表格
资料性要素		资料性附录

注　黑体字为必备要素，其余为可选要素。

“职责、权限”“岗位人员资格”“工作内容与要求”“检查与考核”相对于技术标准中“核心技术要素”。“工作内容与要求”视工作内容性质不同来决定是否分章来写。“检查与考核”中“考核”应该突出岗位的特色、关键指标等。当“工作内容与要求”和“检查与考核”都是引用通用标准时，“记录和表格”是可以删除的。

第五节　企业技术标准的编制

一、概述

发电企业技术标准的存在形式可以是标准（含规范、规程）、作业指导书等。

1. 标准内容完整性和准确性要求

发电企业的技术标准务必要做到标准内容完整性和准确性。内容完整性是指在“范围”一章所规定的界限内，标准的内容力求完整。标准的“范围”一章规定了标准所适用的界限，在这个界限内，应将所需要的内容在一项标准内表述完整，不应只表述一部分内容，而另一部分需要的内容却没有表述。另一方面，标准内容完整性是以“需要”为前提的，即标准中需要什么，才去规定什么；需要多少，就规定多少。并不是越多越好，把标准不需要或不相干的内容在标准中进行规定，同样也是错误的。

技术标准的条文表述时避免使用口语化的措辞，应做到逻辑性强、条理清楚、用词准确，并切忌标准内容模棱两可，防止不同的人从不同的角度对标准内容产生不同的理解，导致不当或错误的操作。

2. 标准的先进性和合理性要求

发电企业的技术标准技术内容应做好科学先进性和经济合理性的协调，在制定标准时，标准中所规定的技术指标和各项要求，应能够反映当前企业、集团、行业的科技先进成果和生产建设的先进经验，积极地引用行业标准、国家标准或采用国际标准和国外先进标准，使标准中的内容能真正起到指导生产实践的作用，应有利于促进企业的技术进步和生产的水平提升。

但制定科学先进的企业标准，并不意味着盲目追求高标准。“先进”往往受到经济条件的制约，企业标准指标设置过高，必将导致成本控制提升，企业需要在先进性和经济合理性之间进行权衡，即在满足安全生产的前提下，对技术指标的高低与所增加的生产成本进行全面的考虑，做出合理的判断，使标准既保持技术上的科学先进性，又有经济上的合理性。

二、制定企业技术标准的对象及原则

1. 发电企业技术标准的对象

从微观层面来讲，发电企业的标准化对象主要包括设备与材料选型，发电运行与维护，检修，测量、检验与试验、调试、计量检定、技术监督、验收和评价、质量和服务、安全和职业健康、能源和环保、标准化和信息等在生产、经营、管理过程中具有多次重复使用特性、需要协调统一的技术事项（包括作业事项）。

在设备与材料选型，测量、检验与试验、计量检定等方面，企业原则上应以引用国家标准、行业标准、地方标准、团体标准和上级机构技术要求为主，有利于降低成本、提高采购效率。

在发电运行与维护、检修、技术监督等方面，由于各电厂（场）的系统配置、设备的状况不同，作为通用性、普适性的国家标准、行业标准等不能满足企业的需要，企业根据企业的实际，学习借鉴先进经验制定企业自己的标准；或者将部分内容适用于企业的国家标准、行业标准、地方标准、团体标准等内容进行细化、合并、删减、提炼，转化为企业标准，提高标准的针对性，保证企业安全、经济运行。

在验收和评价、质量和服务、安全和职业健康、能源和环保、标准化和信息等方面，可制定严于国家标准、行业标准、地方标准、团体标准和上级机构技术要求，体现企业特色和核心竞争力。

以上是一般原则，企业也可以在设备或材料上提出比国家标准、行业标准更高指标或更细、更多的技术要求，带来的可能就是企业成本增加或者采购周期延迟等结果。

2. 技术标准主体内容编制原则

发电企业是技术密集型企业，每个细小环节、局部作业活动都可能会影响电力系统的安全稳定，这也使发电企业技术标准更加重要。在确定企业的技术标准主体内容时，除遵循本章第三节的要求外，还应遵循的原则如下：

（1）应制作模板，要按照发电企业的专业技术事项来制作模板，确保标准的构成合理、层次划分清楚、编排格式符合统一要求。

（2）应规定需要遵守的准则和达到的技术要求以及采取的技术措施，技术标准条文内容应考虑消除危险、降低风险、防止污染、保护环境等要求。

（3）定性和定量应准确，并应有充分的依据；技术标准的条款应明确而无歧义，对相关技术事项做出明确无误的规定，所规定的要求内容和表述能被未参加技术标准编制的专业人员所理解。

（4）为了达到所有技术标准整体协调的目的，每项技术标准都应遵照现行基础标准中的有关条款，相关的标准内容之间不得相互抵触。

（5）在单项或系列技术标准内，结构、文体和术语均应保持一致。系列技术标准的结构及其章、条的编写应尽可能相同。类似的条款应使用类似的措辞来表述，相同的条款应使用相同的措辞来表述。

（6）对生产过程进行时序、顺序规定时，其要求的方法、步骤、时限等应明确表达。

（7）不得引用企业管理标准和岗位标准。

发电企业在编写作业指导书时，还要注意以下要求：

（1）按对应作业全要素完整内容（如给水泵大修）的需要编制，以备不同需要（如给水泵小修）时摘录或选择必要的项目；

（2）收集相关技术标准和规定（不要局限于企业自己的），识别各作业步骤中应执行的条款、内容和要求，提取并对接到相应的作业步骤中表述；

（3）要主动采用和吸收企业、行业技术创新成果；

（4）应根据不同的技术内容，区别选择文字、图、表等恰当的表述形式，文字表述有利于准确、严密，图、表方法有利于简短、直观，不给使用者在理解上造成困难。

三、企业技术标准的编写

对于表 6–5 所列内容，技术标准不仅内容要体现经济合理、技术先进等要求，主题内容的表述也要尽量规范化，表达形式要力求结构清晰、内容完整、逻辑严谨。要根据技术对象的具体文件内容、特点以及 DL/T 800—2018 的要求，研究确定标准应具有的内容结构和层次安排。

1. 标准封面的编写

企业标准的封面一般是标准编制的最后一个环节，可参照 GB/T 1.1—2020 中的“8.1　封面”相关条款的规定进行模板（样式）编写，便于企业使用。企业内所有的技术标准（作业指导书可以另外规定）格式宜一致。

封面是一个必备的资料性要素。每项标准或者标准的每个办法都宜有封面，封面具有十分特殊的功能，需要标示的信息有标准名称及译文译名、标准编号、企业标准的标识（Q）、企业代号（或编号）、发布日期、实施日期、发布机构等。

另外，如果标准代替了一个或多个标准，封面还需标明被代替标准的编号。如果标准与相关国际标准有一致性对应关系，封面应标示一致性程度标识。

2. 标准前言的编写

前言是必备的资料性要素。在前言中不应包含要求、指示、推荐或允许性条款，企业可参照 GB/T 1.1—2020 中的“8.3　前言”相关条款的规定进行编写。在前言中依次给出下列相关的信息：

（1）标准编制所依据的规则。例如：“本文件按照 GB/T 1.1—2020《标准化工作导则　第1部分：标准化文件的结构和起草规则》的规定起草”或企业制定的编制规则等。

（2）标准与其他文件的关系。例如：与其他标准关系；在分为部分的标准的每个部分中，应列出所有已经发布的部分的名称。

（3）标准代替其他文件的全部或部分内容的说明。如果编制的标准是对现行标准的修订，或新标准的发布代替了其他标准，那么在标准的前言中需要说明两方面的内容。①指出与先前标准或其他文件的关系，给出被代替或废止的标准（含修改单）或其他文件的编号和名称，如代替多个文件，应逐一给出编号和名称。②说明与先前版本相比的主要技术变化，包括删除了先前版本中的某些技术内容、增加了新的技术内容、修改了先前版本中的技术内容 3 种情况。通常用“删除”“增加”“修改”来表述这 3 种情况。

（4）与国际文件关系的说明。如果所编制的标准与国际文件存在着一致性程度（等同、修改或非等效）的对应关系，则应按照 GB/T 1.2—2020 的规定陈述与对应国际文件的关系。

（5）有关专利情况的说明，如请注意本文件的某些内容可能涉及专利。

（6）归口和起草信息的说明，以及对标准作出贡献的部门或人员信息。

（7）标准及其所代替或废止标准的历次版本发布情况。如果所编写的标准的早期版本多于一版，需要在前言中说明新代替标准的历次版本的情况。一个新标准与其历次版本的关系存在着各种情况，有的比较简单，有的却很复杂，无论哪种情况，都要力求通过各种形式准确地给出标准各版本发展变化的清晰轨迹。

此外，在前言编写中还应注意：

1）不要将应纳入编制说明的内容放入前言；

2）前言中不应包含标准范围的内容；

3）不应规定配合使用的文件。

3. 标准引言的编写

引言是可选的资料性要素。引言不包含要求，不设章，引言只能有一个。引言的主要功能是说明与标准的背景、内容相关的消息，以便标准的使用者能更好地理解和执行标准。可参照 GB/T 1.1—2020 中的“8.4　引言”相关条款的规定进行编写，通常涉及的内容如下：

（1）促使编制该标准的原因、编制目的等事项的说明；

（2）标准内容特殊消息或说明，如涉及的专利信息等。

4. 标准名称的编写

标准名称也就是标准的标题，它是对具体“技术事项”核心主题最集中、最简明的概括。直接反映标准化对象的范围和特征，是读者使用、收集和检索标准的主要判断依据。

技术标准名称的确定需要根据标准的内容、编制目的以及标准的功能类型等因素，要避免无意中限制或扩大标准的范围。技术标准名称不必描述文件作为“标准”或“标准化指导性技术文件”的类别，不应包含“……标准”或“……标准化指导性技术文件”等词语。

标准名称组成由一般到特殊，最多包括 3 个要素（三段式），其中主体要素是必不可少的，有关标准名称的详细规定，请参阅 GB/T 1.1—2020 中“6.1　文件名称”条款的内容。

5. 范围的编写

“范围”是一个必备的规范性要素，它应表述一系列事实的陈述，它作为标准正文的第一章，是标准区别于其他技术文件的重要标志。这一要素的编写要简洁，以便能够作为内容提要使用。范围的功能是陈述标准所涉及的主要技术内容，并划定标准的适用界限。范围能起到在标准名称之外提供标准的进一步信息的作用，并通过指出标准化对象、标准使用者及应用领域等，清晰地给出标准的界限。

范围通常包括两方面的内容：①阐述标准中“有什么内容”，即标准针对的标准化对象以及涉及的主要技术内容；②阐述这些内容“有什么用”，也就是说，要陈述标准技术内容的适用范围。通常需要陈述：在哪用（适用领域）；给谁用（标准使用者）；必要时，补充陈述那些通常被认为可能涵盖，但实际上标准并不涉及的界限。

图 6–4 是环境保护标准 HJ 179—2018《石灰石 / 石灰 – 石膏湿法烟气脱硫工程通用技术规范》中“范围”内容，供读者学习参考。

> 本标准规定了石灰石 / 石灰 - 石膏湿法烟气脱硫工程设计、施工、验收、运行和维护的技术要求。
>
> 本标准适用于石灰石 / 石灰 - 石膏湿法烟气脱硫工程，可作为建设项目环境影响评价、环境保护设施设计、施工、验收和运行管理的技术依据。

图 6–4 技术标准“范围”的内容（示例）

企业在技术标准“范围”编写出现较多的问题如下：

（1）欠简单扼要；

（2）给出了要求；

（3）扩大了适用的界限（与标准中有关技术内容不匹配）；

（4）限制了标准化对象的适用领域（规定了特定活动而无意中限制了）；

（5）没有高度概括标准的全部技术内容；

（6）注意当系列标准中提及标准本身时，应为“本部分……”，而不是“本标准……”。

6. 规范性引用文件的编写

“规范性引用文件”是一个必备的资料性要素，但其编号和标题的设置是固定格式。在任何情况下都需要有“2　规范性引用文件”这一要素的编号和标题，即使没有需要列出的规范性引用文件，这章的内容为空也要设置这一章，在章标题下给出“本文件没有规范性引用文件”的说明。这一要素的表达形式是相对固定的，即由“引导语＋文件清单”组成。

“规范性引用文件”指被引用文件的条款是标准整体不可分的组成部分，与标准文本中规范性要素具有同等的效力。遵守标准的各项条款时必然包括遵守规范性引用文件中被引用的条款。引用文件的分类及顺序如下：

（1）国家标准；

（2）行业标准；

（3）国内有关文件；

（4）国际标准（含 ISO 标准、ISO/IEC 标准、IEC 标准）；

（5）ISO 或 IEC 有关文件；

（6）其他国际标准以及其他国际有关文件。

规范性引用文件列表排列规则如下：

（1）先国内、后国外；

（2）先标准、后文件；

（3）先 ISO、IEC，后其他国际标准；

（4）国家标准、ISO 标准、IEC 标准按标准顺序号排列；

（5）行业标准、其他国际标准先按标准代号的拉丁字母顺序、再按标准顺序号排列。

图 6–5 是电力行业标准 DL/T 998—2016《石灰石－石膏湿法烟气脱硫装置性能验收试验规范》中“规范性引用文件”和引用示例的内容，供读者学习参考。

2　规范性引用文件

下列文件中的内容通过文中的规范性引用而构成本文件必不可少的条款。其中，注日期的引用文件，仅该日期对应的版本适用于本文件；不注日期的引用文件，其最新版本（包括所有的修改单）适用于本文件。

GB/T 3286 石灰石、白云石化学分析方法

GB/T 13931 电除尘器性能测试方法

GB/T 16157 固定污染源排气中颗粒物测定与气态污染物采样方法

GB/T 21508—2008 燃煤烟气脱硫设备性能测试方法

DL/T 943 烟气湿法脱硫用石灰石粉反应速率的测定

JC/T 2074—2011 烟气脱硫石膏

（a）

7.2.11　石膏品质

试验期间，每天直接从真空皮带机尾端进行取样，每天取样不应少于一次，应以 3 天的算术平均值作为最终结果。石膏成分的分析可参照 JC/T 2074—2011。下列参数与性能保证值有关：

a）石膏外水量（自由水）；

b）二水硫酸钙含量；

c）半水亚硫酸钙含量；

d）碳酸钙含量；

e）氯离子含量。

（b）

图 6–5　技术标准中“规范性引用文件”的内容（示例）

（a）规范性引用文件示例；（b）引用示例

当提及的标准被规范性引用、不提及被引用标准具体内容并且可接受被引用标准的所有变化，则只写出标准编号和标准名称，不注明标准的日期。如图 6–5（a）中引用的标准 GB/T 13931 是引用电除尘器性能的测试方法，并且可接受该方法在今后发生的变化和修改。

如果引用标准中某一条款某一具体内容、不能确定能否接受被引用标准的所有变化，则需要注明标准日期。这种比较多出现在引用经常变化的国家环境保护标准、测试方法标准。如图 6–5 中引用的 JC/T 2074—2011，该标准中石膏的分析项目有 11 个，而 DL/T 998—2016 只是引用 JC/T 2074 其中的 5 个分析项目，即引用标准中某一具体内容，如图 6–5（b）所示。

编写规范性引用文件时应注意：

（1）不应引用文件的草案和已废止的文件。

（2）国家标准可引用国家标准及行业标准，不应引地方标准、企业标准；相对应行业

标准可以引用国家标准、行业标准，不应引用地方标准、企业标准；地方标准可引用国家标准、行业标准、本地区地方标准，不引用企业标准；企业标准可引用国家标准、行业标准、本地区地方标准、本企业标准。

（3）各级标准均可引用国家标准化指导性技术文件；引用标准时先国家标准后行业标准，并且同一类标准则以标准代号从小到大依次排列。

（4）不宜引用的文件包括法律、行政法规、规章和其他政策性文件。

（5）凡引用的文件在标准中均应“提及”。在标准编制过程中参考过的文件，但标准中未提及的不算规范性引用文件，该文件可列入参考文献中。

（6）当注日期引用时，可关注其版本的变化，了解技术的发展情况。

7. 术语和定义的编写

根据 GB/T 1.1—2020 的要求，在任何情况下都需要有“3　术语和定义”这一要素的编号和标题，即使没有需要界定的术语，这章的内容为空也要设置这一章。这一要素的表述形式是相对固定的，主要由“引导语 + 术语条目”构成。

企业在编制技术标准时，首选方法是采用国家标准、行业标准中已确定的术语和定义。选择在“术语和定义”一章中定义的术语需要满足以下 4 个条件：

（1）应是在该标准中使用并且是多次使用的概念。但无须定义通用词典中的词或通用的技术术语，除非将这些术语用于特定的含义。

（2）不是一看就懂的术语或者是专业的使用者不宜理解的术语，或在不同的语境中有不同解释的术语。

（3）为了便于对外交流，企业应仅定义在现行术语标准中尚无定义或需要改写已有定义的术语。如果发现在现行行业标准中已经定义了拟界定的术语，那么企业就不应重新定义，而应考虑引用这些定义，如果国家标准或行业标准中相应术语的定义不完全适用于企业，那么才可在企业标准中对现有定义进行改写，同时应在改写的定义后提示该定义是改自其他定义的，具体方法为：在方括号中写明“来源、文件编号、术语条目编号、有修改”，这种情况在企业偶有发生。图 6-6 是标准中“术语和定义”改写定义的示例，供读者学习参考。

> 3.3.6
> **陈述** statement
> **阐述事实或表达信息的条款**（3.3.1）。
> [**来源**：GB/T20000.1—2014，9.2，**有修改**]

图 6-6　标准中“术语和定义”改写定义的示例

（4）应仅定义标准的范围所能覆盖的领域中的术语。如果标准中使用的某个术语满足了其他 3 个条件，但该术语所涉及的领域不属于该标准所覆盖的领域，那么不应在标准中进行定义，建议只在标准的相关条文中或加脚注说明其含义。

8. 核心技术要素的编写

（1）确定标准的类型。对于发电企业来说，企业需要编制比较多的是运行规程、检修规程、检修作业指导书以及少量的验收规范、试验标准等。不同的“标准化对象”其“核心技术要素”这一部分的内容差异较大，必须根据各类技术标准的特征及制定目的合理选择必要的内容。标准的类型不同，其技术内容和表述方式也不同，标准中使用的条款类型以及标准章、条的设置也会不同。例如：

1）“规范”标准（例如：×××××系统检验规范、×××××施工及验收规范等）中应包含“要求”要素以及相应的“证实方法”；

2）“规程”标准（例如：×××××运行规程、×××××检修规程等）的核心技术要素应包括“程序确立”“程序指示”“追溯/证实方法”，宜以推荐和建议的形式起草；

3）“试验”标准（例如：×××××压力试验、×××××试验方法）的核心技术要素应包括“试验步骤”和“试验数据处理”；

4）“指南”标准（例如：×××××实施指南、×××××选用指南等）中不应包含要求型条款，一般可采用建议的形式。

（2）规范标准的“要求”编制。规范类标准中的要素“要求”需要通过直接或引用的方式规定以下内容：保证产品/过程/服务适用性的所有特性、特性值；适宜时，描述证实方法。“要求”要由反映产品性能、过程或服务效能的具体特性来表述，以便给技术发展留有最大的自由度。图6-7是GB/T 8564—2003《水轮发电机组安装技术规范》中“5.2 转轮装配”有关技术“要求”的摘录，供读者学习参考。

5.2 转轮装配

5.2.1 混流式水轮机分瓣转轮应按专门制定的组焊工艺进行组装、焊接及热处理，并符合下列要求：

a）转轮下环的焊缝不允许有咬边现象，按制造厂规定进行探伤检查，应符合要求；

b）上冠组合缝间隙符合4.7的要求。

c）上冠法兰下凹值不大于0.07 mm/m，上凸值不应大于0.03 mm/m，最大不得超过0.06 mm。对于主轴采用摩擦传递力矩的结构，一般不允许上凸。

d）下环焊缝处错牙不应大于0.5mm。

e）分瓣叶片及叶片填补块安装焊接后，叶型应符合设计要求。

5.2.2 止漏环在工地装焊前，安装止漏环处的转轮圆度应符合5.2.8的要求；装焊后，止漏环应贴合严密，焊缝质量符合设计要求。止漏环需热套时，应符合设计要求。

……

图6-7 规范标准的“要求”编制（示例）

（3）规程标准的“要求”编写。规程类标准中的要素“程序确立”用来清晰描述标准涉及的程序，可按照逻辑次序给出具体程序的构成。程序可划分为步骤，也可先将程序细分为阶段，再进一步细分为步骤。该要素通过陈述型条款来确立程序，如需要也可辅以流程图。在规程类标准的要素“程序指示”中通过指示型条款对履行阶段/步骤的行为给予指示，按照确立的程序次序来编排具体的行为指示。在每个阶段/步骤中，行为指示最好编排为带有编号的列项。

当一个阶段/步骤存在多个可供选择的后续阶段/步骤时，在要素“程序指示”中还要使用要求型条款规定从这个阶段/步骤到下一个阶段/步骤的转换条件，如需要还要规定程序的结束条件。图6-8是GB/T 38335—2019《光伏发电站运行规程》中“5.3 运行操作”章节中有关“程序指示”内容的摘录，供读者学习参考。

5.3　运行操作

5.3.1　运行操作应包括下列内容：

a）并网和解列操作；

b）高低压电气设备、输电线路、继电保护及安全自动装置等二次设备的运行操作；

c）功率预测系统的运行和操作；

……

5.3.2　并网和解列操作包括下列内容：

a）光伏发电站的并网和解列应执照电网调度命令执行，并网和解列操作应符合 GB 26860 的要求；

b）光伏逆变器的并网和解列可自动完成，也可由运行人员手动完成；

……

图 6-8　规程标准中“程序确立”编制（示例）

（4）作业指导书的编写。作业指导书是作业的指导者对作业者进行标准作业的正确指导的基准。是按照作业的顺序，向作业者对每个作业内容及作业安全、工作质量的要点进行明示。是指导保证现场技术活动的最基础的文件和为开展纯技术性质量活动提供指导。通过作业指导书的编制和实施，实现如果作业者按照指导书进行作业，一定能准确、快速、安全地完成作业的目标。

作业指导书编写基本方法与注意事项如下：

1）以作业项目为单元编制。

2）调查和绘制必要的作业流程图。

3）按照作业环节和内容收集相关技术标准和规定，识别各作业步骤中应执行的条款、内容和要求，提取并对接到相应的作业步骤中表述。

4）充分采用或吸收现场作业经验、成熟有效的技术创新成果。

5）作业步骤宜有表、单（卡）和记录。

6）任何作业指导书都需用不同的方式表达出：

a. What：此项作业的名称及内容是什么。

b. Why：此项作业的目的是干什么。

c. Where：在哪里使用此作业指导书。

d. Who：什么样的人使用该作业指导书。

e. When：何时做。

f. How：如何按步骤完成作业。

第六节　企业管理标准的编制

发电企业“管理事项”是指企业生产经营活动中需要在企业范围内统一的管理技术事项或管理技术要求。企业管理标准是岗位标准的重要依据之一。

一、制定企业管理标准的依据

制定企业管理标准的依据除了包括编制企业技术标准所依据的“国家法律法规和规章”“国家标准、行业标准、地方标准”“上级标准（制度）及企业现有的管理制度”以外，还有以下两个方面的内容：

（1）企业传统的管理实践经验。企业管理标准是管理技术或管理实践经验的综合成果，因此在制定企业管理标准中完全可以，也应该认真总结那些不成文的传统管理经验，使这些“散失”在企业职工（包括离、退休职工）中的经验得到汇集、整理，并纳入相关的管理标准之中。

（2）现代化或先进科学的管理方法、理念。国内外先进企业在企业管理中，总结创新了不少现代化管理方法和先进的科学的企业管理理念，如目标管理、定置管理、ABC 分类法、精益化管理、卓越绩效管理等。

对于发电企业来说，完全应该结合实际，积极采用以上现代化管理方法和先进科学的企业管理理念，以提高企业管理标准的先进性科学性。

有关精益化管理、卓越绩效管理的知识请参见第十七章的相关内容。

二、制定企业管理标准的原则

在制定管理标准的过程中，除了要遵循《企业标准化管理办法》等法规确定的原则外，还应满足以下要求。

1. 符合企业实际

符合企业实际，依据需要制定，具有企业管理特色，是企业管理标准的生命线。

企业管理标准是受企业的管理流程、设备状况、生产条件、人员素质等各种因素制约的。因此，只能从企业的实际出发，切不可把其他企业的管理标准“抄搬”过来，作为制定依据。其他企业的管理标准即使“很好”，也只能借鉴和参考，否则势必浪费人力、财力和物力，使企业管理标准流于形式，而无实际用途。

2. 按企业管理职能制定管理标准，不能按企业现行管理机构制定

坚持这条原则主要是为了保持企业管理标准的稳定性。企业管理标准是为了实现企业生产经营管理职能针对技术要求制定的。只要企业存在，就一定有企业的物资管理、设备管理、生产管理、技术管理、财务管理等管理职能。为了实现这些管理职能，就需要制定物资管理、设备管理、生产管理、技术管理、财务管理等方面的管理标准。

但企业的管理机构设置，依据企业外部市场环境、上级单位要求和企业内部的管理模式、设备情况、人员素质而设定的，并需要不断地变更和调整，以便适应企业内外的变化。因此，为了保证企业管理标准的稳定性（避免频繁地修订标准）以及保证在“标龄”内得到有效实施，就必须坚持按照管理职能而不能以管理机构制定的原则。

3.“三不”原则

企业以下 3 种情况，不建议制定企业管理标准：

（1）不稳定的管理事项不能制定为企业管理标准；

（2）不成熟的管理工作事项，也不要急于制定为企业管理标准；

（3）企业管理制度已有有效管理的事项，不必再制定为企业管理标准。

在企业管理事项中，对于那些比较稳定的重复发生的管理技术事项，制定相应的管理标准，实现定性管理转为定量管理，由粗放经营转为集约化经营，由经验管理变为科学管理。

对那些受企业外部环境影响较大或涉及管理艺术的管理事项，建议采用制度去管理，同样也能实现有序化管理。

尽管企业管理标准和管理制度在对象、产生基础、制定程序、内容要求及编写格式等方面存在不同，但他们都是企业管理的“法规”和“工具”，都是企业规范化的主要组成部分，将长期并存、相互补充，绝不能排斥或替代某一种，条件成熟时，可把原来的企业管理制度“转化”或“升华”成企业管理标准。但在企业内部，不能出现对于同一“管理事项”管理标准和管理制度并存的现象。

三、企业管理标准的编写

根据业务梳理的结果，按照 GB 1.1—2020 的规范性要求，对于表 6–6 中所列内容，根据管理对象的具体文件内容、特点以及 DL/T 800—2018《电力企业标准编写导则》的要求，研究确定标准应具有的内容结构和层次安排。企业管理标准的封面及印刷格式可参照 GB/T 1. 1—2020 的规定，实现格式上的一致性。

1. 标准封面、前言和引言的编写

企业管理标准的“封面”编写内容与要求请参见本章第五节的相关内容。

企业管理标准的“前言”编写内容与要求请参见本章第五节的相关内容。

企业管理标准的“引言”编写内容与要求请参见本章第五节的相关内容。

2. 标准名称的编写

管理标准名称也就是标准的标题，它是对具体“管理事项”核心主题最集中、最简明的概括。标准名称在范围之前以及在标准的封面中都有所呈现，通过标准名称的编写，要明确表示出标准的主题，并且要使该标准与其他标准明确区分。

发电企业管理标准名称应简明、确切地反映管理活动的主题。标准名称除采用“管理标准”以外，也可采用管理活动的主题与“程序”“办法”“制度”等的组合，如合同评定程序、能源管理办法、财务管理制度等。

3. 范围的编写

企业管理标准“范围”的功能是陈述标准所涉及的主要“管理事项”，并划定标准的适用界限。企业管理标准的范围应按 GB/T 1.1—2020 给出的规章起草，当标准名称已经能明确指出其适用范围时，可不再写适用范围。图 6–9 是企业管理标准中“范围”编制示例。

本文件规定了 ×××× （管理事项）××、××××、×××× 等管理活动的内容与方法、检查与考核、报告与记录等要求。 **本文件适用于 ××× 电厂 ×××××××× （标准适用范围）管理。**

图 6–9　管理标准“范围”的内容（示例）

4. 规范性引用文件的编写

企业管理标准的“规范性引用文件”编写内容与要求请参见第五节的相关内容。发电企业管理标准的引用标准的重点应该是与该标准直接相关的技术标准、管理标准和与其配套使用的管理标准。

5. 职责的编写

“职责”是管理标准区别于技术标准的要素，也可以理解为管理职责。管理标准中应明确实施此项管理活动的决策层、归口部门和协作部门的职责，其中包括该项标准实施贯彻监督检查的部门和职责。一项管理活动只能有一个责任部门，协作部门可以有多个。职责条款表述应简洁、明了，不应包括具体的工作内容和要求，宜采用“负责＋过程或接口事项的主题名称”表述。例如：

（1）可以表述为“计划营销部负责公司月度经营活动分析报告的编制工作”；

（2）不宜表述为“计划营销部负责公司发电量、热力销售和回款状况等月度经营活动分析报告的编制工作”。

职责一章中列出的职责内容，在“管理活动和方法”一章中应有对应的条款内容。管理过程中涉及的部门应在“职责”一章中体现其职责。图 6-10 是管理职责的编写格式示例。

4　职责

4.1　××××（公司领导）

4.1.1　××××××××××××××××××××××××××。（主要领导职责描述）

4.1.2　××××××××××××××××××××××××××。（分管领导职责描述）

……

4.2　××××（归口部门）

4.2.1　负责××××××××××××××××××××××××。（归口部门职责描述）

……

4.3　××××（协助部门）

4.3.1　负责××××××××××××××××××××××××。（协助部门职责描述）

……

图 6-10　管理职责的编写（示例）

6. 管理活动的内容、方法和要求的编写

管理标准应体现对业务管理策划、执行、检查和处置的全过程，按业务流程对管理活动的内容和方法等进行表述。

（1）管理流程图的要求与编制。管理流程图的设计是管理标准编写的重要一步。流程图可以用简单明了的图示，直观地描述工作过程的具体步骤，通过图示的方法表达了管理活动开展的程序，使得管理过程一目了然，易于阅读和理解。

对于发电企业来说，流程性明确的管理活动应绘制流程图，通过流程图的绘制进一步梳理工作过程和顺序、明确管理方法和要求，并在流程图的每一过程节点中明确干什么、由谁干、何时干的内容，把一个管理事项的管理全过程可视化，突显管理的核心内容。

流程图在管理标准中一般以附录的形式给出。企业可以先绘制管理流程图，再按照流程步骤来编写管理标准的方法，也可以先按照工作开展的时序或顺序编制活动的内容与要求，再绘制管理流程图。两者模式都需要不断地匹配，有可能流程图画得不合适，需要根据文本描述进行调整；也有可能文本表达不确切，需要根据流程图调整完善，目的是要做到：

1）管理流程要与管理标准的内容相对应；

2）流程图表达的过程应与管理标准的条款顺序相一致；

3）各个环节的输入、转化和输出内容的要求要清晰；

4）跨部门的管理接口关系划分要清晰；

5）采取的管理措施和方法表述要清晰。

管理流程图的绘制可采用 Visio 软件的“二维泳道式流程图”模具。管理流程的流向，原则上遵循上进下出、左右反馈的原则；图形符号内的文字表述应简洁，不宜超出图形框；各图形符号之间使用动态连接线连接，以便于调整。管理流程图绘制应避免以下错误：

1）未形成 PDCA 闭环管理，“策划、实施、检查、处置”环节有缺失；

2）流程图中出现了流程断点，流程不完整；

3）管理流程图示与管理标准文本内容不匹配、矛盾。

（2）管理内容、方法和要求的编写。管理活动的内容、方法和要求是管理标准编写的核心，宜按照下列要求来进行编写：

1）详细规定该管理活动所涉及的全部内容和应达到的要求，采取的措施和方法应与管理职责相对应。

2）列出开展活动的输入环节、转换的各环节和输出环节内容，包括物资、人员、信息和环境等方面应具备的条件，与其他活动接口的协调措施。

3）明确每个过程中各项工作由谁干、干什么、干到什么程度、何时干、何地干、怎么干以及为达到要求如何进行控制，并注明需要注意的例外或特殊情况；应辅以程序或流程图，方便理解、促进执行。

4）管理要求宜量化，不能量化的要求应用可比较的特性表述。

5）规定管理活动报告和记录的形成、传递路线。

在标准结构上，可根据管理活动的特点或类别，采用一章或多章来编制。章的编排应与管理流程图的各个过程模块在顺序上保持一致，站在一章内，再按照活动顺序和阶段展开成条。做到标准结构清晰、层次合理。

在内容编写上，“管理活动的内容、方法和要求”应按管理活动的时序展开，以管理流程为引导，按照 PDCA 循环和业务管理过程的各个段编写，包括该业务范围内的各项活动的管理内容、管理要求以及采取的方法。在管理活动开展的顺序上、内容上和职责上，条款描述要与管理流程图匹配，要按照管理流程的顺序，分步骤逐一明确各环节输入、转换和输出内容。

（3）三大标准之间的协调性。编写管理标准时，应注意与技术标准的衔接、与岗位标准的衔接、与现行制度的衔接，防止任务和工作脱节，防止同一管理事项做出多种规定；制定考核标准时，应有针对性地与岗位绩效评价紧密结合。

在编制管理标准时，要特别明确规定管理过程中跨部门的管理环节和流程接口条件，避免遗漏、交叉、扯皮。每个接口环节都要明确由谁来干、怎么干、交给谁。“谁来干”要用企业规定的规范的岗位名称进行明确，与企业岗位标准的名称一致，以便将该节点的责任明确到对应的岗位标准中。

管理流程中涉及技术环节的，都要明确依据的是哪个技术标准，要以规范引用文件的形式进行明确，内容表述上只明确依据的技术标准的名称和编号，不应将技术具体内容要求抄录或编辑纳入管理标准中。必须抄录的，应注明抄录自哪个技术标准的第几章第几款，注明标准编号和版本号。管理标准中已明确应执行的技术标准必须纳入技术标准体系中。

管理流程某环节需要按照企业其他管理标准执行的，要用规范引用文件的形式进行明确，只明确依据的管理标准的名称和编号，不应将其管理要求抄录或编辑纳入标准中。必须抄录的，应注明抄录自哪个管理标准的第几章第几款，并注明管理标准的编号和版本号。

管理标准中规范引用的技术标准、管理标准要在规范引用文件一章中列出标准的编号和名称。同样，在“规范性引用文件”一章中列出的标准，应在标准正文中规定何时何地由哪个岗位或部门执行。

7. 检查与考核内容的编写

管理标准中是否编制“检查与考核”章节需要企业根据需要确定。

如果编制，可根据该项管理业务要达到的总目标，按目标管理的方法分解落实到企业各有关部门、班组，并提出具体的检查方法和考核指标。考核指标应尽可能量化，用数据或比率表示，对于一些确实难以用数据或比率表示的，定性考核要求也要转化为等级或分数的办法来表示。

企业管理标准中检查或考核的结果必须与企业的奖惩责任制紧密挂钩，对于通用的工作事项，可以制定通用的考核管理办法（如《全员业绩考核管理办法》），对于各业务（或岗位）的特色，应制定有针对性绩效管理办法（如《燃料绩效管理办法》《设备缺陷绩效管理办法》），确定业务（岗位）的关键性指标、工作质量和频度要求，在企业管理标准引用实施。图 6–11 是某企业管理标准中“检查与考核”章节编制内容的编写，供读者学习参考。

6　检查与考核

6.1　本文件的实施情况，由 ××× 部门根据 ××××（标准编号）《×××××》进行检查考核。

6.2　公司标办依据 ××××（标准编号）《××××××》对本标准实施情况进行抽查，××× 部对检查出的问题进行整改、制定措施和绩效考核。

……

图 6–11　检查与考核的编写（示例）

8. 报告和记录的编写

“报告和记录”作为管理活动或过程输出的“结果或提供所完成活动的证明文件”，大多以表格的形式表现，是标准内容的组成，因此，需要对其格式和内容做出统一规定，在管理标准编写时，应收集现行使用的记录表单样式，纳入管理标准进行规范，并在标准附录中给出规范的格式，随标准审查、发布。

从管理标准的结构上“报告或记录”为标准正文的最后一章，如图 6–12 所示，所列出的表单均应来源于“管理活动内容、方法和要求”。工作中使用的所有报告和记录表单，应与标准规定的内容、格式一致，不应有游离于技术标准、管理标准之外报告和记录。

7　报告与记录

本文件所形成的报告与记录见表×。

表× 报告与记录

序号	编号	名称	保留地点	保留期限
1				
2				

图 6–12　报告与记录的编写（示例）

第七节　企业岗位标准的编制

一、概述

技术标准、管理标准乃至基础标准只有落实到企业职工的岗位标准中去，才能得到认真地实施。企业应该把每个工作岗位上的一些稳定的、重复性工作事项制定为企业岗位标准，并以此作为企业职工岗位培训教育的重要内容，使企业职工理解、掌握自己的岗位标准，并严格地实施，从而保证工作井然有序，有条有理。在很大程度上可以说，没有岗位标准，没有严格的标准化管理，就没有一流的职工队伍，也没有一流的企业。

一般来说，企业员工的工作任务由两个部分构成：一部分是岗位标准规定的重复性工作；另一部分需要企业员工发挥主观能动性，进行创造性劳动的部分。只不过由于岗位的不同，这两个部分在每个岗位的比例有所不同，这种情况可由图 6–13 表述。

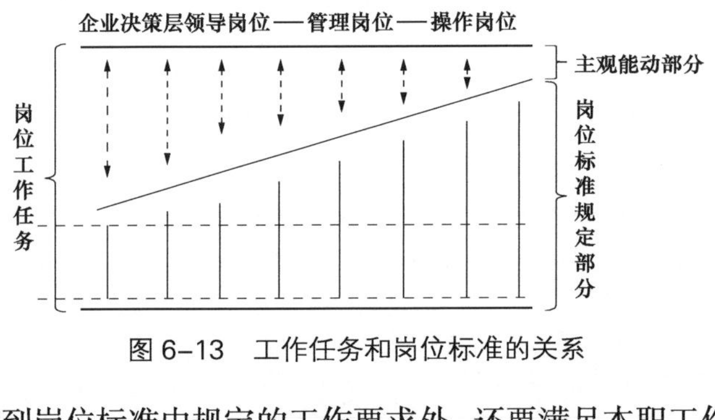

图 6–13　工作任务和岗位标准的关系

企业职工除了达到岗位标准中规定的工作要求外，还要满足本职工作中各种潜在的要求，而达到这些要求，就需要职工遵循创新规律、发挥主观能动性，进行一些创造性的劳动，这也是企业创新发展的动力、源泉。

每个企业既要认真制定企业工作标准，使企业职工在工作中有“标”可依，同时，又必须加强思想工作，关心和爱护职工从而充分调动职工的劳动积极性和主观能动性，创造性地做好本职工作。

实践证明，企业不能依照现行工作状况制定岗位标准，要结合业务梳理结果，依据工作数量、工作复杂程度、工作责任和风险程度大小等多方面因素，合理地设置岗位、确定岗位要求，然后再按岗定标、以岗定人，做到人岗相适，克服以人定岗、苦乐不均、人浮于事等不合理、不正常现象。

二、发电企业的岗位标准

1. 定义

对企业标准化领域中需要协调统一的“工作事项”，以岗位作业为组成要素的标准称为岗位标准 DL/T 800—2018，即企业为实现企业管理标准、技术标准有效落实所执行的，以岗位工作（作业）为组成要素所制定的标准。该定义包含了以下含义：

（1）制定岗位标准的目的是实现整个工作过程的协调，保证技术标准和管理标准的有效实施，促进工作质量和工作效率的提高。

（2）制定岗位标准的领域应该是企业设定的所有岗位，每个岗位都应有岗位标准。

（3）制定岗位标准的对象是岗位应开展的工作事项，是与企业技术标准和管理标准有关的需要协调统一的重复性工作事项。

2. 分类

依据发电企业岗位层级不同，岗位标准一般可分为决策层、管理层和操作层 3 个层面，管理层岗位标准又可分为中层管理人员和一般管理人员两类岗位标准，操作层岗位标准可分为特殊过程操作人员和一般操作人员两类岗位标准。

按照岗位标准适用范围的不同，可将岗位标准分为通用岗位标准和单一岗位标准。仅适用单一岗位的岗位标准叫个性标准，如主机操作岗位标准、辅机操作岗位标准、热工监测岗位标准等；适用于某一类岗位的岗位标准叫通用岗位标准，如管理人员通用岗位标准、操作人员通用岗位标准等。

3. 编写的基本要求

企业岗位标准的结构与格式除了遵循 GB/T 1.1—2020、DL/T 800—2018 或企业自定的岗位标准编写导则的基本规定外，还要结合企业岗位标准的特点，更应遵循以下 6 项基本要求：

（1）岗位标准是岗位工作的依据，应贯彻国家、地方的法律法规和有效的上级标准，符合行业主管部门和上级企业的有关文件规定，应充分体现岗位上应实施的技术标准、管理标准及管理制度的要求，并与之相协调，要具体明确地规定：

a. 干什么；

b. 应该怎么做和不应该怎么做；

c. 干到什么程度，即提出工作质量、数量和期限要求。

（2）广泛征求大家意见，群策群力，保证标准之间应协调一致，不能互相交叉、重复，甚至相互矛盾，保证企业岗位标准正确性和可行性。起草和编写企业岗位标准可以采取下列

3 种方式：

a. 谁干谁起草，谁管谁审核；

b. 上级起草下级岗位工作标准，同时充分征求下级意见；

c. 上下级岗位结合起草和编写。

无论采用以上哪种方式，都必须认真征求被编写岗位职工和相关岗位职工的意见，在充分协商的基础上编写岗位标准。

（3）岗位标准应覆盖企业生产、经营、管理相关的所有工作岗位，并按照不同层级和岗位形成体系，重点抓好生产现场工作岗位及技术和经营管理岗位的岗位标准。

（4）岗位标准名称应符合企业正式发布的岗位名录，岗位标准内容与标准名称相符，岗位标准要因岗而异、不要因人而异。一些电力企业常常是一人多岗，制定岗位标准时，也应按企业人力资源管理部门设置的岗位制定，而不是按实际工作中一人负责的多项工作集中编写在本人任职的岗位标准中。

（5）岗位标准编写时应保证内容的系统性，单个岗位标准宜覆盖该岗位所有业务活动。同一专业不同层级的岗位标准内容应在专业纵深上按照岗的不同层级和业务管理界面，覆盖该专业不同层级的管理或技术工作要求。

（6）应考虑到企业岗位标准是以企业职工为主要对象，是作为企业职工工作质量的考证依据，要求其内容必须正确、简明、具体、易懂、实用，使企业职工能正确理解、熟练掌握、准确实施且便于检查与考核。

4. 岗位标准的构成与内容

发电企业在建立岗位标准之初，应根据需要确定岗位标准的构成要素和主要内容，确保统一性和规范性。岗位标准主要要素结构是标准名称、范围、规范性引用文件、职责与权限、岗位人员资格要求、工作内容和要求、检查与考核、附录等内容。主要内容包括：

（1）任职资格或上岗条件；

（2）该岗位所承担的职责与任务；

（3）每项任务的数量、质量与完成期限；

（4）完成任务的程序与方法；

（5）与相关岗位的协调、配合方法；

（6）信息传递方式；

（7）检查与考核办法。

三、企业岗位标准的编写

1. 准备工作

为统一规范岗位标准的编写，人资部门或标办可参照 GB/T 1.1—2020、DL/T 800—2018 中相关要求，明确企业岗位标准结构、构成要素、标准格式要求和标准各要素编写要求，给出岗位标准编写模板，制订岗位标准编写计划。

在岗位标准编写之前，应对企业的岗位名称、职责及任职条件等基本信息予以规范，并提供给标准编写的各部门。各部门负责人应根据管理标准中对部门或岗位的要求、责任分工等，挑选合适的人员（参加过企业技术标准、管理标准的编写人员优先考虑，其次可以考虑业务精湛、懂管理、熟悉企业管理标准的人员）开展岗位标准的编写。

如果是未参加过企业技术标准、管理标准编写的人员进行岗位标准的编写，人资部门或标办应该进行标准化基础知识、标准编制规则的培训。

2. 标准封面、前言和引言的编写

参照本章第五节的要求进行编写。

3. 标准名称的编写

岗位标准的名称应简短明确，反映标准的主题，一般由岗位名称或职务名称加“岗位标准”“作业标准”“服务标准”字样组成。如：

（1）总经理岗位标准；

（2）人力资源部主任岗位标准；

（3）桥式行车作业标准；

（4）食堂服务员服务标准。

对一类岗位通用的岗位标准名称可写成“××××（一类岗位名称）通用岗位标准”，如中层管理人员通用岗位标准。

4. 范围的编写

企业岗位标准的范围应简明扼要地陈述标准的主题内容与适用岗位情况。当标准名称已经能明确指出其适用范围时，可不再写适用范围。图6–14是企业岗位标准中“范围”编制示例，供读者学习参考。

本文件规定了××××（岗位名称）岗位的职责与权限、岗位任职资格、工作内容与要求、报告与记录、检查与考核等要求。 本文件适用于××××（岗位名称）岗位工作。（视情况可以省略）

图 6–14 岗位标准中“范围”的内容（示例）

5. 规范性引用文件的编写

岗位标准的“规范性引用文件”编写内容与要求请参见本章第五节的相关内容。引用标准是写该标准直接引用的技术标准、管理标准和与其配套的岗位标准（如上下级或上下游工序的岗位标准）。

6. 职责的编写

岗位标准中的“职责”是指企业员工所在岗位的工作任务的责任范围。职责的内容来自企业管理标准，是对该岗位或所在部门的职责再明确。职责的表述应注意以下几个方面：

（1）职责描述宜采用“负责＋事项的主题名称”。如计划经营部正职职责“负责经济活动分析报告的审核”、计划经营部副职职责“负责经济活动分析会的组织”、节能专责岗职责“负责组织节能管理工作的检查和监督”等。职责表述应只包含负责事项的名称，不应包含具体内容，如目标、要求、方法等，这些具体内容应在岗位标准的“内容与方法”一章中表述。

（2）职责要全面、准确、明了，应涵盖企业管理标准中与该岗位有关的所有职责内容，应与管理标准中涉及该岗位所负责的业务对应，以便能真正落实企业各管理标准中各级人员的工作任务、责任和义务。因此，职责职能因岗而异，不能因人而异，要使岗位的职与责结合起来，便于履行和考核。

（3）在职责描述时，侧重责任，注意层级协调，按照职责重要程度依次描述，宜先表述主要职责，再表述配合或参与的职责，不应包含模糊、不确定的职责内容，避免笼统的表述；图 6–15 是岗位标准中“职责”的内容示例，供读者参考。

3　职责

3.1　部门机构设置

设备管理部设置的岗位有主任、副主任、主任工程师、电气一次及节能管理高级主管、……、科技管理高级主管、计划统计管理专责、综合事务管理员。

3.2　职责要求

3.2.1　履行 Q/×××× 《中层管理人员通用工作标准》中第 3 章所规定的职责。

3.2.2　负责设备管理、设备维护、设备检修、技术监控、网络信息管理、科技管理、运行与方式管理、消防管理、检修费用控制和管理等管理工作。

3.2.3　全面负责部门的安全、应急管理、文明生产、技术、成本、人事、外协、标准化作业等各项管理工作。……

图 6–15　岗位标准中“职责”的内容示例

（4）部门所有岗位的职责应与部门职责（或部门负责人职责）对应，且是对部门职责（或部门负责人职责）的系统分解。

（5）部门正职的职责一章应覆盖部门管理范围，部门正职管理人员的职责应包括对部门组织机构设置说明。如有副职，建议在副职岗位标准中明确其分管的业务内容。对于同一事项，部门正职、副职、员工均有不同的责任和任务的，应描述其职责范围，界定清晰，避免雷同。

（6）相同层级的工作岗位，职责内容的描述用语要保持相对一致，不同层级岗位的职责要分清层次，符合内在逻辑关系。

（7）若企业某层次或某类岗位制定了通用岗位标准，在通用岗位标准中已经规定了的通用职责，具体岗位职责不应再重复表述。

（8）除通用的岗位标准外，必要时也可按照企业组织机构，列出该岗位对应的直接上级和直接下级行政岗位的名称，如副经理的直接上级是经理，班组成员的直接上级是班长等。一个岗位可以有多个行政下级，不应有两个及以上的行政上级。这里说明的是行政上的上下级关系，而不是管理流程中的上一级和下一级。

7. 岗位任职资格的编写

岗位人员基本资格的要求是为了满足岗位职责任务和工作项目的需要而定，可包括文化水平、操作水平、管理知识经验等。主要包括以下方面：

（1）教育背景。从事该岗位应具有的文化水平、最基本学历要求。

（2）工作经验。从事该岗位应具备的最基本工作经验要求，包括相关专业经历。

（3）业务知识和技能要求。从事该岗位所需达到的职称（技能等级）、工作技能、专业知识、管理知识、操作水平等一系列专业资质要求。对从事特殊作业的岗位，应明确持有的相应资格证书。

需要注意的是，不同种类岗位任职资格必然不同。任职资格应与岗位承担的职责和工作内容与方法相匹配，不应将现有在岗人员条件作为该岗位的任职资格。

对特殊岗位员工应规定在政治面貌、年龄、性别、身体状况等方面的特殊要求。需要时，也可以包括但不限于以下内容：

（1）思想政治和职业道德。从事岗位工作应具备的思想政治素质和职业道德要求。

（2）身体条件。从事岗位工作应具有的身体健康状况和程度要求，一般包括体力、视力、嗅觉和听力等的要求。

8. 工作内容与要求的编写

"工作内容与要求"是岗位标准的核心，是履行岗位职责应完成的具体工作内容、达到的目标和具体工作步骤。

首先应明确规定该岗位的工作目标，目标是通过努力能达到的该岗位的具体指标或水平，应是可以考核的；不能写成方向性的，放在哪个岗位都适用的。

其次，应详细规定该岗位的全部工作内容和应达到的要求，明确该岗位的工作流程、应注意的事项及意外情况的处理，流程中每步骤的内容，完成每项工作内容的措施及检查方法，应填写的记录等。

在编写岗位标准之前，既要依据管理标准明确岗位工作活动的输入、转换的各环节和输出环节的内容，即从岗位出发，明确做什么事、达到什么目标、活动的输出或结果是什么、与其他岗位工作如何衔接等，又要明确该岗位在承担企业生产经营管理活动应承担的业绩目标，对岗位工作相关信息进行预分析，为岗位标准编写奠定基础。

岗位标准编写应以技术标准和管理标准为依据，当技术标准体系和管理标准体系中的标准能够满足该岗位作业要求时，岗位标准可在内容和要求中直接引用。当技术标准体系和管理标准体系中的标准不能满足该岗位工作要求时，应按照下列要求编写：

（1）每个岗位按工作流程明确输入、转换的各环节和输出环节的内容，包括物资、人员、信息和环境等方面应具备的条件，并与其工作（作业）接口处相互协调。

（2）明确每个环节转换过程中的各项因素，以及要达到的要求，说明需要注意的任何例外或特殊情况。

（3）有特殊要求的岗位，应按照国家、地方的有关规定制定。

（4）岗位工作宜量化质量、数量和时间的要求。

就一个具体岗位的岗位标准而言，最基本的内容应是企业全部管理标准中与该岗位有关的各个事项和需要该岗位实施的各项工作内容与方法的汇集。但当技术标准的表述和管理标准的表述不足以具体指导该岗位的操作指导时，应通过该岗位的岗位标准进行细化、展开、补充。当该岗位采用了先进的、更高效的方法提高了效益和效率时，应及时纳入该岗位标准，适时提炼到企业管理标准中。

9. 三大标准之间的协调性要求

岗位标准的内容实际上是企业技术标准与管理标准中具体要求与岗位对接落地的表现形

式，岗位标准的编写要以“人”的行为围绕“物”或“事”的生产、管理过程展开描述，应体现如何落实相关技术标准和管理标准的要求，按照管理标准中对具体管理工作的要求，落实到岗位，应说明工作条件、与其他工作的衔接点以及相互关系、做什么、工作依据是什么、依据什么（文件）做（该文件应与规范性引用文件相对应）、如何做（方法和步骤）、做到什么程度（质量要求）、形成什么记录或报告、如何传递（明确规定业务接口程序与协作）等，内容描述应与职责、报告和记录、检查与考核相对应。因此岗位标准编写过程中，为了保证岗位标准的执行效果，并应特别注意：

（1）从管理标准和实际工作中，识别岗位所负的职责和分工内容；当管理标准中对岗位的要求与岗位实际工作不一致的，应对相应的管理标准提出修改完善的建议，使岗位工作内容与公司管理标准的要求保持一致。

（2）识别该岗位应执行的文件，对于岗位应实施的法律法规、上级文件、技术要求、管理要求等在公司法律法规清单、上级文件清单、指导标准清单中缺失的，在企业技术标准、管理标准中缺失的，应对相应的清单和标准提出修改建议。

（3）从企业管理标准和实际工作中，确定岗位应完成的管理活动、操作、作业活动。

（4）从企业管理标准、企业绩效考核相关标准和实际考核项目中，确定企业对该岗位的考核要求，应实现的关键指标。

（5）从管理标准和实际工作中，识别并确定该岗位在工作中应填写的各类报表和记录。识别这些内容，可通过收集该岗位职责文件、执行的规章制度、技术标准、管理标准以及其他文件和相关记录等资料来获取，发现实际工作中有关要求与以上文件要求不一致的，应对企业技术标准、管理标准提出修改建议。

（6）由于岗位标准需要实施技术标准和管理标准中的相关规定，因此，企业岗位标准编写规范还要明确哪些文件是必须引用的。在岗位标准中需引用制度等形式的文件时，如果需引用的内容较少、可将该内容直接纳入标准中，不再作为规范性引用文件。如果需引用的内容较多而不宜纳入标准中，可将这些文件作为规范性引用文件，并在标准的“2　规范性引用文件”中注明这些文件的编号和名称。

10. 检查与考核内容的编写

在岗位标准中，应根据岗位的工作内容和要求，详细规定该岗位的考核相关内容，主要包括考核者、考核频次、考核内容（条件与要求）、考核方法（计分法、等级法）、考核记录（记录表）、考核结果处理、考核档案管理。以上内容如果在通用标准中未能包括，应在岗位标准中相应给出，不能有缺项。考核记录一般要求用表格形式反映出来。

对于企业来说，在一定范围内是具有共性的考核内容，企业可以集中写成“中层管理人员绩效考核办法”“一般管理人员绩效考核办法”“一线岗位人员绩效考核办法”等通用标准，供各岗位工作标准中引用。对特殊岗位和事项的考核程序和方法可以在通用的“××××绩效考核办法”中以独立的章节特别给出，或在相应的岗位标准中予以规定。

在编制“检查和考核”时，应做到或明确：

（1）检查考核的内容应以岗位工作内容要求与方法为依据，并与岗位职责对应。考核的项目应围绕重点工作设置，能够衡量其工作成果和成效；不能对应职责任务逐项罗列设定考核项目和指标，缺乏主次、没有重点；也不能与岗位标准中规定的工作内容与方法脱节。

（2）针对考核内容规定考核条件及奖惩办法。一般的考核程序和方法可按企业绩效考核标准执行，前提是企业绩效考核标准中规定了依据岗位标准进行考核的内容。

（3）明确考核的部门、周期和时间。一般来说，企业的中层领导由主管领导进行考核，部门员工由部门正职进行考核。考核周期和时间可根据岗位工作性质、工作项目完成时间等确定，与企业的绩效考核相协调。

图 6–16 是企业岗位标准中“检查与考核”的编写示例，供读者学习参考。

6　**检查与考核**

6.1　**考核权限、周期**

本岗位由公司副总经理（分管生产）、总工程师按月、季、年负责检查考核。

6.2　**考核评价**

依据本文件 5.2 的工作内容对本岗位进行检查，考核评价按照 Q/×××× 《中层管理人员通用工作标准》6.2 中表 1 以及《中层干部绩效考核管理办法》执行；奖惩按照 Q/×××× 《安全生产奖惩管理标准》及 ××× 制〔2019〕188 号《特殊事项绩效考核管理办法》执行。

图 6–16　岗位标准中“检查与考核”的内容（示例）

四、其他格式的岗位标准编制示例

企业岗位标准除了按照 GB/T 1.1—2020 规定的格式逐章逐条编写的方式外，也可以采用图表展示的方式，图 6–17 是某单位岗位说明书的示例，图 6–18 是某电厂的岗位工作规范示例。

××××岗位说明书

Q/×××× 2033—2020

岗位名称		直接上级		直接下级	
岗位职责					
任职要求	学历				
	经历				
	技能				
	其他				
岗位目标					
应知应会规程规范					
工作内容与要求					
检查与考核					
本岗位设计表格（记录）					
其他					

图 6–17　某单位的岗位说明书（精简版示例）

汽机三班班长岗位工作规范

所属部门：	汽机三班	职位类别：	生产族	编号：		历次发布实施日期	首次：	
直接上级部门：		职位等级：					二次：	
主要起草人：		审核：		审定：		批准：		

1 范围

本工作规范规定了检修部汽机分部汽机三班班长岗位的职责与权限、岗位任职资格、工作内容与要求、报告与记录、检查与考核等要求。本工作规范适用于检修部汽机分部汽机三班班长岗位工作

2 职位关系

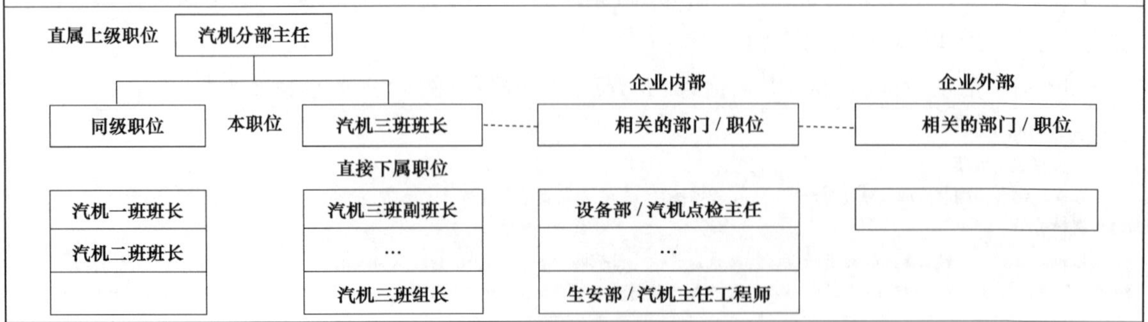

3 任职人员资格要求

	学历	专业	经历（或经验）	知识＋技能	其他
业务素质	大专以上	热能动力或相关专业	具有 3 年相关工作经验	熟悉火力发电厂生产流程和安全生产的工作规范、企业管理体系和“两票三制”；……	具备汽机检修高级工资格

4 主要工作职责及权限

工作职责	业务权限		
	执行（拟制）	组织执行（审核）	决策（批准）
4.1 职责的描述宜采用“负责＋事项的主题名称”的形式。如负责制定、完善班组管理制度，做好班组基础管理	√		
4.2 ……			

5 职业发展通道

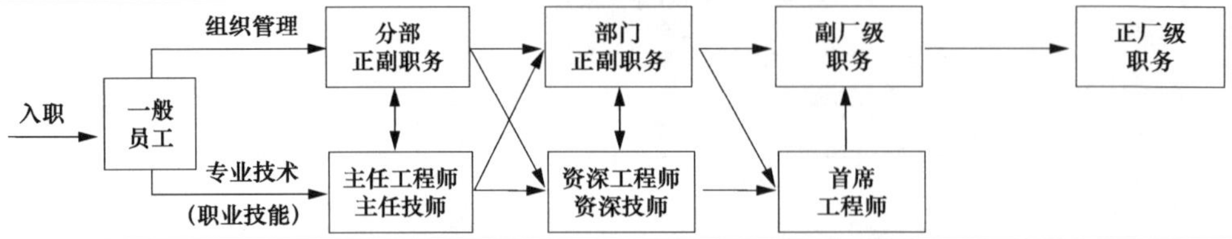

6 主要工作内容与要求

工作领域	工作内容与要求	工作频率			主要工作依据
		日常	周期	随机	
6.1 班组建设	6.1.1 按照 Q/ ××× 2023《标准化管理》的规定，制定、完善班组管理制度，为工作开展提供依据和指导	√			包括技术标准、管理标准、规章制度、典型作业指导书
			√		
6.2 设备检修与维护管理	6.2.1 按照 Q/ ××× 1050《手动工具安全标准》等的规定，组织班组工器具、日常消耗品的日常管理，保证检修工作的顺利开展	√			
6.3 安健环管理					

7 检查与考核

本岗位月度绩效考核，由其直接上级于每月 15 日前，依据 Q/ ××× 2032《绩效考核管理》进行检查与考核

8 报告与记录

本规范的附录、记录（表），详见本规范主要依据的技术标准和管理标准的附录

图 6-18 某电厂的岗位工作规范示例

第八节　适用法律法规纳入企业标准

识别梳理企业适用的法律法规及相关文件的要求，建立企业适用的法律法规清单相关文件清单，将适用法律法规及相关文件适用条款转化纳入企业标准（含制度）予以细化落实，是企业贯彻国家和地方有关标准化的法律法规、方针政策，落实上级标准化的规定、要求的重要途径和方法。企业应将方方面面法律法规要求与企业标准的章条款建立对照表，清晰反映具体落实到流程环节和部门岗位，并要加强执行情况的督导检查。

表 6–8 是某企业正对《中华人民共和国消防法》相关条款要求在企业《消防管理》标准中的落实情况。供读者在编制企业标准时参考。表 6–9 是某企业识别的法律法规并纳入企业标准的摘录部分。企业的每项业务都应该全面地识别适用的国家、地方的法律法规以及上级规定，建立纳入企业标准的对照清单。

表 6–8　　法律法规适用条款转化为企业标准对照表

<table>
<tr><th colspan="3">企业适用法律法规和指导文件</th><th colspan="2">企业标准</th></tr>
<tr><th>文件编号</th><th>名称</th><th>适用条款</th><th>名称</th><th>条款</th></tr>
<tr><td rowspan="2">中华人民共和国主席令第六号</td><td rowspan="2">中华人民共和国消防法</td><td>第五条　任何单位和个人都有维护消防安全、保护消防设施、预防火灾、报告火警的义务。任何单位和成年人都有参加有组织的灭火工作的义务</td><td rowspan="2">《消防管理》</td><td>5.1.1　全体员工（包括在厂内施工的所有人员）应维护消防安全、保护消防设施、完善消防器材、预防火灾；应遵守消防法规、报告火警、参加灭火战斗的义务</td></tr>
<tr><td>第十六条　机关、团体、企业、事业等单位应当履行下列消防安全职责：
（一）落实消防安全责任制，制定本单位的消防安全制度、消防安全操作规程，制定灭火和应急疏散预案……
第十七条　县级以上地方人民政府公安机关消防机构应当将发生火灾可能性较大以及发生火灾可能造成重大的人身伤亡或者财产损失的单位，确定为本行政区域内的消防安全重点单位，并由公安机关报本级人民政府备案。
消防安全重点单位除应当履行本法第十六条规定的职责外，还应当履行下列消防安全职责：
（一）确定消防安全管理人，组织实施本单位的消防安全管理工作；
（二）建立消防档案，确定消防安全重点部位，设置防火标志，实行严格管理……</td><td>5.2　消防安全管理机构及职责
5.2.1　消防安全责任制
5.2.1.1　安健环委员会履行消防安全管理职责。
5.2.1.2　厂长是消防安全责任人，对消防安全工作全面负责。指定一人为厂消防安全管理人，对厂消防安全责任人负责，实施和组织落实消防安全管理工作。
……
5.2.2　消防安全责任人职责
5.2.2.1　贯彻执行消防法规，保障厂消防安全符合规定，掌握本厂的消防安全情况。
……
5.2.3　消防安全管理人职责
5.2.3.1　拟定年度消防工作计划，组织实施日常消防安全管理工作。
5.2.3.2　组织制定消防安全管理制度和保障消防安全的操作规程并检查督促其落实。
……</td></tr>
</table>

表 6–9　　企业适用法律法规纳入企业标准对照表（部分）

序号	发布文号	法律法规名称	发布单位	发布日期	实施日期	归口部门	适用条款	对应企业标准名称
1	中华人民共和国主席令〔2009〕第15号	中华人民共和国统计法	全国人大常委会	2009–06–27	2010–01–01	计划营销部	第一章至第七章	综合统计管理标准
2	中华人民共和国主席令〔2012〕第73号	中华人民共和国劳动合同法	全国人大常委会	2012–12–28	2013–07–01	人力资源部	第二章至第五章	薪酬管理标准、劳动管理标准
3	中华人民共和国主席令〔2004〕第22号	中华人民共和国票据法	全国人大常委会	2004–08–28	2004–08–28	财务部	第十五条、第三十一条	货币资金管理标准
4	中华人民共和国主席令〔2013〕第4号	中华人民共和国特种设备安全法	全国人大常委会	2013–06–29	2014–01–01	设备部	第三十二条、第三十五条、第四十条、第四十一条、第四十二条、第四十五条适用	特种设备技术管理实施细则
5	中华人民共和国主席令〔2014〕第9号	中华人民共和国环境保护法	全国人大常委会	2014–04–24	2015–01–01	设备部	全文适用	环境保护管理制度

第九节　采用国际标准

采用国际标准或国外先进标准制定企业标准是新修订的《标准化法》积极鼓励的。

一、采用国际标准的目的和意义

1. 促进世界贸易的需要

采用国际标准（简称采标），避免造成贸易中的技术壁垒，是 WTO/TBT 协议中规定的国际准则。世界贸易组织协定规定，除了气候、地理因素或基本技术问题外，各方在制定技术法规和标准时，都要以国际标准和国际标准的有关部分为依据。加入 WTO 的各国国家或地区，就必须遵守这些规定。采标最明显的益处有两个：①能协调国际贸易中各有关方的要求，减少和避免与贸易各方的争端；②使我国的产品或服务更容易打入和占领国际市场。

2. 有利于促进技术进步

采标是我国一项重大技术经济政策，由于目前我国一些科技与国际最先进水平还存在一定的差距，而国际标准是各种先进复杂技术的综合和汇集，可以说采标是世界性的一项重要技术转让。因此，直接采标，只要能够适合我国的实际情况，就促进技术进步，加快与国际准则或惯例接轨，是构建人类命运共同体的有效方法。

3. 快速实现技术积累的有效方法

围绕企业的产业发展和引进技术，组织技术专家开展对国际标准的对比分析，加大采用国际先进标准的力度，实现高标准的制定和提升企业的技术标准，是一种廉价的技术引进、最经济且有效的技术积累，将引进技术和技术创新成果采用标准的形式固定下来，是一种事半功倍的增值活动。

二、相关规定及概念

《采用国际标准管理办法》明确采用国际标准，应当符合我国有关法律法规，遵循国际惯例，做到技术先进、经济合理、安全可靠。在采用国际标准时，应当尽可能等同采用国际标准，由于基本气候、地理因素或者基本的技术问题等原因对国际标准进行修改时，应当将与国际标准的差异控制在合理的、必要的并且最小的范围之内。

采标是指将国际标准的内容，经过分析研究和试验验证，等同或修改转化为我国标准（包括国家标准、行业标准、地方标准和企业标准），并按我国标准审批发布程序审批发布。正确理解以下概念将有助于实际的采标工作。

等同采用指与国际标准在技术内容和文本结构上相同，或者与国际标准在技术内容上相同，只存在少量编辑性修改。所谓逻辑性修改，是指不改变标准技术的内容的修改，如纠正排版或印刷错误，标点符号的改变，增加不改变技术内容的说明、指示等。

修改采用指与国际标准之间存在技术性差异，并清楚地标明这些差异以及解释其产生的原因，允许包含编辑性修改。修改采用不包括只保留国际标准中少量或者不重要的条款的情况。修改采用时，我国标准与国际标准在文本结构上应当对应，只有在不影响与国际标准的内容和文本结构进行比较的情况下才允许改变文本结构。

三、采标的原则

国家大力提倡采用国际标准，对于发电企业来说，在采用中应符合以下的原则：

（1）首先要保证标准的内容符合我国的法律法规，与我国现行法律法规相违背或不一致的内容不能采用。

（2）遵守国际标准化组织（ISO）、国际电工委员会（IEC）和国际电信联盟（International Telecommunication Union，ITU）等的版权政策。

（3）一个标准应当尽可能采用一个国际标准。当一个标准必须采用几个国际标准时，应当说明该标准与所采用的国际标准的对应关系。

（4）企业为了提高产品质量和技术水平，提高产品在国际市场上的竞争力，对于贸易需要的产品标准，如果没有相应的国际标准或者国际标准不适用时，可以采用国外先进标准。

（5）采用国际标准，应当同技术引进、企业的技术改造、新产品开发、老产品改进相结合。在技术引进中，要优先引进有利于使产品质量和性能达到国际标准的技术设备及有关的技术文件；在采购原材料、配套设备、备品备件时，应当优先采购采用国际标准的产品。

（6）应按 GB/T 1.1 —2020 的规定起草企业标准。等同采用国际标准时，企业标准的文本结构应与被采用的国际标准一致。应在前言中陈述与相应国际标准的一致性程度、国际标准编号和国际标准名称的中文译名，并在括号内标明所采用的国际标准的语言文本；标准前言还应包括采用国际标准有关的内容。

四、采标中应注意的问题

企业在采标过程中，要认真研读和理解 GB/T 1.2—2020《标准化工作导则　第 2 部分：以 ISO/IEC 标准化文件为基础的标准化文件起草规则》。

可能会等同采用了一些相关的国际标准和国外先进标准，然而实际上更多是采用国际标准并不是等同采用，其中相当部分只是部分条款采用，因此在采标工作中应区别对待，注意相关问题：

（1）重视标准的对比分析研究工作，根据所收集的国外标准，结合国内执行的标准，对国际标准和国外先进标准进行对比分析，找出企业或国内技术水平与国际国外相关标准的差距。

（2）在采标时应考虑完善标准体系的需要，尽可能避免单一、片面采用。

（3）对所采用的国际标准应进行转化，将适合需要的标准文本内容，转化为企业标准，按公司的技术标准制定规则和程序审批、发布、贯彻实施。

（4）如果采用的国际标准引用了其他国际标准，则需核实这些引用的国际标准有无相应的国家标准和行业标准。如果引用的国际标准已被等同或修改采用为国家标准或行业标准，应引用这些标准。

（5）应重视对技术标准的转化和提升，尤其是在收集到国外企业的标准，有不少技术方法诀窍，需加以提炼总结，形成企业自己的技术诀窍。

（6）要加大所采用国际标准的学习和宣贯，使更多的技术人员熟悉、研究国际标准。

第十节　企业标准的编号

一、企业标准编号的格式、组成、要求

企业标准的编号规则应在企业标准化管理文件中明确。编号时应与文件规定的编号规则保持一致。标准的编号在标准的封面标示，由标办统一管理。企业标准的编号一般由企业标准标识、企业代号、标准分类号、标准顺序号和年代号 5 部分组成，编号格式如图 6-19 所示。

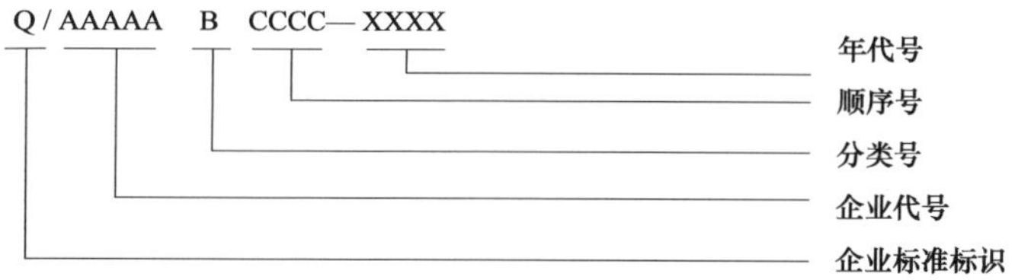

图 6–19　企业标准编号格式

企业标准的标识用字母“Q”表示；企业代号宜采用企业名称字母缩写的大写方式表示；标准分类号一般分为技术标准、管理标准、岗位标准，可分别用数字 1、2、3 表示；标准顺序号一般采用无含义的阿拉伯数字流水号表示，不与体系代码相关联（企业标准编号与体系号挂钩便于识别和查找），位数根据企业标准体系中的数量范围由企业自行确定；年代号为标准发布的公元年号，采用 4 位阿拉伯数字。企业标准编号规则应具有唯一性。

企业标准修订时，标准编号不应改变，只改变标准编号中的“年代号”。如遇几项企业标准合并为一项企业标准，或一项企业标准分解为多项企业标准时，可另行编制新的企业标准编号，图 6–20 是某企业标准编号示例。

Q/×××× 3031—2019

注：Q 表示企业标准；×××× 为企业代号；3 为岗位标准分类号；031 为无含义的阿拉伯数字流水顺序号，位数由企业自行确定为 3 位；2019 为企业标准发布时间，完整的年代号。

图 6–20　某企业标准编号示例

二、等同采用国际标准的编号方法

企业在采标时，应使用双编号方法，即将企业标准编号及 ISO 标准和（或）IEC 标准的编号排为一行，两者之间用一斜线分开。如某火力发电厂企业采标的双编号为 Q/×××1036—2017/ISO ××××：2012。

双编号的方法仅用于企业标准的封面、书眉、封底和版权页上。对于与 1SO 标准和（或）IEC 标准的一致性程度为修改或非等效的企业标准，只使用企业标准编号，不准许使用双编号的方法。

第七章

企业标准的审查

企业标准是企业内部的“法”，每项企业标准的编制都是企业立“法”过程，标准审查是监督和指导企业立“法”的重要环节。

第一节　基本要求

提高标准编制质量是提高标准水平的重要途径，如何全面、系统、有针对性地进行标准审查，是每个企业所要面对和解决的问题。

一、审查标准的目的

企业标准审查是企业标准化工作的重要组成内容，也是促进企业认真制定和实施标准的必要手段。以确保企业标准从立项到实施的规范性和严肃性，确保标准的先进性和合理性，促使标准之间协调配合，不与法规、规章相抵触，并持续提升企业标准的制（修）订水平，满足标准化及使用要求，提高企业技术能力和企业管理水平。

标准审查是发电企业标准制定过程中必不可少的环节，也是保证企业标准文本最终质量的重要手段。企业标准是否先进合理、切实可行，不仅影响该企业标准的贯彻实施，还会影响该标准在企业生产经营中发挥的实际作用。因此，规范审查组织管理、提升审查效果是保证企业标准质量的必要条件。

二、审查标准的依据

标准制（修）订的依据就是标准审查的依据，概括起来说主要依据包括但不限于：

（1）国家行业层面法律法规和规章，如《标准化法》及其实施细则等；

（2）国家、行业相关标准与工作原则；

（3）国家相关产业政策和安全、环境保护、社会公益要求等；

（4）上级单位相关标准（制度）及企业现有的管理制度等。

三、审查标准的内容

企业标准审查的内容主要包括但不限于：

（1）有关国际的法律、法规、方针政策要求的落实；

（2）标准的技术内容、管理要求、岗位职责是否完整，是否符合要求；

（3）制定的标准是否符合应遵循的基本原则；

（4）制定的标准是否符合企业的实际；

（5）制定标准的技术经济依据是否合理；

（6）标准指标与技术要求是否适应当前的科技水平和发展方向；

（7）标准的编写和格式是否规范；

（8）与相关国家、行业标准及企业标准的内容与要求是否协调等。

四、审查标准的一般原则

审查标准草案征求意见稿、送审稿和报批稿应遵守以下几项原则（可以根据分类审核的原则，由不同的岗位人员分别把关）：

（1）贯彻、落实国家有关法律、法规、方针、政策情况。

（2）应当有利于保障安全和员工的身体健康，保护相关方的利益，保护环境。

（3）应当有利于合理利用资源，做到技术上先进，经济上合理。

（4）应当与有关标准协调配套。

（5）应当有利于促进交流。

（6）应当符合 GB/T 1《标准化工作导则》系列的相关规定。

第二节　企业标准审查的现状

企业标准制定受重视的程度历来远逊于行业及以上标准，提交会审的企业标准送审稿质量参差不齐，存在各式各样的问题也就不足为奇。大多数送审稿审查之后需要大幅修改，少数审查后需要重新编写甚至被彻底否决。即便是已发布实施的企业标准，执行过程中依然会暴露出这样或那样的质量问题。

1. 送审稿水平不高

立项、编写、征求意见等环节把关不严造成标准编制整体水平偏低，从而制约审查效果。如标准立项之初缺乏顶层设计，未发挥标准体系自上而下的指导作用，或由基层部门或班组盲目申报、未严格立项审批，导致标准项目针对性不强、必要性不足。部分标准主编人员工作经验不足，也未参加过标准编制方面的专项培训，对标准编写方法和流程不清楚，甚至错误地认为标准编制等同于编写技术文件；标准的格式、形式不规范，技术内容表述不准确；标准征求意见时返回的问题也未充分沟通、协商或达成一致。

标准编制水平不高，导致低层次问题在审查时集中暴露，从而占据了大量审查时间，而一些较深层次问题因审查时间与精力有限未能被及时发现；再加上标准文本各章节、要素之间逻辑严密，审查时提出的少量主要问题常会导致送审稿被修改得面目全非，使得标准审查把关质量大打折扣。

2. 审查组织不规范

企业虽然成立了标准化技术委员会，但没有结合该企业专业技术分工成立不同的专业技术专家组，无法发挥标准化技术委员会在标准审查中的作用；对标准审查工作重视程度不够，选派的审查人员代表性不强，临时变动、甚至只安排工作经验不足的年轻人员参会，或者是参加审查的人员不全；审查过程中没有掌控节奏、抓住要点，没有充分利用有限的审查时间，诸如此类，都可能严重影响标准审查质量。

3. 审查程序不合理

企业存在忽视审查程序的现象，致使审查难以达到预期效果。

（1）缺少预审环节。标准从编制到审批发布，流程设计不科学，通常是标准编制完成后直接上会审查，过程中缺少基本、必要的把关。审查时常发现送审稿水平不高；资料缺项或不合格，如标准立项的原始审查材料缺失，难以了解标准立项把关情况；编制说明书中收集的国内外先进标准、科技成果、实践经验等相关资料不全；标准没有广泛征求意见甚至连本专业人员都未达成共识；“意见汇总表”记录和整理不规范、不完整。上述标准编制过程中存在的质量风险，将会直接转嫁到标准审查当中。

（2）复核不严格。相关人员对审查、修改后的标准文本未认真“复核”，使得“复核”流于形式，未起到把关作用，导致审查意见未完全纳入标准文本。

4. 审查要素不确定

由于缺乏对 GB/T 1.1—2020 等基础标准的深刻理解，标准审查时，审查组成员没有按照标准编写的结构和层次编排、标准要素（规范性要素和资料性要素）进行审查，也缺少对技术标准的先进性、经济性、可靠性和安全环保性等要素把关。通常根据个人工作经验，甚至延续标准编制人员的思路进行审查，经常会出现标准怎么写、审查就怎么审的状况，而忽略其他更为重要的内容。

5. 高水平的审查人员匮乏

标准的评审需要不同领域的专业技术作为支撑，标准化工作又是基础性工作，在企业内部，不容易有亮眼的成绩和直接的经济效益，因此重视程度与其他热门专业相比还有待于进一步加强。通常，参加标准评审专家应当具有中级以上专业技术职称任职资格或者大专以上学历和 3 年以上从事相关行业工作经历，这只是最基本要求，学业资本要具备，从事技术工作一般为理工科专业毕业，技术职称任职资格是能力地位的体现，经历 3 年只是打基础的阶段。

第三节　建立健全企业标准审查的机制

目前大多数企业审查存在的主要缺陷有相似性，应从组建机构健全、审查程序、审查人员和审查制度等方面进行改进完善。

一、组建若干标准审核小组

在创建的过程中，企业基本上都设立了标准化组织机构，但从实际运行效果来看，并不太理想，由于企业或部门行政领导的事务繁忙，无法深入、仔细审阅标准文本，造成许多企业的标准审查过程逐渐流于形式，无法准确把握审查的核心。

参照国家标委会和行业标委会的运作模式，建议企业组成以“首席专家”“主任工程师”“高级主管”“高级点检师或点检长”为主体的企业标准审核队伍，有条件的企业（例如有多台机组、多类型的机组的企业）也可以成立相关专业的技术标委会。对于具体某项标准的审核，由专委会根据需要有针对性地组建“审核小组”，负责对标准的审查、复核，提出初步的审查结论、建议及需要专委会、标委会决定、决策的事项。

企业的标准审核小组可与标准的复审小组一并考虑。

二、完善审查机制

建议企业增加标准的预审环节，严格复核环节，以便提高标准会议审查的效率和质量。

1. 资料合规性预审

企业标准编制部门应提前数日将与送审稿相关的资料提交到标办或专委会挂靠部门，标办重点检查资料的齐全性、规范性，如标准立项情况；编制说明填写的规范性及真实性；标准征求意见稿发放的单位是否具有足够的广泛性、代表性和权威性；“标准意见汇总”是否做了认真处理、取舍是否合适，重大分歧意见处理是否适当、理由是否充分等。以上内容不符合要求时，不予上会审查。

2. 送审稿的预审

企业标准编制部门应提前数日将送审稿提交审查组成员审阅。便于审查组成员预先消化标准，了解审查对象的背景及相关技术情况，对标准内容系统深入思考，提前查阅掌握相关信息；便于审核人员会前提出的修改意见及时完善，消除文中技术、管理、标准化等方面存在的前后内容不协调、错别字等低级错误，减少低层次问题在正式审查时出现的数量。

3. 严格落实“复核”效能

复核是最容易被疏忽的环节。复核分为两步：一是送审稿在报批之前，应发往审查组成员对修改状况进行审阅；二是送审稿报批签署时，审查组组长应对问题整改情况进行确认、把关，确保送审稿已按审查会上提出的修改意见进行完善，最后在标准审查报批书封面的“复核”栏签名。

三、加强审核人员队伍的选择与培养

1. 选定审查人员应考虑专业面和人员数量

标准审查小组的构成直接关系到企业标准的审查质量。企业专委会在选定审查人员及成立审查小组时应充分考虑送审稿涉及的专业范围，合理安排技术负责人、管理人员、标准化专业人员、一线操作人员等相关人员参加审查，条件具备时可邀请外聘专家参与标准项目审查。

2. 审查人员必须具备标准化知识

就内容而言，企业标准的实质是企业对某一领域的"约束"。企业应注重专职标准化人员的素质培养，培养和造就一支既懂业务技术又懂标准化的审查队伍，不具备足够的标准化知识，就无法从系统的角度对各阶段进行审查，也难以对"约束"的必要性、可能性、时间性进行审查。标办应组织一些培训及技术交流会，积极参与国家标准、行业标准的编制及审查，不断拓宽视野，增强实践能力及业务素质。

3. 审查人员应具有较高的责任意识

标准审查是一项艰苦的脑力劳动。只有具备强烈的责任心，才会下功夫深入思考。如果对标准文本一目十行、走马观花、不加思考，即便审查人员具备丰富的专业理论和实践经验，具有令人钦佩的"火眼金睛"，也难以发现送审稿中隐含的错误。送审稿中有没有错误、哪里有错误，只有通过审查人员努力查找才能发现。审查时不仅要明确指出存在的问题，还应提出建设性的修改意见，最大限度地帮助提高送审稿的编制质量。

四、推进全员参与标准化工作

企业的员工是企业标准的使用者，骨干人员又是企业标准化文件的编制者，他们对标准的理解与运用直接影响着标准化的落地，如果他们熟知标准，那么从源头上就减少了许多标准实施方面的错误，提交的标准化文件质量就会大大提高。对于刚进入企业的员工，为了让其能养成遵守标准的习惯，需要专门制定《新员工标准宣贯计划》。

标准化文件的格式审查是标准化审查工作中的基础，相对于其他内容来说是比较容易的。可以充分发挥各部门兼职标准化人员的职能，将一些日常标准化审查工作交给他们完成，进一步提高对标准化工作的认识，可谓一举两得。

第四节　企业标准的分类审查

标准化审查是对标准的实施进行监督、检查的一种主要形式，由企业标准化机构专兼职人员和相关技术、管理人员根据具体分类情况，参与审查工作。

一、企业标准审查分类

企业标准审查根据标准产生过程及标准的性质和对象，可分为通用部分审查和特定部分审查两大类（见图 7-1）。通用部分审查主要是按标准产生的过程顺序以及各类标准所具有的共同特征情况审查。特定部分审查主要区分不同类标准的所具有的个性要求进行的专业性较强的标准技术审查。通用部分审查和特定部分审查按照各自范围还可进一步细分，直到具体到每份审查的标准。

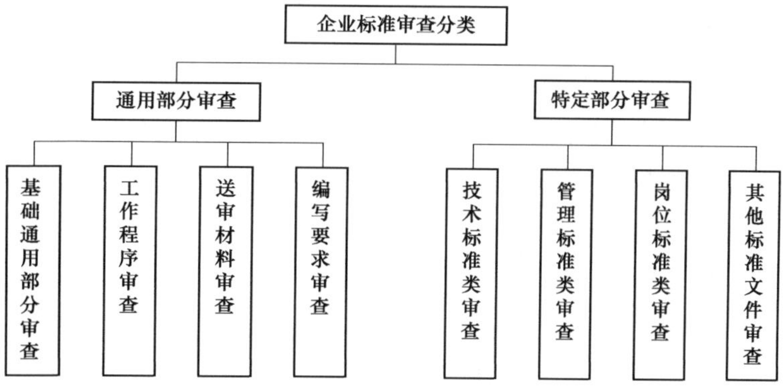

图 7–1　企业标准审查分类简图

二、通用部分审查重点

基础通用部分审查重点是关注一致性的问题：① 标准与国家、行业和地方的法律法规、强制性标准的要求是否一致；② 标准与国家和行业标准之间的接口是否正确；③ 企业标准相互之间是否协调一致，有无重复或脱节等方面的内容。

工作程序的审查重点是关注企业标准的制（修）订和废止工作是否符合企业标准制（修）订程序，审查过程中关注的问题有以下几个方面：

（1）计划外标准制（修）订的可行性、必要性。

（2）沟通情况，标准编写部门和相关使用部门是否充分协商一致。

（3）履职尽责，标准从起草到发布过程中不同权限的负责人按照企业标准制度规定的履职尽责情况。

标准送审材料的审查应根据新制定标准、修订标准、标准的修改和废止区别对待：

（1）新制定标准重点关注审批材料是否齐全、是否为规定的格式，是否已按规定进行征求意见及对意见的处理材料和相关审定材料，编制说明是否按照规定要求叙述全面以及各阶段的文字材料和各层级的审批材料等。

（2）修订、修改和废止标准的送审材料审查则重点应关注其修订、修改和废止标准的提出人、审核人是否符合标准化规定，其更改内容是否与现行标准内容和条款能否协调一致，还应重点关注的是修订、修改标准是否再次经过相关部门的审定，以及新的实施日期等问题。

企业标准无论是按照 GB/T 1.1—2020 的规定格式和编写要求，还是按照企业情况自行制定标准的格式和编写要求，在进行格式和编写审查时要注意以下几个方面：

（1）标准的名称、范围是否和审批表批准的名称范围一致；

（2）标准的必备要素是否齐全并按照相关编写规定编写正确；

（3）是否把握“简化、统一、协调、优化”的原则进行正文的编写，一些数字、符号、公式的使用和表达，字体、字号的要求是否能够满足要求。

三、特定部分内容的审查

企业标准特定部分的审查主要是对不同标准特定技术要素的审查，是标准审查的重点，也是标准审查的难点，根据发电企业标准的分类情况，可分为技术标准类审查、管理标准类审查、岗位标准类审查和其他类标准审查。

1. 技术标准类审查

发电企业标准审查工作应重点抓住以下几个要点：

（1）对有对应国家标准、行业标准的企业标准，要审查其是否与国家、行业强制性标准有无抵触，综合标准水平是否严于国家、行业强制性标准。对没有国家、行业标准的，要审查其技术内容是否符合国家有关标准化方针、政策和经济技术发展方向，技术规定是否先进合理。

（2）标准主题内容与技术规定是否相称，对于不相称或不相符的，该删则删，该补则补，不得有半点马虎。对标准的适用范围也应给予必要的审视，防止过宽或过窄的现象。

（3）标准技术条款和指标确定是否符合企业的实际，对于技术标准中的每项条款、每个性能指标或功能要求都需要审慎、细致地分析对待。不仅应注意其出处来源、前后呼应，更应审查其量化尺度、误差范围、试验方法等是否科学，是否抓住了发电企业的主要技术特征并符合该企业现场应用的需要。

对于发电运行规程、检修规程中的技术要求，一般情况下标准起草组考虑到标准的可操作性，总是希望在具体条文中将能够“定量”的要求尽可能定量化，尽可能少用定性要求。但当要求定得过高，使企业通过技术改造依然很难达到标准时，无法指导企业的技术作业；反之，技术要求及指标定得过低，标准编制也就失去了现实意义。因此关于标准的这部分技术内容的把关是审查人员进行标准审查作业中的重中之重。

（4）标准意见采纳及汇总处理是否妥善，通常在标准审查会议上，标准主要起草人员会首先针对标准的起草过程、编制依据及目的以及一些重要的技术条款（或条文）进行说明，同时对标准草案在意见征询过程中所收集到的主要意见的汇总处理进行简要汇报。审查人员在听取汇报时，一般需重点斟酌考虑那些牵涉标准条文修改的意见处理，特别是有关标准的主要或重要条文的修改意见。标准审查人员需要对这部分意见做出客观、明确的判断，提出科学、正确、令人信服的意见，取得共识，实现企业标准规定的协调统一。

（5）按照 GB/T 1.1—2020 的规定，“为使读者易于理解，标准的编写应尽可能简单、明了”。在企业标准审查中常会见到有些技术条文编写得虽然没有错误，但过于繁细拖拉，以至于员工产生“条文太长太绕”或“正确的废话太多”的感觉。因此在标准审查时对这一方面也是需要注意的。

2. 管理标准类审查

管理标准类标准一般应按管理活动的流程顺序，将管理活动的输入、转换的各环节和输出的内容，包括物资、人员、信息和环境等方面应具备的条件及与其他活动（部门）接口的协调措施审查清楚，管理过程审查宜按照 5W1H（目的、对象、地点、时间、人员、方法）

逐项审查。

3. 岗位标准类审查

岗位标准的审查应把握上级审查下级，人资部门总体把关的原则。岗位标准类审查可按照部门及岗位逐级审查，即部门所有的岗位工作标准汇集应能满足部门职能要求，反之亦然。审查岗位的关键或主要工作要求、考核项目或指标是否恰当。

4. 其他标准化文件的审查

有时为了在实际应用中方便查看，部门或者班组常常将某些标准中部分条款或指标制成工艺卡或摘抄等，这类文件的特点在于具体的技术指标或管理内容均来自已经过审批发布的标准，对这类标准化文件的审查重点要与原文件核对，以保证内容准确性。更要注意的是当原文件修订时，应及时对相关工艺卡和摘抄进行更新以保持一致性。

标准审查作为企业标准化工作的重要组成部分，随着标准化工作在企业管理中认识的不断提升，只有不断提高标准审查人员的素质水平和持续提升标准审查的技术手段，才能更好地服务于企业标准化工作，更好地为企业又快又好发展保驾护航。

第五节　企业标准各阶段的审查工作

本节主要介绍标准的立项、征求意见、送审稿、报批稿及发布等阶段的审查内容及要求。每个阶段的审查都包括规范性审查和技术性审查两个方面的内容，只是侧重有不同。

1. 标准立项阶段的审查

企业标准的立项条件及计划管理详细内容请参见第六章第一节的相关内容。在专委会组织立项审查时，应主要把握好以下几点（不是每个标准都全需要，根据标准化的对象、内容不同进行选择）。

（1）新项目应符合国家有关标准化工作的规章和方针政策，符合企业科技发展规划和企业标准化发展规划的要求。

（2）标准立项应围绕企业重点开展工作，使标准的立项建立在提升企业技术水平、工艺标准等的基础上，做到立项合理、重点突出、先进实用、配套协调，实现标准推动企业发展的目的。

（3）应尽量收集国内外先进标准、科技成果、实践经验等资料，研究国内外相关企业现状和发展方向。

（4）要优先考虑创新成果的标准转化问题，推进具有自主知识产权技术的标准研究，使技术创新成果及时上升为标准。

（5）严格项目的可行性和适用性进行分析论证，避免制定的标准无法实施或难以操作。

（6）与企业标准体系中标准的协调性，是否交叉重复。

（7）对相互引用的配套使用的标准是否同时列入计划。

（8）是否将一个完整的标准分割为多个分标准。

2. 标准征求意见稿的审查

标准征求意见稿的审查和把关是最基本、最细致、最全面的审查。企业标准归口部门主要通过下达征求意见通知的方式，充分征求各方面的意见和建议，这个过程一般不少于一周。征求意见稿审查时应把握好以下几个方面（不是每个标准都全需要，根据标准化的对象、内容不同进行选择）。

（1）标准内容应达到标准项目所提出的目的和要求。

（2）符合国家标准、法律法规的要求；全面贯彻国家强制性标准，尤其是涉及安全、健康、环境保护等方面要求的标准。

（3）应与体系内标准相协调，不能有抵触现象。

（4）所制定的标准应符合标准化的基本原则和方法，标准的适用范围合理。

（5）标准所确定的管理流程、技术参数和性能指标应先进合理、安全可靠，符合技术发展方向和企业实际。

（6）标准编写格式、术语、前言及内容要规范，符合 GB/T 1.1—2020 或企业规定的要求。

标准编制说明是起草标准的依据和意图说明，是标准审查的必备资料，应与编制草案稿同步完成。标准编制说明的编写内容应符合下列要求。

（1）制定标准的依据和标准编制的必要性。包括任务的来源、依据、主要起草部门和参加部门。简述标准制定的目的和用途，标准实施的可能性，标准制定的适时性，与现行有关法律、法规或文件及其涉及的特性和水平在技术上的协调问题，采用国内外现行标准或文件的可能性等。

（2）标准起草的主要工作过程简介。

（3）标准编制原则和标准主要内容（技术指标、性能要求、参数、公式、试验方法、检验规则等）的确定依据。修订标准时，还应说明新旧版标准主要性能的水平对比、主要差异及其原因。

（4）与现行相关法律、法规，国家、行业标准及企业标准的关系。

（5）采用国际、国内外先进标准的情况。包括采标对象的选取，采标一致性程度的确定，与采标对象差异的原因，与国际、国内外同类标准水平的对比情况。

（6）采用新技术、新材料及应用最新科研成果的说明。涉及专利内容时，应按规定予以说明。

（7）贯彻实施标准的建议措施，包括组织措施、技术措施、过渡办法等。

（8）废止或代替现行有关标准的建议。

（9）重要内容的解释和其他应给予说明的事项。

3. 标准送审稿阶段的审查

（1）审查要点。企业标准归口部门应对各有关部门的反馈意见进行汇总、归纳、整理后，逐一分析研究，确定取舍，阐明处理结论或未采纳理由。对征求意见的处理可分为采纳、部分采纳（说明理由）和未采纳（说明理由）3 种情况。对送审稿的审查除了对立项审查、征求意见稿审查的内容进行再次审查外，还要关注以下几个方面：

1）标准征求意见稿发放的范围应覆盖标准的使用部门。

2）被征求意见的部门应有足够的代表性和权威性。

3）起草部门和人员应加强沟通、交流，遇到重大不同意见时，应面对面地交流，协调处理问题。

4）标准起草部门对各种意见协调和处理情况应做到逐条答复。

5）必要的验证报告应充分、翔实。

6）对重大分歧意见的处理经过及依据。编制人员在对征求意见稿修改的同时，还要修改“编制说明”，制定“意见汇总处理表”。在“编制说明”中，要特别注意重大的分歧意见不能回避，还要说明是如何处理的及其理由。对不同意见以“不采纳”三个字对待，这是不妥的，而应该提出不采纳的理由，以理服人，也便于上级审查确定。

（2）审查要求。企业标准送审稿的审查的方式有两种：一种是线上审查；另一种是会审。对涉及面小、意见分歧不大、内容比较简单或等同、等效采用的国际标准项目可进行线上审查。对企业精益管理、技术经济意义重大、涉及面广、意见有较大分歧及与员工利益密切相关的送审稿应采用会审方式。

由企业标准化相关专委会或标办组织，由相关专委会委员和主要的生产、管理部门的代表参加，在征求意见中如有分歧，应邀请少量持不同意见的人参加。必要时，也可邀请外部的相关专家参加。应提前一周将标准送审稿、编制说明和意见汇总按专业发送有关部门（个人）征求意见。

可根据需要组成标准评审小组、明确评审组长。审查时要认真听取各部门的意见，对反对的意见要慎重考虑，对个别意见也不宜轻易否定。审查人员要站在企业的立场，一切用数据说话，采取民主讨论协商一致的工作方法。如需表决须有不少于会议代表人数的四分之三同意为通过。标准起草人不能参加表决，其所在部门的代表不能超过表决者的四分之一。

会议审查要写出“会议纪要”（参见表 7–1）。会议纪要如实反映情况，并附参加审查会的单位和人员名单。负责起草的部门，要根据审查意见，提出标准草案报批稿。

表 7–1　　企业标准审查纪要

<table>
<tr><td>标准名称</td><td colspan="2"></td><td>起草单位</td><td></td></tr>
<tr><td colspan="5">审查会或线上概况（时间、地点、审查组组成等）</td></tr>
<tr><td colspan="5">对标准的主要修改意见：</td></tr>
<tr><td colspan="5">审查结论（对标准是否予以通过，是否符合有关法律、法规和强制性标准以及标准的可靠性意见）</td></tr>
<tr><td colspan="2">负责起草部门（盖章）　年　月　日</td><td colspan="3">审查组：
组长（签字）：　年　月　日</td></tr>
<tr><td>复核情况</td><td colspan="4">复核人（签字）：　年　月　日</td></tr>
</table>

（3）送审稿的审查议程与材料。企业标准的审查，一般应由标准内容相关的生产、经

营、管理、标准化等方面骨干人员组成，原则上不少于5人，具体数量根据标准的内容和重要性确定。由专委会组建标准审查小组，并推荐组长一名，实行组长负责制，由专家组组长主持标准审查会议。审查的主要议程如下：

1）编制组介绍标准编制情况及主要技术内容；

2）审查人员就标准的技术内容进行审查、讨论、协商，提出修改意见；

3）由编制组对审查代表提出的问题进行解释或提出处理意见；

4）提出审查意见；

5）出具审查结论和审查报告，审查组长在审查报告上签字。

通常，标准起草部门提交的审查材料不得少于下列内容：

1）标准文本（送审稿）；

2）标准编制说明（含标准意见汇总处理表）；

3）规范性引用文件文本和其他参考资料；

4）其他有关资料，如必要的试验验证报告等。

（4）有关职责。

1）审查组长职责：组织讨论标准，争议协调，提出并组织讨论审查意见，并在标准审查结论报告上签字。

2）审查人员职责：消化有关资料，搜集有关意见；以科学的态度，实事求是地反映情况和意见；对标准内容提出改进意见或意见；参与协调，讨论审查意见。

3）编制部门职责：介绍标准编制情况及主要技术内容；对审查代表提出的问题进行解释或提出处理意见；根据审查意见修改标准送审稿。

（5）送审稿的“复核”。送审稿的“复核”是对标准送审稿完稿后的审查，是标准审查环节中又一重要的环节，该环节直接关系到标准的最终质量。由标准审查组长负责对标准进行“复核”。必要时可进行会议“复核”，请有关部门的领导、标准涉及的相关专业技术骨干、标准化专职人员和标准起草人参加。

4. 标准报批稿阶段的审查

在形成标准报批稿及其附件（含编制说明、意见处理答复、必要的验证报告）后，报送标办，由标办组织，企业标委会成员参加。标准报批稿是经过“复核”修改后的标准，标准报批稿阶段的审查工作应重点关注以下几点：

（1）报批稿的编写应规范化。标准的内容应符合现行相关法律、法规的要求，标准的形式应准确、简明地表达标准的内容，并符合GB/T 1.1—2020和各级相关标准的规定。

（2）参加送审稿的代表是否有充分的代表性和权威性。

（3）标准的合规性、法务审查已经完成。

（4）在送审稿审查过程中有无重大反对意见，比例如何，理由是否充分。

（5）会议纪要应反映会议真实情况，列全送审稿的修改意见，会议应取得一致意见。

（6）标准报批材料应齐全（含编制说明、意见处理情况、必要的验证报告），填写报批表及会议纪要，报批程序应符合企业规定。

5. 标准发布前后的审核

标办应在标准报批稿审批完成后，进一步进行规范性审查、协调、完善、定稿工作。按照企业规定的规则，完成标准的编号。

标准编制部门填写标准报批表，按照企业规定文件发布程序，最后由标委会主任或其授权人审批。按照规定进行标准制（修）订过程的文件及批准的标准文本进行档案归档。

标办或企业规定的其他部门对发布的标准录入标准库、进行宣贯、组织实施，按照企业规定将被替代的标准从标准库中移出、对纸版标准进行回收。

标办应不断总结标准制定过程控制的经验与发现的问题，不断完善标准制定的过程控制，强化标准审查工作，以期提高企业标准质量。

第八章

标准化与多管理体系融合

第一节 相关管理体系的概述

电力企业管理自引入 ISO 9001 质量管理体系、ISO 14001 环境管理体系、OHSAS18001 职业健康安全管理体系以来，取得了较好的成效。后又陆续地开展了南非国家职业安全协会（National Occupational Safety Association，NOSA）五星安健环管理系统、能源管理体系、两化融合管理体系、风险控制管理体系、安全生产标准化等多项管理体系认证工作。

一、质量管理体系（GB/T 19001—2016）简介

GB/T 19001—2016《质量管理体系 要求》由全国质量管理和质量保证标准化技术委员会提出并归口，于 2017 年 7 月 1 日开始实施。与被代替的 GB/T 19001—2008《质量管理体系 要求》相比，新标准基于风险的思维，更加强调组织环境、增强对领导作用的要求、更加注重实现预期的过程结果以增强顾客满意，更少的规定性要求、对成文信息的要求更加灵活。所有要求是通用的，旨在适用于各种类型、不同规模和提供不同产品和服务的组织。

二、环境管理体系（GB/T 24001—2016）简介

GB/T 24001—2016《环境管理体系 要求及使用指南》规定了组织能够用于提升其环境绩效的环境管理体系要求。可供寻求以系统的方式管理其环境责任的组织使用，从而为“环境支柱”的可持续性作出贡献。该标准由全国环境管理标准化技术委员会提出并归口，于 2017 年 7 月 1 日开始实施。与被替代的 GB/T 24001—2004《环境管理体系 要求及使用指南》相比，新版标准提出了战略环境管理的思维、强化了领导的作用、强调将环境管理体系融入组织的业务过程、更加强调履行合规义务等内容。

三、职业健康安全管理体系（GB/T 45001—2020）简介

GB/T 45001—2020《职业健康安全管理体系 要求及使用指南》规定了职业健康安全管理体系的要求，并给出了其使用指南，以使组织能够通过防止与工作相关的伤害和健康损害以及主动改进其职业健康安全绩效来提供安全和健康的工作场所。该标准由中国标准

化研究院提出并归口，于 2020 年 3 月 6 日开始实施。与被代替的 GB/T 28001—2011、GB/T 28002—2011 相比，新标准基于风险的思维，更加强调组织环境以及工作人员和其他相关方的需求和期望、强化了领导作用、强调了工作人员协商和参与、更加关注职业健康安全绩效、绩效监视和测量，对文件化信息的要求更加灵活、强化了变更管理要求等。

四、能源管理体系（GB/T 23331—2020）简介

GB/T 23331—2020《能源管理体系　要求及使用指南》规定了建立、实施、保持和改进能源管理体系的要求，旨在使组织通过系统方法实现能源绩效和能源管理体系的持续改进。该标准由全国能源基础与管理标准化技术委员会归口，该标准于 2021 年 6 月 1 日开始实施。与被代替 GB/T 23331—2012《能源管理体系　要求》相比，新版标准优化了与战略管理过程的融合、强化了最高管理者的作用，澄清了能源种类排除、能源评审要求、能源绩效参数和能源基准相关内容，引入了对能源绩效参数和相关能源基准“归一化”的概念，增加了能源数据收集策划和相关要求的内容。

五、NOSA 五星安健环管理系统简介

NOSA 是南非国家职业安全协会（National Occupational Safety Association）的简称，NOSA 五星管理系统是南非国家职业安全协会于 1951 年创建的一种职业安全卫生管理体系，现特指企业安全、健康、环境保护管理系统，其中文名称是“诺诚”。NOSA 强调全员参与及对员工的关爱和保护，提高员工的安健环意识，关注员工的安全健康和生产活动对周围环境的影响。它弥补了传统安全管理在员工职业安全健康管理方面的不足，充分体现了现代企业“以人为本”的管理理念。已在包括中国在内的十多个国家和地区的电力、机械制造、矿山、捕鱼等行业的 2000 多个公司推行，验证了其在减少人员伤亡、减少职业病和其他损失等方面是非常有效和成功的。

六、两化融合体系简介

GB/T 23000—2017《信息化和工业化融合管理体系基础和术语》和 GB/T 23001—2017《信息化和工业化融合管理体系要求》是两化融合管理体系的核心标准。明确了组织系统的建立、实施、保持和改进两化融合管理的通用方法。通过规范两化融合过程，并使其持续受控，引导组织充分发挥数据要素的创新驱动潜能，推动和实现数据、技术、业务流程、组织结构四要素的互动创新和持续优化，挖掘资源配置潜力，从而帮助组织不断打造信息化环境下的新型能力，获取与其战略相匹配的可持续竞争优势，实现创新发展、智能发展和绿色发展。

七、风控体系简介

2002 年美国因为安然事件出台了《萨班斯 - 奥克斯利法案》，而中国也有五部委发布的《企业内部控制基本规范》及其配套指引，企业只有建立行之有效的风控体系，才能获得稳

定且持续的发展。内部控制体系是为合理保证单位经营活动的效益性、财务报告的可靠性和法律法规的遵循性，而自行检查、制约和调整内部业务活动的自律系统，贯穿于企业经营活动的决策、执行和监督的各个阶段、各个层级，企业建立与实施内控体系应当遵循全面性原则、重要性原则、制衡性原则、适应性原则、成本效益原则5项原则。

八、安全生产标准化简介

电力企业安全标准化工作是由国家安全生产监督管理总局和原电监会联合推动的电力安全生产标准化达标评级的一项管理活动，评价文件主要有《电力安全生产标准化达标评级管理办法》（电监安全〔2011〕28号）以及《电力安全生产标准化达标评级实施细则》（办安全〔2011〕83号）。旨在通过建立安全生产责任制，制定安全管理制度和操作规程，排查治理隐患和监控重大危险源，建立预防机制，规范生产行为，使各生产环节符合有关安全生产法律法规和标准规范的要求，人、机、物、环处于良好的生产状态，并持续改进。

以上介绍了电力企业现有的一些管理体系，这些管理体系一定程度上在各个专业领域促进了企业的基础管理。但由于多标的推进，增加了企业的负担，体系间的整合日益迫切。

第二节　多体系间整合的必要性和可能性

一、各管理体系间的差异

很多电力企业现在已经建立了GB/T 19001质量管理体系、GB/T 24001环境管理体系和GB/T 45001职业健康安全管理体系以及GB/T 23331能源管理体系（统称为四标体系），以下以四标体系为例，分析管理体系间各自的体系和要素，主要差异体现在以下3个方面：

（1）管理体系的目的、对象不同。质量管理体系针对产品质量进行过程控制，满足顾客要求并不断增强顾客满意；环境管理体系规范组织的环境行为，实现环境保护，体现社会责任；职业健康安全管理体系使组织能够提供安全与健康的工作场所，消除危险源并降低职业健康和安全风险（包括系统性缺陷），维护并改善组织的职业健康和安全绩效。能源管理体系提高能源使用效率，降低能源消耗。

（2）管理的范围不同。质量管理体系只要求覆盖与指定产品或服务有关的生产环节，不必涉及组织的全部活动；环境、职业健康安全管理体系要求覆盖组织的所有部门、人员、过程和活动；能源管理体系涉及组织的全部过程和活动。

（3）过程控制的切入点不同。质量管理体系从产品生产过程控制切入进行过程控制；环境管理体系从环境因素识别和分析切入进行风险控制；职业健康安全管理体系从危险源辨识切入，对风险的可接受程度进行评价，制订管理方案并进行控制；能源管理体系从能源使用、能源消耗的识别和分析切入进行过程管控，提高能源利用效率，实现能源目标。

二、进行管理体系整合的必要性

一些电力企业都在运行多套管理体系，这些体系相互独立，在一定程度上造成了企业管理体系的交叉与混乱。面临的问题主要表现在以下方面：

（1）各体系维护团队相互独立，众多体系活动缺乏统一协调，各子体系间缺乏有机整合，不协调、不一致；

（2）维护多套体系文件，各项文件制度交叉重叠，版本混乱，存在管理的内容交叉、重叠和“两张皮”“多张皮”的现象；

（3）各项管理要求不一致，管理制度执行过程无法达到统一，员工和管理者显得忙碌和疲惫，但事故时有发生，暴露管理尚存灰色地带、管理盲区、生产痛点；

（4）体系维护（如内审、管理评审等）工作冗余重复，执行效率低下、资源浪费；

（5）无法高效、统一地应对外部监督审核与监管机构的审计活动。

多个管理体系所带来的多个体系管理团队、多项体系维护活动、多套体系文件等所带来的不便诸多。国内企业经过多年的贯标实践，已推行质量管理体系（QMS）、环境管理体系（EMS）、职业健康安全管理体系（OHSMS）一体化管理体系，组织机构、职责和权限的统一、协调，运行控制的统一管理，内审及管理评审的统一策划与实施，减少各体系的工作量，降低审核成本，使组织更有效地利用资源、降低管理费用，提高管理水平。

三、管理体系间整合是趋势

一方面，随着管理体系贯标认证工作的不断深化，“安全第一”的电力工业逐渐形成“质量与安全统一”的共识，电力企业在加强质量、环境、职业健康安全等体系贯标的效果不断显现。就单一管理体系建设和实施而言，大部分企业已日趋成熟，但对于多个管理体系的整合，大部分电力企业还处于探索中，尤其是对体系建设、要素要求、实施重点和审核认证等方面疑惑较多，尚未统一认识。基层电力企业，急需将多个管理体系和要求进行整合，以便统一策划、整合资源、目标互补、避免重复、易于管理、提高效率和效益。

另一方面，自 ISO 9000 系列标准颁布以来，国际社会逐步认识到：制定一套规范、统一的管理体系对于推动组织管理活动的规范化及其持续改进具有重大意义。特别是 ISO 9000 所引入的管理体系的思想与方法，对解决广泛关注的各类质量管理问题提供了很好的借鉴作用。OHSMS 标准和 ISO 14001 又在许多方面借鉴了 ISO 9000 的管理思想，使得各标准之间有很强的兼容性。

总之，电力企业多管理体系整合可以在共同的管理原则及可兼容的各标准条款的基础上，兼顾各自的特性要求，形成一个完整有机的管理体系，建立精简高效的整合型管理体系是优化管理的必然趋势。

四、管理体系间整合的理论基础

以四标体系为例，分析管理系统整合的共同理论基础，主要体现在以下 4 个方面：

（1）服务目标相同。管理体系贯标和认证都是为企业管理服务，都是在企业组织资源约束下，都需要将体系要求作用于企业具体活动和过程，都需要领导重视、员工执行，都是为了减少企业管控风险、促进持续健康运营。

（2）遵循的管理原理相同。4个标准均采用PDCA循环法则建立、维持和改进管理体系；运行模式提供了一个从制订方针目标、策划、基于风险的思维、运行控制、监视测量以及持续改进的系统框架。

（3）管理体系的结构相同。新版质量管理体系（GB/T 19001—2016）、环境管理体系（GB/T 24001—2016）、职业健康安全管理体系（GB/T 45001—2020）、能源管理体系（GB/T 23331—2020）均采用ISO导则的高阶结构。

（4）具有共同、可整合的管理要求。例如：4个管理体系都要求体系策划，制订方针；识别相关方的需求和期望，提出绩效目标；管理体系文件化，并对文件进行控制；遵守适用的法规和其他要求；明确组织应规定岗位职责和权限；强调交流沟通的重要性；强调人员能力，提供培训；对过程和绩效进行监视和测量；对不符合进行控制，采取纠正和预防措施；采用内审和管理评审方法评价管理体系的有效性、适宜性和充分性；提出持续改进要求等。

五、管理体系间整合原则

电力企业应以电力生产或服务过程为主线，其他相关过程均附属于或服务于主过程，应建设并保持一套唯一的管理体系和文件，覆盖企业管理领域的各个子体系和要求，确保企业管理的一切活动可控在控，例如企业标准化体系。

企业管理体系整合不是指多管理体系的简单叠加，而是按照系统化原则形成相互统一、相互协调、相互补充、相互兼容的有机整体，借鉴标准化原理，对企业所有的规范性文件按照“简化、统一、协调、优化”的原则，可在企业标准化体系下进行整合和持续改进，才能发挥一体化的整体效益和效率。企业管理体系整合应遵循以下原则：

（1）符合实际原则。企业应符合生产、经营和管理的实际需求，统筹规划进行管理体系整合。

（2）统筹一致原则。企业应选择唯一的企业管理体系，以便整合资源、协调活动、综合评价；管理体系整合文件应标准化，宜纳入企业标准体系。一套标准支撑全方位的管理。一套标准符合多个管理体系的要求。

（3）兼容高效原则。管理体系整合应合并相关体系通用要素，遵循最严要求，保留特定要求，编制文件化信息，减少文件化信息的数量，降低管理成本。

（4）关注过程原则。管理体系整合应适应过程变化带来管理体系要求的改变，整合、兼容和拓展相关管理体系的通用要求，持续改进实现整合。

六、管理体系间整合的指导标准

电力行业一直致力多管理体系间整合实践，DL/T 1004—2006《质量、职业健康安全和环境整合管理体系规范及使用指南》的发布实施，对指导电力企业质量、职业健康安全、环境整合管理体系的建设发挥了积极作用。为适应新的电力改革要求，促进管理体系各领域之间协调，构建一个更加规范的整合管理体系框架，2018 年修订发布的 DL/T 1004—2018，在原来质量、环境、职业健康安全三体系的基础上，增加了能源管理体系的内容并将标准名称更改为《电力企业管理体系整合导则》。

该标准以 ISO 导则的高阶结构，基于“策划—支持和运行—绩效评价—改进”（PDCA）运行模式，按照“风险与机遇管理”思维，给出了电力企业管理体系整合的原则、方法和模式，结合我国电力行业安全生产管理的特点和要求，采用过程方法，以管理体系整合过程的控制为基础，以满足被整合的管理体系相关要求，以提高整体业绩为目标，指导企业进行质量、环境、职业健康安全、能源 4 个管理体系的选择、建设、融入、整合工作。该标准有利于统筹规划文件、整合管理资源、协调管理活动，确保管理体系与管理实际密切配合，提高管理效率。

第三节　四标体系的整合

四标体系的建立，规范了质量、环境、职业安全健康、能源管理等工作，为企业的其他管理工作起到的是一个示范作用。但如何把质量、环境、安全、能源管理体系有效整合成一套科学、有效的管理体系，结合实际工作经验和理解，简介如下。

一、整合的基础

发电企业四标管理体系的整合，应在国家法律法规和企业发展战略框架下，运用系统方法对管理体系进行整合策划，对于已经建立或准备建立标准体系的企业，应以企业标准体系为基础，进行管理体系的要素整合（相关内容将在本章第四节进行介绍）。对于未建立标准体系的企业，应以管理体系通用要求为基础，应用 PDCA 法则，从整合的策划、文件的编制、体系的运行与监测、评价与改进等方面进行整合管理和推进。

二、制订方针目标的要求

企业应在优势（strength）、劣势（weakness）、机遇（opportunity）和威胁（threats）（即 SWOT）分析的基础上制订整合型管理体系方针，确保方针体现企业的宗旨、经营理念、环境意识、安全保障、职业健康和社会责任，并支持其战略方向。方针应为制订整合管理体系目标提供框架。应满足适用要求的承诺和合规义务，体现持续改进整合管理体系的承诺。

整合管理体系的目标应与方针保持一致，与为达到整合管理体系的预期结果所必需的绩效指标相关联。要体现对顾客满意、环境保护、降低职业健康安全风险、节能降耗和合规义务的承诺。目标的制订应符合 SMART 原则，即目标应是具体的（specific）、可测量的（measurable）、可达到的（attainable）、相关的（relevant）、基于时间的（time-based）。

三、整合的相关内容

1. 管理组织架构整合

四标管理体系都强调协作性，通过各种角色责任集成而实现良好的体系运作，建立一个统一协调的组织架构，是整合管理体系的必要条件之一。管理组织架构整合的要点包括：

（1）明确管理体系的最高管理责任及权利。

（2）明确责任部门，设立专职人员，统筹管理体系的整合工作。

（3）建立直接向决策层汇报的工作机制。

（4）定义各层人员角色的责任，明确相应的沟通、协作与报告机制。

2. 管理体系策划整合

四标管理体系都推荐 PDCA 模型来进行体系建设，企业应将过程方法始终贯穿于企业管理体系整合活动，确定过程的顺序和相互作用，确定所需的准则和方法，在体系整合的策划过程中，需要考虑整合的要点主要包括：

（1）历年的管理问题的总结。在进行体系整合建设前，对以往的各项管理过程中出现的不足、问题、事故等进行统一的归纳总结，通过统一的归纳能够做到系统全面，避免单一管理问题分析造成的顾此失彼。

（2）法律、法规与监管要求归纳。任何每个发电企业都要遵守国家法律、法规和满足监管方与用户的要求，也是四标管理体系整合建设的重要输入之一，因此，在策划阶段统一考虑，不仅能够做到全面，而且能够明显地提高效率。

（3）管理目标与体系度量指标建立。由具体业务需求分析、提炼得到总的管理目标，并将总的管理目标逐项分解为各项管理指标，再将管理指标与各项管理流程相结合，形成综合的体系度量指标体系。

3. 体系文件的整合

（1）通用要求的处理。对 4 个管理体系的通用要求，进行文件整合，编写管理手册或策划文件，如成文信息的控制、内部审核、管理评审、合规性评价、监视和测量、纠正与预防措施、改进等，可编制共用的管理文件。管理体系通用要求转化企业标准示例见表 8–1。

表 8–1 管理体系通用要求转化企业标准示例

序号	GB/T 19001	GB/T 24001	GB/T 45001	GB/T 23331	管理文件名称
1	4.14.1 理解组织及其所处的环境 6.2 质量目标及其实现的策划	4.1 理解组织及其所处的环境 6.2 环境目标及其实现的策划	4.1 理解组织及其所处的环境 6.2 职业健康安全目标及其实现的策划	4.1 理解组织及其所处的环境 6.2 目标、能源指标及其实现的策划	目标计划管理（Q/2×××）
2	5.3 组织的岗位职责和权限	5.3 组织的角色、职责和权限	5.3 组织的角色、职责和权限	5.3 组织的角色、职责和权限	部门职责管理（Q/2×××）
3	9.2 内部审核 9.3 管理评审	9.2 内部审核 9.3 管理评审	9.2 内部审核 9.3 管理评审	9.2 内部审核 9.3 管理评审	体系审核管理（Q/2×××）
……	……	……	……	……	……

（2）特定要求的处理。对管理体系的特定要求，如危险源辨识、环境因素识别、能源评审等，可独立编制技术文件、管理文件或作业指导书。管理体系部分特定要求转化企业管理文件示例见表 8–2。

表 8–2　　管理体系部分特定要求转化企业管理文件示例

序号	GB/T 24001	GB/T 45001	GB/T 23331	管理文件名称
1	6.1.2 环境因素	—	—	环境因素识别与评价管理（Q/2×××）
2	—	6.1.2 危险源辨识及风险和机遇的评价	—	危险源辨识与风险评价管理（Q/2×××）
3	—	—	6.3 能源评审	能源评审管理（Q/2×××）
4	—	—	6.4 能源绩效参数 6.5 能源基准 6.6 能源数据收集的策划	能源基准和绩效参数管理（Q/2×××）
……	……	……	……	……

4. 体系维护管理整合

四标体系维护管理主要包括体系文件管理、内部审核、管理评审、纠正预防等方面。如果能够将四标管理体系的体系维护进行整合，不但能够提高效率，而且能够使体系维护各项工作更具条理性。体系维护管理方面的整合要点包括：

（1）体系文件。包括四标体系文件的统一标号、格式统一，统一文件修改发布流程，统一整理外来文件等。

（2）内部审核。综合考虑四标管理体系的内部审核，统一排定年度内部审核计划，可分批次实施，全面覆盖所有的管理制度审核要点。

（3）管理评审。统一筹划四标管理评审会议，从整体的管理目标的完成、管理体系度量结果，各项管理流程制度的运营情况进行综合分析，对管理体系进行综合评价。

四、整合体系的有效运行

为确保整合管理体系的实施，应从以下 10 个环节抓好落实：

（1）最高管理者应根据市场需要和自身发展，推动企业管理体系的整合，确定并组织实施管理体系的方针及目标。各级管理层身体力行、全心投入体系管理，确保令行禁止、执行有效。

（2）识别企业内外环境、理解相关方的需求和期望，并考虑相应标准的特定要求。

（3）制定体系整合的方案、计划和明细清单，列出相关管理体系要求、要素、责任部门、标准化文件等。

（4）企业目标指标应涵盖企业生产经营管理各个方面，并层层分解、层层落实，落实激励机制。

（5）明确各部门体系管理的职能分配，保持职责权限、资源、方法、活动等的成文信息一致性，促使人人为体系运行作出贡献。

（6）全员参与体系文件、业务流程等的培训，促使各个岗位人员能正确理解、熟练操作和一丝不苟地执行整合管理体系各要素的要求。

（7）定期开展危险源辨识、风险评估、环境因素识别和能源评审。确定重大危险源并评价其风险程度、评价出重要环境因素及其造成的环境影响、识别确定主要节能潜力清单等，制定控制措施和管理方案。

（8）完善作业指导书，兼顾质量、环境、职业健康安全、节能等要求，提高可操作性。

（9）定期开展应急演练，总结经验教训，提高全员应急响应能力。

（10）对管理体系的绩效进行监视、测量、分析和评价，对发现的问题予以纠正，并持续改进整合管理体系的适宜性、充分性和有效性。

第四节　四标管理体系与标准化体系的融合

企业是一个整体，任何一个管理职能、管理部门和管理制度都是为了实现企业的总体战略而设置的，为此需要制定一整套制度。体系文件的整合，不仅体现在多种管理体系的整合上，更重要的是需要把整个企业标准化体系进行统一策划和实施，把多个管理体系融入企业标准体系之中，使之成为企业标准体系有机组成部分。如何把企业标准化工作有机地与质量、环境、安全、能源的四标一体化管理体系结合，充分发挥标准化工作的融合作用，巩固和发展标准化成果，是本节要介绍的内容。

一、融合的理论基础

四标管理体系与标准化体系两套体系的融合，既要有理论依据，又要考虑企业的现实与发展的需要。四标管理体系和标准化体系存在着较多的共同点和相似之处，其融合是具有理论基础的。

均以系统理论为指导。无论是企业标准体系还是四标管理体系，它们均遵循系统理论的原理，采用系统理论的思想和方法。各系列标准均将所建立的管理体系看成是一个系统，认为体系具有一个系统应该具有的一般特征，如目的性、集成性、层次性、动态性、阶段性等。同时，体系也体现了系统的效应原理、结构优化原理和反馈控制原理等。例如，企业标准体系被定义为企业内的标准按其内在联系形成的科学的有机整体。这一概念强调了企业这一系统内的标准之间的相互联系和相互作用，充分地体现了系统论的思想。

均遵循 PDCA 循环工作模式。两套体系的运作均遵循 PDCA 循环工作模式，通过策划、实施、检查、改进这样一个不断提高、不断改善的循环过程来实现企业的持续改进，从而获得最佳秩序，保证企业实现既定方针与目标，保障企业持续健康地发展。

运作手段高度一致。无论是企业标准化体系中的技术标准、管理标准、岗位标准，还是四标管理体系中的管理手册、管理体系文件，其运作手段具有高度一致性。首先，两套体系在编写内容上都遵照了标准化的原则，编写形式均为标准格式。其次，两者都对企业内的技术管理事项做出统一规定。再次，审批程序和形式类似，一经发布、实施，就作为共同遵守的准则和依据。最后，都运用检验、考核、奖惩、评审、复审、改进等手段来强化体系的有效性。通过建立运行、评审、改进的制度，从而持续发展管理体系，保证企业实现有效控制。

动态管理一致性。四标管理体系和企业标准化体系都是开放的系统，能根据国家、企业政策的变化而修订，随市场和用户的需求来调整。也就是说，当外界环境与企业内在环境发生变化时，管理体系也随着变化需要及时修订、调整、补充和完善，使体系在动态运行中始终保持其适应性和先进有效性。

二、融合的基础平台

发电企业管理体系与企业标准化体系的融合工作主要有两种情况：一种是先开展贯标认证、再建标准体系，将多管理体系整合成一体化管理体系，并与标准化体系融合；另一种是先建企业标准化体系，再引入多标管理体系，将多标管理体系融入企业标准化体系。

对于已建立标准化体系的企业，应以企业标准化体系为基础，进行管理体系的要素整合。新的企业标准化国家系列标准更加明确企业标准化体系对其他管理体系文件的兼容。GB/T 35778—2017《企业标准化工作指南》中 6.1.3 指出：“企业标准体系能吸纳和提供其他管理体系所需的标准化文件，并与之相互协调、完整配套”。GB/T 15496—2017《企业标准体系　要求》中“与其他管理体系的关系”提出“企业标准体系专注于为实现企业战略提供标准化管理的系统方法和管理平台。各类管理体系文件是企业标准体系的一部分。对于各管理体系的通用要求，可采用整合、兼容和拓展的方式，将相应标准修订后纳入标准体系；对于各管理体系的特定要求，可直接将原管理体系的文件纳入企业标准体系”。

无论是先贯标再建标准体系，还是先建标准体系再引入管理体系，均应以标准体系为基础进行多管理体系整合。企业标准体系表就是融合其他管理体系文件的平台。根据本书前面章节的介绍，我们知道企业标准体系表凭着一组“企业标准体系结构图”和“企业标准明细表”，汇总了多个管理体系文件共性的部分，也包容了多个管理体系文件中特性部分，将企业所有的技术事项、管理事项、工作事项的管理要素统筹起来，发挥出“提纲挈领”的作用。企业各体系需要形成的各种规范性文件，经过简化、统一、协调、优化后，达成协商一致，并经过公认机构（企业标准化机构）批准，形成了各种标准，在企业标准体系表中，都可以明确地找到各自的位置。这种整体所包容的文件囊括了企业各类体系的最主要的文件内容。

可以说，把企业内的所有标准按其内在联系形成一个科学的有机整体，是企业标准体系自身的任务，把企业的各类管理体系的文件或标准、规范性文件整合成一个科学的有机整体，是企业标准体系责无旁贷的本职工作。因此，企业在建立单一或某些组合的管理体系时，必须使之与企业的整个标准体系相协调，需要统筹策划，要厘清企业中各类标准的作用和相互关系，切实防止那种“干什么强调什么重要”，以偏概全、只见树木不见森林的管理方法。

三、融合的原则

1. 实现标准化体系对各管理体系的包容性

企业整合两个及以上管理体系，应将通用要求合并，特定要求保留，减少文件化信息的重复编制和提高实施效率。应将管理体系的各要素分解后纳入企业标准体系对应的标准中，使其成为企业标准的一部分或内容。将现行有效的标准纳入企业标准体系中，充分利用现有的标准资源。

2. 实现标准化体系与管理体系的兼容性

标准体系与各种管理体系进行有机结合，应将各种管理体系文件纳入标准体系中，从而解决标准化体系文件与体系文件“重叠”矛盾，避免重复性的浪费，解决文件的交叉与使用上的问题。通过对所有具有相同性质的内容制定一套可供共同使用的文件，使两个体系的文件之间具有“兼容性”。

（1）更加简捷有效地完善各自的体系文件，以及保证相互之间的协调性。合并不同管理体系中相同和相似的程序，避免不同管理体系运行过程中的冲突和矛盾。清理管理体系运行的各种记录表格，合并同一项工作的记录表格，提高工作效率减少重复劳动。

（2）整合体系文件，对照管理体系标准要素整合，准确识别标准的共同要素、相容要素和个性要素，对共同要素制定一个程序文件（标准），对相容要素制定一个或几个相互补充兼容的文件（或标准），对个性要素应分别制定文件（标准）。

（3）吸纳和提供其他管理体系所需的标准化文件，并与之相互协调，完整配套。对这部分文件既可以说成是管理体系文件，也可以说成是标准化体系文件。

3. 体现不同管理体系的独特性

不同的管理体系也有不同点，主要是目的、对象和适用范围不同，过程控制的切入点不同；根据不同电力企业生产特点，具体内容上存在的差异，要从不同的切入点，明确控制重点，实现各管理体系之间的整合独特性。比如能源管理体系从能源使用、能源消耗的识别和分析切入，进行过程管控，提高能源利用效率，实现能源目标。

4. 实现管理体系文件与标准文件的统一性

管理体系有效实施的基本前提是有一个合适的文件，而合适的文件必须是企业根据自己的实际编写的，在满足管理体系要求的同时，按照标准化工作要求制定管理体系文件。对实施情况进行监督管理、根据体系文件的实施情况进行修订。管理体系中的文件控制程序应与标准化管理工作相结合，在文件管理上与标准管理形成一个整体。体系管理文件实际是企业管理标准的一个组成部分，应当在企业标准体系的规范内制定和实施。企业标准应在满足国家和行业强制性标准要求以及国家标准对企业标准的格式、术语和其他技术性要求的前提下，尽量采用员工能够一看就懂、一学就会的文字或图表描述。要求各个标准文件具有兼容性、系统性、预防性、扩展性、可操作、可追溯、可检查、可评价性。具体来说，要求做到：

（1）内容的符合性。要求符合质量、环境、职业健康安全、能源管理体系标准，覆盖所有要求；符合法律、法规、行业标准的要求；符合企业的实际情况。

（2）术语的规范性。采用质量、环境、职业健康安全、能源管理体系标准术语或行业统一的标准，避免出现容易产生歧义误解的术语和不准确的描述。

（3）各级文件一致性。避免出现同一活动多种规定或出现矛盾的情况。

（4）简要和可操作。必要时应加图示，尤其是作业指导书，应方便员工的理解阅读。

5. 实现标准体系整合的可拓展性

对于没有建立“多管理体系”的企业来说，建立的标准体系要为下一步开展多体系认证奠定基础，并为计量管理、风险管理、卓越绩效、信息安全等体系的实施预留空间。充分利用标准化体系已经形成的一整套标准和规范，再对照管理体系要求予以适当的选择和使用，不仅可以节省大量的人力、物力和时间，而且更能保证多种管理体系之间的协调性、一致性。对于已经建立了多管理体系的企业来说，建立标准体系也为企业管理的持续改进提供了有力的支持。

通过建立流程与标准、岗位的关联关系，以流程管理为基础，实现制度、标准、风控、绩效等多体系的统一管理，可促进不同管理体系相互融合、相互依托和协同改进，解决管理体系之间存在的问题，以及多个管理体系与标准体系之间的关系问题，有效提升企业管理水平。

四、融合的思路和方法

企业标准体系是其他管理体系的基础，其他管理体系是企业标准体系的组成部分，是企业开展标准化工作的支柱。建立企业标准体系应根据企业的特点，充分满足其他管理体系的要求，并促进企业形成一套科学完整、协调配合、自我完善的管理体系和运行机制。

机制融合。建立一体化的企业管理工作机制。企业应对现有的标准化、质量管理、安全生产标准化管理机构和人员进行整合，统一制订规划、计划，统一实施工作安排，避免工作重复、内耗增加及效率降低。

目标融合。将现行的质量管理体系各项目标、企业标准化工作目标、安全生产标准化目标及各项绩效考核目标统一进行优化、整合，对重复的目标进行删减、对失效的目标进行改进或删除、对缺失的目标进行补充完善，通过梳理整合和优化分解，加强目标指标彼此之间的联系，构建全面、系统、高效、精简的企业目标管理体系。所有的管理事项均以企业目标管理体系为导向和引领。

文件融合。一方面，以企业标准体系表的建立作为一体化整合的指南。在建立企业标准体系明细表时，从理念上要将各类管理体系视为企业标准体系的组成部分，将质量、环境、职业健康安全和能源管理体系有关过程（要求）分别纳入企业标准体系的子体系（参见图 4–8 发电企业技术标准体系结构图，图 4–9 发电企业管理标准体系结构图），将质量、环境、职业健康安全、能源管理体系的管理手册和程序文件宜纳入管理标准体系，将作业文件（如作业指导书）宜纳入技术标准体系或岗位标准体系（为确保岗位标准的实施，部分企业已在岗位工作规范后附作业指导书）。

另一方面，将质量、环境、职业健康安全、能源标准化要求的内容作为企业标准体系的部分要求和内容，对相关的技术标准和管理标准进行补充完善。在对相关技术标准和管理标准进行完善的过程中，标准化工作人员可按照GB/T 15497—2017《企业标准体系　产品实现》的要求，对原有涵盖在质量、环境、职业健康和能源利用的操作规程、技术文件进行重新梳理、优化和升级，在消化和吸收国际标准、国外先进标准以及相关国家、行业标准的基础上，对缺失的技术标准进行制定，对原有的企业技术文件进行修改和完善。如此可以使企业标准的先进性得到大幅度提高，使核心技术标准得到提升，技术标准缺项问题可以得到解决，可使企业的技术管理进一步全面化、系统化、规范化。通过以上措施，使得企业标准体系建立的过程同时成为其他管理体系优化的过程，成为企业吸收先进的科学技术和管理方法的过程，通过与其他管理体系的内部优化整合，建立一体化的企业标准体系。

管理体系文件与企业标准体系文件的融合关系如图8–1所示，企业管理体系整合后，一套企业标准可同时满足多个管理体系的要求，兼顾各管理体系的差异和个性，4个管理体系要素与企业标准对照表（示例）见表8–3。同时，也便于企业有效识别企业风险，满足各管理体系和要素要求，推进组织扁平化、管理精益化，去除臃肿冗余机构和重叠部门和岗位，实现本质上管理整合的目的。

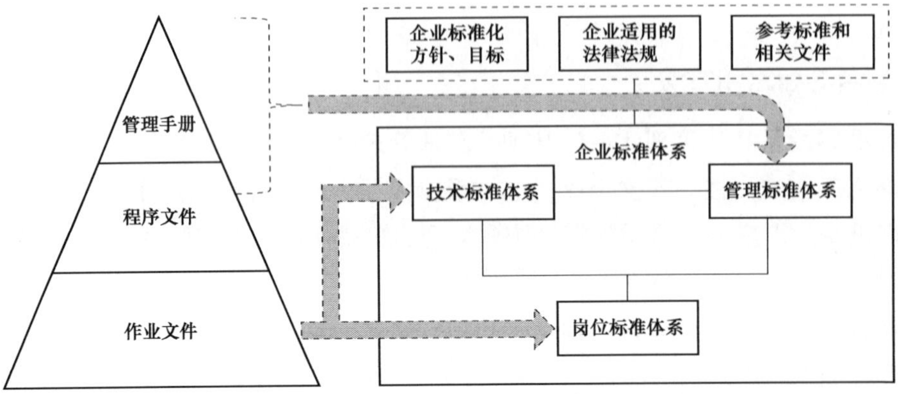

图8–1　管理体系与企业标准体系关系图

表8–3　　4个管理体系要素与企业标准对照表（示例）

序号	企业标准名称	GB/T 19001	GB/T 24001	GB/T 45001	GB/T 23331
1	目标计划管理（Q/2×××）	4.1、6.2	4.1、6.2	4.1、6.2、6.2.1、6.2.2	4.1、6.2、6.4、6.5
2	部门职责管理（Q/2×××）	5.3	5.3	5.3	5.3
3	各级人员安健环职责（Q/2×××）		5.3	5.3	5.3
4	法律法规识别和评价管理（Q/2×××）		6.1.3、9.1.2	6.1.3、9.1.2	9.1.2
5	安健环因素识别与评价管理（Q/2×××）		6.1.2	6.1.2、6.1.4	

续表

序号	企业标准名称	GB/T 19001	GB/T 24001	GB/T 45001	GB/T 23331
6	安健环因素识别与评价作业指导书（Q/1×××）		6.1.2	6.1.2、6.1.4	
7	设备设施管理（Q/2×××）	7.1.3、7.1.4			
8	检修管理（Q/2×××）	7.1.3、7.1.4			
9	教育培训管理（Q/2×××）	7.1.2	7.2、7.3	7.2、7.3	7.2、7.3
10	监视与测量及其设备管理（Q/2×××）	7.1.5			
11	管理创新工作管理	7.1.6			
12	财务管理（Q/2×××）	7.1	7.1	7.1	
13	沟通与交流管理（Q/2×××）	7.4	7.4	7.4	7.4
14	文件和记录管理（Q/2×××）	7.5	7.5	7.5	7.5
15	技术改进管理（Q/2×××）	8.3			8.2
16	物资采购管理（Q/2×××）	8.4		8.1.4	8.3
17	运行管理（Q/2×××）	8.5.1	8.1	8.1	8.1
18	废弃物监控及处置管理（Q/2×××）		8.1	8.1.2	
19	污染防治管理（Q/2×××）		8.1		
20	安全生产保障与监督管理（Q/2×××）			8.1、9.1	
21	危险作业管理（Q/2×××）			8.1、8.1.2	
22	职业健康管理（Q/2×××）			8.1	
23	消防管理（Q/2×××）		9.1	6.1、8.1、8.2	
24	外包工程安全管理			8.1.4	
25	危险品管理（Q/2×××）		6.1、8.1、9.1	8.1、8.1.2	
26	工作票管理（Q/2×××）	7.5.1	8.1	8.1	
27	操作票管理（Q/2×××）	7.5.1	8.1	8.1	
28	节能降耗管理（Q/2×××）				8.1、9.1
29	应急管理（Q/2×××）		8.2	8.2	
30	标志标识管理	8.5.2			
31	事件报告、调查与处理管理（Q/2×××）	8.7、10.2	10.2	10.2	10.1
32	能源评审管理（Q/2×××）				6.3、6.4、6.5

续表

序号	企业标准名称	GB/T 19001	GB/T 24001	GB/T 45001	GB/T 23331
33	能源评审作业指导书（Q/1×××）				6.3、6.4、6.5
34	燃料管理（Q/2×××）	8.4			8.3
35	仓库管理（Q/2×××）	8.5.2、8.5.3、8.5.4		8.1	8.3
36	立项项目管理（Q/2×××）	8.4			8.3
37	环境绩效监视和测量管理（Q/2×××）		9.1		
38	车辆管理（Q/2×××）	7.1.3		8.1、8.1.2	
39	爬梯、高架平台、楼梯和脚手架安全标准（Q/1×××）	7.1.3		8.1.2	
40	计算机网络信息系统管理（Q/2×××）	7.1.3			
41	厂房、机组设备及管道油漆色调标准（Q/1×××）	7.1.3	7.1		
42	体系审核管理（Q/2×××）	9.2、9.3	9.2、9.3	9.2、9.3	9.2、9.3
43	不合格（不符合）、纠正措施管理（Q/2×××）	8.7、10.2	10.2	10.2	10.1

运行融合。建立一体化的企业标准体系后，以企业标准体系文件规定要求作为日常企业生产经营管理活动开展的基本依据，将电能质量控制、职业健康和环境跟踪监控、能源管理等常态化管理工作全部纳入标准体系的运行范畴，并按标准体系要求使用各类表单和记录，保持相应的运行痕迹化资料，在企业标准体系运行的同时，要加强一体化企业标准体系的全面宣贯和培训，使得企业内部各级领导和广大职工充分了解和掌握一体化企业标准体系的意义和作用，从内心深入真正接受和按标准要求规范操作，只有使得标准体系真正内化于心，外化于行，才能从根本上保障各项标准的切实执行。

当企业需要对整体管理体系或某个专业体系、子体系进行评审、认证时，尽可能从总的企业标准体系的“标准库”当中抽调出相应文件“归队”即可。如果企业文件管理体系已实现信息化管理，可将不同体系、不同类别的文件自动分门别类，提供不同场合的需要。

改进融合。审核监督是企业一项不可缺少的活动，其目的是验证企业的一体化管理体系是否持续符合标准的要求，以保证管理体系持续有效运行，并取得更好的绩效。因此，在企业标准体系运行的同时，必须建立多重的审核监控渠道，以持续改进体系运行的效率及效果。① 要建立企业标准体系的日常管理职能，做好企业标准的制（修）订管理，保持标准的规范性、有效性。② 要以其他管理体系的内部审核和外部审核监督标准的运行，通过自我审核和第三方审核，针对不符合项做持续改进。③ 以包括地方政府在内的相关方的监督作为标准体系持续改进的依据。通过以上途径，按照 PDCA 过程方法对一体化企业标准体系进行动态管理，将其他管理体系的审核监督和企业标准体系的评价改进有效结合，建立有效的持续改进和奖惩机制，保证企业标准体系的持续有效运行。

第五节　标准化与其他管理体系的整合

除本章第四节介绍的四标体系外，还有企业安全生产标准化、两化融合管理体系等整合，其整合的理念、原理和方法是相通的。

一、企业安全生产标准化与企业标准体系的整合

根据 GB/T 33000—2016《企业安全生产标准化基本规范》的定义，企业安全生产标准化是指企业通过落实安全生产主体责任，全员全过程参与，建立并保持安全生产管理体系，全面管控生产经营活动各环节的安全生产与职业卫生工作，实现安全健康管理系统化、岗位操作行为规范化、设备设施本质安全化、作业环境器具定置化，并持续改进。

根据 GB/T 33000—2016《企业安全生产标准化基本规范》的要求，企业开展安全生产标准化工作，应遵循“安全第一、预防为主、综合治理”的方法，落实企业主体责任。以安全风险管理、隐患排查治理、职业病危害防治为基础，以安全生产责任制为核心，建立安全生产标准化管理体系，实现全员参与，全面提升安全生产管理水平，持续改进安全生产工作，不断提升安全生产绩效，预防和减少事故的发生，保障人身安全健康，保证生产经营活动的有序进行。企业应采用“策划、实施、检查、改进”的“PDCA”动态循环模式，自主建立并保持安全生产标准化管理体系，通过自我检查和改进完善，构建安全生产长效机制，持续提升安全生产绩效。

安全生产标准化管理体系是企业标准体系中的一个子体系，安全生产标准化体系的 8 个体系要素，即目标职责、制度化管理、教育培训、现场管理、安全风险管控及隐患排查治理、应急管理、事故管理等的核心技术要求，均可转化纳入企业管理标准体系中的《目标指标管理标准》《标准化管理标准》《教育培训管理标准》《现场管理标准》《安全风险管控及隐患排查治理标准》《应急管理标准》《事故事件管理标准》《评价与改进管理标准》等管理标准中，无需另建一套程序文件。因此，已完成标准化良好行为企业创建与评价的企业，再来开展安全生产标准化的评价，只需拿现有的标准体系和标准化创建成果直接迎检即可，无需另搞一套，浪费人力、物力。

二、两化融合体系与企业标准体系的整合

根据 GB/T 23020—2013《工业企业信息化和工业化融合评估规范》的定义，工业企业信息化和工业化融合是工业企业围绕其发展战略目标，以信息化作为企业发展的内生要素，在

信息技术和工业技术不断演进、变革与交叉渗透的环境下，夯实工业自动化基础，推进产品研发设计、生产制造、经营管理和营销服务的优化提升，推动业务系统综合集成、企业间业务协同以及发展理念和模式的创新，以提升创新能力、能源资源优化配置水平和利用效率，实现创新发展、智能发展和绿色发展，形成可持续发展竞争能力的过程。

两化融合管理体系与其他管理体系都遵循 PDCA 方法，是系统提升过程有效性的管理方法论。但是，其他管理体系（如质量管理、环境管理、职业健康安全管理、信息安全管理、能源管理）等的应用范围都侧重于某一专业领域，其管理对象和管理内容相对固定。而两化融合管理体系拟探索推动工业时代向信息时代演进和新管理规律、管理方法和管理机制，其管理对象和管理内容覆盖了组织的全部活动，将随着组织的战略调整和内外部环境变化而动态改变。同时，两化融合管理体系系列标准在制定过程中，充分考虑了与其他管理体系的相容性，为组织开展多体系融合提供支持。如其理念方法采用了管理体系的过程方法和系统方法，其九项指导原则：以获取可持续竞争优势为关注焦点、战略一致性、领导的核心作用、全员参与、全员考核、过程管理、全局优化、循序渐进、持之以恒、创新引领、开放协作，与质量管理的 7 项管理原则相似相通。两化融合管理体系标准采用 ISO 导则的高阶结构，与 4 个管理体系一致，因此具有整合的理论基础。两化融合管理体系的方针目标，可与企业综合管理方针、目标整合，其通用要求可以转化纳入企业综合管理体系当中，其特定要求可转化纳入《信息化建设管理标准》《信息系统运行与维护管理标准》《信息安全管理标准》等标准中。

三、整合方法和要求

在进行安全生产标准化、两化融合管理体系与企业标准体系融合的过程中，可以参照本章第四节介绍的思路和方法，进行机制融合、目标融合、文件融合、运行融合、改进融合等工作。按照就高不就低的原则将通用要求合并，将特定要求保留，整合纳入企业标准体系当中。

“简化、统一、协调、优化”是企业标准化工作的基本原则，将企业标准体系与其他管理体系进行有效融合，既是企业标准化工作的基本需要，更是企业进行管理整合，克服“两张皮”，甚至“多张皮”现象的有效途径，对于降低企业管理成本、提升运行效率、提高管理水平、增强企业生产经营能力具有重要的作用。

第九章

体系运行与评价改进

第一节　企业标准体系运行过程

一、概述

企业标准化的所有工作都是通过过程来完成的。企业标准化体系运行的输出，即过程的结果，就是在一定范围（企业）内获得最佳秩序，达成经营目标。为使企业标准化成为一个增值的过程，就必须配置适宜的人力资源、信息资源、物资资源和环境条件。

（1）人力资源：要配置从事标准化工作的人员及确定其必须具备相应的能力，包括学历、经历、技能和专业培训等。

（2）信息资源：要提供各种有关标准文本和文献，包括有关国内外的标准文献；应保证使用标准文件的工作人员能及时获得有效的标准文件。

（3）物资资源：要配置企业标准化所必需的设备、基础设施和原辅材料，包括工作场所和相关设施、过程设备（硬件和软件以及各种诸如运输或通信等支持服务）。

（4）环境条件：要创造适宜的标准化工作环境，包括物理环境条件和人文环境条件等。

以过程为基础的企业标准体系运行模式如图 9-1 所示。

以过程为基础的企业标准体系运行增值转换过程中，企业关键需要准确识别、管理、控制各标准化过程接口，明确职责和权限，充分利用企业有限的人力资源、信息资源、物资资源，依据标准化有关的法律法规、强制性标准以及顾客和其他相关方的标准化要求（输入），创造条件，对企业标准体系的运作过程实现有效的监视、测量、分析（评价、分析）和持续改进，促进最佳秩序的持续建立（输出），使企业的标准化结果不断满足企业生产、经营、服务和管理的动态变化的需求和期望（输出），实现顾客及相关方满意（输出）。

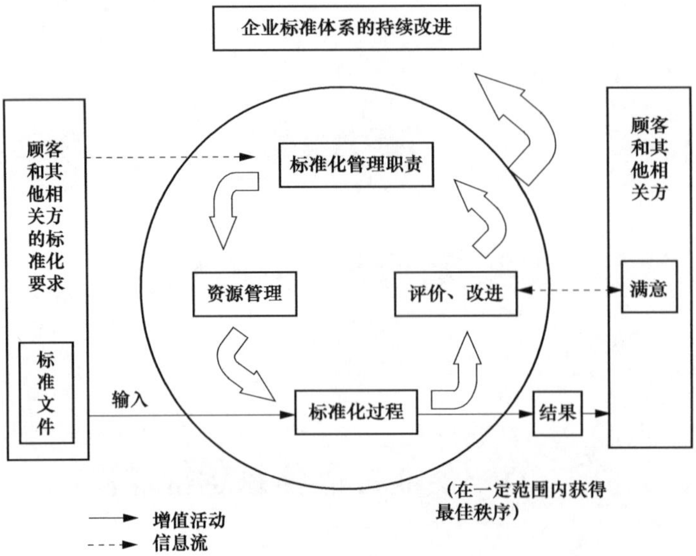

图 9-1 以过程为基础的企业标准体系运行示意图

二、企业标准体系运行原则

企业标准体系的运行应与企业生产、经营、管理的机制和模式相适应。企业标准体系运行应满足整体性、持续性、有效性原则。

（1）整体性，即体系应整体运行，体系内各项标准均应得到实施；

（2）持续性，即体系应持续运行，体系内各项标准均应长期得到实施；

（3）有效性，即体系应有效运行，体系内各项标准均应切实有效。

三、相关人员的职责与任务

1. 企业决策层领导

在企业标准体系运行的过程中，企业决策层领导应做好以下工作：

（1）明确相应的管理机构，负责体系运行的组织协调；

（2）建立健全标准化运行机制、监督机制和保障机制；

（3）应根据企业的情况，提供相应的人力、物力、财力以保障体系的持续、有效运行；

（4）批准体系年度评价计划；

（5）出席企业的体系发布动员会议，参加企业运行评价的工作；

（6）批准内部审核实施方案和内部评价报告。

2. 企业各部门

在企业标准体系运行的过程中，各部门应做好以下工作：

（1）落实标准化运行机制、监督机制和保障机制；

（2）应与标办及专业委员会归口部门保持联络，确保体系运行过程中遇到的问题得到及时沟通和解决；

（3）进行技术准备，必要时进行技术攻关或技术改造；

（4）进行物资准备，为实施标准提供必要的资源；

（5）组织实施标准体系中的标准，并按规定做好过程记录；

（6）接受内部评价、外部审核，提供与部门工作有关的评价输入材料；

（7）对评价中发现的不符合项，制定并实施必要的纠正措施和完成纠正。

3. 标办等标准化机构

在企业标准体系运行的过程中，标办及 3 个专委会挂靠部门应做好以下工作：

（1）向有关人员宣传培训、讲解标准体系的结构和要求、体系内标准相互关系；

（2）企业标办及专委会归口部门应持续跟踪和评估体系运行与实际工作状况的一致性，必要时进行调整和完善，以保障体系运行有效；

（3）组织制定标准化运行机制、监督机制和保障机制，并在实施中优化；

（4）编制体系评价计划，组织实施评价活动，对评价活动的输出实施跟踪、组织验证。

4. 企业员工

在企业标准体系运行的过程中，每位员工应做好以下工作：

（1）参加企业标准体系的宣贯培训，理解并按照运行机制要求执行；

（2）学习、理解、执行企业标准；

（3）反馈体系运行和标准实施中存在的问题与不足；

（4）完成与自己岗位相关的不符合项纠正和措施固化工作。

四、PDCA 循环在标准体系运行中的应用

1. PDCA 循环

根据 GB/T 15496—2017《企业标准体系　要求》的规定，企业标准体系运行模型如图 9-2 所示。

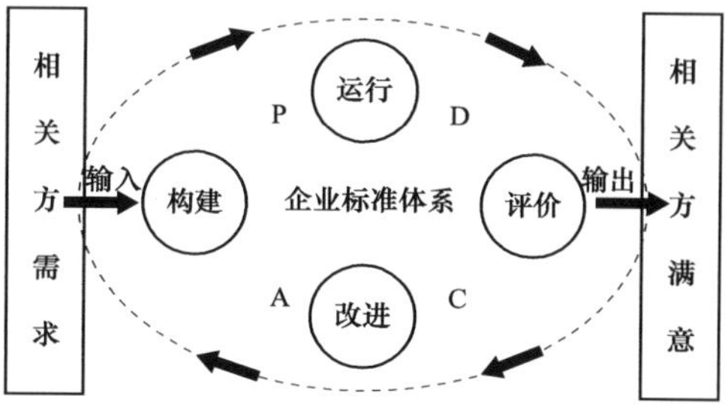

图 9-2　企业标准体系模型图

PDCA 循环各阶段的目标和任务如下：

P——策划阶段。根据企业相关方的要求和期望、外部环境及企业战略的需要，进行企业标准体系的设计与构建，研究确定标准体系的目标，将目标分解为标准化过程的各个可测量的标准化要求和实施程序以及措施。

D——实施阶段。根据策划的标准化要求、程序和措施，运行企业标准体系、标准化过

程或单项标准的实施。

C——检查阶段。根据目标及要求，对标准体系的运行情况进行检查、测量和评价，对具体的标准化过程或单项标准的实施结果进行测量和符合性检查、验证，得出评价结果。

A——处置和改进阶段。针对企业标准体系对企业外部环境不断变化的适应程度，对企业标准体系或标准化运行过程状况和结果进行测量、分析，采取有效措施改进体系和过程，必要时对体系进行优化、创新、改进，以持续不断地提高企业标准化水平。

2. 企业标准体系 PDCA 循环的内涵

为适应外部环境的不断变化，要求标准化过程处在不断持续改进的动态。PDCA 模式可以适用于企业标准化活动的所有过程，工作人员可以把任何一个过程的运行，从策划、建立、运作直到结果的检查和持续改进分成 4 个周而复始不断循环进步的阶段。

PDCA 循环的运行表现为整个管理系统的各个层次、各个环节都在进行“计划→实施→检查→处理”这种循环，它体现了系统运行的内在逻辑。其中“计划”是整个循环的起点和基础；“实施”是循环中的主体，是整个循环成败的关键；“检查”对整个循环起着控制和把关的作用；“处理”则是一个总结与改进的环节，是使循环得以自我完善的重要阶段。PDCA 循环的特点在于：

（1）大环带小环。如果把整个企业的标准化工作作为一个大的循环，那么各个部门、班组还有各自小的循环，就像一个行星轮系一样，大环带动小环，一级带一级，有机地构成一个标准化运转的体系。P–D–C–A 顺序循环到 A 时，会自动进入下一个循环，而且每个阶段本身的内部，如实施（D）阶段的各个过程又都可以形成 P–D–C– A 小循环，相互推动促进，从而推动企业标准体系不断周而复始，推动企业迈上新的台阶如图 9–3（左）所示。

（2）阶梯式上升。循环不是在同一水平上循环，每循环一次，就解决一部分问题，取得一部分成果，工作就前进一步，水平就提高一步。到了下一次循环，又有了新的目标和内容，更上一层楼。图 9–3（右）表示了这个阶梯式上升的过程。

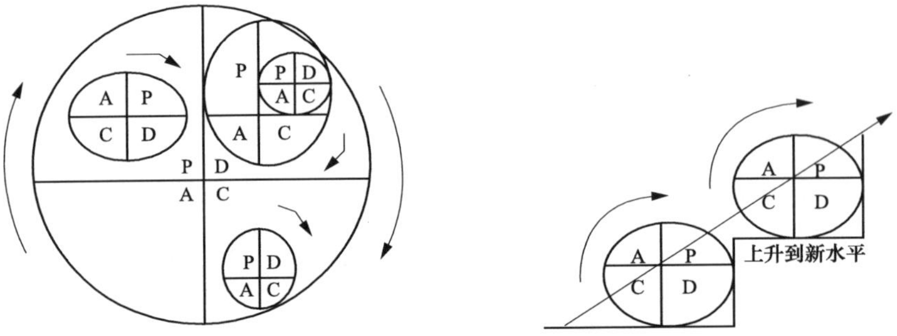

图 9–3　PDCA 循环示意图

五、提高标准体系运行有效性的相关措施

提高标准体系运行有效性的相关措施，可以从以下几项具体工作着手。

1. 以信息化固化标准化体系建设成果

通过信息化固化标准化建设的成果，落实标准化工作要求，是标准化建设取得实效的有效途径。信息化与标准化的融合，也是信息化与企业管理紧密结合的一种体现，是科学化、现代化管理的一种标志。建设企业标准化信息系统，用信息技术手段支撑标准化体系运转，能够使标准化工作落到实处，有助于将标准固化成员工的行为习惯，提高工作效率。另外，通过信息化固化标准化工作，还能够实现各专业、各层级对于标准的分层、分级管控；实现标准全生命周期的闭环管理；实现利用标准资源进行标准数据的共享。

2. 以定期检查整改机制深化标准体系实施程度

每个标准只有通过实施，才能验证其适用性、充分性和有效性。没有通过实施而起到规范管理作用的标准，只能成为一纸空文，是没有任何意义的。监督检查可以从标准制（修）订质量和标准执行情况两个角度切入，具体方式可通过自查、互查、抽查 3 种方式递进开展。自查的范围可局限于班组进行；互查的范围可扩大到关联业务、关联部门之间进行；抽查可在企业标委会的统一领导下，成立专门的检查小组，根据企业实际工作情况，有针对性地对企业任何标准进行抽查。

3. 以监督考核机制强化标准体系执行力度

企业应该倡导“发现问题就是成绩，解决问题就是创新”的标准化理念，鼓励全体员工积极主动参加并接受标准化工作的监督检查。企业标准化工作的考核应纳入企业整体业绩考核体系，可作为一项限制指标，从标准化基础工作、标准体系的建立、标准实施监督与改进等方面制定考核标准，最终的考核结果直接与绩效挂钩。

第二节　标准的组织实施

标准体系运行的核心就是标准的实施，不仅要实施该企业制定的标准，还要实施纳入体系的各级标准，体系中每个标准能够落地实施并发挥作用，是体系运行的终极目的。

一、标准实施的重要性

（1）标准在实践中实施，才能产生作用和效益。

如果制定出大量标准而不去认真实施，标准是不可能自发地产生作用的，也不可能获取最佳秩序和经济效益、社会效益的。如企业花了好多人力建立了标准体系，却不去进行大量细致的标准宣贯工作，使广大技术人员和工人都能理解、掌握标准，认真地去实施，就不可能发挥标准体系的作用，给企业带来效益。

（2）标准只有经过实施，才能发现存在的问题，为修订标准提供依据。

标准化过程是制定标准、实施标准、修订标准这样一个循环向上发展的过程。在实施环节还是发现问题和积累有关信息的过程，为评价和修订标准提供可靠的依据，通过修订，把新的科学技术补充到标准中去，纠正标准中的不足之处，这样就能使标准水平不断提高。

二、企业实施标准的基本原则

（1）强制性的国家标准、行业标准和地方标准，企业必须严格执行，不符合强制性标准的产品，发电企业禁止购买、使用。

（2）推荐性国家标准、行业标准，企业一经采用，应严格执行。国家标准、行业标准中的推荐性标准，主要规定的是大量技术要求、产品质量和重要的管理要求，对企业的技术、生产、经营和管理活动具有指导、规范作用。其中，很大一部分是采用的国际标准，标准的水平是比较高的。

（3）纳入企业标准体系的标准都应严格执行。企业标准体系是根据标准化的系统管理原理建立起来的，系统（体系）内的所有标准都是为实现确定的目标而存在，它们之间是相互依存、相互关联、相互制约的关系，而系统内的标准只有当它们贯彻实施后，才能产生其特定的功能，如果系统内的某个或某些标准得不到实施，它们应有的功能不会产生，同时还会影响到系统的整体功能。

三、标准实施存在的问题

标准的贯彻实施是企业标准化建设的难点之一，常遇到以下问题：

（1）认识不到位。领导、员工不清楚实施标准的重要性，主动实施标准的意愿不强，标准体系形同虚设，标准浮于纸上，流程挂在墙上，岗位职责写在卡上。

（2）培训不到位。建立的企业标准体系，不宣贯，不培训，只有标办和少数参与人员知道，也没有获取现行有效标准的途径。

（3）监督检查不到位。未建立标准体系监督检查的常态化机制，标准体系建立后，缺少维护，不能与时俱进，不能满足企业可持续发展的需要。

针对以上问题，以下将从标准的组织实施、监督检查、评价与改进等方面进行阐述。

四、标准的组织实施

标准的实施应是一项有计划、有组织、有措施的活动，应全员参与，充分发挥领导作用。标准的实施工作可分为计划、准备、实施、检查、总结5个步骤进行。

1. 编制标准实施计划

在实施标准之前，根据实施标准的具体领域或单位的实际情况，制订出实施标准的计划，计划的内容主要包括实施标准的方式、内容、步骤、负责人员、起止时间、应达到的要求等。在编制实施标准计划时，应考虑以下几个问题：

（1）从总体上分析实施标准的有利因素和不利因素，确定实施的先后顺序和应采取的措施。除一些重大的基础性标准需要专门组织实施外，一般标准应尽可能结合或配合其他工作进行。如结合企业的新设备调试、生产技术改造以及企业的正常生产、经营活动来实施有关标准。

（2）将实施标准的项目分解成若干项具体任务和要求，分配给有关部门、班组或个人，明确其职责，规定时间以及相互配合的内容和要求。

（3）根据所要实施标准项目的难易程度和涉及范围的大小，选择合适的实施方式，有些标准可一次铺开，全面贯彻；有些可先行试点，然后分期组织实施。

（4）任何一项标准的实施都需要投入一定的人力、物力和财力，企业要合理地组织人力，安排经费开支，既要保证工作顺利进行，又不造成浪费。

2. 做好充足准备

充足的准备工作是顺利实施标准的保证。实践证明，准备工作做得扎实细致，即使出现问题，也能很快得到解决；如果准备工作不好或过于简单，一旦标准实施过程中出现问题，就不能及时解决，还会严重影响标准实施工作。实施标准的准备工作一般是从思想、组织、技术和物资 4 个方面去做。

（1）思想认识的准备。首先要使企业各级领导、员工能从思想上重视。其次，要使标准的使用人员充分了解标准的内容与要求，掌握标准的难点。可以通过宣传、培训，使有关人员熟悉和掌握标准，并在工作中去实施标准。

（2）组织和人员的准备。最高管理者应率先推动企业标准体系实施，企业管理层身体力行、全心投入体系管理，确保令行禁止、执行有效，充分发挥企业标委会、专委会、标办的职能和作用，各司其职，推动技术标准体系、管理标准体系、岗位标准体系的实施。重大标准的实施往往涉及面广，需要统筹安排和协调，需指定部门负责组织执行、处理实施过程中的问题。对于简单标准的实施，至少也应有专人负责。标办要督导各部门和基层班组履行标准化职责，使每个部门在体系管理环节找到自己的位置，促使人人为体系运行、为标准实施作出贡献。

（3）技术和能力的准备。技术准备是标准实施工作全过程的基础，要根据计划重点做好如下工作：为全员准备实施标准所需的标准文本、宣贯教材、展板图及其他图片（影像）资料等；有些标准需先在少数班组实施，取得经验后再推广；对实施中存在的技术难题，要组织力量解决，必要时应进行技术改造或技术攻关。

（4）物资条件的准备。标准的全面实施，有时涉及技术改造、设备更新等事项，需要有一定的物资条件作为后盾。例如，实施运行规程或检修规程所需要购置新的原材料、零部件、工具、工艺装备、设备、测量装置等。

3. 实施标准

企业在实施标准过程中，应根据标准适用范围及工作任务的不同，灵活采用不同的方法，对实施过程中可能遇到的各种情况，有针对性地采用积极有效措施，保证标准的实施，企业可以借助以下 3 项措施，提高实施效果。

（1）抓“宣贯”和“培训”工作。标准实施，培训先行。组织开展“标准大讲堂”等活动，公司领导、中层管理人员带头讲标准，营造“重标准、学标准、用标准”的氛围。每年组织至少一次中层及以上管理人员、标准化专兼职人员参加的标准化专项培训。企业各部门、班组对新制定的重要技术标准和管理标准，及时组织宣讲、学习，并做好学习记录。通过组织全员标准化知识竞赛、应急演练、考试、网络答题、微信互动答疑等多种形式，进行法规、标准的宣贯和培训。

（2）利用标准信息系统促进标准实施。标准实施前可将标准规定的要求转化为流程图、作业卡以及信息系统等可视化形式，提高实施效率和效果；企业建立多功能的标准化信息管理平台，借助于信息技术的深度开发，实现标准数据库多维度的查询和使用，是企业标准体系落地的一个重要做法，使企业标准随时可查，方便使用，让标准化管理和标准化操作成为员工的一个良好习惯；通过信息化系统建立岗位与标准的对应关系，为各岗位度身订制主要执行的标准，实现标准配送到岗；将企业标准化纳入移动办公范畴，使员工在任何移动终端都可以快速、便捷查阅企业标准体系内的标准。

（3）重大标准制定专项实施方案。对于重要的、首次推行实施的标准，在实施标准之前，根据实施标准的具体领域或企业的实际情况，制定专项标准实施计划方案。如企业首次实施 GB/T 23331—2020《能源管理体系　要求及使用指南》进行能源管理体系的贯标认证时，为使该管理体系标准顺利在企业落地实施，可制定专项标准实施计划方案。

4. 标准实施的检查

标准检查实施是体系运行过程中不可缺少的环节。通过检查，可以发现标准实施中存在的问题，以便及时采取纠正措施；通过检查，还可以发现标准本身存在的问题，为以后的标准修订工作积累依据。

对标准实施的检查可分为两方面的内容。①对实施标准准备工作的检查，主要是检查准备工作的情况和质量能否满足标准实施的要求。②对生产、技术、经营、管理等过程中标准实施情况的检查，检查中发现的问题，要督促实施标准的部门或人员，采取措施进行改进。在企业实施标准整个过程中，这样的检查可能需要反复进行多次，才能使标准得到全面、深入地贯彻。

5. 实施标准的总结

在标准实施工作告一段落或一项工作完成时，应对标准实施情况进行全面总结，特别是对存在的问题采取了哪些措施及取得的效果进行分析和评价。总结工作主要包括 5 个方面：技术方面、方法方面、标准实施过程中遇到的问题和意见、对下一步实施工作的改进建议、对标准的修改意见和建议等。

第三节　标准实施的监督检查

监督检查是促进标准贯彻执行的有效手段，是标准化工作的重要组成部分。发电企业检查哪些内容？采用什么样的机制与方式？由谁来组织监督检查？检查结果如何处置？

一、监督检查的内容

企业应对其标准体系内的技术标准、管理标准和岗位标准执行情况进行监督检查，不能只对技术标准实施进行监督检查，而对管理标准和岗位标准的实施放任自流。企业标准体系内的技术标准、管理标准和岗位标准是相互关联、相互制约的关系，技术标准需要通过严格的管理和良好的操作来执行。企业往往不重视、不能坚持对管理标准和岗位标准执行情况的监督考核，结果导致技术标准也不能认真执行。参照 GB/T 35778—2017《企业标准化工作指南》的规定，标准实施监督检查的内容包括但不限于：

（1）实施标准的资源与满足标准实施要求的符合情况；

（2）关键点各项控制措施的完备情况；

（3）员工对标准的掌握程度；

（4）作业过程、流程与标准的符合情况；

（5）作业活动产生的结果与标准的符合情况；

（6）技术改造、引进技术和设备是否符合标准化法律法规、规章和强制性标准的要求。

二、监督检查的机制

实践证明，任何一项工作如果没有一套强有力的管理机制来管理，那是很难执行到位的。企业标准执行情况的监督检查可采用统一领导和分工负责相结合的管理机制。

所谓统一领导，就是由企业标委会主任直接领导标准实施监督检查工作，或由标委会主任指定专人（公司或厂级副职）领导，由标办和 3 个专委会统一组织、协调、考核；分工负责，就是各有关部门按职能分工，对与部门有关标准的实施情况进行监督检查。

企业应建立标准实施监督检查常态化机制，可采取定期检查或不定期检查、重点检查或专项检查、班组考评检查、自我评价等形式开展监督检查，或与管理体系的集中内审、滚动内审、外部审核等方式相结合。例如，有的发电企业建立月度滚动内审、季度班组检查、年度体系外审的常态化标准体系监督检查机制，确保标准体系的有效运行，如图 9–4 所示。

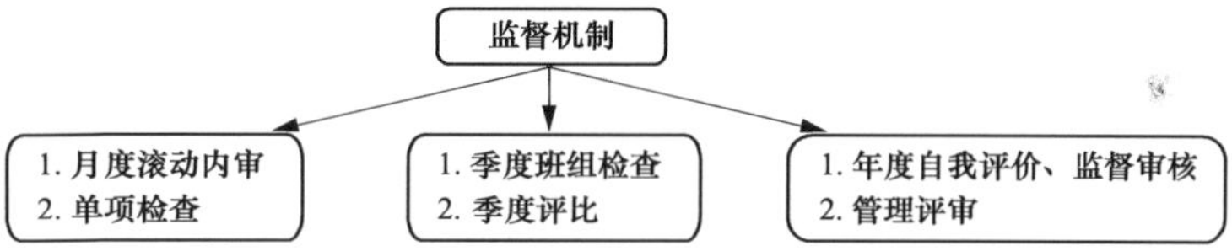

图 9–4 企业标准实施监督检查常态化机制

标办在标准实施监督检查工作中要担负起责任，每月组织开展滚动内审，对部门标准实施情况进行监督检查和考核，促进标准制度“进班组、到岗位、抓落实”。

三、监督检查的方式

发电企业在生产、经营、管理活动中贯彻执行各类标准，对这些标准实施监督检查的方式有以下 3 种做法：

（1）企业各基层（部门、班组）是标准实施监督检查的责任主体，生产过程中需要执行大量的技术标准和管理标准，对这些技术标准和管理标准实施的监督检查，应由企业根据其内部机构设置及监督手段情况，按专业分工明确各部门应负责的监督检查范围，将检查情况纳入部门月度工作总结与计划中予以跟踪，并由负责监督检查的部门对违反标准的行为及时加以纠正和处理。如设备管理部门需要负责对设备购置、验收、安装、使用、维修等一系列技术标准和管理标准的实施情况进行监督检查，并对违反设备技术标准和管理标准的行为予以纠正和处理，确保设备的齐全、完好，满足生产使用需要。

（2）对各部门岗位人员标准执行情况的监督检查，由企业各级领导组织考核，岗位标准的考核结果应与企业的奖罚制度挂钩。

（3）标准化审查是企业标准实施监督检查中常常被忽略的一项重要任务，应由技术标准化专委会组织相关部门，对企业在技术改造以及技术引进和设备进口过程中是否认真贯彻了国家有关标准化法律、法规、规章和强制性标准的要求而进行的监督检查工作。

四、标准实施监督检查计划与检查表的制订

为确保检查的效果和提高工作效率，企业标办宜在年初组织制定体系审核年度计划（参见表 9–1）或标准执行符合性评价检查表（参见表 9–2）。

表 9–1　　体系审核年度计划

审核目标		评价体系运行的符合性、适宜性和有效性，为企业管理持续改进提供数据和方向，使企业的各项管理工作更加规范化												
审核范围		体系所涉及的所有部门、场所、活动和作业过程												
审核准则		（1）企业适用的法律、法规及其他要求； （2）GB/T 19001、GB/T 24001、GB/T 45001、GB/T 23331； （3）相关管理手册； （4）标准体系系列国家标准、行业标准：GB/T 15496、DL/T 485、DL/T 800、T/CEC 181； （5）体系内的所有标准化文件												
审核时间		月　份												备注
		1	2	3	4	5	6	7	8	9	10	11	12	
厂级	滚动内审													
部门级	班组检查													
厂级	四标外审													
厂级	自我评价													
……														
编制人					审核人						批准人			
日期					日期						日期			

注　这是一个整合型的体系年度审核计划，包含四标内审、外审，也包括标准化工作自我评价。组织开展的形式，可以是分别单独专项开展四标内审或标准化工作自我评价，也可以联合举行。每月可以有针对性地审核一个或几个部门。可以编制统一的整合型审核报告，也可以单独编制专项报告。

标准实施监督年度检查计划可以分两个层次进行安排，包括：

（1）标办组织开展的公司（厂、场）级年度标准实施监督检查计划；

（2）企业各部门、班组结合年度重点工作开展的专项监督检查和日常性监督检查。

监督检查计划的内容包括时间、内容、被查的部门或区域、参与监督检查的人员等要素信息。参与实施监督检查人员根据需要应安排包括公司（厂、场）级领导、各部门负责人、

专业技术人员、标准化专兼职人员等参加。监督检查可采用现场查看与问询、参考记录的数据进行核实与分析、运用技术或其他方法进行验证等手段。

表 9–2　　企业标准执行符合性评价检查表

序号	项目名称	内容记录		
1	企业标准 / 制度名称		督查人员	
2	关键管理要求（检查内容）			
3	受查部门 / 班组		检查时间	
4	不符合内容描述			
5	整改计划 / 措施			
6	受查部门负责人确认			
7	整改实施情况确认			
8	固化措施			
编制人：		检查组组长：		

五、标准实施监督检查结果的处置

监督检查结果应形成记录或文件，作为体系或标准改进的依据。处置方式如下：

（1）标准内容不符合实际需求及时修订 / 废止标准；

（2）标准内容符合要求但相关部门执行不力时，需采取措施加强标准的执行力。

企业最高管理者应亲自或委托管理者代表召开标准化工作会议，审查和跟踪企业标准体系的运行情况、体系内的标准实施情况，及时协调、解决体系运行存在的问题，遵循 PDCA 循环管理方法，持续改进和优化完善。

标办应编制体系运行监督月、季、年报，总结、分析标准实施存在的问题，评价企业标准体系和检查标准的适用性和有效性，提出改进的措施和建议，跟踪各部门落实整改。

标办根据标准实施监督检查情况，提出厂级绩效考核建议，由人力资源部进行奖励或考核。通过建立常态化的实施监督检查机制，使企业员工逐步形成恪守标准的行为习惯。

第四节　企业标准的复审

通过复审将那些落后于科技发展水平的、不能满足实践需要的、不切合实际的标准乃至有错误的标准挑出来，或予以废止，或予以修订，要保持标准的先进性、适用性和可行性。

一、标准复审的概述

1. 法律法规的相关规定

标准复审是对已经发布的现有标准，经过一定时期后，对其内容再次审查，以确保其先进性和适用性的过程。《中华人民共和国标准化法实施条例》第二十条中规定："标准复审周期一般不超过五年"。《企业标准化管理办法》中规定："企业标准应定期复审，复审周期一般不超过三年。"可见，企业标准的复审是标准化工作的日常性的工作，标办、专委会需要组织推进。

2. 标准复审的内涵

尽管标准的适用性在标准制定时，已通过标准征求意见、标准审查和标准报批等环节的专家把关得到认定。但标准中的技术或管理等内容会随着时间的推移而落后，形成了时间差（制定时间与使用时间的差）带来的不适用，这是因为：技术和管理内容一旦进入标准后，就会转化为静止状态；而标准对应的在现实中的技术、管理、工作等内容会随着时间的推移在进行改进、提升和发展，会造成标准内容的相对落后。

标准的不适用性在两个环节可以发现：一是在标准使用时；二是在标准复审时。标准使用时发现的不适用问题，不会为标准的管理留下痕迹，而标准的复审可对发现不适用的标准留下管理操作的标记。

有些图书把标准复审定义为"标准使用一定时期后的有效性再确认"，这一概念与"标准颁布一定时期后的再确认"是有区别的。实际上，标准复审的对象包括已使用的标准和未使用的标准。标准复审的对象不是以使用关系决定的，而是以颁布时间关系决定的，也就是说，标准复审并不是对标准使用（或实施）一定时期的对象进行复审，而是对标准颁布一定时期的对象进行复审。企业标准复审选取对象的界限是标准颁布的时间周期长度一般不超过3年，基础性的标准可能会稍长一些时间。

另外一个需要厘清的概念就是，标准复审不是复审标准的"有效性"，而是复审标准的"先进性""适用性"。标准的有效性是由标准的管理决定的，如标准颁布后没有公告"废止"，标准就是"有效"的，即使标准实际上已不能使用。标准复审就是要为"不适用的有效标准"进行管理操作提供依据。"不适用的有效标准"是指标准内容已不适用，但标准的地位还是在法定的有效期内，即标准尚未被宣布为"废止"。

3. 标准复审的目的

标准复审具有以下目的和意义：

（1）摸清标准内容的适用性情况，为标准的修改、修订、废止等操作提供依据。

（2）发现标准间的重复、交叉、矛盾等问题，为问题标准的整合制定提供依据。

（3）了解标准的应用情况，摸清：哪些标准有用、哪些标准不用、哪些标准好用、哪些标准不好用，掌握标准颁布后的使用频率、发挥的作用、存在的问题和标准所处的特性（必要性、实用性、协调性、先进性），为后续标准制定对象的选择、标准内容的撰写和标准的审查把关等提供明确指导。

（4）通过标准复审揭露标准类别发展的需求和重点，为标准体系的合理调整和重构提供指导，为标准体系表中的已有标准部分提供可靠标准资源、为标准体系架构调整提供依据。

从以上标准复审的目的意义可看出，标准复审是标准维持健康状态的必备环节，就像人们要定期检查身体一样。标准复审的结论和意见是根治标准问题的依据。没有全面、准确的标准复审意见，就不可能制定出解决标准现存问题的有效方案，这就如同没有正确的病情诊断结果，就不可能对症下药一样。在一个标准的全寿命周期中，标准往往不会只复审一次，而会经历多轮的复审，只要标准的内容客观上是有需求的，没有被废止或整合，标准就会在其寿命周期中按一定时间规律不断接受复审。

4. 企业标准复审的状况

标准要进行复审，这种制度在全世界已经实行了几十年，但至今未见任何一个标准化组织提供过这方面的成功经验。我国从开始推行标准化起，就规定了标准的复审制度。

在实际工作中，无论是哪一级的标准，往往标准的标龄都超过了法规规定的复审周期，甚至超出法规规定复审周期的几倍，各级标准的复审往往不能按周期性关系进行，而是积累成清理整顿性的全面复审，将各年代的标准一起进行集中复审。

企业更是如此，有的企业根本不复审或没有能力复审，或者想起来了或者发生了生产经营事故，在对事故进行分析评审时，才发现没有标准或者标准规定有遗漏或不合理，才想起了复审标准。就像企业的制度管理一样，总是到了不得不复审的某个时间，以集中清理整顿的方式进行标准的复审。

造成目前这么个状况，部分原因是标准复审需要投入大量的人力、财力和时间等，更主要原因还是企业决策层领导的认识存在偏差或误区。

二、标准复审原则

适应原则是标准复审的核心。必须综合考虑标准是否还适应科学技术的发展和企业战略的需要。经过复审将过时的或者即将过时的标准以及有上级标准代替的标准予以废止，对适应科学技术的发展和企业发展需要的标准予以确认；对技术内容需要完善的标准进行补充；对标准中已不适应企业生产、经营、发展需要的技术内容进行修订，不断地将先进的科学技术成果和生产实际经验纳入标准中，从而提高标准的适应性，促进企业的发展。标准复审工作应遵循以下原则：

（1）标准应满足企业发展需要；

（2）标准应满足企业产业结构调整、设备更新换代和科学技术发展的需要；

（3）标准中所引用的国家标准、行业标准、国际标准和国外标准应是有效的；

（4）促进节约能源资源，保护环境；

（5）促进保证人身财产安全和健康。

三、标准复审的程序

标准复审由标办组织、标准归口管理部门实施。复审可采用会议审查、线下书面审查或信息系统线上复审，经复审的标准要用书面形式分别做出复审结果，以确认现行标准是否继续有效、修订或者废止。

1. 复审的策划

企业标准复审需要有一支技术过硬，素质高的生产、经营、管理、标准化等技术人员队伍，企业要根据具体情况制定出标准复审的工作方案，成立复审工作小组，明确复审负责人、参加人员以及审核负责人；明确企业需要复审的标准项目、时间进度和工作要求。

在制订每年复审计划时，要充分考虑复审工作量的大小，对复审工作量较大的可以分批分期进行。标办需要制定规范的复审文档（单项标准复审表格、标准复审结论汇总表格、标准复审报告）的格式，供复审工作使用。

2. 任务分工与培训

复审任务应按分类和分层落实，分类落实就是按标准的技术专业属性分类确定复审部门和复审技术人员，分层落实是按组织层次作用，分层确定工作职责任务，如标办→专委会→部门→技术人员。

标准复审的部门和技术人员由专委会来选择，一般应为标准的主要起草、使用或对标准相关技术有优势的部门和技术人员。标准的复审要落实到具体的技术人员，以使责任落地。一项标准可以由一个技术人员复审（一人签字），也可以由几个技术人员共同复审（多人一起签字）。复审时，复审技术人员先填写企业标准复审表的基本信息（格式见表 9–3），然后对复审标准从头到尾进行仔细审读，对应复审表的栏目逐项填写意见，提出初步复审结论，进行签署。

表 9–3　　　　企业标准复审表（格式）

标准编号			标准名称		
主要起草单位			标准总页数		
复审结论（打钩）	□有效	□修改	□修订	□废止	□过渡使用
应用标准解决的问题及现状					
必要性分析					
实用性分析					
协调性分析					
先进性分析					
内容要素体系分析					
“废止”原因及建议					
“废止”后建议替代的标准					
拟“修改”“修订”的主要内容					
拟“修改”“修订”标准建议的时间和部门					
“过渡使用”建议的理由和过渡期时间					
需与该标准配套使用的标准制定需求建议					
复审技术人员意见	复审人签字及联系电话：　年　月　日				
复审部门意见	（部门盖章）　年　月　日				
复审评审意见	主审人签字及联系电话：　年　月　日				

为了保证标准复审表中基本信息填写完整、规范，表中的基本信息的填写应遵循："标准编号"的填写应包括年代号；"标准名称"应为完整的标准发布的名称，不应填简写名称；"标准的主要起草部门"在标准前言可找到，"标准总页数"应填写标准的正文页数与附件页数的总和（有些标准的附件未编页号）。专业人员复审后，所在部门应对复审意见和结论进行审核确认。

专委会应要组织相关专业的技术人员（非复审人）组成专家评审组，对复审结论和意见进行评审。当专家评审组的意见与复审人或部门的不一致时，以复审评审组的意见为主，评审组要形成评审组的总体评审意见，并签署专家组签名表。

3. 搜集资料

广泛搜集并掌握真实的、可靠的、充分的第一手资料，这是做好标准复审的关键。

（1）要掌握该企业及国内外同行业发展的现状，对该企业的设备、工艺、检测手段等应了如指掌。

（2）通过各种渠道搜集国内外有关科技文献和出版物，有关专利、发明等方面的信息，以了解国内科技发展总趋势和最新成就。

（3）要注意搜集国际标准、国外先进标准以及国内相关标准，特别注意搜集新颁布的相关国家标准、行业标准和地方标准。

（4）搜集企业生产经营过程中积累的技术数据和统计资料，国家、行业、集团技术监督检验的情况等。

4. 分析对比

针对调查的结果和搜集到的所有相关资料进行分析对比，去粗取精，去伪存真，及时采用或者引用国际标准、国外先进标准，将国内外先进的管理经验和科技新成果，纳入企业标准中，使标准保持先进、合理，满足企业生产、经营、管理的需要。

四、复审内容及要素

1. 复审的要点内容

复审的目的是获得标准适用性总体的结论，为标准的修改、修订安排或公布废止提供依据。复审需要按照表 9–3 的列项进行复审，主要内容如下：

（1）标准应用的情况有标准应用的机组系统或设备（设施）、标准解决的问题等；

（2）标准的四性状态有标准的必要性、实用性、协调性、先进性；

（3）标准的问题包括修改、修订、废止的问题或理由；

（4）标准改进的建议包括修改、修订的建议、替代标准、配套使用制定的标准等。

2. 标准应用分析

对于发电企业来说，标准应用情况的复审主要是以下两个方面的内容和要素。

（1）"标准已应用方式"。标准应用的方式有两个方式：①标准作为生产、经营、管理等依据应用；②标准作为生产、经营、管理或起草相关文件参考使用。

（2）"应用标准解决的问题及现状"。针对标准用于的具体工作对象，填写标准的作用、解决的具体问题、实施的效果。标准的作用包括提供了科学的技术或管理方法、避免重复劳动、建立了合理关系、规范了技术文件编制等。标准解决的问题有纠正过去的不精确方法、解决了测试不准确问题等。标准实施的效果包括避免了重复技术劳动、提高了工作效率、节省了工作费用、减少材料浪费等。

3. 标准四性评价

对标准的必要性、实用性、先进性、协调性的评价情况，是确定标准复审结论的重要依据。

（1）必要性。以标准所服务的对象和标准执行情况为依据，审核标准是否符合重复使用或共同使用的标准化原则，以此判定其必要性。对于发电企业来说，标准必要性的表述包括：①统一技术概念、符号和定义的需要（术语标准等）；②统一性能试验评价的需要（试验方法、试验规程等）；③规范过程活动的需要（试验准备、操作等标准）；④设备和工器具质量保证的需要（材料、标准件等规范）；⑤规范技术文件格式的需要（各类技术文件的编写标准）等。

（2）实用性。标准的实用性是以分析使用情况来进行判断的，没有使用就看作是不实用的。对于发电企业来说，企业标准实用性的问题主要有：①标准内容空洞，如某些具体内容“见相关详细规范”等，缺乏可执行的具体依据；②标准内容不系统，一些重要内容缺失；③标准规定的内容不清楚，容易引起歧义；④标准规定的内容太复杂，大部分人不能理解；⑤标准规定的实施条件难以建立，或建立起来成本太高等。

（3）协调性。标准的协调性主要是靠使用发现问题和标准对比发现的问题，找出协调性方面的缺陷。对于发电企业来说，标准的协调性问题主要有：①标准在同一标准体系中出现名称和内容的重复、标准对象的相近重复，即标准间存在覆盖和被覆盖的关系；②标准在同一体系中出现标准间的内容交叉，即标准间的内容错位重复；③标准存在与上级法规规定有冲突的内容；④标准在同一体系中存在标准间内容相矛盾的情况等。

（4）先进性。主要是对已有标准规定的指标参数、技术方法、实现流程、管控要求、评价准则等对技术发展的引领作用进行判别，也可以与国外先进水平对比做出判断。先进性的尺子是国际先进的尺子或国内领先的尺子，一个标准中，有个别指标处于国际领先水平，不一定就能确定标准为先进的，要看这个指标是不是关键性的，更重要的是要看综合起来的指标、系统性的指标是否是先进性的。

五、复审结论及处置

标准复审一般包括有效（含修改）、修订、废止 3 个结论。对于企业标准中的一些特殊情况，复审结论还可能增加一个“过渡使用”。

1. 复审结果的公示

复审评审工作重点是审查复审建议表中的“复审结果”和“说明理由”，尤其对复审结果建议为“修改”的标准项目，要重点审查其理由，如果更改的内容较少，则可定为“有效，但需修改”，如果更改内容确实多，则可确认其属于修订范畴。对每类结果进行统计造表，将复审结果为“有效（含修改）”的标准、“修订”的标准、“过渡使用”的标准、“废止”

的标准分别列表。

为确保企业标准复审结论的正确性、客观性、严肃性，对以上统计结果进行公示。公示可以采取多途径、多形式，留出公示时间（如10个工作日）。在公示的时间里，员工若对公示的结果有异议，可书面或口头向标办提出。针对异议内容需要做些协调工作，必要时召集会议，力求达成一致意见。

2. 复审结果的处置

（1）“有效”。标准尚未发现实质性问题，仍能反映当前的科学技术水平和实践经验，仍在生产、经营、管理等活动中应用，符合国家的法规和方针政策，标准的实用性、协调性和先进性良好、系统性完整，内容无需修正。

经确认继续有效的标准，其顺序号、年代号不变。可在标准封面上写明 ×××× 年确认字样。

（2）“修改”。标准具备必要性、协调性和先进性，但在实用性方面存在少量问题，在文字表述、要求或技术指标等方面需稍做更正、修改、补充或删除即可解决。整个修改量占比不应超过标准文本量的20%。通常，标准修改量20%不一定好衡量，也可以用修改时间量来确定修改标准的修改量。修改的标准其所需的修改量一般应在1～2个月内完成，且修改的内容不属于需要试验验证的，这种情况的更改可定位为“修改”。

这类标准的顺序号和年代号不变。修改的工作应按该企业有关修改的规定执行。

（3）“修订”。标准有其存在的必要性，但是在实用性、协调性、先进性或内容体系等方面存在一定量需纠正的问题，或者标准技术内容修改量较大。这些问题包括：技术落后，不能适应生产等需求；与国家法规政策不协调或不适应；与其他使用范围的标准以及顶层标准在相同内容方面有交叉、重复或矛盾等不协调情况；标准要素体系结构有缺陷、不系统；标准实施条件要求过高，影响标准的实施；标准内容空洞，缺乏具体依据，实用性不强等。当标准更改所需的修改工作量较大、工作周期较长，需要近似于一个标准制定的全部工作程序和时间周期时，标准更改的方式确定为“修订”。

修订标准的工作程序按制定标准的程序进行，列入企业标准制（修）订计划。修订后的标准不改变顺序号，只改变年代号，并标明所代替的标准号。

（4）“废止”。标准违背现行相关法律、法规，如与环境保护、人身安全、社会文明等法规的规定相冲突；或者标准应用的对象已淘汰，没有标准应用的对象；或者标准已有新版标准可以完全替代，没有存在的价值；或者标准实施条件和场合只有极个别标准用户具备，绝大部分标准用户不具备，标准不能普遍使用；或者标准实施成本很高，超出合理承受范围；或者标准中隐含无法避免的环境和安全隐患；或者标准自发布以来从未实施过；或者标准被某项标准的内容完全覆盖，或与某项标准完全重复等。

对需要废止的企业标准，复审后企业应发文将标准作废。由标办将现场作废标准资料收回并将作废的标准从标准库中予以清理。对于仍需要在某些地方存在的废止标准应加盖“作废，仅供参考”。

（5）“过渡使用”。标准有以下情况之一的，复审结论可确定为“过渡使用”。标准有替代的新版标准，但新版标准实施的条件还不完全具备，使用老版标准的习惯转换为使用新版标准需要过渡时间；在旧版标准的内容和新版标准的内容间，存在部分内容是互补关系。结论为“过渡使用”的标准，除内容具有互补性的标准外，是预定要废止的标准，过渡期到时，标准应该公布为废止。

3. 编制复审报告

在复审结束后，由标办负责编制复审报告，内容包括复审概况、复审范围、复审过程、复审结论。复审报告应按照规定进行审核程序后进行发布。复审报告应归档，实现工作的可追溯性。

第五节　自我评价与改进

开展标准化工作的评价、确认，发现和找出在生产、经营和管理各项活动中存在的不足和缺陷，并制定纠正措施和持续改进是满足企业长期发展所需的经常性工作。

一、自我评价与第三方评价

发电企业标准化工作评价分为两种形式：一种是自我评价又叫内部评价，是企业自己成立评价小组，对企业标准体系的构建、实施运行和标准化工作机制进行符合性和有效性评价；另一种是企业申请，由中电联对企业的标准化工作水平进行评价（称为第三方评价）。

无论是内部评价还是第三方评价都是通过一定的组织形式，采用规定的方法和程序，对企业构建并实施标准体系的全过程进行符合性和有效性的检查和验证，从中发现问题，找出企业在标准化过程中不满足标准要求的项目，指导、制定、纠正和预防措施，持续改进。

通过第三方评价，企业不但可以纠正不合格项和改进企业标准体系，还可以得到评价机构给予的客观、公正的评价结论，评价通过的企业，由中电联颁发证书。证书分为五级，由低向高分别为：A级、AA级、AAA级、AAAA级和AAAAA级。级别越高，说明企业标准体系、体系运行与标准的符合性程度越高。证书可作为企业向社会和顾客在标准化管理水平和服务方面的质量承诺。自我评价和第三方评价的主要区别见表9–4。

表9–4　　自我评价和第三方评价的主要区别

比较项目	主要区别	
评价类型	自我评价	第三方评价
评价基本条件	评价条件相对比较宽松	评价条件相对要严格
评价人员	该企业内部人员或外聘专家，人数由企业自己确定	由标准化主管部门认可的评价机构组织的专家和有关技术人员，人数一般不超过7人（必须取得相应资格证书）
评价依据	标准化法律、法规、规章以及标准体系系列国家标准	与自我评价相同

续表

比较项目	主要区别	
评价目的	纠正和改进，实现企业方针、目标	纠正和改进，实现企业方针、目标，并得到社会认可
评价范围	全部或部分，由企业确定	全部，但是抽样式的，有代表性的评价
评价时间	由企业自己确定，可长可短	企业和第三方共同确定，一般不超过两天
评价结果处置	分析、研究，制定纠正和预防措施	不提供纠正和预防措施
	自我评价报告	第三方评价报告、社会公告、授牌
评价公正性	公正性难以体现	客观、公正

自我评价应是企业优先选择的评价方法，企业标准化工作自我评价可单独进行，也可结合相关管理体系内部审核进行，每年至少开展一次自我评价。但它和第三方评价比较起来也有一定的局限性和不足，主要有以下几点：

（1）企业评价人员的标准化知识水平以及对国家相关法律、法规、标准的理解程度一般与第三方评价的专业标准化人员有差距，判断问题的准确率不如专业的标准化人员高。

（2）企业评价人员缺乏评价经验，比较习惯于原来的管理模式和工作方法，对新的企业标准体系理解不够深刻，会造成有些不合格项难以被发现，不利于企业持续改进和标准体系的进一步完善。

（3）自我评价由于对时间、范围、方法和程序等没有太严格的规定，基本上是企业自己确定，有一定的随意性，评价效果和公正性可能会受到影响。

（4）自我评价后，不能得到社会认可。

第三方评价可以弥补自我评价的不足，能保证评价的公正性、有效性、系统性，并可以得到社会认可，起到对企业建立和实施企业标准体系符合国家标准的公开公正的证明作用，这是自我评价做不到的。但由于社会确认在评价时间和人员数量方面比自我评价要少，因此评价的范围、内容就相对要少。不可能面面俱到，不能对企业所有的部门和工作内容都进行评价，只能是抽样式、有代表性地对重点事项、主要流程、关键岗位进行评价。

二、企业开展自我评价的基本条件

按照 T/CEC 181—2018 的规定，开展自我评价工作，应满足以下条件：

（1）企业已建立起了满足企业生产、经营、管理要求的标准体系，并在标准体系文件批准发布后，有效实施 3 个月以上。

（2）企业应设有专职或兼职的标准化管理机构和人员。

（3）企业全体员工应经过标准体系知识培训，熟悉企业标准化方针、目标和自己工作岗位的职责。

（4）企业最高管理者和中层以上管理人员，应熟悉国家有关标准化法律法规、方针、政策，掌握企业标准体系文件的有关内容。

（5）成立了由最高管理者或最高管理者代表参加的标准化工作自我评价小组，并制订了较完整的评价计划。

三、自我评价的主要依据

企业开展自我评价的依据包括但不限于：

（1）国家相关法律法规和强制性标准。

（2）企业的标准化方针、目标。

（3）国家、行业有关企业标准化的基础性标准：GB/T 35778—2017、DL/T 485—2018、DL/T 800—2018、DL/T 1004—2018、T/CEC 181—2018 等。

（4）有关管理体系的标准：GB/T 19001、GB/T 24001、GB/T 45001、GB/T 23331；

（5）企业有关机构设置、职能划分的文件。

（6）企业标准体系及相关文件。

四、自我评价组织和人员要求

1. 组建评价小组

企业在开展自我评价前，应成立由最高管理者或最高管理者代表担任评价组组长的评价组，负责评价工作。评价组成员可由标办、专委会的成员组成。自我评价可以分成综合组、技术组、管理组、岗位组四组或按照综合组、体系组、实施组三组开展评价工作，人数可根据企业的经营规模、复杂程度确定，每个小组人数一般以 3 ～ 5 人为宜。

评价小组在评价过程中应承担以下责任和义务：

（1）严格按照标准化的有关法律、法规和标准体系系列标准对企业进行评价。

（2）尊重客观事实，保证评价工作的公正性，如实反映评价活动中发现的问题和不满足标准要求的事项。

（3）严格按照评价计划中要求的时间、范围、方法和程序进行评价，对出具的评价报告负责。

（4）评价后，评价组对评价效果、问题、不符合项产生的根源以及改进和预防措施要向全体员工明示，鼓励各部门和员工积极参与企业标准体系的改进。

2. 评价人员要求

评价人员应以该企业人员为主，必要时可以要求上级单位领导、外部专家参加，评价人员应具备以下条件：

（1）熟悉国家和电力行业有关标准化方针、政策及相关法律法规；

（2）经过企业标准化培训，掌握企业标准化工作系列国家标准、相关行业标准、团体标准及标准化和相关专业知识；

（3）具有标准化工作经验；

（4）熟悉企业标准体系文件，熟悉企业生产经营情况，具备识别企业在标准化工作中存在问题的能力；

（5）遵纪守法、坚持原则、诚实正直。

3. 评价组长职责与任务

企业自我评价组长应具有组织协调和现场把控能力：

（1）全面负责自我评价工作，对评价活动进行全过程管控；

（2）有权对自我评价中发现的问题做最后决策；

（3）制订评价计划，编写评价报告；

（4）协助评价组其他成员完成工作。

4. 评价人员职责与任务

评价组成员应履行或完成好以下工作：

（1）遵守评价纪律，按计划完成评价工作；

（2）参与制订评价计划，编制检查记录表；

（3）负责填写检查记录表、评分表和不符合报告，报告评价组；

（4）协助指导制定纠正措施和整改确认工作。

五、自我评价策划

企业标准体系发布、实施 3 个月后，标办可组织开展自我评价的策划工作。

1. 确定评价范围

企业可根据年度工作计划或体系创建的实际情况，确定是对全部业务范围、全部部门班组的评价，还是对部分业务、部分部门班组的评价。

全部评价包括对企业范围内的标准化工作以及企业标准体系建立和实施的各个过程、各个方面都要进行系统、全面、独立的评价。

部分评价，对企业标准化工作以及标准体系建立和实施的某一局部过程、某个部门（岗位）或某个子体系进行评价。

2. 编制策划报告

自我评价策划包括下列活动和内容，并形成策划报告《自我评价工作方案与安排》，策划报告需经最高管理者或其正式授权代表批准：

（1）组成评价组，确定组长；

（2）明确评价的依据、目的；

（3）确定评价范围和抽样原则 [一般应覆盖企业所有部门（单位）和班组]；

（4）确定评价项目和抽样原则（一般覆盖 T/CEC 181—2018 中附录 B 所列项目）；

（5）确定文件评价和现场评价的安排 [文件范围一般应覆盖技术标准、管理标准（含制度）、岗位标准，现场包括生产车间和管理班组]；

（6）与被评价部门（单位）和班组沟通并确定进入现场评价的时间；

（7）评价组任务分工；

（8）确定沟通方式，评价记录的要求；

（9）准备评价所需的资料和记录用表格；

（10）制定特殊情况的处理措施或预案等。

六、自我评价的实施与管理

企业标准体系自我评价流程及主要内容如图 9–5 所示，供读者参考借鉴。

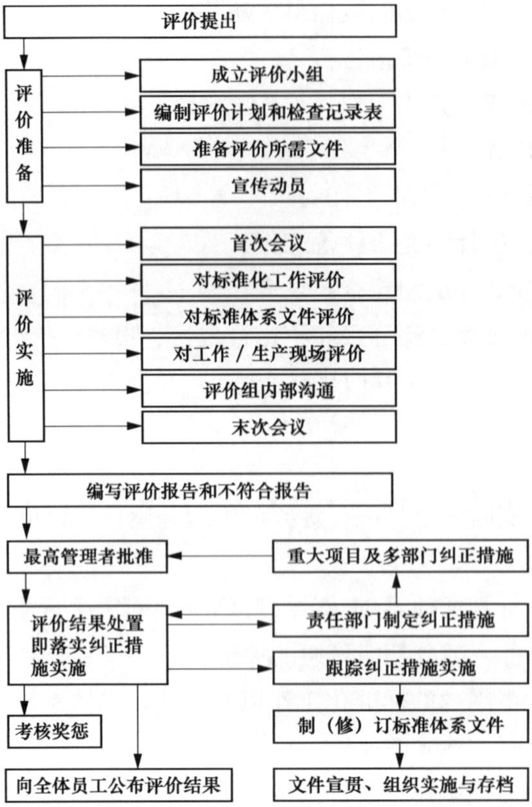

图 9–5 企业标准体系自我评价流程及主要内容

1. 首次会议

自我评价的首次会议由评价组长主持，参加会议的人员应包括决策层成员、各部门（单位）的负责人、标准化工作人员、评价组成员，有条件的企业一线班组长也应参加。

首次会上的主要内容如下：

（1）企业决策层领导或分管领导讲话，对创建工作进行阶段性的总结，强调评价工作的重要性，对评价工作和各部门配合提出要求。

（2）标办介绍企业标准化工作情况，主要包括：①标准化需求分析、标准化工作机制、组织机构建设情况；②标准体系结构、体系运行情况、标准编制情况；③试运行保障措施及成效；④存在的问题及改进建议等。

（3）评价组长介绍评价的程序和方法，以及评价目的、范围、组员分工、时间安排等，说明评价的注意事项及可能造成评价提前终止的情况。

（4）相关标准内容的宣贯及其他需要说明的事项。

2. 文件评价

文件评价应按照 T/CEC 181—2018 中附录 B 进行，评价的内容和方法包括但不限于：

（1）标准化管理机构建设和运行情况。查阅标准化组织机构及职责文件，企业标准化方针、目标、规划和计划、培训等文件或记录，标准化信息收集、传递及标准化信息系统的建设情况，标准化工作考核或实施情况记录。

（2）标准体系构建情况。查阅需求分析报告、业务清单、法律法规识别清单、标准体系结构图、标准体系表、编制说明以及《标准化管理办法》等标准文本。

（3）标准实施情况。查阅标准实施过程中的相关记录、标准的查询及跟踪相关记录等。

（4）其他相关标准化工作情况。标准制（修）订计划及过程管理，查阅主持或参与制（修）订国家标准、行业标准、地方标准和团体标准的资料和标准文本，查阅参与国际、国内标准化活动的记录等。

（5）标准化成效情况。查阅开展标准化经济效益、社会效益评价文件及相关证明材料，标准化促进科技创新与管理创新的成果，以及获奖证书、报告等相关材料。

文件评价时，应抽取必要的标准文本用于现场评价核查。文本的抽样应符合以下要求：

1）每个部门抽取的标准文本应涵盖其归口管理的技术标准、管理标准和岗位标准；

2）抽取的标准文本应覆盖部门识别的主要业务或关键环节；

3）抽取的技术标准、管理标准、岗位标准应该具有较强的关联性，便于查验标准的协调性和一致性；

4）由评价组组长根据企业规模、产品的复杂程度、纳入企业标准体系的标准文本数量等因素确定标准文本抽样的数量，样本数量应为标准总量的 4% ～ 8%，且每个部门不应少于 3 份。

3. 现场评价

评价人员按照评价实施方案和内部评价检查表的内容，对受审核部门进行现场评价。评价的内容包括但不限于：

（1）标准化意识。员工标准化基础知识掌握程度、参与标准化培训等活动情况。

（2）标准掌握情况。员工对该岗位有关标准的掌握程度。

（3）标准实施情况。现场管理、设备设施、运行操作、检修维护、技术监督、环境保护、职业健康、风险管控和安全管理、绩效管理、资金管理等与标准内容有关的符合性及执行标准的情况。

（4）标准体系。覆盖企业生产、经营、管理全过程，整体运行状况及动态维护情况。

现场评价时，采用随机抽样的方法进行，可采用查看、询问、操作演示、结果复核、查阅资料或报告记录、调查统计等方法，获取符合或不符合评价准则的客观证据。主要包括以下内容：

1）通过采用观察的方法，对标识、设施设备运行、文件管理等内容进行符合标准情况的直接评价。

2）通过询问和查阅资料，直接评价员工的意识和培训情况等。

3）通过询问、操作演示，评价员工对标准内容的掌握程度、各岗位人员对相关标准的实施情况、效果及深度。

4）通过访谈、座谈和倾听，评价部门标准实施及标准体系运行情况；标准覆盖生产、经营、管理全过程的程度。

5）通过查阅资料或报告等，评价各类标准及相关记录、档案管理情况；现场使用的文件与企业标准体系文件的一致性情况。

6）通过现场演示或结果复核等，评价实际工作情况与标准内容符合程度及体系运行的持续性。

7）通过询问和查阅资料，评价标准化促进科技创新和管理提升的成效等。

评价时，评价人员做法如下：

（1）及时做好评价记录，记录应清楚、完整，有可追溯性。

（2）发现问题时应充分讨论，评价人员力求客观公正，并及时给予受评价部门反馈。

现场检查应按评价实施方案进行，若需扩大检查范围或调整评价时间，应与受评价部门沟通，如发生异议，由评价组长进行协调。

评价人员不能评价部门，更不能评价自己的工作。

4. 沟通

沟通应贯穿于评价的全过程。既包括评价组内部沟通，又包括评价组与被评价部门、员工之间的沟通。其中，企业自我评价组内部沟通的内容包括但不限于：

（1）协调评价进度与分工；

（2）获取客观证据的方法；

（3）评价中发现的不符合项及自我评价不符合项报告（见表9–5）；

（4）出现不期望情况时的沟通；

（5）对评价信息进行沟通并形成自我评价报告（自我评价报告格式要求见表9–6）。

表9–5　　标准化工作自我评价不符合项报告

编号：　　　　　　　　　　　　　　　　　　　　　检查日期：　　年　月　日

受评价部门或基层组织		负责人	
评审组成员			
不符合项事实			
受评价部门负责人确认不符合项	签字：　　年　月　日		
不符合项纠正措施	纠正措施（可附页）： 负责人签字：　　年　月　日		
纠正措施完成情况	负责人签字：　　年　月　日		
评审组长验证纠正措施完成情况	评审组长签字：　　年　月　日		

评价组组长应根据情况安排召集评价组内部会议，对评价情况进行汇总、沟通和小结。

组织评审组成员对照评价准则，确定不符合项及扣分情况，填写“自我评价不符合项报告”，对评价信息进行沟通并形成自我评价报告。

表 9–6　　标准化工作自我评价报告表

编号：

<table>
<tr><td>评价时间</td><td colspan="4">年　　月　　日至　　年　　月　　日</td></tr>
<tr><td colspan="5">评 价 组 成 员 名 单</td></tr>
<tr><td>评价组职务</td><td>姓　名</td><td>工作部门及职务 / 职称</td><td>电　话</td><td>签　字</td></tr>
<tr><td>组　长</td><td></td><td></td><td></td><td></td></tr>
<tr><td rowspan="2">评价组
成员</td><td></td><td></td><td></td><td></td></tr>
<tr><td></td><td></td><td></td><td></td></tr>
<tr><td>评价目的</td><td colspan="4"></td></tr>
<tr><td>评价依据</td><td colspan="4"></td></tr>
<tr><td>评价范围</td><td colspan="4"></td></tr>
<tr><td rowspan="2">评价结论</td><td>总　分</td><td>基 本 分</td><td>加　分</td><td>级别</td></tr>
<tr><td></td><td></td><td></td><td></td></tr>
<tr><td colspan="5">评价综述及结论：
评价组组长签字：　　　　年　月　日</td></tr>
</table>

5. 末次会议

自我评价的末次会议，仍由评价组长主持召开，参加人员与首次会议相同，必要时可扩大范围。会议的主要内容包括：

（1）通报自我评价的基本情况，宣布评价报告和不符合报告；

（2）澄清受评价部门提出的问题；

（3）对下一步工作的建议（完善内容、整改措施、验证要求、整改时间等）；

（4）企业决策层领导对下一阶段工作的部署和安排等。

七、评价结果的处置

1. 制定纠正和预防措施

企业进行自我评价的目的就在于发现标准体系存在的问题，找出产生的原因，采取纠正措施加以消除，以免类似的问题再发生。

评价小组在现场评价中发现不合格项时，除了要求被评价部门负责人确认不合格项的事实外，还帮助查找和分析造成不合格的原因，有的放矢地提出纠正措施建议。部门负责人应组织相关人员一同研究、分析原因，制定纠正和预防措施，组织实施。

2. 对纠正和预防措施进行跟踪评价

所谓跟踪评价是指企业采取纠正措施后，对措施是否有效、不合格项是否被消除的评价。

评价小组应对纠正措施的实施情况进行跟踪，了解完成情况，如有问题应及时向部门负责人反映。纠正措施完成后，评价人员要对纠正措施情况进行验证，验证的内容包括：

（1）是否按规定时间完成；

（2）各项纠正措施是否都完成，效果如何，是否还有类似不符合事项发生；

（3）实施情况是否有记录，记录是否按规定的要求编号、保存；

（4）如果对企业标准体系文件进行修改，修改后是否按规定的要求进行审批、发布执行并记录。

3. 公布评价结果

标准体系内部评价后，应按企业规定的发布方式正式发布，向全体员工公布评价结果，鼓励全体员工积极参与企业管理，增强员工敬业精神和企业的凝聚力。

企业内要进行总结，对评价中表现突出的部门或个人应给予表扬和奖励，对违反纪律和未按标准体系规定要求实施的部门或个人应给予批评教育。

第六节　第三方评价的申请和迎审

企业通过“标准化良好行为企业”外部评价，评价机构将授予“标准化良好行为企业”称号，并颁证书。

一、申请第三方评价的基本条件

发电企业申请第三方评价，实行自愿申请的原则。应符合下列要求：

（1）企业标准体系正式发布，持续实施运行 3 个月及以上。

（2）按照规定格式提交申请及相关材料。

（3）在经营范围内合法合规开展生产经营活动。

（4）行政许可、审批或强制认证等获得相应资质。

（5）三年内未发生重大及以上质量、安全、环境保护等事故。

（6）提出申请前一年内，按 T/CEC 181—2018 开展了企业标准化工作自我评价。

企业需要提交的申请材料至少包括以下内容：

（1）企业自我声明（格式见 T/CEC 181—2018 中附录 A.2 自我申明）。

（2）第三方评价申请（格式见 T/CEC 181—2018 中附录 A.3 第三方评价申请）。

（3）企业简介及组织机构图。

（4）企业自我评价报告。

（5）企业标准体系发布文件及企业标准体系表。

（6）企业标准化管理标准。

（7）加分项证明材料。

在已经完成现场评价的发电企业中，由于填报人员掌握信息的不完整，常常有企业不能完整地填写好 T/CEC 181—2018 中“A.3 第三方评价申请”，总存在空白项或遗漏重要的成果内容，为了完整反映企业的实际，以下内容应在企业内容广泛征集（或收集）：

（1）承担技术委员会 / 分技术委员会（TC/SC）秘书处情况及参加人员情况（姓名、TC/SC 职务）；

（2）主导或参加国际标准、国家标准、行业标准、地方标准及团体标准的制定情况；

（3）近三年参与标准化活动情况（含会议、试点、示范等，明确时间、地点、内容等）；

（4）企业获得标准化奖励情况（授奖机构、名称、时间）。

二、第三方评价的准备工作

企业按照规定要求提交申请及相关材料后，应做好以下准备工作：

（1）应与中电联标准化中心保持联系，按照要求提交补充材料，协商现场评价时间。

（2）拟定迎接评价工作的方案，确定现场评价用办公室，明确人员安排和工作要求。

（3）为了提高评价效率和效果，书面申请材料，要做到到场专家人手一册。

（4）准备好现场评审需要的支撑材料，可以是书面材料，也可以是电子版的。书面材料应该按照分项类别分别装订；电子版的材料应该按照分项类别建立文件夹。

（5）准备能查阅企业标准化信息系统的电脑、PAD 或其他通信工具。

（6）根据生产现场情况，拟定现场查验的路线、班组，做好路线周边安全情况的检查。

（7）准备好评审专家进出生产现场需要的安全教育手册、安全工器具、服装等。

三、企业在首次会议上的工作

在第三方评价的首次会议上，企业需要完成的工作：

（1）企业决策层成员、被评价部门负责人、企业标准化工作组织体系相关人员参加首次会。

（2）主要负责人致辞。

（3）标准化专管领导汇报标准化良好行为企业创建情况。内容包括企业基本情况、标准化工作机制及标准化工作情况、标准体系的建立及运行情况、取得的成效、加分项的说明、存在的问题、下一步工作打算等。

（4）回答评价组在首次会上的问询。

（5）向评价组说明企业的保密区域或事项。

（6）根据评价组的工作布置，安排企业对接人员和交通工具等。

在迎接第三方现场评价时，应该由掌握全面情况的相关企业领导陪同，及时做好汇报、说明工作，迎审人员应做好以下工作：

（1）向评价组说明企业的安全区域及安全注意事项；

（2）介绍企业生产工艺流程、机组配置、负荷情况及生产特点等；

（3）回答评价组在首次会上的问询、进行必要的示范操作；

（4）提供评价组需要的文件、记录、报告、清单、工器具、荣誉证书等；

（5）介绍企业标准化信息系统使用方法及注意事项。

四、与评价组的沟通

企业与评价组的沟通应贯穿于第三方评价的全过程。这里主要介绍以下两项沟通。

第一，评价组发现需要终止现场评价的沟通。通常，评价组凡发现以下其中一项者，中电联不再对申请企业标准化工作进行评价：

（1）企业未按照要求等建立和运行有效的标准体系，未遵守企业标准化方针目标以及强制性标准等；

（2）企业未遵守标准化法律法规及相关的法律法规，属法律法规规定的行政许可，审批或强制认证等范围的，未获得相应资质；

（3）企业过去三年内发生重大质量、安全、环境保护事故等；

（4）在过去的一年内未开展一次以上的自我评价。

对于以上问题的确认企业可以向评价组做出必要的解释和说明，争取理解和支持。

第二，对评价结果、结论的沟通。主要是指评价组在内部沟通之后，与企业决策层、标准化专职人员进行沟通。沟通的内容包括但不限于：

（1）评价组在评价过程中发现的不符合项、扣分项以及评价结论；

（2）评价组对企业不符合项的改进意见与建议；

（3）企业对不符合项以及评价结论进行确认或提出意见等。

五、企业在末次会议上的工作

在第三方评价的末次会议上，评价组向企业宣布评价综述及结论，企业需完成的工作：

（1）企业决策层成员、被评价部门负责人、标准化工作组织体系相关人员参加末次会议；

（2）企业最高管理者对结论进行确认，并做出改进的承诺。

企业第三方评价结论由中电联审定后公告。第三方结论发布公告前，发生重大及以上质量、安全、环境保护等事故的企业不予公告。企业如对第三方评价过程或结果有意见和异议的，均可直接向评价组长或中电联提出书面申诉或投诉，评价组长或中电联于 15 个工作日内以书面形式予以答复。

第七节　持续改进与复评

持续改进是企业不断完善、不断提升的过程，是实现企业目标、期望的有效方法。

一、持续改进的依据与内容

企业标准化工作改进依据包括但不限于：

（1）适用的标准化方针、政策、法律法规、目标和其他要求发生变化；

（2）标准体系构建、运行、标准实施和评价提出的改进要求；
（3）企业组织机构、经营范围发生变化；
（4）产品实现过程中主要技术、工艺、材料、设备、流程发生变化；
（5）顾客、其他相关方反馈的意见；
（6）领导意识、员工能力和建议；
（7）测量、试验、检验方法发生变化；
（8）企业标准化工作纠正措施和预防措施。

企业标准化工作改进的内容包括但不限于以下活动：
（1）确定标准化活动的方针与策略、改进目标；
（2）寻求可能的改进企业标准化的方法；
（3）加强标准化人员的培训、素质和能力，优化人员结构等；
（4）修订企业标准体系；
（5）完善标准内容；
（6）积极参加外部标准化活动和组织。

持续改进可分为对自我评价、第三方评价发现不符合项的分析、处置和日常工作中的检查发现问题改进的两种模式。

二、对评价不符合项的分析、处置和改进

企业应根据本章第五节的要求，对评价确认结果进行测量统计、归纳、分析原因，有针对性地采取纠正措施加以消除，保证不再出现类似的问题和缺陷。

在制定纠正措施之前首先应分清纠正和纠正措施以及预防措施的概念，这对分析研究不符合项，制定纠正措施很有必要。纠正是“对不符合进行处置”，而纠正措施是“针对不符合原因，采取消除措施”。预防是针对潜在的问题采取的办法，而改进措施是为提高各项活动的效果、效益而采取的措施。因此对不符合项，不能就事论事地进行了纠正，就算采取了纠正措施，而应具体问题具体分析，找出产生的原因，只有弄清了根源，才能对症下药，制定有效的纠正措施。纠正措施应由出现不符合项的部门和有关部门共同制定。

纠正措施的制定，一定要体现先进性和创造性，一定要经济、有效地解决问题，并不会产生其他负面影响，能较好地防止问题的再发生。纠正措施的实施应规定时限，企业可根据实际情况自己确定。纠正措施在实施过程中，如发生问题，不能按期完成时，应报告批准人，说明原因，请求延期。如实施中几个部门之间发生争议难以解决时，可请领导出面协调。对纠正措施的实施情况，各相关部门应保存有关记录，以便进行验证。

三、日常工作中的改进

日常改进实际上是一种不定期的改进，在工作中发现问题、随时制定措施、随时进行改进。日常改进的关键在对不符合信息的搜集，有些不符合信息往往被人忽视或已经司空见惯，因此危害较大。

日常改进包括搜集企业内外有关标准信息、例行检查问题分析总结、行业先进单位信息，分析标准体系运行效果，确定不合格项，制定纠正措施并及时改进或补充标准，对过程或部门职能进行必要的调整。

日常改进不符合信息的来源主要包括以下方面：

（1）对标先进的分析报告；

（2）例行检查问题分析总结；

（3）测量、检验、试验报告；

（4）各种统计图表、记录、报表中反映的数据；

（5）调查问卷；

（6）员工合理化建议。

四、建立改进措施的激励机制

企业除了正常的工作监督检查外，还可建立改进措施的激励机制，鼓励企业全员参与，推动企业标准体系的有效运行。

1. 奖励的内容

（1）发现不合格项，提出纠正措施；

（2）发现潜在的不合格项，提出预防措施；

（3）对评价、确认的不合格项，提出纠正措施，实施并验证有效；

（4）跟踪验证纠正措施中，发现新的不合格，提出改进措施；

（5）企业标准体系实施中，提出合理化建议或改进建议；

（6）对安全、环境保护、节能等管理工作提出合理化建议，并取得实效。

2. 考核的内容

（1）出现不合格的个人或部门（按严重程度进行处罚）；

（2）在规定期限内仍未执行纠正措施的；

（3）抵触、妨碍纠正措施落实的。

3. 考核机制

（1）可采取月、季、年度的考核兑现；

（2）标准化专兼职人员或标办负责考核的资料收集、汇总和申报；

（3）企业部门负责人、最高管理者负责考核的审批。

五、复评

第三方评价公告有效期 3 年，到期之前 3 个月，企业可自愿申请复评。复评程序和内容根据 T/CEC 181—2018 的规定，企业需要做的工作按照本章第五节、第六节内容。

复评企业需要提交的材料、准备等同首次第三方评价确认的内容相同。

区别之一就是要对上次评价确认问题的改进、提升情况做说明。

评价结论分为升级、保持同级或降级。

第十章

企业标准化效益评价

标准化不是效益的原创因素，是效益的增强因素或改善因素。标准化效益的评价是指对开展标准活动而产生的效益进行预测、分析和计算，以评定标准化活动所带来的效益。

第一节　现状与基础知识

一、标准化效益评价研究工作现状

标准化效益评价可分为经济效益评价和社会效益评价，对企业的标准化工作进行评价，给出标准化活动对企业生产、经营和管理活动带来的收益，包括效益的提升、社会责任的担当、环境效益的贡献等。由于企业经济效益是多种因素综合作用的结果，标准只是其中一个重要的因素，在进行效益评价时很难将标准以外因素的作用排除出去，同时还存在标准产生的作用有的无法用准确的数量来衡量，但却是实实在在地发挥着作用的现象，因此这也是导致标准化经济效益分析难以精确量化的一个因素。

国际标准化组织（ISO）1975 年发表了“标准化经济效益”的报告，介绍了各国代表性的研究成果。ISO 与其中的 19 个成员国一起完成了 22 个关于标准经济效益的案例研究，研究结果都支持了标准对企业经济效益的促进作用。国际标准实践联合会（IFAN）编写了“企业标准化经济效益评价指南”。

日本、德国、英国等国家都对标准化效益评价进行了深入研究，确定了定性、定量的相关指标，提出了一系列计算公式、分析方法。德国的研究得出“标准对技术创新有正向激励作用、技术创新是经济发展的决定性因素，必须通过标准和技术规则的推广和引用加以实现”的结论。英国开展“标准实证经济学”的研究，标准与 1948 ～ 2002 年英国生产力增长中约 13% 相关，标准对技术进步的贡献率超过 25%。根据一些国家的调查、统计，开展标准化活动节约资金与花费的资金之比，在日本是 10 ∶ 1，在法国是 20 ∶ 1，在美国是 50 ∶ 1。

我国从 20 世纪六七十年代开始了标准化经济效益的研究。为了科学研究和规范评价标准化活动在国民经济中的经济效益，规定统一的评价标准经济效益的指标体系和计算方法，于 1983 ～ 1984 年发布了 3 个有关评价、论证、计算标准化经济效益的国家标准，分别是 GB/T 3533.1—1983《标准化经济效益的评价原则和计算方法》、GB/T 3533.2—1984《标准化经济效益的论证方法》、GB/T 3533.3—1984《评价和计算标准化经济效益 数据资料的收集和处理方法方法》。

《企业标准化管理办法》第二十一条中明确规定企业要“做好标准化效果的评价与计算，总结标准化工作经验”。现行有效的标准化效益评价共两项国家标准：

（1）GB/T 3533.1—2017《标准化效益评价 第1部分：经济效益评价通则》规定了评价、计算和论证标准化经济效益的原则和方法，适用于预测、评价和计算实施标准的经济效益。

（2）GB/T 3533.2—2017《标准化效益评价 第2部分：社会效益评价通则》规定了标准化社会效益的评价原则和评价过程，适用于评价和计算实施标准的社会效益。

二、企业标准化经济效益产生机理

企业使用有效的标准可以在实施后为企业带来一定的经济效益和社会效益，企业标准化产生经济效益的主要机理如下：

（1）标准化为企业生产实践活动确立了活动准则，使企业的活动有序化、规范化。企业的生产经营系统都是不可分割的整体，组成这个整体的各个部门、各项业务都是相互独立又相互依存、相互作用的，其中任何一个部门或业务活动，都会对其他部门或业务进行影响，标准化为企业各部门、各项业务流程建立了纽带，使企业的各项活动减少了盲目性，具有明确的目的性和整体协调性，从而促进了企业劳动生产率的迅速提高，使整个企业发挥最佳功能，达到整体最佳目标。

（2）企业标准是生产实践经验和科学技术的结晶，标准化促使它们转化为企业生产力。企业标准的制（修）订，是把企业内外实践证明行之有效的新经验、新技术取代其中一些陈旧的老经验和落后的技术，企业标准化就是不断地把技术转化为直接生产力的过程。标准通过和最新技术水平保持协同，把新技术成果转化为生产力，从而产生大的经济效益。

（3）标准化可以在企业内重复发生的劳动过程中，尽量减少重复的劳动耗费。标准化的功能包括：一方面直接减少或尽量消除重复的不必要的劳动支出；另一方面提高成果的利用率，尽量扩大劳动的重复利用。例如，通过标准化对各部门各岗位进行整合优化，将不必要的岗位取消，对相似岗位进行合并（除特殊工种以外），对各岗位职责进行重新规划，消除部分工作存在多个岗位重复做与无人做的情况，从而使内部工作协调更加顺畅，有助于提高部门的管理效率。多岗位整合，有助于相似岗位的工作经验分享与互换，有利于多技能工及多技能管理人员的培养，增强部门岗位人员的互换性。

三、开展企业标准化效益评价的基本原则

企业在开展标准化效益分析与评估时，一般应遵循下列原则：

（1）与我国的企业管理和经济核算制度相结合，评价与计算标准化效益要实事求是，既不夸大，也不缩小。

（2）着眼于生产领域和非生产领域的效果，全面考虑企业标准化效果产生的环节，评价与计算标准化效益要充分考虑各方面相互关联、相互制约的因素。

（3）直接效益和间接效益，定量计算时注意区分标准化效果与非标准化效果，既不把非标准化效果计算到标准化效果中，也不忽略由于标准化而扩展的效果。

（4）收集数据应准确、完整，立足生产经营管理的实际收集和整理有关数据。依据准确可靠的数据，并避免同一效果在不同环节上的重复计算，定量计算时要抓住重点，要选择效果好、具有代表性且易于收集数据和进行计算的项目。

企业的标准化效益评价通常以经济效益评价为主兼顾社会效益等。可采用定量分析与定性分析相结合的方法，其中经济效益以定量分析为主、定性分析为辅，而社会效益则是以定性分析为主，定量分析为辅。标准化的效益每年都在产生，不可能在几年内将其算尽，因此，所有计算的标准化效益只是某年度期间的效益，不是整个标准化的效益。

四、标准化效益评价的一般过程及相关要求

1. 一般过程

开展企业标准化效益评价工作，一般应制订总体评价方案，并按照总体评价方案确定的评价过程开展评价工作，评价过程如图 10–1 所示。

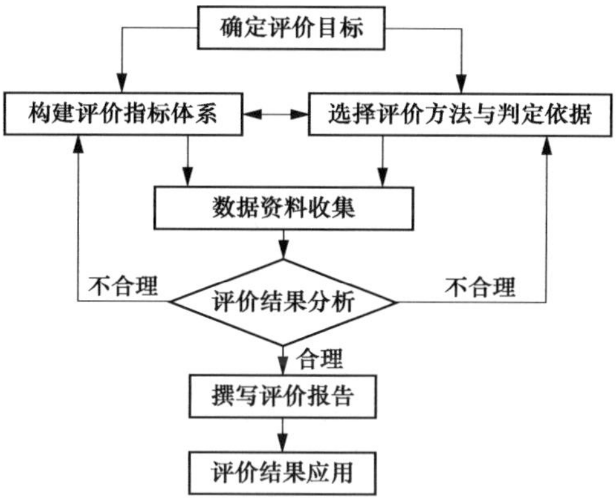

图 10–1　标准化效益评价的过程

评价过程具体包括以下 7 个环节：

（1）确定评价目标与范围；

（2）构建评价指标体系；

（3）选择评价方法与判定依据；

（4）收集评价所需数据和相关信息；

（5）评价结果分析；

（6）撰写评价报告；

（7）评价结果应用。

2. 相关要求

定量指标数据的收集应尽量利用各有关部门、班组现有的统计资料。定性指标数据的收集宜通过访谈、设计问卷、专家咨询等方式获得。

对标准化效益的评价结果进行分析时，宜考虑评价结果的完整性、一致性、敏感性和不确定性，如果评价结果经分析存在明显不合理性，则应重新选择评价指标体系或重新选择评价方法。

标准化效益评价报告直接反映评价结果，应将评价结果、数据、方法、假设和限制的细节充分展示，分析和结论应与标准化效益评价的目标一致。

3. 评价报告的内容范围

企业标准化效益评价报告宜包括以下 3 方面的内容：

（1）标准化效益评价的基本资料。介绍评价对象的基本情况和评价实施的基本情况，说明评价的目的、评价标准、评价安排等。

（2）标准化效益评价的基本结论和主要发现。解释标准化效益评价的结果，并做进一步分析说明。

（3）改善建议。说明进一步提升效益的对策建议。

五、工作职责与评价结果的应用

1. 标准化效益评价工作中的各岗位职责与任务

为了顺利完成标准化效益的评价工作，企业决策层领导、中层干部和企业员工都应承担和完成相应的任务。

（1）企业决策层领导。企业决策层领导职责与任务包括但不限于：

1）确定标准化效益评价的内容与范围；

2）负责审批企业标准化效益评价的工作方案；

3）为标准化效益工作提供必要的资源保障；

4）带头参加效益评价的问卷调查和知识培训；

5）审核、审批评价报告。

（2）部门领导。部门领导职责与任务包括但不限于：

1）组织涉及部门相关的经济效益、社会效益问卷设计；

2）带头参加并组织员工完成效益评价的问卷调查；

3）完成相关专家评价意见；

4）审核部门相关的技术、效益、管理等方面的数据。

（3）标办及标准化专兼职人员。标办及标准化专兼职人员职责与任务包括但不限于：

1）组织编制标准效益评价工作方案；

2）组织设计标准化经济效益、社会效益调查问卷；

3）组织开展标准化效益评价知识、方法的宣贯和学习；

4）编制评价报告，提出标准化工作的改进建议；

5）组织完成评价报告的审核、审查、发布工作。

（4）企业员工。企业员工职责与任务包括但不限于：

1）积极参加标准化效益评价知识的培训；

2）配合完成标准化效益评价相关的问卷调查；

3）提出改进的建议与意见。

2. 评价结果的应用

评价结果能否应用，直接关系评价目的能否达到，宜考虑在以下方面应用评价结果：

（1）标准制（修）订；

（2）标准体系的调整与优化；

（3）标准化方针、目标的提升；

（4）流程的优化或机构的调整。

第二节　标准化经济效益评价方法

一、相关概念

标准化经济效益的评价通常采用的方法是比较法，是对标准化实施前后的经济效益情况进行分析、比较，从而确定实施标准化的实际经济效益。为了更好地理解和开展标准化效益评价工作，标准化有用效果、标准化劳动耗费、标准化经济效益、基准年、评价年等几个概念需要熟悉和掌握。

1. 标准化有用效果

标准化有用效果是指制定和实施标准所获得的节约和有益结果。标准化有用效果的表现是多方面的，按性质可分为两类：① 可用数量表示的（定量表述），如产品产量的提高、采购 / 生产和交易成本的降低、生产和过程效率的提高和各种活动时间的减少等；② 不可用数量表示的（定性表述），主要包括改善工作环境、增强员工幸福感、提高安全性能、减轻劳动强度、保护生态环境等。

根据图 10–2 可知，在进行标准化有用效益分析时，一要全面评价标准化有用效果，不要片面评价其有用效果；二是能用货币表示的有用效益，尽量采用货币单位，以便进行标准化经济效益的定量计算。

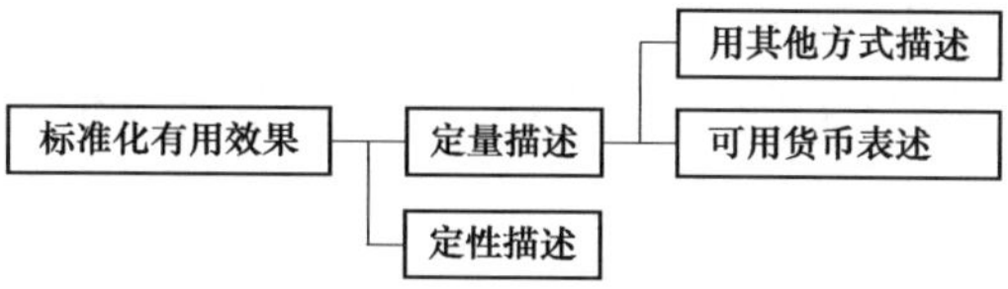

图 10–2　标准化有用效果表达

2. 标准化劳动耗费

标准化劳动耗费是指制定和实施标准所付出的活劳动耗费与物化劳动耗费的总和，即标准化投资。标准化劳动耗费分类方式很多。

根据对象不同可分为：① 活劳动耗费，主要以薪资表示，如月工资总额数、工人年薪、工人绩效工资等；② 物化劳动耗费，如原辅料费、动力及燃料费、工艺装备费等。通过以上方式进行统计的标准化劳动耗费总和就可以用统一的货币来衡量。

根据时间顺序划分，可分为：① 标准化基本建设投资，即标准实施前已经支出的费用，如企业标准实施前已经投入使用的设备、基础设施等；② 标准化实施费用，即企业为保证标准的顺利实施所投入的费用或必要的支出，如为符合标准要求而购置更新的设备费用、宣贯标准的投入、相关人员标准化培训的支出等，且标准化实施费用的支出一直到该标准被修订或废止时结束。

3. 标准化经济效益与标准化经济效率

标准化经济效益是指标准化有用效果与标准化劳动耗费之差。这表明只有当标准化有用效果大于标准化劳动耗费时，才可获得标准化的正向经济效益。

标准化经济效率是指标准化有用效果与标准化劳动耗费之比。这表明，标准化经济效果是一个相对值，是比值，只有当比值大于 1 时，标准化活动才有经济效果。所以标准化经济活动应以尽可能少的标准化劳动耗费，取得尽可能多的标准化有用效果，从而实现较大的标准化经济效果。

由此可以看到，企业标准化经济效果和企业标准化经济效益是两个相互联系，又有所区别的概念。前者表现了企业标准化活动的效率，后者是企业标准化活动的净收入。

4. 基准年

评价标准化经济效益和标准化经济效率时，将实施标准化前作为比较的基准年度称为基准年。为了增加评价的准确性、可借鉴性，基准年的数据可以采取一定时间段内的统计均值。"基准年"的选择如果不当，就将影响评价的客观性和准确性。

5. 评价年

评价标准化经济效益和标准化经济效率时，将实施标准化后与基准年度进行比较的年度，称为评价年。同样，评价年的数据可以采取一定时间段内的统计均值。

二、常见的几种评价方法

现将目前业界常用的几种标准化经济效益的评价方法说明如下。

1. 生产函数法

生产函数是经济学研究的一个重要函数，它表示在一定技术条件下，生产要素的某种组合同它可能生产的最大产出量之间的数量关系。生产函数可以代表一个企业的生产过程，也可以代表一个部门的生产过程，在宏观经济模型中，可将整个经济系统看作是一个整合的企业生产过程。

GB/T 3533.1 指出生产函数法是适用于行业和国家层面的标准化经济效益评价的一种方法。应用生产函数方法计算和评价标准对经济增长的影响时，应将行业（或国家）的标准存量数据作为投入要素，并与资本投入、劳动投入一起共同构成对行业（或国家）经济效益凡是作用的因素，采用增长核算方法或计量经济方法，对标准产生的作用进行定量测量。采用柯布 – 道格拉斯生产函数（简称 C–D 生产函数）模型计算标准对国家和行业层面的经济效益见式（10–1）：

$$Y_t=A\times P_t^{\lambda}\times S_t^{\theta}\times K_t^{\alpha}\times L_t^{\beta} \tag{10–1}$$

式中　Y_t——t 时刻经济产出；

A——常量，技术变动因素；

P_t——t 时刻的专利存量；

S_t——t 时刻的标准存量；

K_t——t 时刻资本投入；

L_t——t 时刻劳动投入；

α、β、λ、θ——分别为资本投入、劳动投入、专利存量和标准存量对产出的弹性系数。

2. 模糊综合评价法

模糊综合评价法是一种基于模糊数学的综合评价方法。该综合评价法根据模糊数学的隶属度理论把定性评价转化为定量评价，其原理是由评价对象集、评价指标集和各评价对象的隶属函数得到模糊综合评价矩阵，然后利用矩阵的模糊复合运算得到模糊综合评价的结果集。模糊综合评价法较好地解决了综合评价中存在的模糊性问题，如指标类属性不清晰等；克服了传统数学方法中“唯一解”的弊端，根据不同可能性得出多层次问题答案，能较好地解决模糊的、难以量化的问题，适合各种非确定性问题的解决。GB/T 3533.1 指出该方法适用于行业和国家层面的标准化效益评价。

模糊数学方法在处理问题时主要有以下两个方面的特点：① 充分定量地考虑模糊因素，使评价的结果更符合客观实际，具有一定的说服力；② 考虑人们对事物的认识性质，虽然不能明确地说出准确的数值，但可以浮动地选取阈值，从而得到一系列不同水平下的分析结果，能够大致确定某一产业标准化经济效益的状况。

专家评价法是模糊综合评价法中的一个重要方法。现代科学和经济中的很多重大问题决策带有复杂性，复杂性问题的决策是很难依靠个人智慧来解决的，一个较好的办法就是充分利用专家群体的智慧。针对由多种复杂性因素影响的问题，按其重要程度，请专家排次序。通过专家的排序进行权重计算，从而判断出不同影响因素的重要程度，从而得出较为客观的排序方案，使复杂问题得到解决。

具体来说，模糊综合评价法可按以下几个步骤进行：

（1）设计经济效益评价的指标体系。请 n 位专家或产业内人员对各影响因素进行模糊评价。为保证指标体系的客观性、完整性，应尽可能扩大调查人员的范围与数量。

（2）各指标权重赋值。利用层次分析法（analytic hierarchy process，AHP）获得各指标的权重系数，确定各指标之间的相对重要性。

（3）设定评价等级。主要是评价各指标作用的等级划分（五级划分可以设为显著、较显著、一般、不显著、非常不显著），等级划分应根据实际情况确定。

（4）确定模糊评价综合评价矩阵。根据确定的指标数量和确定的评价等级，设定综合的评价矩阵。

（5）进行逐层模糊评价。利用 AHP 法得到同级各指标权重，逐级进行评价，先进行一级模糊综合评价，再进行二级模糊综合评价。层级设定一般不要超过三级。

（6）得出评价结论。需要注意的是，模糊综合评价法涉及许多主观评价，如果对某个影响因素的评价越高，越有可能影响最终结果的评定。这就要求被调查的对象和人员必须是了解标准化对产业经济效益影响的工作人员，并且要求被调查人员应本着尽心尽责的态度，认真客观地给出测评结果，不可以为了达到预期的评价结果而人为片面地改动对评价指标的打分。因此专家组成员宜包括标准化项目的主管部门专家、直接使用者专家、研究者专家或其组合，应优先选取满足以下条件的专家：

1）具有丰富的与评价内容相关的理论知识和实践经验；

2）熟悉标准化作用；

3）愿意回答征询问卷，并能保证持续参加评价的多轮征询。

3. 宏观统计基本评价模型法

标准化宏观统计基本评价模型是以建立标准化状态后与建立标准化状态前的效益之差减去标准化的投入。设建立标准化状态前的效益为 B，建立标准化状态后的效益为 A，为建立标准化状态所进行的投入总和为 Z，建立标准化状态带来的经济效益为 X，标准化效益 X 计算的宏观统计基本数学模型，见式（10–2）。

$$X=(A-B)-Z \tag{10–2}$$

以上标准化效益的模型只是一个概念性的宏观统计模型，关键点是要保持标准化状态前和标准化状态后效益的算法应完全一致。这一模型也没有涉及标准化实施的时间关系。

标准化效益是时间的函数，计算标准化的效益要利用标准化效益随时间变化的规律才能计算准确。要算准标准化的效益需要有两个时间要素：一个是标准化利益上升的时间拐点（见图 10–3）；另一个是标准化获取效益的寿命周期时间长度。标准化效益寿命周期的截止时间点为末尾效益衰减到等于标准化实施前效益的时间点。

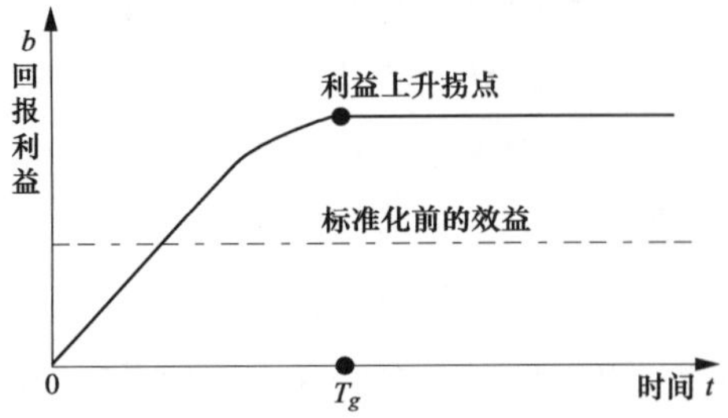

图 10–3 标准化利益回报曲线

宏观统计时间相关的标准化全寿命周期效益计算数学模型见式（10–3）。

$$X_T=\left(\sum_{i=0}^{g} A_i-B_yY_g\right)+\left(A_g-B_y\right)Y_{gz}-Z \tag{10–3}$$

式中 X_T——全寿命周期的标准化效益，元；

A_i——实施标准化后第 i 年的效益，元；

B_y——实施标准化前每年的效益，元；

Y_g——实施标准化开始至拐点的年数，年；

A_g——实施标准化后拐点年的年效益，元；

Y_{gz}——拐点年至标准化寿命周期终止年的年数，年；

Z——建立标准化状态的投入总和，元。

宏观统计基本评价模型法是基于标准化前后的效益对比来计算的，关心的是费用的输入和收益的输出关系，避开了复杂因素细节的处理，且有可信度高的特点，是宏观层面标准化效益评价比较好的选择模式。

4. 基于“全价值”理论模型评价方法

该方法主要依据“全价值”理论，从经济增加值EVA、技术增加值TVA两个理论体系入手，以管理指标、技术指标、效益指标3部分为基础，以企业标准体系持续改进为目标，从标准制定、标准实施、标准体系评价与改进以及创新5个方面，结合国际先进的工作分解结构（WBS）法，通过模块体系（按照标准体系建设的几个模块）、能力要素（根据分类体系确定评价要素，提供理论依据）、评价指标（根据能力要素确定评价指标，着重解决数据的可获取性和评价可行性）、评价模型（建立基于“经济增加值和技术增加值”评价指标的评价模型，提供指标关联性、指标组合模型、评价算法框架等关键技术）、评价流程（针对评价需要，制定可实际操作的电网企业标准化良好行为评价规范）、评价工具（提供支持评价流程、评价模型、EVA及TVA评价算法的企业标准化良好行为评价指南）等方法，建立基于“全价值理论模型”的企业标准化良好行为评价指标体系。

企业全价值理论模型 = 经济增加值（EVA）+ 技术经济增加值（TVA）

通过对EVA在标准评价体系中的应用研究，以提高价值创造能力和经营管理绩效为目标，对人、财、物以及科研、信息等资源实施集中管控、统一运作、优化配置，发挥规模和协同效应，提高发展质量和效益；通过对TVA在标准评价体系中的应用研究，以提高企业标准体系的持续改进能力和管理水平的提升，从而加强公司创新能力、创新机制、创新文化、创新人才等方面的培养与塑造，提高公司的创新发展能力与加速度。

5. 价值链分析法

价值链分析法是ISO推荐标准化经济效益的一种方法。在GB/T 3533.1—2017《标准化效益评价 第1部分：经济效益评价通则》中规定的价值链分析法比较适合企业标准化经济效益评价。有关价值链及价值链与标准化关系的相关知识参见第一章相关内容。

价值链分析法是通过将企业内部结构分解为基本活动以及相关的辅助活动方式来分析其盈利模式的方法。应用价值链分析方法宜按以下4个步骤进行：

（1）了解企业价值链。明确产业边界，分析企业价值链，识别企业主要业务功能。

（2）识别标准的影响。识别标准对主要业务功能及其相关活动的影响，选择相关营运指标以识别标准的主要影响。

（3）确定价值驱动因素和关键营运指标。识别价值驱动因素，以便重点评价最相关的标准影响，为每个价值驱动因素找到一个关键绩效指标并转换为成本或收入。

（4）衡量标准的影响。量化最相关标准的影响，计算每一标准对息税前利润（EBIT）的影响，整合结果，计算对企业的总影响。

三、企业标准化经济效果表达方式

目前，企业标准化经济效果客观上存在着 4 种表达方式，一般情况下应以用数值表示的货币单位为主，以方案定性描述为辅。

货币单位。在商品经济存在的条件下，货币单位可以理解为商品价值量的比较。在标准化经济效果领域，它可以把各行业各企业的标准化经济效果，通过货币的形式统起来，以鲜明而具体的数字，直接进行比较。

自然单位。主要以理解为使用价值的比较，如燃料量节约，以千克表示；动力的变化，以千瓦时表示；劳动生产率的变化，用万元表示等。但它们只能表示部分特定的结果，不能反映出多个项目的使用价值总量，不同的自然单位不能比较，不能累加。

方案描述或文字图表描述。如提高安全性、可控性，改善劳动条件，提高环境质量和增强核心竞争力等。

评分制。国际标准化组织标准化原理等对一些难以用数值来表示的效果，建议采用评分制。采用模糊评价法，利用专家或个人的知识及经验，按照一定的规则，定性地评价影响的大小或程度。

第三节　标准化社会效益评价方法

标准化社会效益是指实施标准对社会发展以及节能环保所起的积极作用或产生的有益效果（GB/T 3533.2—2017《标准化效益评价　第 2 部分：社会效益评价通则》中 2.1）。从标准化社会效益的定义中可以看出，社会效益包括社会发展和环境保护两大方面。

一、标准化社会效益研究综述

国际上有关社会效益的标准主要有 SA 8000、ISO 14000、ISO 26000，以及全球报告倡议组织 GRI《可持续发展报告指南》等。无论是标准化与社会进步，还是标准化对环境保护的影响，并没有就标准化社会效益进行针对性的分析，而是在相关领域研究过程中零散地涉及了标准化社会效益的一些内容。相关研究具体情况如下：

SA 8000 社会责任国际标准。1997 年，经济优先权委员会认可委员会公布了 SA 8000 标准，旨在探讨那些存在“血汗工厂”行业的社会责任问题，维护劳工基本的合法权益。SA 8000 标准有 9 项要素，包括童工、强迫劳动、健康与安全、结社自由及集体谈判权利、歧视、惩戒性措施、工作时间、工资报酬和管理体系。从标准的内容可以看出，SA 8000 标准尤其注重对企业劳工的保护，对保护劳工的各个方面都规定得非常详尽。

ISO 26000 社会责任指南。ISO 26000 标准是一个社会责任指南性标准，于 2010 年 11 月 1 日正式发布。它适用于包括政府、企业和社会组织在内的所有组织，强调任何组织都应加强与利益相关者的沟通，以全面履行社会责任。ISO 26000 标准列举了社会责任 7 个核心主题，包括组织治理、人权、劳工、环境、公平运营、消费者问题，以及对社会发展的贡献等，共涉及 36 个议题。为组织履行社会责任提供一个可参考的指南性标准，提供一个将社会责任融入组织实践的指导原则，但并未涉及标准化社会效益问题。

GRI《可持续发展报告指南》是全球被广泛使用的编制可持续发展报告的框架指南，主要由战略与概况和绩效指标两部分构成。GRI 所界定的可持续发展主要集中于经济、环境和社会 3 个层面，《可持续发展报告指南》要求机构分别从这 3 个层面来披露其可持续发展的具体绩效情况，并且每个层面都通过绩效指标规定了具体的披露内容，但也并未涉及标准化社会效益问题。

二、标准化社会效益评价的特点

1. 全面的评价需要指标众多且计量复杂

标准化社会效益的评价指标数量多，且涉及范围广，具有全面性和广泛性。在环境保护方面，企业排放的废弃物会在一定程度上影响环境质量，因此实现标准化社会效益评价需要我们考虑企业的废弃物排放是否达标。企业对生态环境造成影响的评价指标涉及大气质量、土壤质量、气候等，因此要实现标准化社会效益评价，就要从企业是否合理利用水资源、土地资源、矿产资源等方面开展；在社会发展方面，标准化社会效益需要考虑标准的实施是否有助于促进科学技术及发明专利的进步，对社会教育水平、道德素质、文化程度是否有提高作用。利用标准督促企业主动承担社会责任，维护劳工基本的合法权益，利用标准来确保企业商品或服务的生产符合社会责任的标准，提高企业社会责任审核的透明度与公信力。

2. 完整的评价需要定性与定量相结合

标准化社会效益的评价不仅需要定量测量，更有大量的定性描述，针对标准化经济效果评价的一些方法和程序很多并不适合标准化社会效益的评价。在标准化社会效益评价过程中，定性分析与定量分析是相互统一、相互补充的。定性分析是定量分析的基本前提，没有定性的定量是一种盲目的、毫无价值的定量；定量分析使定性更加科学、准确，它可以促使定性分析得出广泛而深入的结论。对火电企业的标准化社会效益评估可以通过对火电企业的实地走访调查，搜集火电企业近几年发展资料，并对资料进行比较、分析处理，或用文献分析法收集火电企业历年的社会效益评估资料，作为评价的依据。对于水电企业的社会效益评价需要对流域渔业、水土保持、航运等给予更多关注。

3. 客观的评价需要考虑长远性和行业特征

社会化分工精细化，企业所需实现的社会发展目标及承担的社会责任差别化更加突出，使得标准化社会效益评价指标的行业特征较强，专业性的指标较多，定性分析所涉及的范围和指标差别也很大。因此，在对企业进行标准化社会效益的评价时，需要从社会的宏观角度、长远影响来考察企业的存在给社会带来的贡献和影响。

三、企业标准化社会效益评价

1. 确定评价目标与范围

确定评价目标和范围，是企业根据需要决定的，不能为了评价而评价。发电企业根据需要开展（如每 3 年或每 5 年为一个周期）全企业的评价，或者结合年度标准化体系运行评价开展若干业务（如安全、内控、营销等）或单个指标（如污染物排放等）的效益评价。

2. 构建评价指标体系

在构建评价指标体系时，应该结合确定的评价目标和范围，尽可能将深奥的专业术语或指标转化为通俗易懂的专业术语或指标，尽量采用国家、行业通用性的评价指标体系或内容，也是为了便于不同企业评价结果的可比性和可交流性。

评价指标体系设置应有合理的层次结构，可以包括目标层、准则层、次准则层和指标层等。指标要准确反映评价对象的主要特征，要注意：

（1）要充分考虑企业标准化的显性影响和隐形影响，短期效益和长期效益，局部效益和整体效益等，使评价对象的内涵得到充分揭示；

（2）要能够全面反映标准化后的基本状态，可采取定量指标和定性指标相结合的模式，能有效地反映所评价对象的实际效益；

（3）要考虑信息收集成本，如果评价指标设计很完整，但无法收集相关资料，或者收集资料的成本太高以至于影响评价的正常开展，则需对指标体系进行调整或修正。

GB/T 3533.2—2017 中附录 A 给出了标准化社会效益评价体系的范例见表 10–1，发电企业在具体应用时，宜根据评价对象的行业特点进行调整并有所侧重，应对评价中使用的每个社会效益指标进行清晰的描述。

表 10–1　　标准化社会效益评价指标体系表范例

目标层	准则层	次准则层	指标层
标准化社会效益	节能环保	资源环境	水资源、土地资源、森林资源、矿产资源等
		生态环境	气候、大气质量、土壤质量、物种多样性、湿地等
		废弃物	温室气体、危险废物、固体非物等
		其他	……
	社会发展	科学技术	标准、专利等
		文化教育	教育水平、道德素质、文化程度等
		社会保障	人口、收入、健康、就业等
		公共利益	社会秩序、公共安全等
		服务水平	服务效率、服务质量、服务成本、顾客满意度等
		其他	……

3. 评价方法

（1）定量指标的评价。对标准化社会效益定量指标的评价，如水资源节约、废弃物排放、专利增加量、鱼类种群数量等，标准化对评价年影响的程度可以用实际值与基准年相比较，结算得出评价年的指标变动率。

（2）定性指标的评价。对于标准化社会效益定性评价的方法与标准化经济效益评价的“模糊综合评价法”思路相似，一般采用多级评价方式。以五级评价方式为例，可用显著、较显著、一般、不显著、非常不显著 5 个等级对标准化的社会效益进行描述，定性指标评价的量化方法可采用德尔菲法、层次分析法等（GB/T 3533.2—2017 中附录 B），通过对指标层、次准则层、准则层和目标层依次进行五级评价，最终确定标准化社会效益的评价值。评价过程中，各指标权重的确定方法包括主观赋权法和客观赋权法。两种方法的比较参见表 10–2。

表 10–2　　权重确定方法分类及比较

分类	方法描述	主要方法	优点	缺点
主观赋权法	利用专家或个人的知识及经验，对权重做出判断	德尔菲法、层次分析法等①	计算简单、适用面广且方法应用过程中的解释较为直观	易受到人为主观因素的影响
客观赋权法	从指标的统计性质来考虑，由实际所得数据决定，无须征求专家意见	熵权法、CRIIC 法等②	基于统计、智能决策等方法之上，在很大程度上可排除人为因素的干扰	忽略指标的重要程度，并且其约束条件太多，对现实数据有较高的要求

① 参见 GB/T 3533.2—2017 中附录 B。
② 参见 GB/T 3533.2—2017 中附录 C。

第四节　发电企业标准化经济效益评价

本节将基于 ISO 价值链方法论，介绍发电企业开展“标准化良好行为企业”创建前后的对比，评估实施标准化给企业带来的经济效益。

一、发电企业标准化经济效益评价的特点

1. 电能产品的特殊性

发电企业产品与其他制造企业的产品具有很大不同。首先，从产品的类别来看，制造企业产品大都具有多样性和差异性的特点，同时追求产品的新颖性和独特性。而发电企业生产出的主要产品是电能，电能作为一种能源产品，具有同性质的特征。为了保证电力系统应以恒定的频率（50Hz，正常运行条件下频率偏差限值为 ±0.2Hz）和正弦波形，无论火电、水电或者风电等不同类型的发电企业生产过程如何，最终上网的电能都应是 50Hz 的产品，其他指标（如频率、电压偏差、三相电压不平衡、波动和闪变、电压暂降与短时中断等）都应满足 GB/T 15945、GB/T 12325 等标准的要求。制造企业可以根据产品的品质与性能对产品进行自主定价，而发电企业的上网电价基本上是由政府指导定价和部分的竞价。

2. 发电企业标准化的特殊性

发电企业从投入运行的那一刻起，所有的生产活动都必须依照标准和规程进行操作，标准对于发电企业生产来说，就好比空气对人一样自然和重要。从这个意义上来讲，发电企业的生产时时刻刻都需要标准，因此也就不存在没有标准和规程进行生产的情况。对发电企业的标准化进行评估，不能像制造企业那样通过有无对比法进行评价。

3. 发电企业生产的特殊性

发电企业在生产上也与制造企业具有显著差异。制造企业产品的产量可以根据市场需求情况，通过扩大和缩减产能而进行调节，企业自身具有较大的主动性。而发电量一方面受装机容量限制，另一方面也受电网分配的发电上网额度限制。对于发电企业来说，安全生产始终置于各项活动的首位，是企业生产经营的核心，是企业追求利润最大化的前提。发电企业有时甚至需要牺牲利润来保障安全生产，这一点也与制造企业具有明显的不同。

二、发电企业价值链及活动分析

1. 价值链模型

结合发电企业电能产品的生产特点及第一章图 1–5 给出的企业内部价值链的构成基本模型，发电企业价值链如图 10–4 所示，其中基本活动由市场营销、燃料与资源管理、发电运行（含并网）与维护、服务与结算和与以上过程密切关联的节能与环保、安全监察构成；辅助活动主要包括采购与物资管理、技术监督、检修管理和测量、检验与试验等 12 项活动。

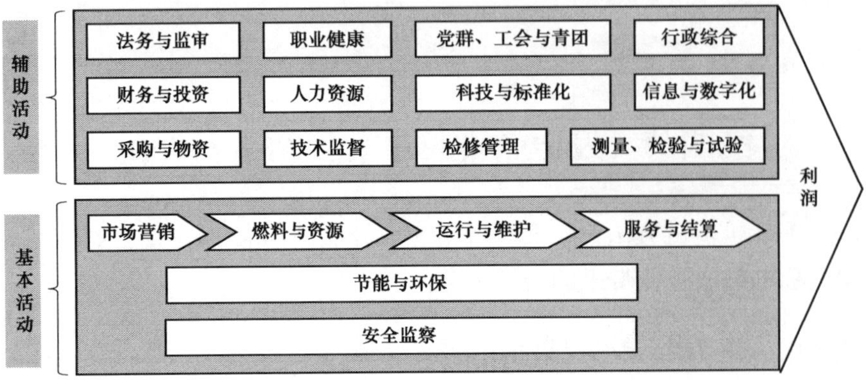

图 10–4　发电企业价值链（示例）

也有专家认为煤电企业的基本活动主要包括燃煤采购、发电、并网和售电结算；辅助活动主要包括安全监察、人力资源管理、财务管理、检修和物资供应等，供读者思考批评。

2. 发电企业价值链中基本活动的标准化有用效果分析

计算标准化经济效果的指标很多，不能一一赘述、面面俱到，要选择最能说明问题的一些指标。为准确计算企业标准化的有用效果，必须周密地考虑企业开展“标准化良好行为企业”创建而发生的效果的范围，通过对比实施标准化措施前后各项费用和收益情况，从而做出正确的评价。表 10–3 是发电企业价值链基本活动中可能产生的有用效果分析。

表 10–3　　发电企业价值链基本活动中可能产生的有用效果

活动	活动主要内容	产生有用效果的原因	可能的有用效果
市场营销	争取更多的有效益的电量计划指标和热力、采暖用户等	建立良好合作关系，建立和谐共生环境	销售额的增加；销量的增加；销售费用的节约；渠道关系的维护成本降低；市场开拓的时间缩短
燃料及资源	燃料的采购、调运与质量控制等。或水资源、风资源、光资源的精准预测和有效利用	燃料、动力的合理配比和利用。水资源、风资源、光资源的精准预测，降低了弃水弃风弃光	燃料成本降低；煤场损耗降低；采购的时间减少；弃水弃风气光率降低
运行与维护	发电运行含（并网）及系统（设备）的日常维护；煤耗、水耗等生产指标的管理等	系统设备的可靠性提高，安全、高效运行，减少故障和非停，多供电能和采暖等，燃料量和水耗的降低	发电量的提升；燃料、动力的节约；维修费用节约；设备故障率降低；技术改造成本降低；企业劳动生产率的提高
服务与结算	响应用户的服务需求，完成电量、热力、采暖的合同结算及资金回笼	良好服务质量提高用户的满意度；合理的财务结算可有效减少利息的支出，提高企业利润率；流动资金占用的节约	顾客满意率提高；售后服务人员和费用降低；资金回笼的时间缩短、回笼率高等
节能环保	实现达标排放或近零排放；提高设备热效率、能量梯级使用	资源高效合理利用，环保设备高效运行，实现达标排放	设备热效率提升，降低单位综合能耗；降低燃料、动力、资源的需用量；污染物排放浓度和总量降低；避免政府罚款
安全监察	确保人身安全、财产安全、设备安全、网信安全	消除人的不安全行为、设备的不安全状态和环境的不安全因素	员工安全意识的提升；避免人身伤亡事故赔偿、罚款、停产整顿损失；安全生产风险降低；事故调查分析效率提升

三、“标准化良好行为企业”经济效果的定性分析示例

开展“标准化良好行为企业”创建的企业可以先从工作环境改善、职业健康安全、员工培训及能力提升、设备运营管理等方面能让广大员工看得见、体会得到的方面进行总结，以激励和鼓舞大家参与热情。以下是某电厂的 6 个方面的效果分析示例：

（1）工作环境得到有效改善。通过创建活动，实施定置管理，公司的工作环境与之前相比有较大改观。在原材料仓库，各个货架上标明产品名称、型号规格、入库时间等信息一目了然便于货物的存取，大大提高了寻找原辅材料的效率。原材料随意摆放的现象不复存在，取而代之的是物品分区定点定位合理摆放。生产现场物资及时清理，公共区域卫生由专人负责，卫生得到较好保持。办公及员工私人物品放置区，以前水杯、雨伞到处可见管理混乱，如今变得整洁舒适。在检修现场根据生产流程标识好不同物资、原料、设备的存放区域，避免了货物混存、材料的杂乱堆放等现象。

（2）职业健康安全管理落实到位。公司建立的职业健康安全管理标准在实施过程中发现了多个安全隐患，完成对输煤皮带层控制粉尘的工程改造等，对这些安全隐患的排查整改确保了工作人员的人身安全；主控室灯光改造和设备的自动化程度的提升，提高了运行操作员工的工作舒适度，使急救箱药品种类和数量按照规定时间得到补充，每年为员工提供一次免费体检服务，大大减少了员工病情未及时发现延误治疗的情况。这些措施的落实大大增加了员工的归属感，一定程度上减低了企业的招工成本和培训成本。

（3）设备安全长周期运行，为生产提供坚实保障。公司严格按照运行规程设备运行管理标准的要求对设备进行操作、维护，使生产设备和检测设备的使用得到了制度保障。根据设备周期检定校准计划对检测设备进行及时送检，保证检测设备量值传递的有效性。结合点检和定检需要，根据设备维护保养计划对使用中的设备定期维护保养。通过设备的标准化管理，公司设备故障率大幅度下降，设备完好性、可靠性得到大为提升，从而为企业多发电、发有效益的电提供基础保障。

（4）企业标准体系和公司原有体系实现了较好融合。创建活动之前，公司已运行质量管理体系、环境管理体系、职业健康安全管理体系及能源管理体系的贯标认证，各体系自成一套文件和记录，公司内部多套文件的使用，使得各部门职能分配交叉混乱、文件格式多样、体系评审负担过重。创建活动对症下药，较好地处理公司现行多体系交叉运行的混乱局面。在满足各体系的基本原则、个性化要求的基础上对各个体系进行整合，保留各个体系特有和应有的部分，对于类似文件控制标准、记录控制标准、管理评审标准等各个体系间相融相通的部分进行精炼整合，使“一份标准”“一份记录”支撑多个体系。

（5）能源节约效果显著。公司为了增强员工节能意识，提高公司节能效率，开展生产煤耗、厂用电、水耗等小指标对标竞赛活动，细分到每个生产部门，每个部门又将指标细分到各个岗位，建立能耗指标和岗位挂钩机制。对于办公区域，通过宣贯和检查，现在员工都养成了人走灯灭、节约用水等好习惯。创建后的 2019、2020 年的办公用电量、用水量较创建前的 2017、2018 年分别下降了 20% 和 15%。

（6）降低了采购过程、营销的交易和维护成本。公司创建标准化良好行为活动后，发现其对公司采购成本的降低有积极的正面作用。因为信息管理标准、采购管理标准和营销管理标准的制定实施，使得企业这些方面的信息更容易为交易的相关方掌握，也更容易达成交易，从而降低了交易成本。同时公司可以根据标准要求及时了解多家供应商的资质能力，便于多方面比较从中选择最优供方为公司提供技改所需设备、材料，从而减少供应商的选择和产品检验成本。

四、标准化良好行为经济效果的定量分析示例

依据 GB/T 3533.1—2017 的要求，结合发电企业生产经营管理的情况从表 10-3 中一些指标是能得出更为直观、对比性、可信性更强的量化评价的，如标准化对燃煤采购、发电运行、安全监察、物资管理活动等影响。

1. P 电厂简介

P 电厂现有两台国产 2×600MW 亚临界燃煤发电机组，2002 年 6 月投入运营，2004 年开展标准化建设，2011 年通过 AAAA 级“标准化良好行为企业”现场评价。以下对 P 电厂创建前（基准期：2008 ～ 2010 年）后（评价期：2011 ～ 2014 年）标准化对燃煤采购、发电、安全监察、物资管理 4 个环节标准化产生的年均经济效益进行定量分析，供读者参考。

2. 燃煤采购

燃煤采购的关键价值驱动因素主要考虑燃煤成本和燃煤质量，标准化活动对于以上两个关键价值驱动因素都产生了显著影响。

（1）对燃煤成本的影响。燃煤成本的影响因素包括多个方面。其中，最主要的是燃煤价格，该因素对燃煤成本的影响达到 80%。除了燃煤价格之外，其余的影响因素经过德尔菲法判断，包括煤价谈判能力、标准化管理、配煤掺烧、燃煤库存、单位煤耗以及其他有关因素。评估标准对燃煤成本的影响，首先利用专家评价法，由多个专家对除了燃煤价格之外其他因素的重要性进行排序，计算得到各影响因素的权重系数，并对专家的判断进行显著性检验。经过专家评价，在除了燃煤价格之外的其他影响因素中，标准化权重系数为 0.21。

其次，计算 P 电厂燃煤成本的年平均节约额。用区域标准煤平均单价与企业燃煤采购单价做比较，再乘以标准煤的年平均消耗量，得到企业燃煤成本的年平均节约额。经过与区域标准煤价格的比较，P 电厂 2011 ～ 2014 年燃煤成本年平均降低 3.4 亿元左右。其中，剔除价格因素影响，其他因素使燃煤成本年平均降低 6800 万元左右。根据专家评价法得到的标准化权重系数，可估算出 2011 ～ 2014 年期间，标准化使燃煤成本年降低约 1400 万元。

（2）对燃煤质量的影响。燃煤质量主要涉及煤的热值、挥发分含量等。关于燃煤质量，P 电厂根据国家和行业标准对煤的各种重要成分进行检验，对煤的质量进行抽查和验收，对亏卡、超硫情况进行索赔。根据近几年企业对入厂燃煤的亏卡、超硫索赔情况进行统计，同时扣除燃煤价格等市场因素的影响，估算出平均每年标准对燃煤质量的影响。P 电厂 2011 ～ 2014 年，标准对亏卡超硫挽回的年平均损失为 250 余万元。

3. 发电运行

发电是公司直接产生经济和社会效益的活动。设备可靠性是发电活动的基础，影响发电的正常运行。分析设备可靠性，主要从创建前后设备障碍数入手，来分析设备的可靠性。

首先，统计发生的各类故障数量和造成的损失。通过对 P 电厂 2008 ～ 2014 年发生的故障进行分析，发现有许多故障是由于没有严格执行标准，或者是由标准缺失导致的。如果企业在标准化方面加强改进，那么将近 60% 的故障所产生的损失是可以避免的，避免直接经济损失约 155 万元，年平均经济损失约 39 万元。

其次，利用 BP 神经网络算法对标准化在 P 电厂故障中的作用及其节约的直接经济损失进行测算。这种测算是基于 P 电厂实际发生的故障数与通过 BP 神经网络算法模拟出如果没有实施标准化而发生的故障数的对比，表 10–4 给出了 2004 ～ 2014 年 P 电厂故障数和模拟故障数。

表 10-4　　2004 ～ 2014 年 P 电厂故障数及模拟故障数对比

单位：起

年份	2004	2005	2006	2007	2008	2009	2010	2011	2012	2013	2014	合计
故障数	17	12	10	8	11	2	2	20	8	10	13	113
模拟故障数	17	17	18	19	20	22	23	25	26	28	30	245

分析结果发现，P 电厂的实际故障数量呈拟周期性的波动式上升，说明随电厂运行时间的持续，电厂整体设备日益老化，故障数量逐渐上升的趋势，这说明按照标准要求，进行定期大修、维护管理是必需的，也是降低企业故障数量的有效手段。

对创建后的 2011 ～ 2014 年 P 电厂故障损失的节约数进行估算。2011 ～ 2014 年 P 电厂故障数 41 起，直接经济损失近 1100 万元，平均每起故障的损失约为 27 万元，具体数据见表 10-5。根据模拟数可知，2011 ～ 2014 年障碍总数约为 108 起，损失总额约为 2900 万元。从而 2011 ～ 2014 年的模拟损失与实际损失相差约为 1800 万元，从而可知标准化的经济效益约为 250 万元，年平均节约 60 余万元。

表 10-5　　2011 ～ 2014 年故障数及损失统计

年份	2011	2012	2013	2014	合计
故障数（起）	20	8	10	13	41
损失（万元）	96.5	48.5	194	323	1098.5

4. 标准化对安全监察的影响

安全监察活动主要包括生产过程中人身和设备的安全监察，因此，安全监察活动的主要价值驱动因素包括人身安全和设备安全。以 P 电厂为例，通过实施安全监察标准，对杜绝生产过程中的人身伤害事故起到了重要作用。2011 ～ 2014 年，P 电厂未发生重伤及以上生产人身伤亡事故。特别是 2013 年和 2014 年，公司未发生人身轻伤及以上事故。到进行效益评价年的 2014 年年底，企业连续安全生产 4761 天。

5. 标准化对物资管理的影响

物资管理的关键价值驱动因素是物资成本，在火电企业的物资中，包括了备品备件、设备资产、小基建项目、一般物资等类型。其中，备品备件成本的变化与标准化关系最为密切，故该部分主要分析标准化对备品备件成本的影响。对于备品备件成本节约额，首先通过计算企业备品备件库存的节约，然后乘以标准化的权重系数即可估算得到。以 M 电厂为例，2011 ～ 2014 年，该企业备品备件库存年平均减少 166 万元，乘上标准化权重系数 0.206，标准化对备品备件库存减少的年平均贡献为 34 万元。

6. 总的影响

通过对 P 电厂标准化经济效益总结可以发现，标准化对燃煤采购环节的贡献为年节约成本约 1400 万元，对发电环节的贡献为年节约成本 60 余万元，对物资管理的贡献为年节约备品备件库存 34 万元，上述合计节约成本约 1500 万元。按照 P 电厂 2011 ～ 2014 年平均年利润 3.3 亿元计算，则标准化对企业年利润贡献率的影响约为 4.5%。

第五节　发电企业标准化社会效益评价

根据 GB/T 3533.2—2017 中附录 A 给出了标准化社会效益评价体系的范例（见表 10-1），结合燃煤火电和水电的特色，选取具有代表性的指标，以 P 电厂和 Q 水电站为例，探讨发电企业标准化的社会效益。

一、燃煤火电企业的标准化社会效益评价

1. 火电企业标准化社会效益的界定

对于火电企业来说，在发展过程中会对周边环境产生一定的影响，其社会效益主要体现在对环境保护和节能降耗产生的有益效果，而对于科技、文化、社会福利、公共利益的发展与进步等方面的促进作用相对于环境效益和节能降耗来说不是非常直接和显著。

在环保方面，燃煤会产生二氧化硫、二氧化氮和烟尘等污染物。衡量公司环保效果的主要指标包括二氧化硫、二氧化氮和烟尘等大气污染物的排放量。在节能减排方面，每年发电需要消耗大量的煤炭、水和燃油等资源，因此衡量公司节能减排效果的主要指标选取企业的供电煤耗和供电水耗。标准化社会效益的构成如图 10-5 所示。

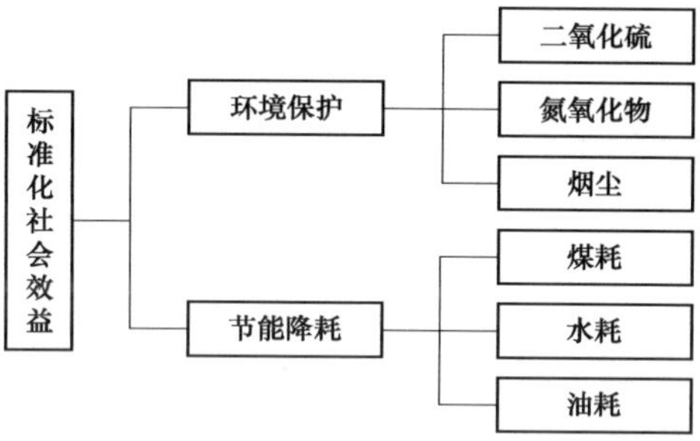

图 10-5　火电企业标准化社会效益构成示意图

2. 标准化对环保的影响分析

P 电厂在环保方面严格执行相关标准，大气污染物排放控制在规定指标之内。2014 年之前，企业执行地方大气污染物排放标准，该标准规定二氧化硫、氮氧化物、烟尘的排放标准分别为 200、400、80mg/m^3。2014 年起 P 电厂执行 GB 13223—2011《火电厂大气污染物排放标准》。该标准规定二氧化硫、氮氧化物、烟尘的排放标准分别为 200、100、30mg/m^3。2011 ～ 2014 年 P 电厂大气污染物排放情况见表 10-6。

表 10-6　　2011 ～ 2014 年 P 电厂大气污染物排放情况

年份	污染物					
	SO_2（t）	SO_2（mg/m^3）	NO_x（t）	NO_x（mg/m^3）	粉尘（t）	粉尘（mg/m^3）
2011	2326.05	88.85	8125.42	361.82	574.92	20.31

续表

年份	污染物					
	SO_2（t）	SO_2（mg/m^3）	NO_x（t）	NO_x（mg/m^3）	粉尘（t）	粉尘（mg/m^3）
2012	1762.89	83.96	6868.60	361.39	372.99	19.68
2013	1523.29	75.56	3742.88	211.32	352.71	19.04
2014	1129.97	47.44	1479.05	65.2	344.95	15.28

为了达到新标准的排放指标，P电厂在2012～2014年投资2.5亿元实施技术改造，以2014年全年发电量计算，与执行老的环保标准进行比较，P电厂污染物减排效果显著，数据见表10–7，实现年平均减排二氧化硫740.77t，氮氧化物4766.58t，烟尘88.59t。

表10–7　P电厂执行新旧标准大气污染物排放减少量

年份	污染物					
	SO_2（t）	SO_2（mg/m^3）	NO_x（t）	NO_x（mg/m^3）	粉尘（t）	粉尘（mg/m^3）
2011	1196.08	41.41	6646.37	296.62	229.97	5.03
2012	632.92	36.52	5389.55	296.19	28.04	4.4
2013	393.32	28.12	2263.83	146.12	7.76	3.76
年均降低量	740.7733	35.35	4766.583	246.31	88.59	4.40

3. 标准化对P电厂节能降耗的影响分析

节能标准化是根据我国节能方针和政策的要求，为发展科学技术和加强对能源的科学管理，为实现节约能源、增加效益的目的而提出来的，节能标准是企业实施节能管理、促进节能技术进步的基础。2011～2014年P电厂生产能耗情况统计见表10–8。从统计数据可以看出P电厂供电能耗呈逐年下降的趋势。

表10–8　2011～2014年 P电厂生产能耗情况统计

年份	标煤（t）	地下水（t）	地表水（t）	供电煤耗（g/kWh）	综合水耗（kg/kWh）
2011	2082539	905940	15294214	320.49	2.29
2012	1931904	904528	13627898	320	2.2
2013	1971778	877569	13282335	318.2	2.11
2014	1996125	780807	13007022	313.69	1.99

P电厂通过制定、实施各项节能标准和必要的设备技术改造，使得P电厂标准化对节能降耗的影响非常明显，汽轮机热耗达到了设计值，供电煤耗下降显著。以2014年全年发电量计算，相比于2011年，降低供电煤耗6.8g/kWh，共计降低标准煤消耗45811.6t，以2014年入厂综合标准煤单价计算，节约燃煤约2267.81万元，2011～2013年相对于2014年降低的数据见表10–9。

P电厂通过对标先进企业，完善各项节水标准和实施工业废水、脱硫废水、除灰空气压缩机冷却水改造以及阶梯用水工程等使得P电厂节水效果非常明显，每天约回收1600t冷却水。以 2014 年全年发电量计算，相比于 2011 年，地下水节约 105864.96t，地表水节约 1961906.11t，共计节约用水 2067771.07t，约 813.5 万元，2011 ～ 2013 年相对于 2014 年降低的数据见表 10–9。

表 10–9　　2011 ～ 2013 年 P 电厂能耗降低统计

年份	标煤（t）	地下水（t）	地表水（t）	供电煤耗（g/kWh）	综合水耗（kg/kWh）
2011	45811.6	105865.0	1961906.1	6.8	0.3
2012	42510.5	174107.5	1380014.8	6.3	0.21
2013	30383.9	121471.9	649306.3	4.5	0.12

二、水电企业标准化社会效益分析

1. Q 水电站简介

Q 水电站是兼发电、航运、饮水、防洪及其他综合利用于一体的大型水电站，电站安装 5 台单机容量为 35 万 kW 的混流式水轮发电机组，总装机容量 175 万 kW。除了发电，其他功能并不能给水电公司带来实际的经济效益，但可以起到除害、兴利的社会效果。所以要准确评价和分析水电工程的社会效益、水电发电企业标准化的效益目前还存在数据采集困难、剥离出标准影响程度难等问题。

2. 社会效益相关标准梳理

Q 水电站的建设和运营需要符合相关的法律、法规和相关标准的要求，河道通航的标准主要涉及通航设备检修、水库运行调度、通航操作、通航运行管理的规则和相关工作人员的作业标准；Q 水电站通过严格执行标准，保证了河道船舶的安全通行，对乌江流域的经济发展起到了积极的作用。流域防洪的标准主要涉及防汛组织机构的组成、防汛组织机构职责范围、防汛应急工作的安排和相关工作人员的作业标准等方面；Q 水电站通过严格执行标准，保证了在设计标准内洪水不垮坝、不漫坝，不淹发电厂房，并对超标准洪水安排了应急抢险措施，保证损失减轻到最低程度。

3. 河道通航的社会效益分析

Q 水电站流域航运历史悠久，自古以来就是重要交通要道。Q 水电站通航建筑物按四级航道标准设计，采用 500t 级船闸加垂直升船机方案，设计年过坝货运量 510 万 t，单向年过坝能力达 255 万 t，可满足 2020 ～ 2030 年航运的需要。开发河流的航运资源，形成上下游综合交通运输体系，对发展地方经济、促进物资交流具有十分重要的作用。

4. 流域防洪的社会效益分析

在流域防洪方面，Q 水电站对中、下游各河段的防洪规划、现状行洪能力进行分析，结合保护对象防洪标准，在汛期确保水库防洪和度汛安全的前提下，对水库汛期运行水位进行动态控制的方式。如在 2019 年汛期 2 次主要洪水调度过程，Q 水电站利用有限的库容，在最大场次洪水中削减了 1800m^3/s，相应能降低下游县城河段水位近 4m，避免了洪峰叠加，减轻了县城的防洪负压力和负担，充分体现水电站防洪功能。水电站在流域防洪方面起到了重要的作用，对区域的稳定发展起到了积极作用，无法用电站的经济效益进行衡量。

5. 库区移民的社会效益分析

Q 水电站的开发需要秉承“建好一座电站，带动一方经济，改善一片环境，造福一批移民”的开发理念，为库区和移民的可持续发展奠定思想基础。自 Q 水电站开工建设以来，会同有关各级地方人民政府克服各种困难，开展移民安置实施工作，共完成农村移民搬迁安置 3637 人，完成集镇移民搬迁安置 4431 人，复建各类房屋 280500m^2，移民安置区基础设施建设已经完成，可以看出水电站的建设保障了库区居民的基本生活需求和发展空间，也促进了社会经济的稳定发展，带来了很好的社会效益。

6. 陆地生态保护的社会效益分析

Q 水电站严格执行环境影响评价制度和环境保护“三同时”制度，落实各项环境保护措施，力争把电站建设对环境的影响降到最低。对库区的珍稀植物，采用移栽、就地保护和采种保护等方法对珍稀树木进行保护。为动物营造有利生境，并加强宣传教育及执法工作，提高全民保护意识，杜绝捕捉野生动物和破坏其生境行为。

7. 水生生物保护的社会效益分析

在水生生物保护方面，为有效保护流域鱼类资源，Q 水电站委托国内权威科研机构开展了集运鱼系统的科研设计工作，建成了集运鱼系统，每年约投入成本 180 万元，已收集和放流鱼类 23 种，为水库坝上坝下的鱼类资源交流发挥了积极的作用，扩大了其天然条件下的种群规模，有效落实了流域鱼类保护措施，履行了企业的生态环境保护责任。

8. Q 水电站标准化工作对社会效益贡献情况量化分析

根据本章第三节介绍的内容，采用五级评价体系（各数字代表含义为：1 表示“显著”、2 表示“较显著”、3 表示“一般”、4 表示“不显著”、5 表示“非常不显著”）对河道通航、流域防洪、库区移民、陆地生态保护和水生生物多样性保护等 5 个方面采用专家评价法来评价 Q 水电标准化对社会效益的贡献程度，供读者参考。按照规则要求相关专家对各个影响因素的重要程度进行排序，获得专家评价矩阵见表 10–10。

表 10–10 Q 水电站影响社会效益的各因素的专家评价矩阵

序号	河道通航	流域防洪	陆地生态	水生生物	库区移民
1	1	3	3	4	5
2	3	1	1	5	4
3	1	4	4	2	5
4	1	2	2	4	5
5	1	2	2	5	4
6	2	1	1	3	5
7	2	1	1	4	5
8	2	3	3	1	5
9	2	3	3	5	4
10	1	2	2	4	5

以上是影响社会效益各因素的专家评价矩阵，依据 GB/T 3533.2—2017《标准化效益评价　第 2 部分：社会效益评价通则》给出的评价结果判定原则（见表 10–11），可以计算得到专家评分矩阵，见表 10–12。

表 10–11　评价结果判定原则

标准化社会效益评价值	$0 \leqslant y < 2$	$2 \leqslant y < 4$	$4 \leqslant y < 6$	$6 \leqslant y < 8$	$8 \leqslant y < 10$
标准化社会效益效果判断	非常不显著	不显著	一般显著	较显著	显著

表 10–12　Q 水电站影响社会效益各因素的专家评分矩阵

序号	河道通航	流域防洪	陆地生态	水生生物	库区移民
1	5	3	4	2	1
2	3	5	4	1	2
3	5	2	3	4	1
4	5	4	3	2	1
5	5	4	3	1	2
6	4	5	2	3	1
7	4	5	3	2	1
8	4	3	2	5	1
9	4	3	5	1	2
10	5	4	3	2	1
评价值	8.8	7.6	6.4	4.6	2.6

从表 10–12 评价值可以得出，在 Q 水电站内部开展标准化工作对各个影响因素的显著程度，对河道通航能力影响显著、对流域防洪能力提升较显著、对陆地生态保护影响一般显著、对水生生物保护不显著、对库区移民生活影响非常不显著。从另外一个角度来说，移民安置、对水生生物保护等方面更容易受政策、项目投资等因素的影响。

第十一章

标准化成效与成就的评价

根据 T/CEC 181—2018《电力企业标准化工作 评价与改进 》，在第三方评价的时候，主要从国际标准化、国内标准化、标准化推动技术进步、标准化推动管理提升、企业获得表彰等 5 个方面评价企业标准化工作取得的成效和成就（即加分项）。

第一节　国际标准化工作成效的评价

与电网企业相比，发电企业的主体作用在电力行业的标准化工作中没有得到充分发挥，企业参与国外标准化活动的整体水平还需要提高，相关激励措施还很不到位。

一、企业有可能参加的工作

国际标准化工作方面的相关知识和具体内容参见第十四章。本章主要从满足“标准化良好行为企业”第三方评价的角度，结合国家《参加国际标准化活动管理办法》的意见，介绍发电企业可能参加的国际标准化活动有以下 7 个方面：

（1）承担 ISO、IEC 等国际标准化组织的 TC、SC 的秘书处工作；

（2）担任 TC、SC 的主席或副主席，担任工作组（WG）召集人或工作组的注册专家；

（3）提出国际标准提案，主导制（修）订国际标准；

（4）提出国际标准新技术工作领域提案；

（5）参加 ISO、IEC 和其他国际和区域标准化组织的技术会议；

（6）参与国际标准化研讨、论坛活动；

（7）承担 ISO、IEC 的 TC、SC 的国内技术对口单位。

对于以上 7 个方面的工作，企业应该统筹安排、注重人才梯队的培养，坚持先易后难、循序渐进的方式，实质性地参与国际标准化活动：

1）要熟悉 ISO、IEC 等国际标准化的基本知识及国家相关要求，通过国标委、国内对口单位、相关杂志了解国际标准化活动的信息，参加国际标准化研讨、论坛活动，了解 ISO、IEC 相关 TC、SC 的负责技术工作领域。

2）参加 ISO、IEC 和其他国际和区域标准化组织的技术会议，结合企业技术特点、科技创新成果，寻找可以立项的题目或方向，并进行国际标准转化的初步评估。

3）提出国际标准提案，企业专家争取担任工作组召集人或工作组的注册专家，主导制（修）订国际标准，主动承担 ISO、IEC 的 TC、SC 的国内技术对口单位。

4）提出国际标准新技术工作领域提案，积极承担 ISO、IEC 等国际标准化组织的 TC、SC 的秘书处工作，担任 TC、SC 的主席或副主席。

二、国际标准化的加分规则

根据 T/CEC 181—2018 中表 B.1 国际标准化最高可以加 10 分，具体细则如下：

（1）企业承担国际标准化组织的 TC/SC 秘书处得 10 分；企业代表国家履行 ISO/IEC 相关 TC/SC 的 P 成员职责的得 5 分，同时承担两项以上工作的，按最高得分计，不累计加分。

（2）主导国际标准制定得 8 分，参与国际标准制定得 6 分；结合企业需求，主导国家标准、行业标准、团体标准翻译为外文标准并正式发布得 6、4、4 分，累计不超过 8 分。

（3）采用国际标准或国外先进标准（不含已转化成国家、行业、地方标准或团体标准的国际标准或国外先进标准）纳入企业标准体系或转化制定企业标准，一项得 1 分，累计不超过 5 分。

对于以上评价细则的理解和把握：

1）标准是指相关标准化管理组织已经正式发布的国际标准（IS）、技术规范（TS）、可公开提供的技术规范（PAS）、技术报告（TR）和指南（Guide），原则上正在申请立项、编制、审查阶段的标准不能给予加分。

2）承担秘书处或国内对口单位应该是已经得到国标委的批准的，已经实质性开展工作的，对拟申请或申请正在审批流程中，原则上也是不能给予加分的。

3）企业采标，一定要注意已经被相关国家、行业、地方标准或团体标准采用的国际标准或国外先进标准，企业直接纳入企业标准体系使用就可以，例如 IEC 60619：1965 和 IEC 60038：2002 早就采标为国家标准 GB/T 1980—2005《标准频率》和 GB/T 156—2017《标准电压》，企业直接执行国家标准就可以或者制定严格的企业标准。此种情况下即使企业获取了采标证，根据评奖规则也是不能给予加分的。

国标委每年会面向全国开展国际标准化青年精英选培活动，通过专家授课、经验分享、现场模拟、英语竞赛的方式集中开展国际标准化培训，国家着力于培养一批年轻的国际标准组织任职人才及国际标准化专业人才，企业应该为青年专家人才提供相应的资源与渠道，鼓励、支持其参与国际标准化活动，扩大中国标准和标准化人才在国际组织中的影响力。因此，建议在 T/CEC 181 下次修订过程中，ISO/IEC 等国际标准方面的青年专家人才选培工作也应该纳入“标准化良好行为企业”创建工作的加分内容。

三、注意事项

企业在开展采标及参加国际标准化活动过程中，一定要熟悉和掌握 ISO、IEC 出版物的版权政策，从合法的途径获取标准或标准化文件，避免因为不当操作而引起版权纠纷，给企业带来不必要的经济损失。

企业参与国际标准化工作，是代表国家的形象和能力，一切工作都需要在国标委的领导下，在中电联标准化管理中心的指导下规范地推进，履行必要的相关程序，相关意见文件或会议发言，必须经过国内对口单位审核、经国家标准化主管部门同意后才能对外报出。

第二节　国内标准化工作成效的评价

企业标准化是企业内的一项管理活动，以提高经济效益为目标，积极履行企业的社会责任，实现更多成效和成就。

一、企业有可能参加的工作

国内标准化工作方面的相关知识和具体内容参见第十三章。对于发电企业来说，应该参加的国内标准化活动要有以下 7 个方面：

（1）承担国家标准、行业标准、地方标准、团体标准相关标准化的 TC、SC 的秘书处工作；

（2）担任相关标准化 TC、SC 的主任委员或副主任委员、技术标委会委员；

（3）提出国家标准、行业标准、地方标准、团体标准的提案，主导或参与制（修）订标准；

（4）参加或承办相关标准化组织的技术会议，如标准审核会；

（5）组织或参与标准化研讨、论坛活动；

（6）开展国家、行业标准化合作交流；

（7）参加标准化组织的技术文件的研究和提出改进建议，如对国家标准、行业标准、地方标准、团体标准制定征求意见中反馈意见等。

二、国内标准化的加分规则

根据 T/CEC 181—2018 中表 B.1 国内标准化最高可以加 10 分，具体细则如下：

（1）承担国家级 TC 秘书处工作得 9 分；承担国家级 SC 秘书处工作得 8 分；承担国家工作组（WG）工作得 6 分；承担行业 / 团体 TC 工作得 4 分，承担行业 / 团体 SC 工作得 2 分；有各类 TC/SC 委员得 1 分。

（2）主导国家标准制定得 8 分；主导行业标准、地方标准制定得 6 分；主导团体标准制定得 4 分；参与国家标准、行业标准、地方标准、团体标准制定的，按主导制定标准分值的 30% ～ 50% 计分，同时主导或参与两类以上标准制定工作的，按最高得分计，不累计加分。

（3）在国家标准、行业标准、地方标准、团体标准制定征求意见中反馈了意见并被采纳，一次分别加 1、0.5、0.5、0.5 分，加满 2 分为止；参加国家标准、行业标准、地方标准、团体标准审查一人次分别加 2、1、1、1 分，加满 4 分为止。

对于以上评价细则的理解和把握：

1）标准是指已经正式发布的国家标准、行业标准和相关团体标准，原则上正在申请立项、编制、审查阶段的标准不能给予加分。

2）承担秘书处或分委会是指已经得到国标委、行业标准化主管机构批准、实质性开展工作的标准化技术委员会或分委会，对于拟申请或申请正在审批流程中，原则上也是不能给予加分。

3）国家标准、行业标准、地方标准、团体标准征求意见的反馈意见是否被采纳，通常相关的标准化组织是不公布的，需要企业相关技术人员主动跟踪并索取相关证明文件。在评价过程中是按反馈意见的项次来进行加分的，而不按照意见的条数来加分，最多只能加 2 分。

4）企业技术人员参加国家标准、行业标准、地方标准、团体标准审查的应该提供相关支撑文件（如会议通知、专家签到表等），按人次进行加分，最多加满 4 分为止。

第三节　标准化推动技术进步的评价

一、标准促进技术进步表现的途径与方法

科技成果在扩散传播进而转化为生产力过程中，技术标准起着桥梁和催化剂的作用，标准带动技术创新主要表现在以下方面：

（1）技术标准是技术创新的平台。所有的技术创新都不是“另起炉灶”、从零开始的，而是在原有技术积累基础上变革。技术标准是技术积累的平台，技术创新成果是科学技术或经验积累过程中的突变，没有积累就没有创新，技术标准化过程就是科学技术和经验的积累过程。一项技术标准的“制定—实施—修订”的过程，就是科学技术和经验的“创新—推广普及—再创新”的过程。

（2）技术标准化有助于提高劳动者的素质。对于一个企业来说，把科技成果转化为技术标准，可以在科技成果转化或推广运用过程中节约成本、提高效益，从而实现经济增值，这是因为标准的制定、实施和推广应用过程也是企业员工不断积累与更新知识、提高技能、实现知识共享的过程，也是企业成为学习型组织的过程。它能极大地提高企业的竞争力，从而使企业的价值得到不断的提升，实现企业收益的持久递增。

（3）技术标准的发展带动科技进步。以先进的科技成果为支撑的技术标准显现的经济效益和社会效益所产生的示范效应，将引导、促使企业增加研发投入，加大技术开发的力度和速度，以适应社会的进步、人民生活质量的提高的需要，也会刺激企业科技成果需求的增加，从而带动科技创新活动的进一步发展，这可以说是技术标准对于科技进步产生的推动和拉动作用。

二、标准化推动技术进步的加分规则

根据 T/CEC 181—2018 中表 B.1 标准化推动技术进步最高可以加 10 分，细则共两条，具

体如下：

（1）企业近五年技术创新成果（含专利），获得国家、省（部）级、集团（地市）、本企业表彰，转化成企业技术标准并实施，一项分别加 10、8、6、2 分；

（2）筹建国家标准创新基地等标准化创新活动加 10 分、参与一项加 2 分。

对于以上评价细则的理解和把握：

1）对于第一条，企业要理解评价条款的几层递进要求。

第一层次：最近五年获得的技术创新成果（含专利）。

第二层次：成果要获得国家、省部级、集团（地市）或企业（县市）表彰。

第三层次：成果要转化为企业技术标准（参见第十五章的相关内容）。

第四层次：企业要提供标准得到贯彻实施或取得的成效等支持材料。

满足以上 4 个层次的要求，第三方评价时才能根据不同的奖项级别分别加 10、8、6、2 分，即获最初级的企业奖励后，可以加 2 分。多项成果可以累计加分，但最多是 10 分。

2）对于第二条，主要是指国标委、国家能源局等主管部门、中电联标准化管理中心等组织开展的“国家标准创新基地”“节能标准化示范项目创建”等标准化创新活动，如果是集团公司作为主要承担主体，企业作为协助单位的，可以给予加 2 分。

第四节　标准化推动管理提升的评价

标准化管理是推进电力企业管理创新的有效方法、手段和工具，使企业的人力、财力、物力得到最有效的使用。企业标准化促进管理的提升可以从以下两个方面得到体现：

（1）有利于统筹安排和合理组织企业工作。企业管理现代化是一项宏大的系统工程，随着企业分工的精细和标准化工作的深入，企业标准化工作已不再单纯是标准化部门的事情，而是涉及企业生产、技术、管理各部门的工作。企业标准化是企业全员、全过程和全面的标准化。为了实现企业管理现代化，必须首先做好管理的基础工作，主要是运用标准化这一手段，对企业技术创新、生产、经营管理等活动中的各项基础工作进行规范到统一思想和要求下，通过制定和实施标准，达到科学的组织和管理，减少企业活动中的相互抵触的概率，充分发挥企业人、财、物的作用，使企业的各项活动实现有序的管理目的。

（2）有助于发挥全体员工的积极性。企业标准化把企业运作全过程中的各种要素、各个环节按照系统工程原理组织起来，使各项活动规范化、科学化、程序化。企业标准是企业中人人必须遵守的行为准则，在标准的约束下，企业活动有章可循，有标准可依。员工在岗位上依照标准作业，标准成为员工最为关切的因素，他们就会自觉地参与到标准化活动中来，通过标准化参与企业管理，从而实现企业管理民主、技术民主的理念，使标准化不仅仅在企业的生产、经营、管理中具有协调纽带的作用，而且是动员员工参与企业管理、实现依法治企的一条有效途径。

根据 T/CEC 181—2018 中表 B.1 标准化推动管理提升最高可以加 10 分，具体细则如下：

（1）企业近五年管理创新成果，获得国家、省部级、集团（地市）、企业表彰，转化成企业管理标准并实施，一项分别加 10 、8、6、2 分；

（2）实施重大管理举措、优化管理流程取得效果后在 3 个月内修订纳入企业管理标准并保持，一项加 1 分；

（3）收集国际标准化创新动态信息资料，纳入企业创新工作管理标准，一项加 1 分；

（4）有产、学、研协同创新成果，一项加 1 分。

对于以上评价细则的理解和把握：

1）对于第一条，企业要理解评价条款的几层递进要求。

第一层次：最近五年获得的管理创新成果。

第二层次：成果要获得国家、省部级、集团（地市）或企业（县市）表彰。

第三层次：成果要转化为企业管理标准。

第四层次：企业要提供标准得到贯彻实施或取得的成效等支持材料。

满足以上 4 个层次的要求，才能根据不同的奖项级别分别加 10、8、6、2 分，即获得企业奖，可以加 2 分。多项成果可以累计加分，但最多是 10 分。

2）对于第二条，首先企业应提供重大管理举措、优化管理流程的相关内容、实施取得的效果的相关材料；其次是提供在 3 个月内修订纳入企业管理标准制（修）订流程的支撑性文件（如标准立项通知、征求意见、审查、发布等过程的材料）；最后是提供持续执行标准的支撑性材料或记录文件等。可以累计加分，但最多 10 分。

3）对于第三条，企业首先应提供收集国际标准化创新动态信息资料的来源及主要内容；其次是指出能解决企业的某项问题或适用于某项业务管理领域；第三是按照企业标准制（修）订的流程管理要求，重新立项编制或提炼纳入企业相关创新工作管理标准中；最后提供标准得到贯彻实施的支撑性材料或记录文件等。可以累计加分，但最多 10 分。

4）对于第四条，企业应能提供产、学、研协同创新成果的相关支撑材料（如产学研合同、试验报告、验收报告等）。可以累计加分，但最多 10 分。

第五节　企业获得表彰的评价

发电企业开展标准化建立起来的技术秩序、生产秩序、经营管理秩序等是企业存在和发展的基础，进一步寻求技术创新、管理创新，获得一定时间和空间范围内的最佳效果，适应市场需求、实现企业健康发展，形成头雁和示范效益，自然就能获得政府、社会、行业的认可和赞誉。

一、企业获得标准化方面表彰的加分规则

根据 T/CEC 181—2018 中表 B.1 企业获得表彰的最高可以加 10 分，依据企业近五年受表彰情况，具体细则如下：

（1）获得国家标准化行政主管部门表彰或奖励加 10 分；

（2）获得行业标准化工作表彰或奖励加 8 分；

（3）获得省级地方标准化行政主管表彰或奖励加 5 分；

（4）获得地（市）级标准化行政主管部门的表彰或奖励加 2 分。

对于以上评价细则的理解和把握：

根据《标准化法》规定，国标委作为国家标准化行政主管部门，统一管理全国标准化工作，国家有关部门分工管理部门、行业的标准化工作。根据有关法律、法规规定：

1）环境保护、工程建设、医药卫生强制性国家标准、强制性行业标准和强制性地方标准，按现有模式管理；

2）安全生产、公安、税务方面的标准，暂按现有模式管理；

3）核、航天等涉及国家安全和秘密的军工领域行业标准，由国防科技工业主管部门负责管理。

因此，获得以上部门奖励和表彰的，应给予加 10 分。

对于发电企业来说，获得行业标准化工作表彰或奖励主要是指国家能源局、中电联等单位授予的表彰或奖励。

企业可积极与评价组沟通，争取获得集团公司标准化工作表彰或奖励的应等同获得地（市）级标准化行政主管部门的表彰或奖励，给予加 2 分。

二、视同同档次的奖励加分项

T/CEC 181—2018 中表 B.1 评价标准还特别指出：企业获得的管理类奖项有关内容已纳入企业标准中，可比照同档次标准化荣誉加分。

例如国家层面的奖励“全国文明单位”“全国工人先锋号”“全国五一劳动奖”等。对于此项规则的理解，应该把握：

（1）原则上是创建“标准化良好行为企业”的单位获奖，不是个人或某个班组；

（2）获得的管理类奖项有关内容一定要纳入企业的相关标准（含制度），并能提供有效执行的支撑材料或记录。例如，企业应制定“创建文明单位管理办法”，按照规定进行任务分解和过程监督检查激励。

第十二章

示例、范例

伴随着“标准化良好行为企业”的创建过程，将形成非标准格式的各式各样的文件，这些文件未纳入企业标准体系文件进行管理，但却对创建工作的推进至关重要或是阶段性成果的标志，是第三方评价时需要查验的证据、材料。前面章节已经给出了一些示例，本章再提供一些经过编辑加工、精选的范例，供在创建活动中参考，切不可生搬硬套。

第一节　标准化工作文件范例

一、标准化组织机构成立的文件示例及说明

企业无论是否创建“标准化良好行为企业”，都应成立企业标准化管理机构，并以企业文件的形式正式确定组成人员和职责分工。示例如下：

××××公司关于成立标准化工作组织机构的通知

×××〔××××〕×号

公司各部门（单位）：

为贯彻落实国家标准化法律、法规、方针政策和集团公司、省公司关于企业标准化管理工作的部署，进一步提高公司标准化管理水平，按照公司《标准化管理办法》的要求，现决定成立标准化工作组织机构，并明确人员、职责。

一、标准化管理委员会

主　任：×××（姓名，一般是企业主要负责人）

常务副主任：×××（姓名，根据《标准化管理办法》的规定，确定是否设置）

副主任：×××　×××　×××（姓名，根据《标准化管理办法》中的规定逐一列出名单）

成　员：×××　×××　×××（姓名，根据《标准化管理办法》中的规定逐一列出名单）

标准化管理委员会主要职责：（逐条列出或指出按照《标准化管理办法》的×条×款要求）。

二、标准化办公室

主　任：×××（姓名，一般应由主管标准化的公司级领导担任）

副主任：×××（姓名，一般由标办挂靠部门的负责人担任）

成　员：×××（姓名，根据《标准化管理办法》中的规定一一列出名单）

标准化办公室主要职责：（逐条列出或指出按照《标准化管理办法》的 × 条 × 款要求）。

三、标准化专业委员会人员及职责

（一）技术标准专业委员会（挂靠 ××× 部）

主　任：×××（姓名，一般由业务主管的公司级领导担任）

副主任：×××（姓名，一般由挂靠部门的负责人担任）

成　员：×××（姓名，根据《标准化管理办法》中的规定列出名单）

专业委员会职责：（逐条列出或指出按照《标准化管理办法》的 × 条 × 款要求）。

（二）管理标准专业委员会（挂靠 ××× 部）

主　任：×××（姓名，一般由业务主管的公司级领导担任）

副主任：×××（姓名，一般由挂靠部门的负责人担任）

成　员：×××（姓名，根据《标准化管理办法》中的规定列出名单）

专业委员会职责：（逐条列出或指出按照《标准化管理办法》的 × 条 × 款要求）。

（三）岗位标准专业委员会（挂靠 ××× 部）

主　任：×××（姓名，一般由业务主管的公司级领导担任）

副主任：×××（姓名，一般由挂靠部门的负责人担任）

成　员：×××（姓名，根据《标准化管理办法》中的规定列出名单）

专业委员会职责：（逐条列出或指出按照《标准化管理办法》的 × 条 × 款要求）。

四、部门职责

部门职责：×××（逐条列出或指出按照《标准化管理办法》的 × 条 × 款要求）。

五、部门专（兼）职标准化管理人员及职责

按部门或班组逐一列出。（姓名，根据《标准化管理办法》中的规定列出名单）

部门专（兼）职标准化管理人员职责：（逐条列出或指出按照《标准化管理办法》的 × 条 × 款要求）。

××× 公司
×××× 年 ×× 月 ×× 日

二、企业标准化方针、目标发布令示例

企业标准化方针、目标可以纳入企业标准化规划管理、发布，并随规划的滚动修订进行调整，以满足企业的实际需要。单独发布标准化方针、目标的文件如下：

关于印发企业标准化方针、目标的通知

×××〔××××〕×号

公司各部门：

为推进标准化工作，按照《标准化管理办法》的要求，标办组织征集、研究、制订了企业标准化方针目标，经公司标准化管理委员会批准发布，现印发予你们。

各部门要认真组织全体员工贯彻学习，利用各种形式广泛宣传，做到生产经营管理工作全员参与。现将有关事项通知如下：

一、企业标准化方针

恪守标准，规范行为，持续改进，追求卓越。

二、企业标准化方针释义

恪守标准：立足诚信，合法经营，严格遵守国家法律法规及相关标准制度。

规范行为：用标准规范企业员工的行为，生产经营管理获得最佳秩序。

持续改进：采用PDCA科学管理模式和方法，从策划—实施—检查—处置—再策划，周而复始地顺序运作，从而实现对企业标准体系持续改进和标准内容的持续优化的目的。

追求卓越：不断追求新方法、新技术、新理念，以优化工作流程，提升劳动效率，打造新动能，追求创新发展。

三、企业标准化目标

（一）总体目标

（1）打造集团公司和发电行业标准化管理标杆企业。

（2）培养出一支行业标准化管理专家人才队伍。

（二）20××年度目标

（1）按照《企业标准体系要求》系列国家标准、行业标准要求，完成企业标准体系的建立。

（2）标准覆盖企业管理的各个领域和层面，实现生产、经营标准化管理。

（3）通过“标准化良好行为企业”5A级达标确认，实现管理水平、管理效率、管理效益全面提升。

（4）完成集团公司布置的两项国家标准、行业标准制（修）订任务。

（5）9月份以前完成企业适用的危险废物法律法规、强制性标准的执行检查和措施完善工作。

×××公司

××××年××月××日

三、业务名录示例

业务梳理是企业标准体系建设的基础，梳理清单示例。企业业务清单示例见表12-1。

表 12-1　　企业业务清单示例

一级业务	二级业务	三级业务	四级业务	归口部门
采购管理	招标采购业务管理	物资采购计划管理	委外修理计划管理	设备部
			非生产物资采购计划管理	×××
			生产物资采购计划管理	×××
		物资采购管理	……	×××
		……	……	×××
	供承包商管理	供应商管理	……	×××
		承包商管理	……	×××
	……	……	……	×××
生产运行管理	基础管理	两票管理	工作票管理	×××
			操作票管理	×××
		……	……	×××
	发电运行调度管理	生产调度管理	生产调度会议管理	×××
			并网运行即辅助服务管理	×××
			生产快速响应管理	×××
		热工保护装置管理	热工保护装置投退管理	×××
			热工保护装置定值管理	×××
		……	……	×××
	……	……	……	×××
市场营销管理	电力市场营销	电力营销计划管理	年度发电计划管理	×××
			大用户直接交易管理	×××
		电力营销合同管理	……	×××
		……	……	×××
	碳资产管理	……	……	×××
	热力营销	……	……	×××
人力资源管理	人才发展管理	培训管理	培训计划申报管理	×××
			新员工培训管理	×××
			继续教育管理	×××
			……	×××
		专业任职资格评定管理	内部双通道评审管理	×××
			专业任职资格评定管理	×××
		……	……	×××
	薪酬福利管理	薪酬管理	……	×××
		员工休假管理	……	×××
		……	……	×××
	……	……	……	×××
……	……	……	……	×××

四、企业标准体系表编制说明范例（大纲）

编制说明是企业标准体系表的重要组成部分，其内容要点及其编制要求（说明）整理如下，供读者参考。

×××公司标准体系表编制说明（大纲）

一、企业业务现状和标准化工作情况分析

该部分内容可与标准化规划编制所开展的需求分析结合起来，简明扼要进行说明。

（一）企业业务基本情况

（二）企业标准、制度及实施应用情况

（三）组织机构、机制、人员、投入等方面存在问题

（四）调研、对标情况及需求分析

二、标准体系的编制目标、依据及原则

（一）编制原则

（1）目标明确。为全面提升公司标准化管理水平，结合本企业生产工艺过程、设施设备实际，构建以技术标准为主体、管理标准、岗位标准相配套的企业标准体系，为企业持续、稳定、健康发展奠定坚实管理基础，为实现企业战略发展目标提供保障。

（2）全面成套。根据业务识别和法律法规梳理情况，确定企业需要协调统一的各种重复性事务和事项，使体系的子体系及子子体系全面覆盖，确定需要制定和收集的标准，并坚持统一规划、分工负责、统一发布，实现本公司内所有的标准全面成套。

（3）层次恰当。根据标准的适用范围，恰当地将标准安排在不同的层次上。尽量扩大标准的适用范围，使体系层次分明、合理简化。

（4）划分清楚。按照标准的特点进行划分，同一标准不应同时列入两个以上体系或分体系内，避免同一标准由两个以上的部门同时制定。

（二）编制依据

（1）企业标准体系系列国家标准、行业标准、团体标准、上级公司标准/制度，即GB/T 35778—2017《企业标准化工作　指南》、GB/T 13016—2018《标准体系构建原则和要求》、GB/T 13017—2018《企业标准体系表编制指南》，DL/T 485—2018《电力企业标准体系表编制导则》、DL/T 1004—2018《电力企业管理体系整合导则》。

（2）质量、安健环等国际、国家管理体系标准，即GB/T 19001《质量管理体系　要求》、GB/T 24001《环境管理体系　要求及使用指南》、GB/T 45001《职业健康安全管理体系　要求及使用指南》、GB/T 23331《能源管理体系　要求及使用指南》、GB/T 33000《企业安全生产标准化基本规范》。

（三）编制目标

企业的标准体系编制应该实现以下目标：

（1）科学先进。企业标准体系表中已有标准均应现行有效，没有过期废止的各类、各级标准。标准体系中的标准应能有效地促进企业生产技术和管理水平提高，所有标准符合企业生产经营发展规划与目标。

（2）可扩展性。标准体系应能满足根据公司内外部环境变化、企业的发展需求，方便调整的需要，为今后体系的完善、扩展打好基础、预留空间。

（3）充分协调。结合该企业情况，贯彻国家标准、行业标准、地方标准、团体标准及国外先进标准，将其纳入企业标准体系；分析生产经营、管理需求，融合各管理体系，考虑经营、生产各环节之间的协调配合，标准间充分协调互不冲突。

三、体系框架结构说明

该部分是编制说明的主要内容，可以根据业务梳理情况，根据第四章介绍的方法，把企业标准体系的结果进行描述和说明。

（1）企业标准体系的范围。

（2）企业标准体系总体架构。

（3）技术标准体系结构图及分类说明。

（4）管理标准体系结构图及分类说明。

（5）岗位标准体系结构图及分类说明。

（6）标准明细表及统计表要求及信息内容。

四、与法律法规、强制性标准、上级制度关系

（一）法律法规识别情况

结合公司业务的实际情况，对相关法律法规进行识别，建立了法律法规体系，形成了法律法规及其他要求清单、法律法规适用条款转化纳入企业标准对照清单。

（二）与指导标准和上级文件的协调

公司标准体系的指导标准包括企业普遍使用的基础类标准、技术类指导标准及相关文件，并形成了指导标准明细表、统计表；对于上级标准（制度）进行识别，适用的直接纳入企业标准体系执行；其他的按照文件精神，将要求转化为企业标准，建立对照清单。

（三）标准体系与其他管理体系的关系

参照 DL/T 1004—2018《电力企业管理体系整合导则》运用系统的方法，对管理体系进行整合策划，将通用要求合并，特定要求保留，减少文件化信息的重复编制和提高实施效率，企业标准体系应覆盖了其他体系要求，如质量、环境、职业健康安全、能源管理体系、安全生产标准化等管理体系要求。

对各体系内有特定要求，如环境因素识别、应急管理、技术监督、NOSA 管理等独立编制技术标准、管理标准或作业指导书纳入企业标准体系；有的直接将制度或原体系文件纳入企业标准体系。管理体系整合后，一套企业标准同时满足多个管理体系的要求，同时兼顾各管理体系的差异和个性。

五、体系运行和评价改进的建议

标办应根据企业标准化建设的实际需要，从人员配置、宣贯培训、监督检查、考核激励等方面提出建议。

第二节　规划计划示例

“标准化良好行为企业”编制的标准化工作规划，可以作为独立的文件发布，也可以是企业总体战略规划的一部分。

一、企业标准化规划示例

×××公司三年标准化规划（大纲）

（2021 ~ 2023年）

一、企业标准化工作现状调查和情况分析

（1）企业标准化类（创一流、贯标认证、管理提升等）工作开展的情况；

（2）企业业务识别情况；

（3）企业适用法律法规梳理情况；

（4）法律法规、企业标准（含制度）、标准化人才、资金投入、标准实施监督情况及存在问题；

（5）国家、地方政府及上级单位对标准化工作的要求；

（6）企业资源及需求分析（有利因素、潜在风险、存在的主要矛盾及迫切需求等）。

二、标准化规划编制依据

企业编制标准化规划的依据主要包括以下内容（可以将各类的主要文件一一列出）：

（一）国家法律法规及地方政府的规章制度

（二）国家、行业及地方的相关标准

（三）上级单位的标准（含制度）及要求

（四）企业总体战略规划及目标

三、指导思想、编制原则

（一）指导思想

（二）编制原则

企业应根据规划期工作重点和需要解决的突出问题，确定编制原则。常见的原则有可行性原则、统筹性原则、明确性原则、效益性原则、灵活性原则、改革创新原则等。

四、标准化方针、总体目标

（一）企业标准化工作方针

（二）标准化工作总体目标

（三）规划期各年度目标

规划期各年度目标，要尽量明确“做什么”以及量化行动的具体任务和要求，一时不能明确的也要在后期的滚动调整中及时量化。

五、重点工作任务

企业编制标准化规划是帮企业从千头万绪中理出标准化的工作重点，明确表达企业在规划期内要完成的几大任务，为企业发展提供支持保障。规划重点任务要说明每项标准化任务的内容、解决的问题，要达到的效果，完成的时间、责任分工等；重要的任务先说，不能过于繁杂琐碎。标准化重点工作可能涉及以下几类方面，企业应围绕规划期内产业重点工作需明确标准化的重点工作。

（一）组织机构方面需要完善的事项

（二）工作机制方面需要健全的事项

（三）标准制（修）订任务

（四）标准复审工作

（五）标准化知识及标准宣贯培训工作

（六）标准实施监督工作

（七）参加国家标准、行业标准及地方标准的制（修）订工作

（八）上级单位及地方政府布置的任务

（九）标准化成果

（十）考核激励

六、保障措施

保障措施应有针对性，下面列出的六个方面的提纲，企业需要根据确定的工作任务及存在的短板，有选择地制定管用措施，不求大而空的条条。

（一）加强组织领导，实现全员参与

（二）健全工作机制，明确职责分工

（三）加大宣贯培训，注重人才培养

（四）扩大交流学习，提升工作效率

（五）确保经费支持，创造浓厚氛围

（六）强化考核激励，持续改进提升

二、“标准化良好行为企业”创建工作计划

编制“标准化良好行为企业”创建方案是创建单位的重要工作，表 12–2 是某发电企业创建工作方案的具体任务表单，供读者参考。

表 12–2 ××××发电公司“标准化良好行为企业”创建工作计划

工作阶段	工作项目	工作内容	工作成果	完成时间	责任部门	配合部门
策划启动	成立标准化组织机构	（1）成立公司标准化组织机构，明确各机构人员和职责； （2）成立创建临时工作组，设在标准化管理办公室（简称标办），抽调临时工作人员；明确任务、目标	（1）下发机构成立文件； （2）下发工作组成立文件	……	标办	各部门
	召开标准化工作启动会	（1）工作组调研、学习并讨论标准化相关文件； （2）制订标准化方针、目标； （3）工作组起草标准化体系建设方案和工作推进计划，标委会审核通过； （4）工作组组织编制公司标准化管理办法，标委会审核通过； （5）召开标准化工作启动会，部署标准化建设工作任务	（1）方针、目标； （2）创建工作方案； （3）召开启动会； （4）下发标准化管理办法，并组织各部门学习	……	标办	专委会
	标准化基础知识培训	请标准化专家进行标准化基础知识和相关国家、行业标准进行全员培训	工作组成员能运用标准化知识开展工作	……	标办	专委会
	标准化信息系统平台策划	确定该公司标准化信息系统功能、结构	编制信息系统技术要求	……	标办	信息化部门
体系结构建设阶段	业务识别与现状梳理	业务识别	业务清单	……	标办	各部门
		适用法律法规梳理	法律法规清单	……	标办	各部门
		（1）收集该企业执行的上级技术标准名录； （2）收集该企业技术标准（规程、系统图）名录	确定技术标准的数量和归口管理部门	……	技术专委会	各部门
		（1）收集该企业管理制度名录； （2）按名录划分制度的归口管理部门	确定该企业现有制度的数量和归口管理部门	……	管理专委会	各部门
	构建体系	（1）建立企业技术、管理和岗位标准体系框图； （2） 编写体系表编制说明	形成该企业标准体系框图、分类原则	……	标办	专委会
	确定标准明细表、统计表	（1）将收集的企业技术标准和国家标准、行业标准、上级标准按体系分类进行划分； （2）确定技术标准的归口管理部门和涉及专业	形成技术标准体系表	……	专委会	各部门

续表

工作阶段	工作项目	工作内容	工作成果	完成时间	责任部门	配合部门
体系结构建设阶段	确定标准明细表、统计表	（1）确定各部门归口管理的制度是否现行有效，是否将现行制度转化为标准，是否有新增的管理标准，是否有待制定的管理标准，并明确管理标准的名称和内容； （2）将明细表按归口部门进行征求意见	形成管理标准体系表	……	专委会	各部门
		按岗位设置，编制该企业岗位标准明细表	形成岗位标准体系表	……	专委会	人力部
		确定统计表内容和要求	标准统计表	……	标办	各部门
	标准化信息系统上线运行	（1）系统安装调试； （2）法律法规、国家标准、行业标准等标准化文件入库； （3）企业标准的网上制（修）订； （4）线上培训与信息发布	系统正式上线运行	……	信息化管理部门	标办
	制订标准化三年工作规划	（1）制订标准化三年的工作规划； （2）对标准化方针目标进行修订	标准化三年的工作规划	……	标委会	标办
编写阶段	确定标准模板	（1）确定各类标准的模板，编写模板说明，并对相关编写人员进行培训； （2）起草该公司标准编写规定	（1）形成各类标准的编写模板； （2）发布该公司标准编写规定	……	标办、专委会	各部门
	制订标准编写计划	按标准明细表中的归口管理部门制订标准编写计划，并下发至各部门	下发编写计划文件	……	标办	各部门
	进行标准编写培训	（1）对标准编写人员进行标准编写的培训； （2）标准软件的培训； （3）流程图编制培训	具备全面开展标准编写的条件	……	标办	各部门
	标准的编写、审核和发布	（1）按照技术标准、管理标准和岗位标准的编写顺序进行标准的编写工作，凡涉及引用该企业技术标准的管理标准应在技术标准编写完成之后进行，工作标准在全部技术和管理标准编写完成之后进行； （2）每周对标准编写中存在的问题进行汇总、发布	（1）完成标准的编写、审批和发布工作； （2）下发体系运行文件	……	标办	专委会、各部门
	标准的宣贯和培训	对各项编写完成的标准在实施前进行各种形式的培训	每个岗位熟悉本岗位应掌握的标准	……	标办	各部门

续表

工作阶段	工作项目	工作内容	工作成果	完成时间	责任部门	配合部门
体系试运行与自我评价	建立标准体系试运行与检查、考核机制	（1）对各岗位进行标准化基础知识和岗位知识的考试； （2）建立具体的实施方法和落实保障措施； （3）制订标准实施检查计划，并将检查结果纳入绩效考核中； （4）将标准纳入人员岗位培训中	（1）发布标准化工作考核实施细则； （2）组织实施标准	……	人资部	标办
	培养标准化专家队伍	（1）对标准化工作人员进行岗位资格培训，掌握标准编制、审核及标准体系评价与改进方法； （2）参加集团、行业标准化培训和交流	持证上岗数量满足工作需要	……	人资部、标办	各部门
	完成标准化自我评价工作	（1）编制自我评价计划； （2）体系有效运行3个月后，进行体系的自我评价工作； （3）制订整改计划、督导落实	完成自我评价与整改工作	……	标办	各部门
第三方评价与提升	提出第三方申请	向中电联提出“标准化良好行为企业”现场评价申请	提交申报材料	……	标办	各部门
	迎审	制订迎审计划、接受现场评价	配合完成评价工作	……	标办	各部门
	评价结果处置	制订整改计划、督导完成	持续改进提升	……	标办	各部门

第三节　标准文本范例

《标准化管理办法》是企业标准体系中的一项基础标准，本节将尽量完整地给出示例。此外，还提供了企业管理标准文本（大纲）、岗位标准文本（大纲）的示例。为了具有更高的参考价值，此处省去了类似封面及重复性的内容，在文本结构、内容要素、起草规范以及格式等方面尽可能满足 GB/T 1.1—2020 的要求，供企业参考。

一、《标准化管理办法》示例

示例参见本书附录。

二、管理标准文本（大纲）

企业在进行管理标准编写时，应组织学习 GB/T 15498—2017《企业标准体系　基础保障》的内容，根据业务梳理和法律法规识别结果，结合管理的对象特点和要求，尽可能地量化管理要求，必要时可辅以程序或流程，确保标准的实用性、适用性。

以下是管理标准文本（大纲），力求做到要素完整、层次清晰，供读者参考。

前言（略）

标准名称

1　范围

本文件规定了××××××（管理事项）、××××、××××等管理活动的内容与方法、检查与考核、报告与记录等要求。

本文件适用于×××电厂××××××××（标准适用范围）管理。

2　规范性引用文件

下列文件中的内容通过文中的规范性引用而构成本文件必不可少的条款。其中，注日期的引用文件，仅该日期对应的版本适用于本文件；不注日期的引用文件，其最新版本（包括所有的修改单）适用于本文件。

××××　×××××××××××××××××（引用文件编号和名称）

××××　×××××××××××××××××（引用文件编号和名称）

××××　×××××××××××××××××（引用文件编号和名称）

3　术语和定义

×××××××××××××××××××××××（根据是否有自己定义的术语与否正确使用引导语。为便于交流和国家标准、行业标准的一致性，建议企业尽量使用国家标准、行业标准中的定义）。

3.1

××××（术语）

××××××××××××××××××××××××××××××。（定义内容）

……

4　职责

4.1　××××（主要领导，若有）

4.2　××××（分管领导）

4.2.1　×××××××××××××××××××××××××。（分管领导职责描述）

4.2.2　×××××××××××××××××××××××××××。（分管领导职责描述）

4.3　××××（归口部门）

4.3.1　负责×××××××××××××××××××××××××。（归口部门职责描述）

……

4.4　××××（相关部门）

4.4.1　负责×××××××××××××××××××××。（逐一确定涉及的各部门职责）

……

5 管理活动的内容与方法

5.1 文件依据的流程

××××××××××（管理流程的名称）（见附录 A 图 A.1）。

5.2 （第一层次条标题）

5.2.1 ×××（无题条）×××。（第一层次条标题下的管理活动的内容与方法）

5.2.2 ……

5.3 （第一层次条标题）

5.3.1 ××。（第一层次条标题下的管理活动的内容与方法）

5.3.2 ……

5.4 （第一层次条标题）

5.4.1 ××。（第一层次条标题下的管理活动的内容与方法）

5.4.1.1 ××××××××××××××××：（列项引语）

××××××××××××××××××××××××××××；（第一层次列项内容）

……

5.4.1.2 ××××××××××××××（列项引语）：

×××××××××××××××××××××××××；（第一层次列项内容）

×××××××××××××××××××××：（第一层次列项内容，第二层次列项引语）

×××××××××××××××××××××××××××××；（第二层次列项内容）

……

6 检查与考核

6.1 本文件的实施情况，由部门根据××××（标准编号）《××××××××××》进行检查考核。

6.2 公司标办依据××××（标准编号）《×××××》对本文件实施情况进行抽查，×××××对检查出问题的整改措施进行跟踪。

……

7 报告与记录

本文件所形成的报告与记录见表 1。

表 1 报告与记录

序号	编号	名称	保留地点	保留期限
1				
2				

附录 A

（规范性）

流程图

略

图 A.1　××××

附录 B

（规范性）

××××（附录标题）

略

表 B.1　××××（样式）

编号：JL-××××-01　　　　流水号：

注：			

附录 C

（资料性）

××××（附录标题）

C.1　××××××××××

C.1.1　×××××××××××××××××××××××××××××××××××。

C.1.2　××××××××××××××××××××××××××××××××××××。

C.2　××××××××××

×××××××××××××××××××××××××××××××××××××。

三、岗位标准文本（大纲，格式）

企业在进行岗位标准编写时，应组织学习 GB/T 15498—2017《企业标准体系　基础保障》的内容，明确每个岗位职责和权限、应承担的工作目标以及考核条件、奖惩办法。岗位标准要确保技术标准、管理标准落实。

以下是岗位标准文本（大纲），力求做到要素完整、层次清晰，供读者参考。

标准名称

1　范围

本文件规定了××××（岗位名称）岗位的职责与权限、岗位任职资格、工作内容与要求、报告与记录、检查与考核等要求。

本文件适用于 ××××（岗位名称）岗位工作。

2　规范性引用文件

下列文件中的内容通过文中的规范性引用而构成本文件必不可少的条款。其中，注日期的引用文件，仅该日期对应的版本适用于本文件。不注日期的引用文件，其最新版本（包括所有的修改单）适用于本文件。

××××　××××××××××××××××××（引用文件编号和名称）

××××　××××××××××××××××××（引用文件编号和名称）

××××　××××××××××××××××××（引用文件编号和名称）

3　职责与权限

3.1　职责

3.1.1　×××××××××××××××××××××××××××××。（岗位职责描述）

3.1.2　……

3.2　权限

3.2.1　×××××××××××××××××××××××××××××。（岗位权限描述）

3.2.2　……

4　岗位任职资格

4.1　学历与职称

×××××××××××××××××××××××××××××××。（学历与职称要求）

4.2　工作经历

××××××××××××××××××××××××××××××××。（工作经历要求）

4.3　业务知识

×××××××××××××××××××××××××××××××××。（业务知识要求）

4.4　工作能力

×××××××××××××××××××××××××××××。（工作能力要求）

5　工作内容与要求

5.1　（第一层次条标题）

5.1.1　×××××××××××××××××××。（第一层次条标题下的岗位工作内容与要求）

5.1.2　……

5.2　（第一层次条标题）

5.2.1　×××××××××××××××××××。（第一层次条标题下的岗位工作内容与要求）

5.3　（第一层次条标题）

5.3.1　××××××××××××××××。（第一层次条标题下的岗位工作内容与要求）

5.4 （第一层次条标题）

5.4.1 ××××××××××××××××××××。(第一层次条标题下的岗位工作内容与要求)

5.4.2 ××××××××××××××××××××。(第一层次条标题下的岗位工作内容与要求)

5.4.2.1 ××××××××××××××××××××××××××××：（列项引语）

××××××××××××××××××××××××××××；（第一层次列项内容）

××××××××××××××××××××××××：(第一层次列项内容，第二层次列项引语)

××××××××××××××××××××××××××××；（第二层次列项内容）

×××××××××××××××××××××××××。（第二层次列项内容）

6 检查与考核

本岗位由 ××××（上级岗位名称）负责检查考核。

对本岗位进行考核，考核主要内容（或指标、项目）：

……

7 报告与记录

本文件所形成的报告与记录见表 1。

表 1 报告与记录

序号	编号	名称	保存地点	保存期限
1				
2				

附录 A

（规范性）

××××××（附录标题）

略

附录 B

（资料性）

××××××（附录标题）

略

第四节 定置化管理示例

一、现场标准化成果

现场标准化成果如图 12-1 所示。

图 12-1　现场标准化成果

二、文明施工（展示）

文明施工（展示）如图 12-2 所示。

图 12-2　文明施工（展示）

三、文明办公（展示）

文明办公（展示）如图 12–3 所示。

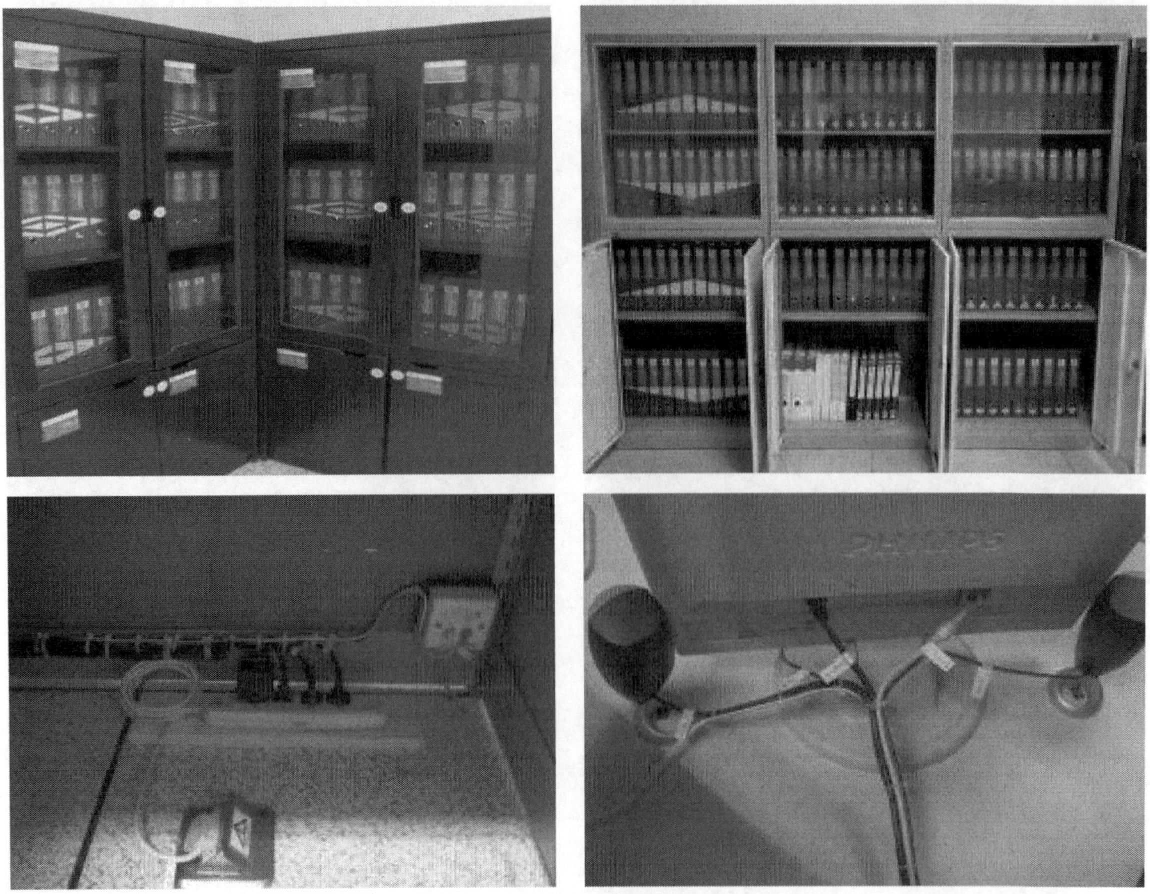

图 12–3　文明办公（展示）

四、物资仓储标准化成果

物资仓储标准化成果如图 12–4 所示。

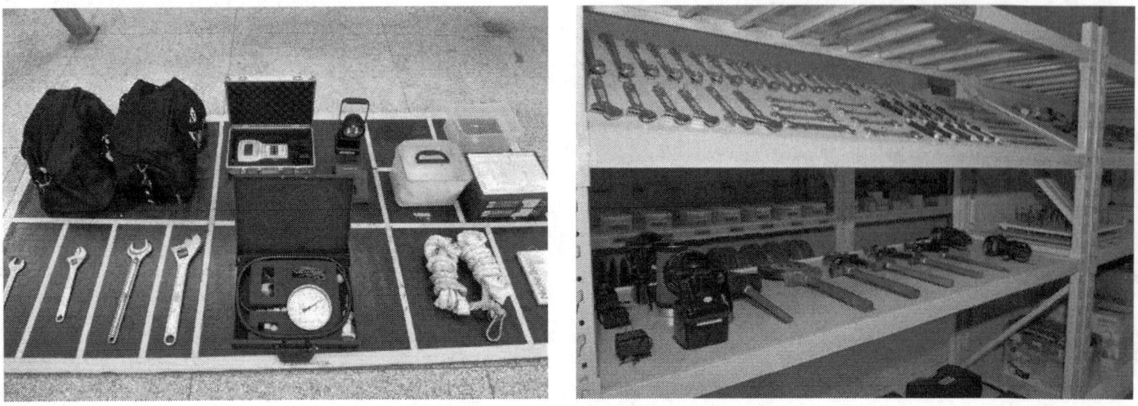

图 12–4　物资仓储标准化成果

图 12-4　物资仓储标准化成果（续）

第五节　标准化信息系统示例

一个好的标准化信息系统是电力企业开展“电力企业标准化良好行为”创建工作的有力助手。以下以中国电力企业联合会标准化管理中心、中国电力出版社联合为电力企业量身打造的企业标准化工作信息管理系统为例，介绍标准化信息系统应该具有的基本功能和主要用途，供读者参考。

该系统中标准内容覆盖电力、能源等领域的 DL、NB、T/CEC 等多级别正版标准。该系统针对标准进行了文本化处理，实现了标准的智能查询、精确查询以及标准内容的查询，在阅读方面，不仅实现了文字、图片、表格的复制以及书签、笔记等实用功能，提供了简便的体系表建设方式，几个简单的操作即可实现体系表框图的展示和标准制（修）订流程，为标准化工作提供了强大的助力。

一、系统的主界面

电力企业标准化工作信息管理系统主界面如图 12-5 所示。系统主界面右侧以企业标准化体系为主；主界面中间分上、中、下 3 部分，上面部分设置了智能查询、精确查询等功能，中间部分是提醒用户公告信息，以下的部分提供的是相关贯标认证的管理体系的信息。主界面左侧是导航权限菜单，可查看系统所赋予用户的所有权限。

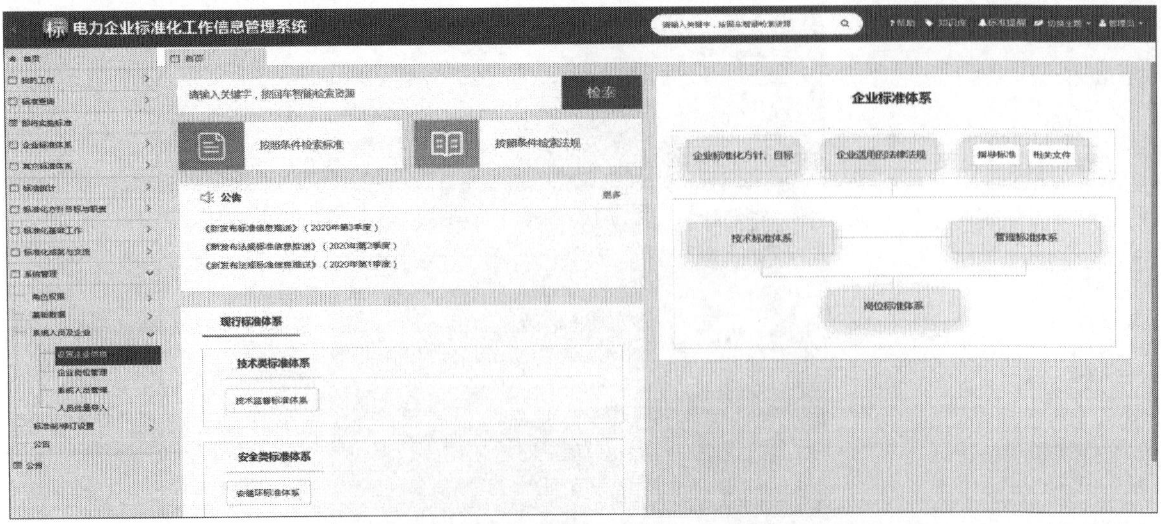

图 12–5　电力企业标准化工作信息管理系统主界面

二、主要功能模块

1. 企业标准化方针、目标管理

企业可以在此模块中管理和查阅企业的标准化方针、目标，图 12–6 是企业上传的附件。

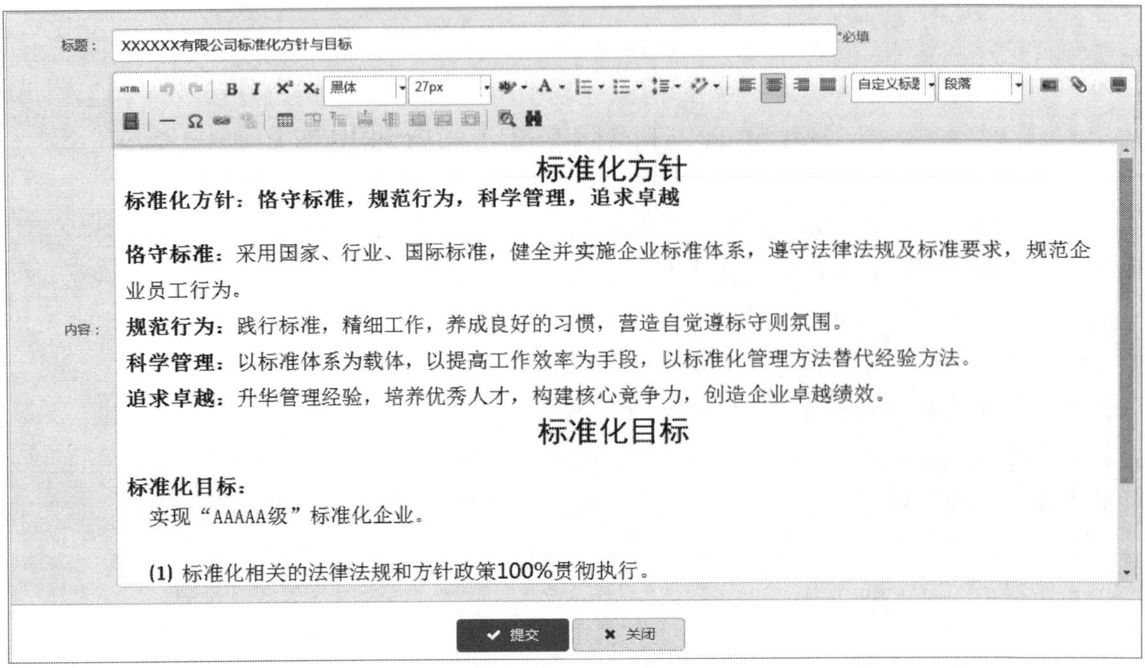

图 12–6　企业标准化方针、目标

2. 组织机构及职责管理

企业可以在此模块中管理企业组织结构并设定相关负责人，通过简单的设定，即可实现如图 12–7 所示的组织架构图。单击部门名称能展示企业标准化机构的标准化工作职责。

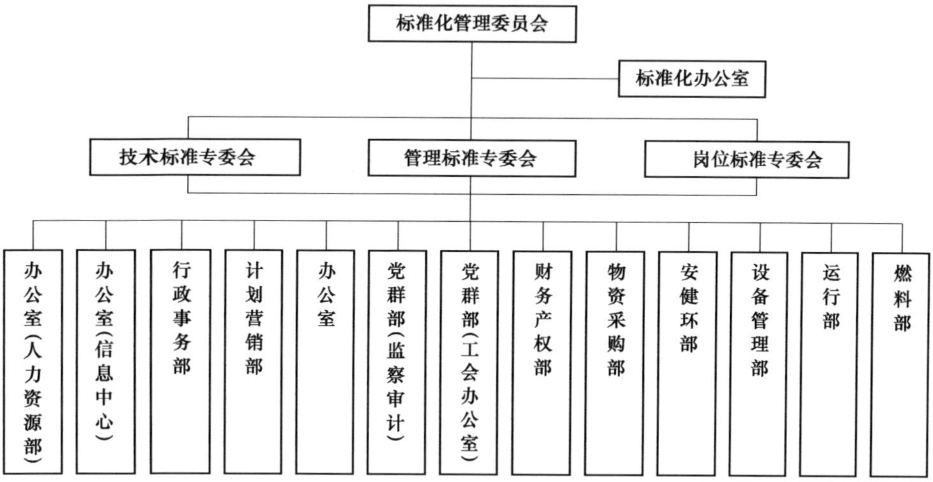

图 12–7　企业标准化组织机构管理

3. 规划计划的管理

企业可以在此模块中实现企业标准化工作规划、计划的展示，也可以查看工作计划的进度时间轴，如图 12–8 所示。

图 12–8　企业标准化规划计划的管理

4. 企业标准体系的管理

系统根据企业设定的标准体系结构可以按体系结构分类、按标准类别分类、按责任部门分类等进行分析与统计。以树形框图展示的某企业技术标准体系表结构如图 12–9 所示。

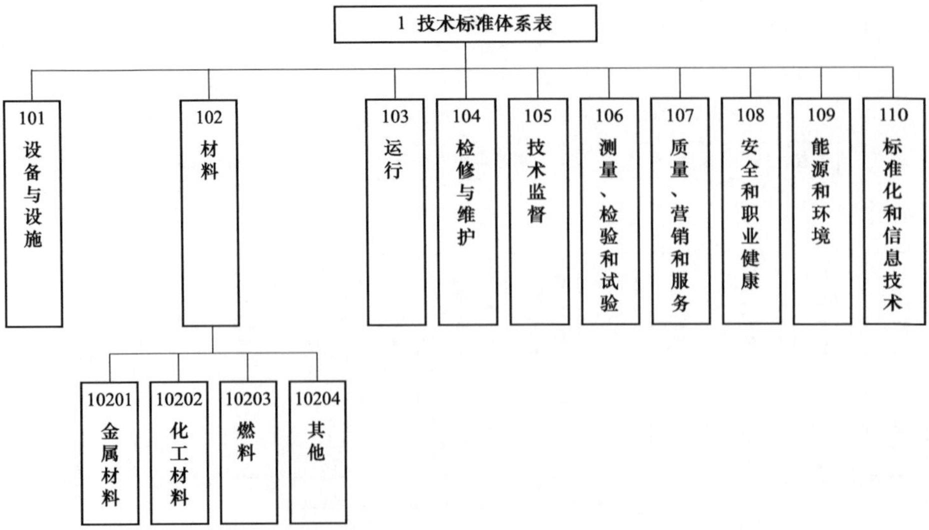

图 12-9 某企业的技术标准体系机构图

5. 企业标准的制（修）订管理

企业可以在此模块中实现企业标准制（修）订流程设置，具体分为流程中的节点设置（设置节点责任人的岗位等信息）和整个流程设置。本功能模块可以让企业实现标准化组织结构及标准化制（修）订流程的自我设定。流程设定可以分为制（修）订计划流程、制（修）订流程、复审流程、废止流程、修改流程等。

（1）节点设置。系统已默认一部分流程节点，企业可以给各个节点设置相应的责任人。如果这些流程节点不足以满足企业需求，企业可以增加，如图 12-10 所示。

图 12-10 制（修）订流程节点设置

标准制（修）订线上流程主要节点有：① 起草草案→② 部门领导审核→③ 征求意见→④ 汇总意见并修改→⑤ 部门领导审核→⑥ 专委会审核→⑦ 标办审核→⑧ 标委会负责人审核。

（2）流程设置。系统默认设置了标准制（修）订的流程，但企业可以根据自身的情况灵活设置，页面如图 12–11 所示。

图 12–11　制（修）订流程设置

设置流程操作如图 12–12 所示。设置过程支持拖拽，并可设定审核事务的前进及回退。

图 12–12　制（修）订流程设置节点信息

（3）标准制（修）订流程管控。从制（修）订任务的发起，系统会根据设定的流程自动执行流程，如图 12–13 所示。

图 12–13　制（修）订流程管控

6. 标准的查询管理

系统可实现标准查询的智能检索、按照条件查询标准文件和按照条件查询法规。通过查询结果可查看标准基本信息和阅读标准。其中，可以通过中国标准分类、国际标准分类、标准编号、标准名称、替代标准、标准类别、起草部门、起草人员、标准状态进行查询，如图 12–14 所示。

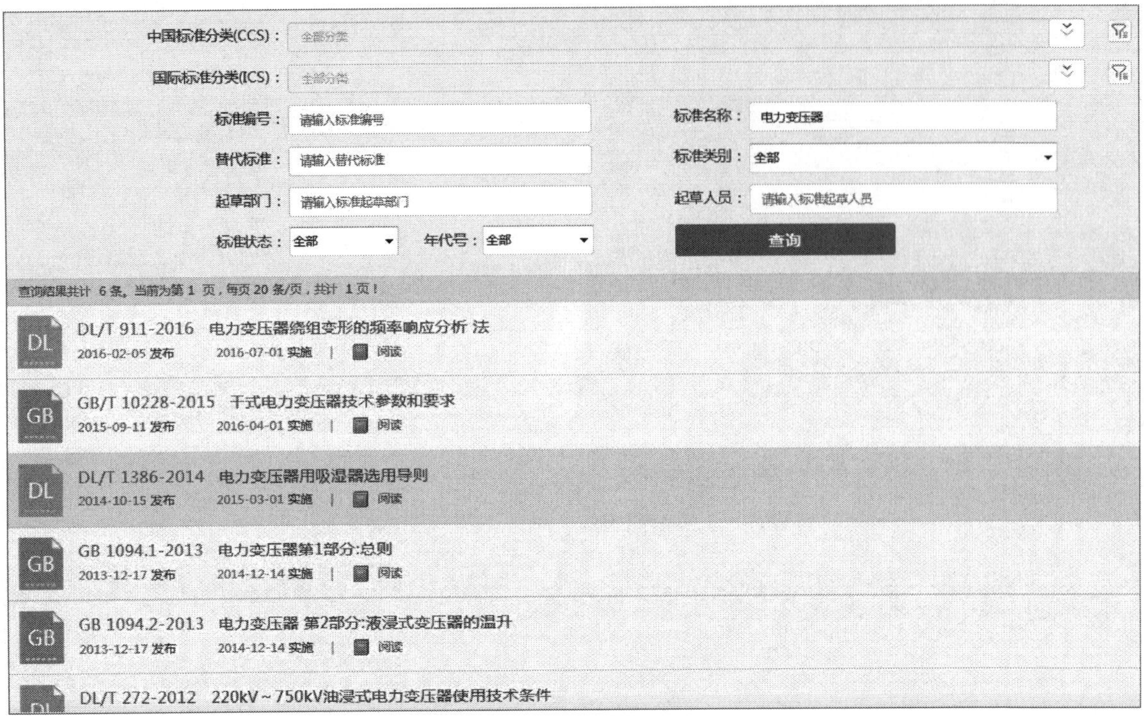

图 12–14　按照条件查询及查询结果显示

7. 标准化信息管理

企业在此模块中能实现以下功能：

（1）标准总库管理。系统支持上传原始文件以及阅读文件，原始文件可以是 Word 文件（便于企业留存标准的最终的编辑稿为后期标准的修订提供文档的支撑），阅读文件目前只支持 PDF 文件格式的标准在线阅读。

（2）总库表批量导入。总库标准的批量到导入，主要功能：先导入目录，后导入文件，文件可以多次导入。

（3）法规文件管理。“法规文件管理”页面可以查询所有法规文件信息。拥有“管理”权限的用户可以添加和修改法规文件，可以对法规总库的文件进行批量的维护。

（4）体系表导入。选择导入体系表，上传 Excel 文件，系统根据模板文件自动匹配相关标准，如果当前体系框图未创建，系统自动创建。

8. 标准化知识与培训

企业在此模块中可以记录培训信息，选择关联工作计划，在工作计划的进度中，可以查看到该培训计划。根据培训记录关联培训考试，上传成绩单。新增培训的线上管理如图 12-15 所示。

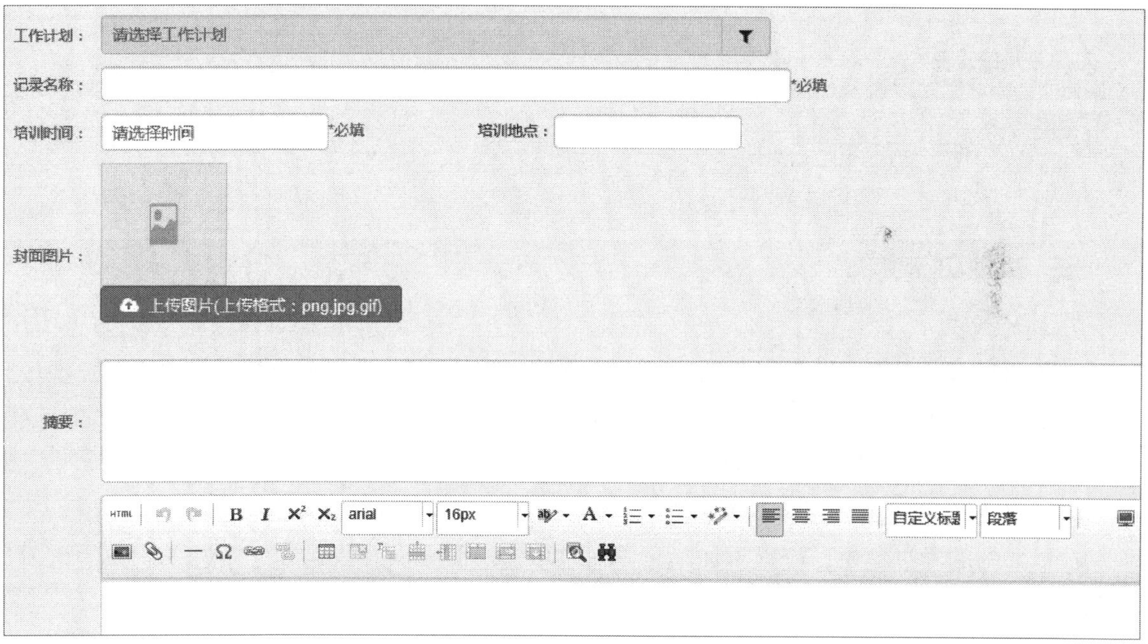

图 12-15　新增培训记录

9. 标准化工作自我评价管理

企业可以通过此模块完成企业的自我评价工作，拥有“管理”权限用户，可以执行新增自评、前台预览、查看详情、查看自评小组、填写评分细则表、填写现场评价记录、填写不符合项报告表等操作，如图 12-16 所示。

图 12-16　企业标准化自评详情

三、其他功能模块

1. 我的收藏

“我的收藏”是用户收藏的标准或法规，收藏可以设定分类以及指定个性标签，这里的分类和个性标准只针对个人。“我的收藏”支持对收藏内容进行编辑、删除，也可单击标准名称进入“基本信息页”查看详情。

2. 我的笔记

在标准的阅读过程中，可以添加笔记。通过单击左侧导航“我的笔记”进入“我的笔记”页面。

3. 标准意见建议

在使用过程中如果发现系统使用或标准内容中有问题，可以通过标准意见建议模块提交管理人员，管理人员可以通过后台查看意见建议。

下 篇

提升与引领

第十三章

企业参与国内标准化工作

第一节　申请国家标准、行业标准的制（修）订工作

响应国家号召、积极参加国内标准化活动，向社会贡献企业智慧、提供技术方案，既是企业展现技术实力和管理水平的机会，也是“标准化良好行为企业”应尽社会职责。

一、国家标准制（修）订的相关要求

根据《国家标准管理办法》规定，政府部门、社会团体、企业事业组织以及公民可以依据国家有关发展规划和经济社会发展需要，提出国家标准的立项建议。标准的主题范围包括下列内容：

（1）通用的技术术语、符号、分类、代号（含代码）、文件格式、制图方法等通用技术语言要求和互换配合要求；

（2）能源、资源、环境的通用技术要求；

（3）通用基础件，基础原料、材料的技术要求；

（4）通用的试验、检验方法；

（5）社会治理、服务，以及生产和流通的管理等通用技术要求；

（6）工程建设的勘察、规划、设计、施工及验收的通用技术要求；

（7）对各有关行业起引领作用的技术要求；

（8）国家需要规范的其他技术要求。

对技术尚在发展中，需要引导其发展或具有标准化价值，暂时不能制定为国家标准的项目，可以制定为国家标准化指导性技术文件。提交的立项申请材料应当包括项目申报书（表样见表13-1、表13-2）和标准草案，要说明制定国家标准的必要性、可行性，国内外标准情况、采用国际标准情况，主要技术要求，进度安排等。

表13-1　　强制性国家标准项目申报书（表样）

项目名称：________________________

提出部门：________________________

提出日期：________________________

一、基本信息

中文名称			
英文名称			
制定 / 修订	□制定　□修订	被修订标准号	
是否采标	□是　□否	采标类型	
项目周期	□ 12 个月　□ 18 个月　□ 24 个月		
项目提出部门			
其他提出部门			
实施监督管理部门			
组织起草形式	□委托技术委员会 □成立专家组	全国专业标准化技术委员会名称	

二、论证评估报告

（一）制定强制性国家标准的必要性、可行性

（二）主要技术要求

（三）国内相关强制性标准和配套推荐性标准制定情况

（四）国际标准化组织、其他国家或者地区相关法律法规和标准制定情况

（五）强制性国家标准的实施监督管理部门，以及对违反强制性国家标准行为进行处理的有关法律、行政法规、部门规章依据

（六）强制性国家标准所涉及的产品、过程或者服务目录

（七）征求国家有关部门意见的情况

（八）经费预算以及进度安排

（九）需要申报的其他事项

表 13-2　　推荐性国家标准项目建议书（表样）

中文名称			
英文名称			
制定 / 修订	□制定　□修订	被修订标准号	
采用国际标准	□无　□ ISO　□ IEC □ ITU　□ ISO/IEC □其他	采用程度	□等同　□修改 □非等效
采标号		采标名称	
标准类别	□安全　□卫生　□环保　□基础　□方法　□管理　□产品　□其他		
ICS			
上报单位			
技术归口单位（或技术委员会）			

续表

<table>
<tr><td>主管部门</td><td colspan="3"></td></tr>
<tr><td>起草单位</td><td colspan="3"></td></tr>
<tr><td>项目周期</td><td colspan="3">□ 12 个月　□ 24 个月</td></tr>
<tr><td>是否采用快速程序</td><td>□是　□否</td><td>快速程序代码</td><td>□ B1　□ B2　□ B3　□ B4　□ C3</td></tr>
<tr><td>经费预算说明</td><td colspan="3"></td></tr>
<tr><td>目的、意义</td><td colspan="3"></td></tr>
<tr><td>范围和主要技术内容</td><td colspan="3"></td></tr>
<tr><td>国内外情况简要说明</td><td colspan="3"></td></tr>
<tr><td>有关法律法规和强制性标准的关系</td><td colspan="3"></td></tr>
<tr><td>标准涉及的产品清单</td><td colspan="3"></td></tr>
<tr><td>是否有国家级科研项目支撑</td><td>□是　□否</td><td>科研项目编号及名称</td><td></td></tr>
<tr><td>是否涉及专利</td><td>□是　□否</td><td>专利号及名称</td><td></td></tr>
<tr><td>是否由行业标准或地方标准转化</td><td>□是　□否</td><td>行地标标准号及名称</td><td></td></tr>
<tr><td>备注</td><td colspan="3"></td></tr>
</table>

通常，强制性国家标准从计划下达到报送报批稿的期限一般不得超过 24 个月，推荐性国家标准从计划下达到报送报批稿的期限一般不得超过 12 个月。起草组应当按照 GB/T 1.1《标准化工作导则　第 1 部分：标准化文件的结构和起草规则》、GB/T 20001《标准编写规则》、GB/T 20002《标准中特定内容的起草》的要求起草国家标准征求意见稿、编制说明及有关材料。编制说明一般包括下列内容：

（1）工作简况，包括任务来源、制定背景、工作过程等。

（2）国家标准编制原则、主要内容及其确定依据。修订国家标准时，还包括修订前后技术内容的对比。

（3）试验验证的分析、综述报告，技术经济论证，预期的经济效果。

（4）与国内、国外同类标准技术内容的对比情况，或者与测试的国外样品、样机的有关数据对比情况。

（5）采标情况，以及是否合规引用或采用国际国外标准。

（6）与有关法律、法规的关系。

（7）重大分歧意见的处理经过和依据。

（8）涉及专利的有关说明。

（9）贯彻国家标准的要求，以及组织措施、技术措施、过渡期和实施日期的建议等措施建议。

（10）其他应当说明的事项。

二、行业标准制（修）订的相关要求

根据《能源标准化管理办法》及实施细则的规定，能源行业标准是指没有国家标准，又需要在能源行业内统一技术和管理要求而制定的标准。能源行业标准的技术要求不得与有关国家标准相抵触，不得低于国家标准的相关技术要求。各级政府机构、行业社团组织、企事业单位和个人均可提出能源行业标准立项申请，并填写“行业标准项目任务书”（表样见表13–3）和提交标准草案。

表 13–3　　行业标准项目任务书（表样）

<table>
<tr><td>项目名称</td><td colspan="3"></td><td colspan="2">主要起草单位</td><td colspan="2"></td></tr>
<tr><td>制定或修订</td><td></td><td>被修订标准号</td><td></td><td>标准类别</td><td></td><td>完成时间</td><td></td></tr>
<tr><td colspan="8">目的和理由：</td></tr>
<tr><td colspan="8">适用范围和主要技术内容：</td></tr>
<tr><td colspan="8">国内外情况及现有标准简要说明：</td></tr>
<tr><td colspan="3">采用的国际标准或国外先进标准编号、名称及采标程度</td><td></td><td colspan="2">经费预算</td><td colspan="2"></td></tr>
<tr><td>负责起草单位意见</td><td>签字（公章）
年　月　日</td><td>技术委员会或技术归口单位意见</td><td>签字（公章）
年　月　日</td><td colspan="2">行业标准化管理机构意见</td><td colspan="2">签字（公章）
年　月　日</td></tr>
</table>

联系人：　　　　　　　　　　　　联系电话（手机）：

在提出行业标准制（修）订项目立项申请时，应介绍或说明以下内容（包括不限于）：

（1）该项目的必要性、可行性、适用范围；

（2）该项目的先进性、创新性和产业化情况；

（3）该项目与国际标准的一致性程度或差异；

（4）该项目与现行法律法规、强制性国家标准及相关标准协调配套情况；

（5）该项目的类型建议、经费预算、预期作用和效益等；

（6）由标准化技术委员会提出的行业标准立项申请，该项目全体代表表决情况；

（7）修订项目需说明拟修订的主要技术内容。

行业标准编写应符合 GB/T 1.1—2020 或《工程建设标准编写规定》（建标〔2008〕182 号）和其他相关行业标准编写要求。在起草行业标准征求意见稿时，应同时完成标准编制说明的编写，其内容一般包括不限于：

（1）工作简要过程，包括任务来源、主要参加单位、主要工作过程和工作组成员等；

（2）行业标准编写原则和主要内容，修订标准时应列出与原标准的主要差异和理由；

（3）主要试验验证情况和预期达到的效果；

（4）采用国际标准和国外先进标准情况，与国内、国外同类标准水平的对比情况；

（5）与现行法律、法规、政策及相关标准的协调性；

（6）重大分歧意见的处理经过和依据；

（7）本标准作为强制性（仅工程建设类）或推荐性标准的建议；

（8）贯彻标准的要求和措施建议；

（9）废止现行有关标准的建议；

（10）重要内容的解释和其他应予说明的事项。

三、中电联团体标准制（修）订的相关要求

根据《中国电力企业联合会标准制定细则》规定，中电联标准立项申请可根据实际需要随时提出，企业在填报“中国电力企业联合会标准项目申请书”（见表13–4）的同时要提交标准草案。中电联标准化技术委员会和中电联归口管理的全国专业标准化技术委员会、行业专业标准化技术委员会按照标委会工作范围受理立项申请。

表13–4　　中电联标准项目申请书（表样）

<table>
<tr><td>项目名称</td><td colspan="3"></td><td colspan="2">主要起草单位</td><td colspan="2"></td></tr>
<tr><td>制定或修订</td><td></td><td>被修订标准号</td><td></td><td>标准类别</td><td></td><td>完成时间</td><td></td></tr>
<tr><td colspan="8">目的和理由：</td></tr>
<tr><td colspan="8">适用范围和主要技术内容：</td></tr>
<tr><td colspan="8">国内外情况及现有标准简要说明：</td></tr>
<tr><td>专业标准化技术委员会意见</td><td colspan="2">签字（公章）
年　月　日</td><td colspan="2">负责起草单位意见</td><td colspan="3">签字（公章）
年　月　日</td></tr>
<tr><td colspan="2">标准计划申报单位联系人</td><td></td><td colspan="2">联系电话</td><td colspan="3"></td></tr>
</table>

注　标准类别为基础、安全卫生、环保、管理技术、方法、产品、工程建设、其他等。

中电联标准需按照GB/T 1.1—2020或《工程建设标准编写规定》（建标〔2008〕182号）的要求编写。在编制起草标准的同时应编写标准编制说明，内容主要包括：

（1）任务来源，工作简要过程、主要参编单位和工作组成员等；

（2）标准编写原则和主要内容，修订标准时应列出与原标准的主要差异和理由；

（3）主要试验验证情况；

（4）与相关标准的协调情况；

（5）与国际标准和国外先进标准的对比情况；

（6）标准名称与计划项目名称发生变化的主要原因；

（7）重要内容的解释和其他应予说明的事项。

第二节　申报技术标委会委员条件与要求

支持和推荐科技人员成为国家、行业、团体等技术标委会委员是积极参加标准化社会活

动的另一种方式，是企业培养标准化人才的重要途径和有效手段。

一、信息收集

企业标准化专业人员及科技人员应关注全国专业标准化技术委员会信息公示系统 http://org.sacinfo.org.cn:8088/tcrm/recruit-index/index.do?menuItem=1 和中电联标准化网站上的关于标委会成立或换届征集技术标委会成员的信息 https://cec.org.cn/template1/index.html?181。企业应择优推荐技术能力强、有意愿参加的技术人员参加标委会，并对技术人员填报的信息进行审核把关。全国专业标准化技术委员会委员登记表（参见表 13-5）。

表 13-5　　全国专业标准化技术委员会委员登记表（表样）

全国专业标准化技术委员会编号：SAC/TC　　　/SC

<table>
<tr><td>姓 名</td><td></td><td>性 别</td><td></td><td>出生年月</td><td colspan="2">年　月</td><td rowspan="5">二 寸
彩 色
照 片</td></tr>
<tr><td>民 族</td><td></td><td>本会职务</td><td colspan="4"></td></tr>
<tr><td colspan="3">参加全国专业标准化技术委员会时间</td><td colspan="4">年　月</td></tr>
<tr><td colspan="2">技术职称及聘任时间</td><td colspan="5">年　月</td></tr>
<tr><td>身份证号</td><td colspan="6"></td></tr>
<tr><td colspan="3">工作单位</td><td colspan="5"></td></tr>
<tr><td colspan="3">单位统一社会信用代码（或组织机构代码）</td><td colspan="5"></td></tr>
<tr><td>单位性质</td><td colspan="7">1. 国有企业　2. 民营企业　3. 科研院所　4. 大专院校　5. 行业协会　6. 政府机构
7. 外商独资企业　8. 中外合资、中外合作或外方控股企业　9. 其他 [　]</td></tr>
<tr><td>所属相关方</td><td colspan="7">1. 生产者　2. 经营者　3. 使用者　4. 消费者
5. 公共利益方（教育科研机构、行政主管部门、检测及认证机构、社会团体）</td></tr>
<tr><td>行政职务</td><td></td><td>从事专业</td><td colspan="5"></td></tr>
<tr><td>通信地址</td><td colspan="7"></td></tr>
<tr><td>邮政编码</td><td></td><td>联系电话</td><td></td><td>传真</td><td colspan="3"></td></tr>
<tr><td>电子信箱</td><td colspan="7"></td></tr>
<tr><td>毕业院校</td><td colspan="3"></td><td>所学专业</td><td colspan="3"></td></tr>
<tr><td>毕业时间</td><td>年　月</td><td>学历</td><td></td><td>学位</td><td colspan="3"></td></tr>
<tr><td colspan="8">会何种外语 1. 英语 □　2. 法语 □　3. 德语 □　4. 日语 □　5. 俄语 □　6. 其他（请注明）</td></tr>
<tr><td colspan="8">外语熟练程度（　）英语（　）法语（　）德语（　）日语（　）俄语（　）其他
1. 流利　2. 中等　3. 入门</td></tr>
<tr><td colspan="3">有何专业技术特长</td><td colspan="5"></td></tr>
<tr><td colspan="3">两院院士请填写</td><td colspan="5">1. □ 科学院院士　担任时间：　　年　月
2. □ 工程院院士　担任时间：　　年　月</td></tr>
<tr><td colspan="3">曾负责组织制（修）订标准、主要职责</td><td colspan="5"></td></tr>
<tr><td colspan="3">有何发明、著作、学术论文，发表时间、发表刊物名称</td><td colspan="5"></td></tr>
</table>

续表

参加何种学术组织、担任何种职务	
受过何种奖励	
本人签字	本人承诺提供的材料真实、准确，符合《全国专业标准化技术委员会管理办法》的有关要求。能积极参加标准化活动，认真履行委员的各项职责和义务。 签字：
单位意见	该同志为我单位正式任职人员，我单位同意推荐其代表我单位参加标准化技术委员会活动。 负责人签名：　（加盖单位公章）　年　月　日

二、标委会委员的一般条件

《全国专业标准化技术委员会管理办法》和《能源行业标准化技术委员会管理实施细则》的要求如下。

（1）技术委员会委员一般应当具备以下条件：

1）具有中级以上专业技术职称，或者具有与中级以上专业技术职称相对应的职务。

2）熟悉本专业领域工作，具有较高理论水平、扎实的专业知识和丰富的实践经验。

3）掌握标准化基础知识，热心标准化事业，能积极参加标准化活动，认真履行委员的各项职责和义务。

4）在我国境内依法设立的法人组织任职的人员，并经其任职单位同意推荐。

5）同一单位在同一技术委员会任职的委员不得超过 3 名。主任委员和副主任委员不得来自同一单位。同一人不得同时在 3 个以上技术委员会担任委员。

6）技术委员会章程规定的其他条件。

（2）对于技术委员会主任委员和副主任委员，应当具备以下条件：

1）本专业领域的技术专家；

2）在本专业领域内享有较高声誉，具有影响力；

3）具有高级以上专业技术职称，或者具有与高级以上专业技术职称相对应的职务；

4）熟悉技术委员会管理程序和工作流程；

5）能够高效、公正履行职责，并能兼顾各方利益。

三、对标委会委员的要求与监督

企业应该为标委会委员参加标委会的工作创造条件、提供便利。

（1）标委会委员享有表决权，有权获取技术委员会的资料和文件，应当积极参加技术委员会的活动，履行以下职责：

1）提出标准制（修）订等方面的工作建议；

2）按时参加标准技术审查和标准复审，按时参加技术委员会年会等工作会议；

3）履行委员投票表决义务；

4）监督主任委员、副主任委员、秘书长、副秘书长及秘书处的工作；

5）监督技术委员会经费的使用；

6）及时反馈技术委员会归口标准实施情况；

7）参与本专业领域国际标准化工作；

8）参加国标委及技术委员会组织的培训；

9）承担技术委员会职责范围内的相关工作；

10）技术委员会章程规定的其他职责。

（2）标委会委员在工作中接触到涉及国家安全、国家秘密的，应当遵守国家相关法律法规要求。对于委员有下列情形之一的，由技术委员会报国标委撤销委员资格：

1）未履行本办法和技术委员会章程规定的职责的；

2）连续两次无故不参加投票表决的；

3）利用委员身份为本人或者他人谋取不正当利益的；

4）存在违法违纪行为的。

四、标委会委员应积极为企业服务

企业参加国家、行业、团体各标委会的委员，应该结合本标委会工作情况、工作重点，每年向企业主管领导报告年度参加标委会的工作情况，并抄送企业标准化主管部门。标委会委员在企业内部应该积极组织或参加以下工作：

（1）对企业的标准化工作提出建议和意见；

（2）提出企业参加本专业领域制（修）订国家标准项目建议；

（3）组织企业相关人员积极参加国家标准、行业标准征求意见的反馈；

（4）开展本专业领域国家、行业、团体标准的宣贯；

（5）开展对企业标准起草、审核人员的培训工作；

（6）组织开展本企业标准与领域国内外先进标准一致性比对分析，开展标准实施情况的评估、研究分析。

第三节　承担标委会秘书处工作

“标准化良好行为企业”还可以通过承担相关标委会秘书处，为国家、行业的技术标准化工作作出更多贡献。

一、标委会秘书处的条件

根据《全国专业标准化技术委员会管理办法》的规定，承担国家相关技术标委会秘书处承担单位应当符合以下条件：

（1）在我国境内依法设立、具有独立法人资格的企事业单位或者社会团体；

（2）有较强的技术实力和行业影响力；

（3）有连续3年以上开展标准化工作的经验，牵头起草过3项以上国际标准、国家标准或者行业标准；

（4）将秘书处工作纳入本单位工作计划和日常工作，并为秘书处开展工作提供必要的经费和办公条件；

（5）有专职工作人员，能够督促秘书处专职工作人员认真履行职责，确保秘书处各项工作公正、公平地开展；

（6）国标委规定的其他条件。

开展了“标准化良好行为企业”创建的企业，如果具备以上条件，就可以提出筹建国家技术标委会的申请。筹建申请应当说明技术委员会筹建的必要性、可行性、工作范围、标准体系、国内外相关技术组织情况、秘书处承担单位有关情况等。相关内容如下：

（1）涉及的专业领域为国民经济和社会发展的重要领域，符合国家标准化发展战略、规划要求；

（2）专业领域一般应当与国际标准化组织（ISO）、国际电工委员会（IEC）等国际组织已设立技术委员会的专业领域相对应；

（3）业务范围明晰，与其他技术委员会无业务交叉；

（4）标准体系框架明确，有较多的国家标准制（修）订工作需求；

（5）秘书处承担单位具备开展工作的能力和条件；

（6）业务范围能纳入现有技术委员会的，不得组建新的技术委员会。

二、标委会筹建申请途径

对于拟承担标委会秘书处的电力企业来说，标委会筹建单位需向中电联提出组建标委会申请。行业标委会申请材料包括：组建行业标委会申请报告（包括但不限于：拟组建行业标委会必要性、本专业国内外标准化的基本情况、行业标委会名称和工作范围、标准体系、国内外相关技术组织情况、秘书处挂靠单位有关情况等）和“组建电力（能源）行业标准化技术委员会申请表”（见表13-6）。全国标委会筹建按照国标委“全国专业标准化技术委员会筹建申请书”（见表13-7）要求填报。中电联标委会筹建按照“中电联标准化技术委员会筹建申请书”（见表13-8）要求填报。

表13-6　　组建电力（能源）行业标准化技术委员会申请表（表样）

<table>
<tr><td>申请单位名称</td><td colspan="3"></td></tr>
<tr><td>标准化技术委员会名称及工作范围</td><td colspan="3"></td></tr>
<tr><td colspan="4">申请理由：</td></tr>
<tr><td>申请单位对秘书处工作的支持</td><td colspan="3"></td></tr>
<tr><td>申请单位通讯地址</td><td colspan="3"></td></tr>
<tr><td>联系电话</td><td></td><td>传　真</td><td></td></tr>
<tr><td>E-mail</td><td></td><td>网　址</td><td></td></tr>
</table>

续表

申请单位意见： 公章 年 月 日	行业标准化管理机构意见： 公章 年 月 日

联系人： 联系电话：

表 13–7 全国专业标准化技术委员会筹建申请书（表样）

名 称：________________

类 别：________________（TC、SC）

申报单位：________________

秘书处拟承担单位：________________

填表日期：________________

一、组建全国专业标准化技术委员会的必要性（包括行业现状及其发展趋势，行业发展对标准化工作的需求，本领域国内外及国际标准化活动现状等）
二、拟负责制（修）订国家标准详细的专业领域（包括与国际标准组织对口建议）
三、拟负责专业领域的国家标准体系表（需提供相应领域不少于 7 名来自不同单位的专家对体系表的书面论证材料，并说明哪些标准由秘书处承担单位制定）
四、成立后近期工作计划（包括拟开展的国际国内标准化活动具体计划等，并列出本领域已有的并拟由本全国专业标准化技术委员会负责的国家标准计划项目和国家标准维护清单）
五、秘书处承担单位简介和相关信息（需提供获奖证书等相关证明材料）
六、全国专业标准化技术委员会初步组成方案建议
七、秘书处拟承担单位意见（包括对秘书处开展工作提供的人财物保证和公平、公开、公正开展工作的承诺等） 负责人：（签名、盖公章） 年 月 日
八、申报单位意见 负责人：（签名、盖公章） 年 月 日
九、国家标准化管理委员会意见

表 13–8 中电联标准化技术委员会筹建申请书（表样）

名 称：________________

类 别：________________

申报单位：________________

秘书处拟承担单位：________________

联系人及联系方式：________________

填表日期：________________

续表

一、组建专业标准化技术委员会的必要性 （一）行业现状及其发展趋势 （二）行业发展对标准化工作需求 （三）国内外及国际标准化活动现状
二、拟负责制（修）订标准详细的专业领域
三、拟负责专业领域的标准体系表
四、成立后近期工作计划
五、秘书处承担单位简介和相关信息
六、中电联标准化技术委员会初步组成方案建议
七、秘书处拟承担单位意见 我单位保证为 ××××× 标准化技术委员会秘书处开展工作提供必要的人财物，承诺公平、公开、公正开展工作。 负责人：（签名、盖公章）　　年　月　日
八、申报单位意见 负责人：（签名、盖公章）　　年　月　日
九、中国电力企业联合会意见 负责人：（签名、盖公章）　　年　月　日

三、技术标委会筹建与工作开展

通常，在筹建申请国家/行业技术标委会的申请得到批复后，筹建单位应着手开展技术委员会组建工作，标委会的组建应当遵循发展需要、科学合理、公开公正、国际接轨的原则。具体应当符合以下条件：

（1）涉及的专业领域为国民经济和社会发展的重要领域，符合国家标准化发展战略、规划要求；

（2）专业领域一般应当与国际标准化组织（ISO）、国际电工委员会（IEC）等国际组织已设立技术委员会的专业领域相对应；

（3）业务范围明晰，与其他技术委员会无业务交叉；

（4）标准体系框架明确，有较多的国家/行业标准制（修）订工作需求；

（5）秘书处承担单位具备开展工作的能力和条件。

组建行业标委会，还应当设有相应的全国标准化技术委员会；现有的全国标准化技术委员会或行业标委会未包括的领域和范围；筹建单位应当在6个月内，向标准化行政主管部门报送组建方案。组建方案应当包括：

（1）技术委员会基本信息表；

（2）技术委员会委员名单及登记表；

（3）技术委员会章程草案，包括工作原则、范围、任务、程序，秘书处职责，委员、顾问、观察员的条件和职责，经费管理制度等；

（4）秘书处工作细则草案，包括工作原则、秘书处工作人员条件和职责、会议制度、文件制度、档案制度、财务制度等；

（5）标准体系框架及标准体系表草案；

（6）秘书处承担单位支持措施；

（7）未来 3 年工作规划以及下一年度工作计划草案；

（8）国标委 / 行业标准化行政主管部门规定的其他内容。

组建完成的技术委员会每年至少召开一次年会，总结上年度工作，安排下年度计划，通报经费使用情况等。开展国家 / 行业标准制（修）订和国际标准化工作的程序按照有关规定执行，并在本专业领域内承担以下工作职责：

（1）提出本专业领域标准化工作的政策和措施建议；

（2）编制本专业领域国家 / 行业标准体系，根据社会各方的需求，提出本专业领域制（修）订国家 / 行业标准项目建议；

（3）开展国家 / 行业标准的起草、征求意见、技术审查、复审及国家 / 行业标准外文版的组织翻译和审查工作；

（4）开展本专业领域国家 / 行业标准的宣贯和国家 / 行业标准起草人员的培训工作；

（5）受国标委 / 行业标准化行政主管部门委托，承担归口国家 / 行业标准的解释工作；

（6）开展标准实施情况的评估、研究分析；

（7）组织开展本领域国内外标准一致性比对分析，跟踪、研究相关领域国际标准化的发展趋势和工作动态；

（8）管理下设分技术委员会；

（9）承担国标委 / 行业标准化行政主管部门交办的其他工作。

第四节　参加其他标准化活动

"标准化良好行为企业"除了上述积极申请标准制（修）订任务、组织企业技术人员参加标委会委员、承担秘书处之外，还有以下几种方式或途径参加行业标准化活动。

一、积极参加国行标征求意见的反馈

标办或技术专委会挂靠部门应指定专人，关注以下网站发布的征求意见信息，根据企业技术特点，组织相关技术人员填写意见表及时反馈意见：

（1）拟立项国家标准征求意见：http://std.samr.gov.cn/gb/gbSuggestionPlan。

（2）国家标准报批稿征求意见：http://www.sac.gov.cn/gzfw/zqyj / 。

（3）电力行业标准征求意见：https://cec.org.cn/menu/index.html?290。

为满足"标准化良好行为企业"第三方评价加分要求，应跟踪反馈意见的采纳情况，必要时请标准的主编单位或标委会挂靠秘书单位出具采纳证明。

二、选派技术专家参加国家、行业标准的审查会

选派技术人员参加国家标准、行业标准、团体标准的审查会是企业技术人员与行业专家交流的重要途径和方式。除非在行业有重要影响的企业，一般情况下国家、行业标准的审查会议是不会直接指定某个企业技术人员参加的，需要企业主动申请或通过所在集团推荐，所以企业应与集团对应的处室做好汇报沟通工作，争取支持和帮助。

三、申报国家、行业有关标准化试点示范项目

为提高国家标准、行业标准制（修）订水平和质量，实现标准对产业的支撑和引领作用，国家、行业标准和相关部委积极推行相关标准试点示范项目的建设工作，发电“标准化良好行为企业”应重点抓好节能、节水、节材和废物再利用、资源化等方面标准的贯彻应用，可积极参加以下活动：

（1）参与国家技术标准创新基地的建设；

（2）申报发电领域循环经济标准化试点项目；

（3）参与风力发电、太阳能发电等企业标准“领跑者”计划；

（4）开展节能标准化示范项目创建；

（5）……

四、积极参加国家、行业地方政府有关标准化的专题调研或科研项目

“标准化良好行为企业”应该积极承担国家、行业和地方政府关于“碳达峰”标准化行动计划；参与温室气体排放核算方法、电力储能、氢能等标准研制，探索标准与科研协同的工作机制；标准实施效果分析一直是亟须解决的问题，“标准化良好行为企业”可积极参加国家强制性标准实施情况统计分析工作，开展标准实施效果评估的方法、工具的研究，为国家推动全方位开展标准实施效果评估提供参考经验。

五、积极申报国家行业或地方政府组织的标准化类的创新奖的申报工作

国家市场监督管理总局颁布的法规《企业标准化管理办法》明确规定“企业标准属科技成果，企业或上级主管部门，对取得显著经济效果的企业标准，以及对企业标准化工作做出突出成绩的单位和人员，应给予表扬或奖励；……（第二十三条）。”每年国标委、中电联和地方政府都会组织开展标准类创新成果的评选工作，企业应该积极推荐成果，展现企业标准方面取得的成绩。

第十四章

企业参与国际标准化活动

标准已成为国际竞争制高点，谁把住了标准，谁就把住了产业，把住了市场竞争主动权。所谓“得标准者得天下”，深刻揭示了标准的全球影响力。积极参与国际标准化活动，增强参与国际市场竞争的能力，是我国企业在新形势下高质量发展的客观需要。

第一节　开展国际标准化活动意义与作用

一、国家法律法规等的要求

《标准化法》第八条规定：“国家积极推动参与国际标准化活动，开展标准化对外合作与交流，参与制定国际标准，结合国情采用国际标准，推进中国标准与国外标准之间的转化运用。国家鼓励企业、社会团体和教育、科研机构等参与国际标准化活动。”为企业全面参与国际标准化活动提供了法律依据。

“构建人类命运共同体”是习近平新时代中国特色社会主义思想的重要组成部分，是中国共产党为世界发展和全球治理提出的中国方案。标准是世界“通用语言”，中国标准国际化就是中国参与全球治理的中国技术方案之一，便于世界各国接受与理解，通过先进技术转换为标准，促进全球经济发展、环境保护、提升人类幸福，在构筑人类命运共同体过程中发挥重要作用。

二、参与国际标准化活动企业可能的获益

企业是市场的主体，也是标准化工作的主体。发达国家的企业不仅积极参加国内标准化活动，而且积极参与国际标准化活动，有资料显示：德国西门子公司有 1568 名雇员在 269 个国际机构中担任标准化职务，其中包括 192 名主席，48 名秘书长。为什么企业要积极参与国际标准化活动呢？参与国际标准化活动对企业有什么收益呢？

（1）企业积极参与标准化活动，可以有机会主导起草国际标准，也可以有机会直接参加国际标准起草工作组的工作，从而将企业的技术创新成果纳入国际标准，引导国际技术的发展，使企业科技成果产业化、国际化，提高企业的声誉或国际竞争力。

（2）企业参与国际标准化活动，可以对需要制定的国际标准，制（修）订中的国际标

准以及实施中的国际标准及时提出意见和提出议案，反映企业的意见或国家的要求，争取将意见和要求纳入国际标准，以维护我国企业或国家的利益。发达国家善用标准利器来实现市场在全球快速扩张，美国、德国、英国、日本等发达国家纷纷实施标准化战略，追逐国际标准主导权乃至控制权。

（3）企业参与国际标准化活动，可以参加很多讨论国际标准基础会议，可以获得有关规定标准制定、国际标准化发展动向的资料，从而能够获得大量国际标准化活动的信息。对于企业产品的发展、技术的创新，都是十分宝贵的财富。

（4）企业参与国际标准化活动，可以结识很多技术专家，特别是本行业的技术专家，这有利于企业广交朋友、加强友谊、开阔视野；有利于企业在国际上加强交流、开展合作；有利于企业提高技术水平和管理水平，加速发展。

三、企业参与国际标准化活动存在的一些问题

由于国家对国际标准化工作的大力支持和积极推动，我国国际标准化工作取得快速进步，成效显著。我国相继成为国际标准化组织（ISO）、国际电工委员会（IEC）常任理事国及国际电信联盟（ITU）理事国，相继担任 ISO 主席，IEC 副主席、主席和 ITU 秘书长等一系列重要职位，担任国际标准组织领导和管理工作的能力不断提高，实质参与制（修）订国际标准的水平明显提升，有效参与制定相关国际标准组织政策和规则的能力进一步增强。但我国企业在参与标准走出去和中国标准国际化中仍存在一些问题和障碍，主要有以下几个方面：

（1）企业的主体作用没有充分发挥。中国经济在过去几十年高速发展，如今经济总量已达世界第二，像鞍钢集团、国家电网、中国移动等中央企业参与国际标准化活动较多，个别企业的主要领导还担任了 ISO、IEC 等国际标准组织的重要领导职务，但更多的企业参与国际标准化活动的整体水平还不高，参与深度不够，激励的措施也不足，有的企业缺乏参与标准化工作的意识，没有看到标准在当前和未来对企业活动的重大影响，导致对国际标准不了解、不参与，也不具备较强的国际竞争能力。

（2）国际标准化人才匮乏。人才是第一资源，企业参与国际标准化活动的关键在于人才，只有具备充足的国际标准化人才储备，才能快速提升企业参与国际标准化活动的能力与水平。欧美国家，尤其是美国、英国、加拿大和澳大利亚等国，拥有先天的语言优势。我国满足国际标准化工作需求的复合型人才缺乏，在国际标准化组织领导职务的中基层乏力，目前，我国企业普遍缺乏既懂技术、外语又精通国际标准化规则的复合型人才，对于有意担任相关职务的专家更应该做到懂标准、懂外语、懂业务、懂外交 4 懂。

（3）企业参与国际标准化活动支持政策不足。很多企业相关鼓励政策有待完善，目前还存在技术专家由于在办理外事手续方面受阻不能及时参加国际标准化会议等情况，外事经费额度不足、国际标准化专项投入缺口较大。对于大型企业，要做好国际标准化工作，应从集团总部层面做好规划，在政策、资金、人才等方面给予子企业更多支持、引导和鼓励。通过鼓励和支持子企业参与国际标准化活动，促进企业自主优势技术加快转化为国际标准，进一步提升“中国标准”的国际影响力，加快“中国标准走出去”的步伐。

（4）标准内容与标准体系的建设重点不同。在标准的内容方面，我国目前发电企业制定的标准更偏重电站运行维护方面，而国际标准的技术领域更多对应的是电站的规划、设计施工以及电力设备本身的产品制造等方面。在体系建设方面，我国电力标准体系与国际组织的体系、分类及制定标准角度不同，导致技术监督等技术管理类标准在国际组织中没有对口的技术委员会（TC），且不易被国外的技术人员理解。

第二节 国际三大标准组织及国际标准知识

全世界大约有 300 多个国际组织和区域性组织都在制定和发布标准和技术规则。其中，国际标准化组织（ISO）、国际电工委员会（IEC）和国际电信联盟（ITU）是三大权威性国际标准化组织机构，他们制定并发布标准和技术规则的数量最多，在国际上的影响最大。

发电企业参加的国际标准化组织主要集中在 ISO、IEC 这两个世界上最有权威、涉及专业面最广的组织。本章的内容主要围绕 ISO、IEC 两个标准化组织展开。

一、国际标准化

国际标准化是指在国际范围内由众多的国家或组织共同参与开展的标准化活动。该活动旨在研究、制定并推广采用国际统一的标准，协调各国、各地区的标准化活动，研讨和交流有关标准化事宜。从以上定义可以看出，“国际标准化”的含义如下：

（1）国际标准化是在国际范围内的标准化活动，包括在全世界范围内开展的标准化活动和区域范围内开展的标准化活动；

（2）国际标准化是有众多的国家或组织共同参与的多边标准化活动，而不是单边或者双边的标准化活动；

（3）国际标准化是一项有组织、有章程开展的标准化活动；

（4）国际标准化活动的主要内容是研究、制定并推广采用国际统一的标准，协调各国的标准化活动，研讨和交流有关标准化事宜。

二、国际标准

在 2001 年 12 月 4 日颁布的国家法规《采用国际标准管理办法》中规定：国际标准是指国际标准化组织（ISO）、国际电工委员会（IEC）和国际电信联盟（ITU）制定的标准，以及国际标准化组织确认并公布的其他国家组织制定的标准。

根据这一规定，国际标准应包括两部分：①由 ISO、IEC、ITU 这三个国际标准化组织制定的标准，分别称为国际标准化组织（ISO）标准、国际电工委员会（IEC）标准和国际电信联盟（ITU）标准；②由 ISO 认可并在 ISO 标准目录上公布的其他国际组织制定的标准。目前，ISO 公布有 40 个国际组织制定的部分标准视为国际标准。

三、国际三大标准组织简介

1. 国际标准化组织（ISO）

ISO 是免费政府性国际组织，不属于联合国，但他是联合国的甲级咨询机构，并与联合国许多组织和专业机构保持密切联系。其前身是国际标准化协会（ISA）和联合国标准协调委员会（UNSCC）。ISO 的宗旨是在全世界促进标准化及有关活动的发展，以便于国际物资交流和服务，并扩大知识、科学技术和经济领域中的合作。其主要任务是制定、发布和推广国际标准，协调世界范围内的标准化工作，组织各成员国和技术委员会进行信息交流，与其他国际组织共同研究有关标准化问题。

ISO 成员分为正式成员、通信成员和注册成员 3 类。正式成员可以参加 ISO 各项活动，有投票权。通信成员通常是没有完全开展标准化活动的国家（或地区）组织，没有投票权，但可以作为观察员参加 ISO 会议并得到其感兴趣的信息。注册成员来自尚未建立国家标准化机构、经济不发达的国家，他们只需交纳少量会费。

我国是由国标委（SAC）代表国家参与 ISO 技术工作。由于历史原因，1950 年被 ISO 停止会籍，1978 年重新加入，并在 2008 年成为继美国、德国、日本、英国、法国 5 国之后的第 6 个 ISO 常任理事国，标志着我国标准化工作实现历史性的重大突破。

2. 国际电工委员会（IEC）

国际电工委员会（IEC）是制定和发布国际电工电子标准的非政府性国际机构，1906 年正式成立于英国伦敦。IEC 是联合国经济社会理事会的甲级咨询机构。IEC 的宗旨是促进电工、电子工程领域中的标准化及有关事项（如认证）方面的国际合作，增进国家间的相互了解。IEC 从事电工技术以下 5 个方面的工作：

（1）制定共同的表达方法，如名词术语、图形符号、单位及文字符号等；

（2）制定试验或证明性能的标准方法，使有关质量或性能的表述简洁明了；

（3）制定产品质量或性能指标；

（4）制定影响机械或电气互换性的特性，简化品种，以便进行大批量的连续生产；

（5）制定有关人身安全的技术标准。

1976 年，ISO 和 IEC 两大组织签订了新协议，确认 ISO 或 IEC 是两个互为补充的国际组织，共同建立国际标准化体系，并建立密切的联系和合作关系；两组织在法律上是独立的，IEC 负责电气工程和电子工程领域国际标准化工作，其他领域的工作则由 ISO 负责；凡是辨别不清是属于电工技术，还是属于非电工技术的国际标准化问题，应有两组织协商解决。在 IEC 的运行机制中，一个国家只能有一个标准化机构参与，有 89 个成员国（其中 62 个正式成员、27 个协作成员）。正式成员可以参加各项活动，有投票权；协作成员可以观察员身份参加所有会议。IEC 成员中除正式成员和协作成员外，还有若干联络成员。

我国 1957 年加入 IEC，2011 年 10 月 28 日在澳大利亚召开的 75 届国际电工委员会理事大会上正式通过了中国成为 IEC 常任理事国的决议。实现“入常”，使我国同时成为 IEC 最核心管理机构——理事局和标准化管理局的常任成员。目前，IEC 常任理事国为美国、中国、英国、法国、德国、日本。

3. 国际电信联盟（ITU）

国际电信联盟（ITU）是联合国处理电信事宜政府间的国际组织，简称国际电联。ITU的宗旨和任务是保持并扩大国际合作，以改进和合理使用各种电信手段，促进基础设施的发展和应用，以提高电信业务效率，研究、制定和出版国际电信标准并促进其应用，协调各国在电信领域的活动，促进并提供对发展中国家的援助。

我国1920年加入国际电报联盟，1932年第一次派代表出席国际电联全权代表大会，1972年重新恢复成员国的地位。目前，工信部代表国家参加ITU的国际标准化活动。

四、专业用语释义及中英文对照表

为了更好地参与国际标准化工作，了解和掌握ISO、IEC有关专业用语释义及中英文对照是十分重要的。常见的国际标准化专业用语释义或中英文对照见表14–1。

表14–1　常见的国际标准化专业用语释义或中英文对照表

序号	专业用语	释义或中英文对照
1	技术机构	技术机构指ISO和IEC的技术委员会、项目委员会和分委员会等。技术机构是由ISO或IEC成立的，在一定专业领域内，组织ISO和IEC国际标准制（修）订的技术组织
2	负责人	负责人指ISO和IEC的技术机构的主席、副主席和秘书等，负责全面管理技术机构的工作
3	工作组	工作组是指ISO和IEC的工作组、项目组和维护组等。工作组是由技术委员会、分委员会成立的，在该专业领域内，工作组是负责起草ISO和IEC国际标准的技术组织。工作组由上一级委员会的积极成员[①]（P成员）或联络组织推荐的专家组成
4	委员会内部国际标准文件投票	委员会内部国际标准文件投票包括预工作项目、新工作项目提案、工作组草案、委员会草案等投票
5	标准化管理局	Standardization Management Board，SMB
6	CO/CS办公室	CO/CS ISO中央秘书处/IEC中央办公室
7	国家委员会	National Committee，NC
8	技术委员会	Technical Committee，TC
9	分委员会	Sub Committee，SC
10	项目委员会	Project Committee，PC
11	工作组	Working Group，WG
12	项目组	Project Team，PT
13	维护组	Maintain Team，MT
14	预工作项目	Pre Work Item，PWI
15	新工作项目提案	New Work Item Proposal，NWIP
16	工作组草案	Working Draft，WD

续表

序号	专业用语	释义及中英文对照
17	委员会草案	Committee Draft，CD
18	国际标准草案 ISO	International Standard Draft （ISO），DIS
	委员会投票草案 IEC	Committee Draft for Vote （IEC），CDV
19	最终国际标准草案	Final International Standard Draft，FDIS
20	积极成员①	Participating Member，P–member
21	观察成员	Observer，O–member

① ISO/IEC 技术委员会和分委员会成员分为积极成员（P 成员，具有投票表决权）和观察成员（O 成员）。

五、国际标准的分类

通常，ISO、IEC 国际标准类文件共分为国际标准（IS）、技术规范（TS）、可公开提供的技术规范（PAS）、技术报告（TR）和指南（Guide）5 类。图 14–1 展示了这五类标准化文件在达成共识程度和发布时间上的相对关系。

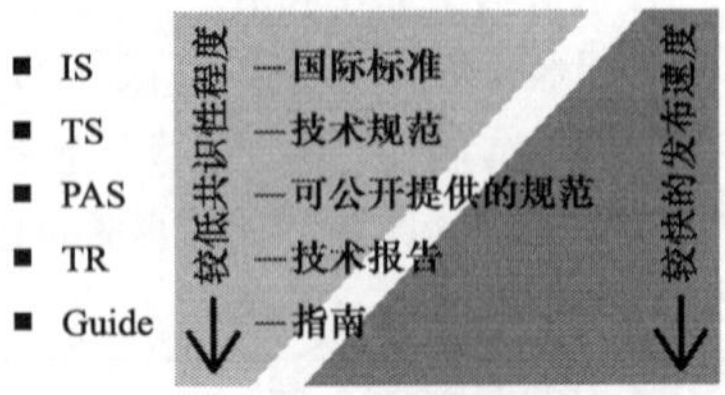

图 14–1　标准化文件在达成共识程度和发布时间上的相对关系

这种分类方法与我国的分类有所不同，以上各分类的含义如下。

（1）国际标准（IS）：国际标准化组织正式表决批准的并且可公开提供的标准。

（2）技术规范（TS）：ISO 或 IEC 出版的未来有可能形成一致意见上升为国际标准的文件。但是，当前不能获得批准为国际标准所需要的支持，对是否已形成协商一致尚未确定，其主题内容尚处于技术发展阶段，或另有原因使其不可能作为国际标准立即出版。

（3）可公开提供的规范（PAS）：ISO 或 IEC 为满足市场急需而出版的标准文件，它表示 ISO 或 IEC 之外的某一组织中的协商一致，或一个工作组内专家的协商一致。需要注意的是 ISO 或 IEC 允许同一题目的多个可公开提供的规范（PAS）竞争，但不得与现行国际标准冲突。

（4）技术报告（TR）：ISO 或 IEC 出版的文件，它包括从那些通常作为国际标准出版的资料中收集的各种数据。这些数据可能包括从国家成员体的评述中得到的数据，其他国际组织中工作方面数据，或者与国家成员体某一具体方面的标准有关的技术发展动态数据。

（5）指南（Guide）：它提供与国际标准或合格评定相关的一些规则、建议。指南可论及国际标准用户关心的所有问题。指南并不是由技术委员会或者分技术委员会制定的，是由标准管理局顾问委员会制定。

其中国际标准、技术规范和可公开提供的规范属于规范性文件，技术报告则属于信息类文件。

六、国际标准的过程管理

国际标准（IS）的制定应严格地遵循其项目管理方法，标准项目的制定通常分 7 个阶段进行，各阶段名称和处理的文件、工作内容、时间限制、成员的活动等要求详见表 14–2。

表 14–2　　各阶段名称和处理的文件、工作内容、时间限制、成员的活动

序号	项目阶段	文件名称	工作内容	时间限制	成员活动	备注
1	预备阶段	预备工作项目（PWI）	对于尚不完全成熟的不能进入下一阶段的项目，主要是指新兴技术领域的项目，包括战略计划中的“新需求的项目”所需要的资源进行评价，并制订最初的草案	—	通过 P 成员进行投票，若简单多数赞成则将其列入工作计划中	可选择
2	提案阶段	新工作项目提案（NP）	提案提交者：最好提交用于讨论的第一工作草案，至少应提供工作草案大纲；用适当的表格（在 ISO/IEC 网站上可得到这种表格）提交，并进行充分论证，将填好的表格通过秘书处发给 TC/SC 的 P 成员进行书面投票，明确一名项目负责人	3 个月	投票的 P 成员简单，多数票赞成，并在 IEC 最少 4 个 P 成员，在 ISO 最少 5 个 P 成员积极参与则可通过，纳入工作计划在 CEO 办公室注册	
3	准备阶段	工作草案（WD）	成立工作组（WG）或项目组（PT）。P 成员、A 类联络员组织 /D 类联络组织[①]指派的专家组成。项目负责人依据 ISO /IEC 导则第 2 部分的要求，在工作组内部准备工作草案，召集和主持会议	6 个月	工作组尽量准备英、法两种文本的最终工作草案（WD）。当工作草案作为（CD）分发给 TC/SC 并在 CEO 办公室注册后，准备阶段即结束	
4	委员会阶段	委员会草案（CD）	本阶段是充分考虑国家成员体 / 国家委员会对 CD 意见的主要阶段，目的是在技术内容上进行协调一致。 本阶段不投票表决	12 个月	TC 或 SC 秘书处将 CD 分发给 P/O 成员考虑，时间一般为 2 ～ 3 个月。秘书处与主席 / 召集人协商提出 3 种处理意见：会议讨论、分发修改后的 CD 或登记为 DIS/CDV；若对草案未达成协商一致，综合后决定，提出另一个 CD 再次征询意见；若达成协商一致，秘书处做出 DIS/CDV 草案分发并在 CEO 办公室注册后，本阶段即告结束	

续表

序号	项目阶段	文件名称	工作内容	时间限制	成员活动	备注
5	询问阶段	询问草案（ISO/DIS IEC/CDV）	当文件成熟，所有国家成员体的文件进行投票。尽力解决反对比较中提出的问题	24个月	CEO办公室在收到TC/SC秘书处注册的DIS/CDV草案4周内，将草案、文件及投票单分发给所有国家成员体。所有国家成员体对CDV进行投票（赞成、反对或弃权）并评议，时间为5个月。参加投票的P成员需要2/3的赞成，且反对票的总票数小于1/4则该草案予以通过。没有任何反对的直接进入发布IS阶段	
6	批准阶段	最终国际标准草案（FDIS）	在已经通过的CDV和NCs评议意见的基础上，形成FDIS。CO/CS办公室将FDIS文件分发给所有成员国进行投票	33个月	所有成员国对于进进FDS进行投票。参加投票的P成员需要2/3的赞成，且反对票的总票数小于1/4则该草案予以通过。时间期限为3个月	可选择
7	出版阶段	国际标准（ISO、IEC或ISO/IEC）	被批准的正式出版国际标准（1.5个月内）	36个月	如不符合批准准则，该文件退回TC/SC，参考所附技术处理理由予以进一步考虑：作为相关草案重新提交，或出版技术报告，或撤销项目	

① D类联络组织是指为工作组、维护组或项目组作出技术贡献并积极参加其工作的组织。

国际标准（IS）项目的制定通常分7个阶段进行，但技术规范（TS）、技术报告（TR）和可公开提供的技术规范（PAS）等的制订流程可相对减少，相关流程框架参见表14-3。

表14-3　　ISO/IEC项目制订选择方案的简化流程图

<table>
<tr><th>序号</th><th>项目阶段</th><th>正常程序</th><th>与提案同时提交草案</th><th>快速程序</th><th>TS</th><th>TR</th><th>PAS</th></tr>
<tr><td>1</td><td>提案阶段</td><td>受理提案</td><td>受理提案</td><td>受理提案</td><td>受理提案</td><td></td><td>受理提案</td></tr>
<tr><td>2</td><td>准备阶段</td><td>起草工作草案</td><td>工作组研究①②</td><td></td><td>起草工作草案</td><td></td><td>批准PAS草案</td></tr>
<tr><td>3</td><td>委员会阶段</td><td>制订和受理委员会草案</td><td>制订和受理委员会草案①②</td><td></td><td rowspan="3">受理草案</td><td rowspan="3">受理草案</td><td rowspan="3"></td></tr>
<tr><td>4</td><td>询问阶段</td><td>起草并受理问询草案</td><td>起草并受理问询草案</td><td>起草并受理问询草案</td></tr>
<tr><td>5</td><td>批准阶段</td><td colspan="3">批准 FDI①③</td></tr>
<tr><td>6</td><td>出版阶段</td><td colspan="3">出版国际标准IS</td><td>出版TS</td><td>出版TR</td><td>出版PAS</td></tr>
</table>

①粗体阶段可以省略。

②依据对新工作项目提案的投票结果，可省去准备阶段和委员会阶段。

③若问询草案阶段得到批准且没有反对票，则可省去此阶段。

以上说明的是ISO/IEC标准的"正常程序"，除此之外ISO/IEC组织还规定了一套"快速程序"，二者的差别见表14-4。

表14-4　"正常程序"与"快速程序"的差别

序号	项目内容	正常程序	快速程序
1	提案内容	（1）新标准； （2）现行标准的新部分； （3）对现行标准或部分标准的修订； （4）技术规范或可公开提供的标准等	（1）任何来源的现行标准； （2）ISO或IEC理事局承认的国际标准化机构制定的标准； （3）与ISO或IEC达成技术协议的组织制定的标准
2	提案提出者	（1）国家成员体（ISO）/国家委员会（IEC）； （2）技术委员会或分委员会秘书处； （3）联络组织； （4）技术管理局/标准化管理局或它的咨询组/咨询委员会； （5）秘书长	（1）任何P成员和A类联络组织①； （2）ISO或IEC理事局承认的国际标准化机构； （3）与ISO或IEC达成技术协议的组织
3	提案受理机构	相关技术委员会或分委员会秘书处	ISO中央秘书处/IEC中央办公室
4	提案的初始处理阶段及处理的文件	提案阶段，新工作项目建议	询问阶段或批准阶段，询问阶段草案或最终国际标准草案

①A类联络组织是指在技术委员会或分委员会解决问题上，对技术委员会或分委员会工作作出有效贡献的组织，这类组织能收到ISO/IEC的所有相关文件，并被邀请参加会议，可指派专家参加WG/PT的工作。

七、ISO、IEC出版物的版权政策

国际标准文本及有关出版物受版权保护，不向社会免费提供。熟悉和掌握ISO、IEC出版物的版权政策，对于发电企业从合法的途径获取标准、正确完成采标工作是十分必要的，可避免因为不当操作而引起版权纠纷，给企业带来不必要的经济损失。

1. ISO版权政策的基本原则

国际标准化组织ISO规定：ISO出版物的文本使用权归ISO所有；每个ISO成员均需在其本国法律允许下采取行动，保护ISO版权的完整性，防止非法复制或销售ISO出版物文本，由ISO中央秘书处将代表所有成员参与有关行动；ISO允许在国家层面上全部或者部分免费复制ISO标准，用于制（修）订ISO和ISO/IEC标准；ISO允许成员在本国国家标准中部分或者全部免费采用国际标准，但是该条不适用于以销售为目的而采用的国际标准；ISO允许其标准出版物可以采用硬拷贝或者不可更改电子版形式提供给最终用户；有关代理商，发行商和分发商有义务就版权保护、境外需求、销售报告以及使用开放式网络分发ISO出版物等问题咨询《关于ISO出版物版权使用权和销售的政策和程序》（ISO POCOSA 2005）所规定的原则或条款。

2. ISO 出版物的许可使用和销售政策

国际标准化组织 ISO 明确：ISO 的中央秘书处总体负责 ISO 出版物的许可，使用和销售工作，并将根据订购文件种类的不同或数量多少决定给予的折扣。ISO 出版物的复制政策是：①为了向最终用户销售而复制 ISO 正式发布的标准，应向 ISO 中央秘书处缴纳目录价的 30% 的费用。②为了向最终用户销售而复制 ISO 标准的工作组草案、委员会草案、国际标准草案或最终国际标准草案，应向 ISO 中央秘书处缴纳纯收入 30% 的费用。③在公司内部以电子版格式分发的 ISO 标准进行复制，应向 ISO 中央秘书处缴纳 30% 的版税。④第三方以电子版形式（除了内部网上）或以 ISO 硬拷贝的形式复制，应向 ISO 中央秘书处缴纳 30% 的办税。⑤销售由 ISO 成员制定的，附有“incorporating”ISO 标准的出版物时，可采取两种方式：一种是根据 ISO 资料包括在出版物中的比例，按净收入的 30% 向 ISO 中央秘书处缴纳；另一种是与 ISO 中央秘书处签署个别协议。⑥销售 ISO 标准或者及出版物的翻译版本，按 ISO 标准原版目录价的 20% 向 ISO 中央秘书处缴纳版权费。

3. IEC 版权政策的基本原则

国际电工委员会 IEC 规定：IEC 版权政策的目标是促进实现 IEC 的目标，并在尽可能广的范围内以透明的方式在国家和地区标准中实施 IEC 国际标准；IEC 版权政策由各个成员国负责，IEC 中央办公室给予支持；任何 IEC 文件的文本使用权归属于 IEC。在 IEC 出版物中使用版权公告或声明任何形式的复制都必须得到组织书面同意；任何一个成员都应该在其国家法律的授权下保护 IEC 国际标准或其他有偿传递物文本的完整性，并避免未经授权的复制或销售，其中央办公室应该代表全体成员的利益配合这样的行为。

4. 成员在制（修）订标准或者图书馆建设而使用 IEC 文件时的规则

如果成员要求仅为成员国图书馆使用的目的，成员可以获得有水印的，不可修改的电子出版物。委员会投票的标准草案 CDV 和最终国际标准草案 FDS 可以不能修改的电子形式在 SO 或 IC 的文件服务中出现。如果翻译国际标准，对于讨论新的标准或者修改标准是有意者，则不收取版权费。

5. 商业性使用 IEC 文件的有关规定

商业性使用 IEC 文件的版权政策与 ISO 的相关版权政策大同小异。但 IEC 按照文件种类不同，将商业性使用行为分为使用国际标准、最终国际标准草案或其他有偿传递物 3 种。然后，再根据文件存在方式的不同，将其分为纸质或硬拷贝、电子版（包括 PDF 格式和数据库）两类。IEC 对各类国际标准的商业性使用行为都做出了具体规定。

第三节　企业参与国际标准的内容和方式

一、企业可以参加的国际标准化活动的内容

根据《参加国际标准化活动管理办法》，企业参加国际标准化活动主要有以下内容：

（1）担任国际或区域标准化组织中央管理机构的官员和成员；

（2）承担 ISO、IEC 等国际标准化组织的 TC、SC 的秘书处工作；

（3）担任 TC、SC 的主席或副主席，担任工作组召集人或工作组的注册专家；

（4）提出国际标准提案，主导制（修）订国际标准；

（5）提出国际标准新技术工作领域提案；

（6）对 ISO、IEC 及其他国际和区域组织标准化组织的技术文件的研究和表态；

（7）参加或承办 ISO、IEC 和其他国际和区域标准化组织的技术会议；

（8）参与和组织国际标准化研讨、论坛活动；

（9）开展与各区域、各国的国际标准化合作交流；

（10）承担 ISO、IEC 的 TC、SC 的国内技术对口单位；

（11）其他参加国际和区域标准化组织的活动。

二、企业参加的国际标准化活动的方式途径

1. 承担 ISO、IEC、ITU 的国内技术对口单位，直接参与国际标准化活动

国内技术对口单位是经国家标准化主管部门批准，承担参与 ISO、IEC 相应 TC、SC 国际标准化工作的国内机构。国家鼓励企业积极承担 ISO、IEC 的国内技术对口单位工作。企业可以向国家标准化主管部门提出承担ISO、IEC的国内技术对口单位的申请。经批准同意后，企业可以以 ISO、IEC 国内技术归口单位的身份，按照国家的有关规定直接参与国际标准化活动。国内技术对口单位的主要职责如下：

（1）分发 ISO 或 IEC 的国际标准。国际标准草案和文件资料，定期印发有关文件目录。

（2）结合国内工作需要，对国际标准的技术内容进行必要的研究、试验、验证，并提出处理意见和建议。

（3）组织对国际标准的新工作项目提案 NP、委员会草案 CD、国际标准草案 DIS、CDV 以及最终国际标准草案 FDS 等文件进行研究并提出投票意见。

（4）提出国际标准提案建议。

（5）提出 ISO/IEC 新技术工作领域提案建议。

（6）组织专家参加对口的 TC、SC、WG 国际会议。经 ISO、IEC 中国国家委员会秘书处同意，可委托其他单位代表本技术对口组织参加国际标准化活动。

（7）每年年底向 ISO/IEC，中国国家委员会秘书处报送上年度工作报告，同时抄报国务院有关部门或行业协会。

（8）根据需要，定时向 ISO/IEC、中国国家委员会秘书处提出对参加单位的调整意见。

（9）直接或通过国际主管部门向国标委提出参加 ISO 或 IEC 的 TC/SC 成员身份的建议。

（10）提出参加 ISO、IEC 国际标准制定 WG 专家的名单建议。

2. 通过 ISO、IEC 国内技术对口单位间接参与国际标准化活动

目前，绝大多数 ISO、IEC 的技术机构在国内都设有相应的技术对口单位，企业有意愿参与相应 ISO、IEC 技术领域的活动时，可以登录“国标委国际标准化工作平台”查询 ISO、

IEC 国内技术对口单位的信息。如果该技术领域国内已设有技术对口单位，企业需向相应 ISO、IEC 国内技术对口单位提出参与有关国际标准化活动的申请。根据国内技术对口单位的管理规定，国内技术对口单位有义务组织或吸收国内相关的企业参与有关技术活动，并向有关单位传递国际标准化活动的最新信息。在国内技术对口单位对相应国际标准化活动的统一组织管理下，经报国家标准化主管部门批准，企业即可获得国际标准制（修）订信息，参加相应国际会议、提名国际标准制（修）订注册专家和提交国际标准新工作项目提案等国际标准化活动。

对于 ISO 和 IEC 设立了技术委员会或分委员会，而我国还没有建立国内技术对口单位的技术工作领域，企业可以申请承担相应 TC、SC 的国内技术对口单位并经国标委审核同意后，代表国家参加这些 TC、SC 的活动，并履行国内技术对口单位的权利和义务。

三、企业获得国际标准化活动的信息的几个途径

1. 向 ISO、IEC 等国际标准化组织直接查询

为便于社会公众对国际标准文本及有关出版物的查询，ISO、IEC 和国标委在网站上提供了 ISO、IEC 正式国际标准及有关出版物的题录简要信息。企业可以登录 ISO、IEC 网站查询 ISO、IEC 的有关国际标准化活动的信息。ISO、IEC 网站上也公布了 TC、SC 秘书处的联系信息，企业也可以直接向 TC、SC 秘书处咨询某一技术领域的国际标准化活动信息。

2. 向国标委和地方标准化主管部门咨询

企业可以直接向国标委相关处室咨询有关国际标准化活动信息，也可以登录国标委网站查询有关国际标准化活动信息。企业还可以通过地方标准化主管部门获得有关国际标准化活动的信息。

3. ISO、IEC 国内技术对口单位咨询

ISO/IEC 国内对口单位负责参与或跟踪 ISO/IEC 各技术领域的国际标准化活动，企业可以通过他们获得详细国际标准化活动信息。IEC/ISO 相关 TC、SC 国内对口单位信息参见表 14–5。

表 14–5　IEC/ISO 相关 TC、SC 国内对口单位信息

序号	TC/SC	TC/SC 中文标题	承担单位
1	TC2	旋转电机	上海电器科学研究院
2	TC4	水轮机	哈尔滨大电机研究所
3	TC5	汽轮机	上海发电设备成套设计研究院有限责任公司
4	TC8	电能供应的系统方面	中电联
5	SC8B	分布式电力能源系统	中国电力科学研究院有限公司

续表

序号	TC/SC	TC/SC 中文标题	承担单位
6	TC11	架空线路	中国电力科学研究院有限公司
7	TC13	电能测量和控制	哈尔滨电工仪表研究所有限公司
8	TC14	电力变压器	沈阳变压器研究院股份有限公司
9	TC17	高压开关设备和控制设备	西安高压电器研究院有限责任公司
10	SC17A	开关装置	西安高压电器研究院有限责任公司
11	TC37	避雷器	西安高压电器研究院有限责任公司
12	TC65	工业过程测量、控制和自动化	机械工业仪器仪表综合技术经济研究所
13	SC65E	企业系统中的设备和集成	机械工业仪器仪表综合技术经济研究所
14	TC66	测量控制和实验室电气设备的安全	中国电子技术标准化研究院
15	TC78	带电作业	中国电力科学研究院有限公司
16	TC82	太阳光伏能源系统	中国电子科技集团公司第十八研究所
17	TC88	风能发电系统	中国农业机械化科学研究院呼和浩特分院有限公司
18	TC105	燃料电池技术	机械工业北京电工技术经济研究所
19	TC114	海洋能—波浪能、潮流能和其他水流能转换设备技术委员会	哈尔滨大电机研究所
20	TC117	太阳能光热电厂技术委员会	中国大唐集团新能源科学技术研究院有限公司
21	TC124	可穿戴电子设备和技术	中国电子技术标准化研究院
22	TC125	个人电子交通设备	上海电器科学研究院
23	PC127	电力厂站低压辅助系统	国网四川省电力公司
24	JTC1	信息技术	中国电子技术标准化研究院
25	JTC1/SC27	信息安全、网络安全与隐私保护	中国电子技术标准化研究院
26	JTC1/SC42	人工智能	中国电子技术标准化研究院
27	Smart Energy	智慧能源	中电联

第四节　参与国际标准工作的相关程序

一、企业参加 ISO、IEC 工作组的程序

ISO、IEC的工作组/维护组/项目组（WG/MT/PT，简称工作组）是直接负责国际标准制（修）订的机构，直接承担国际标准草案的编写工作，并根据各国对国际标准各阶段文件的评议意见，对国际标准制（修）订草案进行修改和完善，参与 ISO、IEC 的工作组是参与国际标准化活动最实质性的工作。工作组成立后，即被赋予完成某项国际标准制（修）订工作的任务。TC、SC 的秘书处将向 TC、SC 的 P 成员、A 类和 D 类组织征集参加工作组的专家。

对于承担了 ISO、IEC 国内技术对口单位工作的企业，在 TC、SC 征集参加工作组专家时，向国家标准化主管部门提交参加工作组的申请，经国家标准化主管部门批准后，由国家标准化主管部门对外报出我国参加工作组的注册专家人选。

对于大多数没有承担 ISO、IEC 国内技术对口单位工作的企业，应向相应的 TC、SC 国内技术对口单位提出申请，经国内技术对口单位协调意见之后，报国家标准化主管部门审核。经国家标准化主管部门同意后对外报出。

如果我国尚未申请加入 ISO、IEC 的某些技术委员会或分委员会，那么我国专家无法加入这些 TC、SC 设立的工作组，因为我国不是这些 TC、SC 的成员。

二、企业制定国际标准新项目的程序

企业要提出制定国际标准项目，一般应遵循以下工作步骤：

（1）熟悉 ISO、IEC 等国际标准化的基本知识及国家相关要求。企业在开展 ISO、IEC 国际标准化工作之前，应该尽量熟悉和掌握《参与国际标准化活动管理办法》《ISO/IEC 导则　第 1 部分：技术工作程序》《ISO/IEC 导则　第 2 部分：国际标准结构和编写规则》，以及《ISO 章程》《IEC 章程》等文件。

（2）确定潜在的国际标准新项目选题。分析 ISO、IEC 等国际标准现状，结合企业技术特点、科技创新成果或国家标准、行业标准以及相关团体标准实施情况，寻找可以立项的题目或方向，并进行国际标准转化的初步评估。

（3）获取国际标准化工作的相关信息。企业应登录“https://www.iec.ch/dyn/www/f?p=103:6:0##ref=menu”或“https://www.iso.org/technical-committees.html”等 TC 列表链接，了解要制定的国际标准新项目在 ISO、IEC 是否有相应的技术工作领域（即 TC、SC、WG），TC、SC、WG 的编号是什么，相对应的国内技术对口单位是谁等。

（4）草案准备工作。学习《ISO/IEC 导则　第 2 部分：国际标准结构及编写规则》，并根据规定编写中、英文国际标准新项目草案。可以从国标委网站下载国际新标准项目的表格并填写完整。草案中文表样见表 14–6。

表 14–6　　国际电工委员会（IEC）新工作项目提案（草案表样）

IEC	[×××/××/NP]			
	新工作项目提案（NP）			
	提案方：		提案日期：	
	发行日期：		投票截止日期：	
技术委员会：				
秘书处：	秘书：			
IEC 协调的需要：	提案水平标准：			
	请其他 TC / SC 向 TC / SC 秘书表明其对本 NP 的兴趣（如有）			
相关功能：				
☐电磁兼容	☐环境		☒质量保证	☐安全
提案标题：				
☒标准	☐技术规范			
提案项目编号：				
范围（按照 ISO/IEC 指令第 2、第 14 部分的定义）：				
目的和理由：				
目标日期（s）：	第一次 CD：		TS：	
预计会议次数：	会议频率：	第一次会议日期：	第一次会议地点：	
需考虑的相关文件：				
项目与其他国际机构活动的关系：				
与国际机构的联络：			ISO 协调的需要：	
文件成熟度：				
☒附上草稿供评论			☐附上大纲	
已知专利项目（参见 ISO/IEC 指令的第 2 部分）			☐是	☒否
专利说明：				
我们根据 ISO/IEC 指令第 1 部分任命项目负责人：				
姓氏：	姓名：	邮箱：	国籍：	
TC / SC 成员的评论和建议：				
工作分配：				
如果批准，下一阶段应：				
☒ CD	☐			
TC / SC 成员的评论：				

（5）草案的审批和提交。草案准备完成后，应提交相应的国内技术对口单位进行初审，初审合格后，国内技术对口单位应将国际标准草案文本和电子文件报国标委审批。国标委收到国际标准草案，征求有关部门意见，经协商一致后，由国标委向 ISO、IEC 正式报出。

三、企业参加 ISO/IEC 技术工作会议的程序

根据我国对参加 ISO/IEC 技术工作会议的管理规定，如果是国标委组团参加的 ISO 技术工作会议，则由国标委通知国内有关部门或企业报名参加会议。

如果不是国标委组团参加的国际会议，则由 ISO、IEC 国内技术对口单位组团参加会议。对于承担了 ISO、IEC 的国内技术对口单位工作的企业，则可以直接向国家标准化主管部门申请组团参加 ISO/IC 技术工作会议，经批准同意后，由国标委统一以 IS、IEC 国家成员团体的名义对外报名。

如果企业不是 ISO、IEC 的国内技术对口单位，则向相应的 ISO、IEC 国内技术对口单位申请参加会议，经国内技术对口单位协调并整理完组团方案后，报国标委审核。经批准后，由国标委统一 ISO、IEC 国家成员体的名义对外报名。

四、企业专家争取担任工作组召集人的程序

ISO、IEC 的工作组由某一个 TC、SC 的 P 成员、A 类联络组织和 D 类联络组织分别指派的有人数限制的专家组成，旨在共同处理分配给工作组的特定任务。工作组的专家均以个人的身份参加工作，而不是作为指派他们的 P 成员或类 A 联络组织、D 类联络组织的官方代表。

由于 ISO、IEC 的工作召集人，对国际标准最终形成有很大的影响，因此促成我国企业专家担任工作组召集人，可以使我国在参与国际标准制（修）订中，最大限度地获利，对于推动我国对外贸易有着重要的意义。来自企业的专家，如果希望争取工作组召集人，应按照以下程序或要求开展工作：

（1）企业将推荐人选报国内技术对口单位，经国内基础对口单位协调同意后，报国标委审核，由国标委向 ISO、IEC 的 TC、SC 报出。

（2）所推荐的人选需长期跟踪并积极参加 TC、SC 的会议和各项标准制（修）订活动，并且在 TC、SC 中有一定的知名度或良好的人际关系。因为，工作组召集人是在 TC、SC 会议上确定成立工作组时立即指定的，也就是说企业承担工作组召集人必须做到对 TC、SC 的深入参与。

五、国际标准查询渠道

国际标准目前现有的官方查询渠道有以下两种方式：

（1）通过国标委的官方网址——国际标准化专栏查询（网址：http://std.samr.gov.cn/gj），可通过输入组织名称或编号检索，可查看 ISO 和 IEC 的标准动态、热点标准介绍以及各自的 TC、SC 等标准化组织机构列表（部分 TC 列出了相关标准及其基础信息），可通过标准名称或编号查询近三年发布的 ISO 和 IEC 标准（http://std.samr.gov.cn/gj /std?op=ISO）。

（2）通过 ISO 和 IEC 的官方网址，给出了各自 TC、SC 的工作范围介绍、成员列表、标准清单等非常详细的信息。

第十五章

技术标准与科技创新

从“科学”到“技术”到“市场”的演进周期正在缩短，技术标准作为“科学”和“市场”的桥梁、技术的载体在科技成果转化以及产业发展过程中发挥着越来越重要的作用。

第一节　科技成果转化为技术标准

一、科技成果与科技成果转化

生活中，科技成果一词频繁地被人们使用，不同文件、不同单位、不同学者都有不同的理解和认识。“科技成果”一词是具有中国特色的一个词，它是从“科学”一词演化来的，在计划经济时期、市场经济初期、市场经济成熟期以及加入WTO后，它的内涵均有所不同。

“科技成果转化”一词也是我国科技管理工作专用的名词之一，并用于表示技术研发完成后、面向生产应用的科技活动的概念还有许多，如科技成果应用、科技成果推广、科技成果商品化、科技成果产业化等。国外并没有与科技成果转化完全相对应的名词，一般使多“技术转移”这一概念来代替我国的“科技成果转化”。

我国对科技成果转化内涵第一次明确地界定是在20世纪末，现行《中华人民共和国促进科技成果转化法》中，将科技成果转化定义为“为提高生产力水平而对科技成果所进行的后续试验、开发、应用、推广直至形成新技术、新工艺、新材料、新产品，发展新产业等活动。”与之对应的，成果转化的标准也主要是涉及技术要求的标准。

二、科技成果转化为技术标准的含义

1. 基本概念

科技成果转化为技术标准是指科技成果标准化的活动过程，是从科技成果的形成开始，到形成基于该成果为核心内容的技术标准的有目的性的一系列活动，这一系列的活动相伴科技成果转化为生产力而进行，不只是直接将科技成果进行文字化的总结，它跨越了科技系统和标准化系统的两个系统。从标准化的角度看，它包括将科技成果纳入技术标准的所有标准化活动。从科技来看，它是将处于转化中某个适当阶段的科技成果以技术标准的形式固化，是科技成果转化生产力的一种有效模式。

2. 科技成果标准化活动

科技成果标准化活动是一种特殊的活动，其结果是生产一种特殊的产品，这就是技术标准。这种特殊产品，却能加速其他商品的生产或流通，能显著地提高劳动生产率和资源转化效率，实现其他商品生产的合理化、高效率化和低成本化，给企业带来丰厚的利润。

科技成果标准化是一项有组织的活动过程。主要活动是制定标准、发布标准、实施标准，进而修订标准，再实施标准，如此反复循环，螺旋式上升，如图 15–1 所示。每个新标准的产生，都标志着某一领域或某一项科技成果被规范化，将能更好地满足市场出现新的需求和对产业提出更高的要求，促进社会生产力的提升。制定标准的过程，实际上就是总结和积累科技研发创新经验的过程；标准的实施过程实际上就是推广或普及已被规范化的科研成果的过程；标准的更新则是以新成果取代旧成果，是科技研发创新的深化提高过程。每完成一次循环，标准化水平就提高一步。

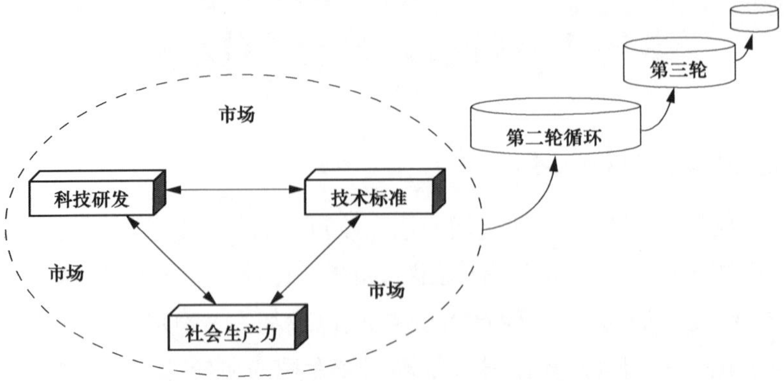

图 15–1　科技成果、技术标准的互促关系

三、国内外科技成果转化为技术标准发展现状

1. 国际上科技成果转化为技术标准的典型做法

世界发达国家科技成果转化为技术标准的机制大多是在市场经济体制的基础上建立的，它们充分发挥市场经济机制的优势，在市场需求的带动下，将科技创新与标准化工作紧密结合，促进科技成果转化，从而进一步激发市场活力。

美国开展科技成果转化的研究工作较早，并形成了成熟的科技成果转化为技术标准模式，主要体现在完备的法律系统、强大的政策支持、健全的中介组织体系和稳定的资金投入等方面。美国把企业作为科技转化的主体，政府很少参与技术标准的制定和实施，而是为其提供坚实的法律和政策保障，设立各类专项计划，投入大量的资金支持；同时，中介机构为科研主体开展科技成果转化提供全面的信息服务和技术服务，有效地提高了科技成果转化效率。

日本政府注重产学研的一体化发展，并在产学研合作中起着宏观管理和组织协调作用，政府各级部门都设有科技成果转化机构，通过实施一系列政策措施，引导并支持科技成果转化为技术标准活动的开展。德国注重科技成果从科研体系向企业转移，高等院校普遍设立了科技成果转移转化中心，而大中型企业普遍设有专门的研发部门积极资助科学研究，并同高校和科研院所开展联合研究，促进科技成果转移、转化。

2. 国内科技成果转化为技术标准的政策

国家高度重视科技成果转化为技术标准工作，发布并实施一系列政策规划。2016 年 2 月国务院发布了《关于印发实施〈中华人民共和国促进科技成果转化法〉若干规定的通知》，鼓励科技成果转化，为科研院所、高等院校等科技成果转化主体开展科技成果转化工作提供了重要依据。2016 年 4 月，国务院办公厅发布《促进科技成果转移转化行动方案》，提出要开展科技成果转化为技术标准试点，推动更多应用类科技成果转化为技术标准。2016 年 5 月，中共中央、国务院发布《国家创新驱动发展战略纲要》，提出要强化基础通用标准研制，健全技术创新、专利保护与标准化互动支撑机制，及时将先进技术转化为标准。2017 年 6 月，科技部、国标委联合发布《“十三五”技术标准科技创新规划》，强调要建立科技成果转化为技术标准效果的评估评价机制，健全科技计划成果转化为技术标准的长效机制，持续推动科技成果转化应用；同期，发布了《关于开展首批科技成果转化为技术标准试点工作的通知》，11 家产业技术创新战略联盟、国家技术标准创新基地及相关企事业单位获批成为首批科技成果转化为技术标准试点单位，积极探索科技成果转化为技术标准的新路径和新模式。

四、科技成果转化为技术标准的必要条件

科技成果转化为技术标准是科技成果转化为生产力的有力手段，但并不是所有的科技成果都可以转化为标准，这是由标准的特殊属性决定的。对于拟转化为技术标准的科技成果，原则上必须同时具备新颖性、先进性和实用价值 3 个条件，缺一不可。

1. 科技成果的新颖性

科技成果应有新的内容和创见，在同类科技领域内为前所未有的、不是公知公用的东西。对已知原理的应用，应是开拓新的领域或在技术发展中新的突破等。

对于新颖性来说，科技成果是有一定时间、空间区别的，如果是全世界所没有，叫作绝对新颖性或世界新颖性；在一个国家、一个行业或一个企业没有的叫作国内新颖性或有限新颖性、地域新颖性。

2. 科技成果的先进性

确定一项科技成果是否具有先进性，需用该项成果与此前的同类成果的学术水平或技术水平进行比较，证明该项成果具有突出的特点和明显的进步。新的科技成果必然是来源于现有的科技成果，而又将高于现有的科技成果。当一项科技成果的实际状态处于一定水准线以下，显然不应进一步转化为技术标准，也就不具备可转化性。

先进性的评定是采用比较的方法。需要注意的是用来进行参比的项目应该是相类似的最新、最优的科技成果，并要注意全面、整体地进行技术对比，而不能仅就单项指标进行比较，以便得出整体的、全面的评价结论。

3. 科技成果的实用价值

科技成果的实用价值包括经济价值和社会价值。实用价值是指科技成果可以在国民经济或国防建设上得到应用，可获得显著的经济或社会效果，或者在科学上具有一定的学术意义，

一项科技成果的实用价值必须在具备以下条件时才能实现：

（1）符合科学规律。在相同条件下应可以被他人重复使用或进行验证，即科技成果应具有重演性才有实用价值。

（2）具备实施条件。不具备实施条件的科技成果，没有实用价值。但因为目前的技术发展水平等的限制，使某项成果暂时还不能实施，这些成果所具有的潜在实用价值，也应该予以承认。

（3）满足社会需要。社会不需要的成果，也不具有实用价值。一项科技成果必须能指导科学技术的发展，或在经济、社会发展中发挥作用，产生正效益。如果在成果应用中这种消极的作用大到使社会难以受益或者受害的程度，比如会造成环境污染、生态系统的破坏而危及子孙后代时，它们即使再新颖、再先进，也没有什么实际意义。

第二节　科技成果转化为技术标准的三种模式

国家层面将科技成果转化为技术标准作为科技成果转化的重要内容，不断研究和推进构建科技成果的模式和途径，科技成果转化为技术标准主要有顶层设计（促进科研项目产生的）模式、与科研项目共生模式、技术经验升华模式 3 种模式。

一、顶层设计（促进科研项目产生的）模式

所谓顶层设计模式，就是以标准的研制促进科技项目的研发，如图 15–2 所示。按照企业产业发展和技术创新需求，围绕企业科研和工作布局，充分考虑先进技术发展趋势，构建动态管理的标准体系。根据标准体系，找出标准缺失情况，组织开展标准的前期研究，对每个标准前期研究项目，需根据 GB/T 33450—2016《科技成果转化为标准指南》对拟研究的标准进行周密分析。从需求性、紧迫性和重要性的角度，论证标准研制的必要性，调研技术的国内外发展情况以及技术领域现有标准情况，研究、制定标准涉及的重要技术指标的科学性及标准实施的可行性。是否是国家、行业或单位鼓励发展的产业和技术等也是标准前期研究的重要内容。

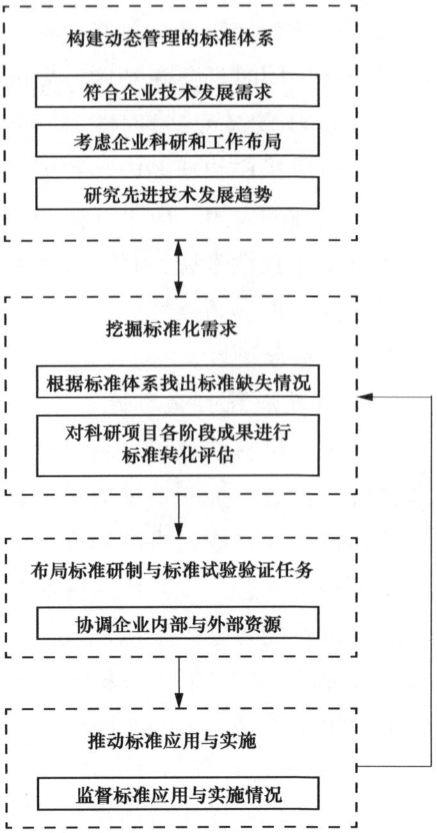

图 15–2　顶层设计模式示意

同时针对科研项目规划、立项、实施、验收等各阶段形成的成果进行标准转化评估，找出可以转化为技术标准的科技成果，总结标准化需求。按照标准化需求系统布局标准研制任务和标准试验验证工作，并协调好企业内部与外部资源，保障标准研制效率和标准质量。标

准试验验证通过后，及时推动标准的应用、实施并进行监督，针对实施效果差的标准开展研究，必要时可设立科研项目开展科技成果研究工作。

顶层设计模式是比较适合大型企业集团开展科技成果转化为技术标准的典型路径，因为它有利于发挥大型企业在科技成果转化为技术标准方面的资金、人才、资源的优势，有利于发挥技术标准在科技成果转化应用中起到的桥梁和纽带作用。例如，依托国家特高压输电重大工程，国家电网有限公司制定了特高压输电技术系列标准体系，研制了 Q/GDW 11674—2017《±1100kV 特高压直流输电系统成套设计规程》等一系列国网公司的企业标准、电力行业标准和国家标准，在 IEC 成立了高压直流输电技术委员会，主导制定了相关国际标准，有力支撑了我国特高压输电技术和输变电装备的国际输出。以风电、光伏发电、生物质能等为代表的新能源领域大发展，标准体系建设和标准研制对我国能源结构优化调整提供了有力支撑，是产业变革和创新发展的有力推手。

二、与科研项目共生模式

技术标准化活动在与科技研发创新相结合的过程中，它的基本功能是总结科技研发创新的经验，并把这些经验规范化、普及化。在研发一开始就应该考虑并重视研发成果的产业化或标准化相互作用或相互影响问题。将标准化贯穿于研发、成果产业化的全过程之中。在科研项目立项前，就应该是标准化资料的调研开始，并在事前就制定出最终研究成果的质量、绩效或产业化的标准；在科技研发或成果产业化过程中，要用事前制定的标准进行监控、比较和分析，确保研究过程或成果产业化过程，按照预定的目标进行；在研究工作和成果转化结束后，应及时用标准指标体系进行反馈控制和评价。

与科技成果共生模式应该成为企业科技成果转化为技术标准的有效路径，在实际工作中，企业应整合人员、技术、环境等各方面资源，建立协调统一的互动机制，搭建环境资源共享、技术资源互助、专家资源互动的共生模式。这样，既突破了以往科研的思维定式，也树立了科研人员“标准是重大科研成果”的理念，使得标准研制渗透到科研项目的全流程，强化科技资源对重要标准研制的技术支持，着力推动科技创新与标准化融合发展，实现二者之间既相互促进、相互制约，又相互依存、相互融合的相生关系，如图 15-3 所示。

与科技研发工作同步完成的技术标准初稿还必须要在成果转化过程中进一步地提炼、补充、完善和提高，形成企业技术标准，直至上升为行业标准、国家标准或国际标准。

三、技术经验升华模式

科技创新需要以技术和积累的经验为基础，而技术标准是对某一发展阶段技术成果和实践经验的提炼和固化。实际操作中，大部分科研项目在最初阶段并未针对性进行标准研制，而是等到技术经验积累到一定程度，再通过标准化的原理和方法最终形成标准，一直以来，通过这种模式转化形成的技术标准占据较大比例，是标准主要形成方式，流程如图 15-4 所示。

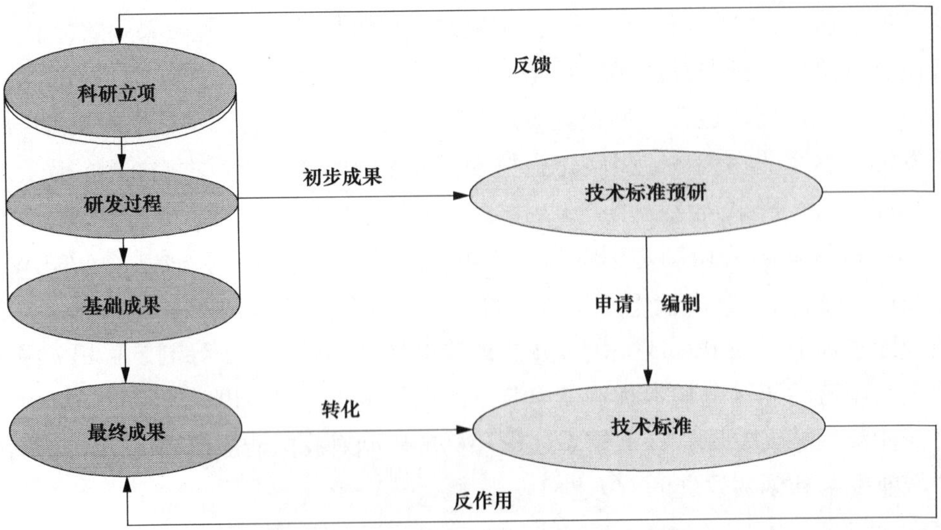

图 15-3 技术标准和科研成果共生示意

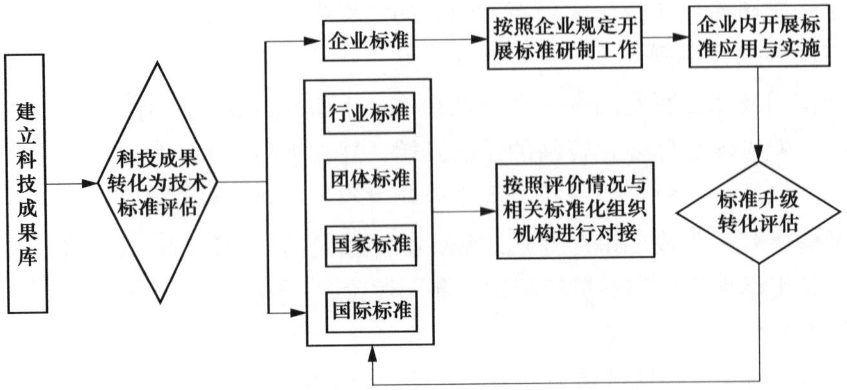

图 15-4 技术经验升华流程示意

收集并整理企业的科技成果产出情况，建立科技成果库；对现有的科技成果进行评估，确定哪些成果可以转化为技术标准，以及转化为哪种类型的技术标准；通常是组织科技人员、标准化人员成立标准起草组，按照企业规定流程开展企业标准的研制工作；对于已经形成的标准，在企业内部应用实施；对于实施效果好且具有进一步推广应用潜力的企业标准，开展标准升级转化工作，与相关标准化组织机构进行对接，推动企业标准上升为团体标准、行业标准、国家标准或国际标准。

科技成果转化为技术标准既有规律可循，又千差万别，这是由科技成果的性质及影响因素决定的，以上总结的 3 种模式，是经过多年探索和积累得来的。对于“标准化良好行为企业”，要进一步树立标准是科技成果重要组成部分的理念，突破科研思维定式，在科技成果形成之初，就要明确转化技术标准的路径，进一步规范工作机制、协调机制、责权利机制。

第三节　科技成果转化为企业技术标准

长期以来，企业的研发、成果转化和标准化这 3 个过程彼此相互独立，企业科技人员在研发或科技成果转化过程中，很少考虑将研发成果提升为技术标准的问题，更谈不上从系统整体出发来统筹规划研发、成果转化和标准化工作。

一、企业在科技成果转化为技术标准方面存在的问题

（1）领导标准化意识淡薄。一些企业决策层领导往往不了解什么是标准与标准化，对企业标准化工作的重视程度低，认为标准化是标委会的事、是政府的事，标准化是在给企业添麻烦、是在给企业增任务，在岗位设置、经费安排、绩效考核等方面缺少应有的支持。

（2）缺少完善的科技成果转化为技术标准的机制。科技成果转化为技术标准是一个复杂的过程，包括技术研发、技术评估、标准编制、标准实施等环节，需要协调机制、利润分配机制等为其提供保障。虽然各地方政府都发布并实施了一系列的相关政策，但这些政策都是“孤立”的，尚没有形成一股“合力”。

（3）企业对科技成果转化为技术标准后取得的经济效益没有很好的总结，使企业没有认识到科技成果转化为技术标准的有用性，对科技成果转化为技术标准的总结、宣传还有待加强，要让企业进一步认识到科技成果转化为技术标准的经济效益。

（4）很多企业科技成果自身的不完善阻碍了科技成果转化为技术标准的进程，同时，有的企业不愿意将有些科技成果过早地转化为技术标准，更愿意将这个成果作为未来的技术储备，也影响了科技成果向技术标准的转化。

（5）缺少既懂标准又懂技术的复合型人才。大部分科研人员的标准化意识水平较低，不具备专业的标准化知识，造成大量科技成果没有及时得到转化。

二、建立科技成果转化为企业标准的工作机制

1. 建立健全科技成果与技术标准互动支撑机制

全国电力联网的运行模式和机制（局部分布或孤网除外），要求各发电企业“上网”的电能的产品质量（如电压、频率、谐波等参数）具有高度的一致性，这样才能保证电网的安全、稳定运行。根据波特的竞争理论，企业竞争优势主要体现在产品的价格和差异化两个方面。对于发电企业来说，同一地区不同机组规模的电厂（300MW 的、600MW 的、1000MW 的）、不同的地区的电厂（坑口电厂、沿海电厂）、不同的发电形式电厂（火电、水电、风电、光伏发电等）度电成本是不一样的，对网调响应速度、服务能力也是各不相同，在此形势下，各企业需要结合企业的机组配置、地域位置，制定合理发展策略，实施科学的管理方式，努力从内部挖潜，降低度电成本、提升对网调响应速度和能力，进而提升企业的竞争力。

从技术标准化对企业竞争优势的影响机理可以得到，企业标准化恰好有这方面的作用。这是因为企业技术标准化就是以企业获得最佳秩序或最佳效益，提升企业核心竞争力为目标，

以企业生产经营和技术等各方面活动中大量重复性事务为研究对象，以先进的科学技术或生产实践经验为基础，以制定企业标准及贯彻实施各级有关标准为主要工作内容的一种有组织的科学活动。通过这项活动，不断积累科技创新成果和实践经验，就能降低企业日常管理成本和生产成本，最终提高企业管理水平、提升竞争力。

技术标准、科技研发和成果转化之间的共生关系表明：企业要从研发、成果转化或标准化系统里全局出发，对于能转化为技术标准的科技项目可按照共生模式（如图 15-5 所示的流程）有序推进。

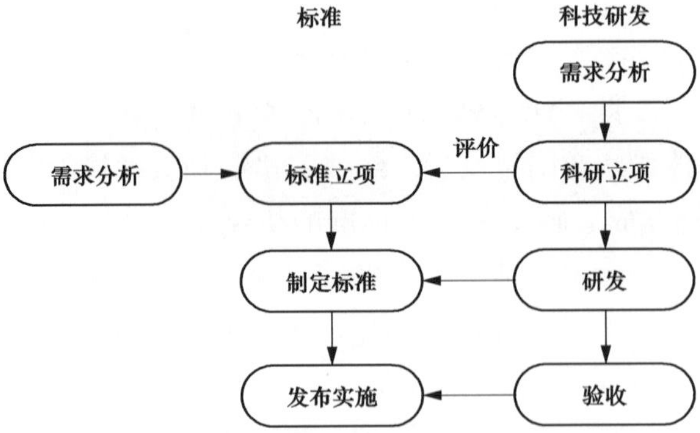

图 15-5　科技成果转化为企业标准的流程

2. 建立促进与国内外技术标准相协调的机制

根据热力学第二定律，封闭系统的熵将逐渐增大，活力将逐步减少。只有当系统与外界不断交换物质、能量和信息，并且从外部获得的能量大于系统内部消耗散失的能量，是系统才能克服熵增，不断发展壮大。正确理解和应用热力学第二定律，对科技成果转化为技术标准的工作是很有指导意义的。

企业在进行科技成果转化为技术标准的过程中，需要充分考虑国家、行业技术情况和国内外标准发展的情况，不断地对外吸收其他企业创造的最新科技成果和标准化成果，不断地采用最新的技术手段，不断地更新自己的知识。因为这些都是企业推动科技成果转化标准的外部条件，如果外部已经有该技术标准，甚至是存在更先进的技术标准，这就需要对我们科技项目的预期目标进行修正，甚至有可能需要暂停，还要勇于抛弃不适应系统发展，甚至阻碍这个系统发展的、陈旧的、过时的各种技术标准，对科技成果转化为标准的发展有着极其重要的影响。

科技成果转化为技术标准过程中，必须与国内外标准相协调。一方面，积极学习国内外标准发展的经验，以更有效地将科技成果转化为技术标准；另一方面，需要紧密跟踪国内外标准发展的最新进展，并充分了解国内外市场和环境，积极发展具有自主知识产权、能被市场认可的技术，为后续将企业标准化提升到行业标准、国家标准或国际标准打下基础。

3. 应贯彻力所能及的工作原则

资金和人才是标准化和科技创新活动必不可少的资源，企业需加强科研政策的倾斜和标准化创新人才的培养，支持科技成果转化为技术标准。对于“标准化良好行为企业”宜设立专项经费，帮助企业科技人员提高标准制定水平和参与制定标准人员的专业知识水平，着力培养既懂专业又掌握标准化知识的复合型人才。

企业的资源是有限的，首先满足政府规定并强制执行的标准要求，使企业能正常地组织生产、经营活动，然后再以市场的需求为导向，溯源而上，开展科技创新研究和科技成果转化为技术标准的活动，但不是为了创新而创新，为了转化而转化，不可能不考虑标准化活动的成本问题，既要考虑时间成本，也要考虑经济成本，需要平衡企业长远利益和近期需求，既不能饮鸩止渴，也不能画饼充饥。

三、科技成果转化为企业标准的职责分工

一项科技研发成果转化为企业技术标准需要多岗位（或部门）协同，对于一个基层企业来说主要包括企业最高管理决策者、企业标准化管理岗（或部门）、技术标准归口管理岗（或部门）、科技研发小组（标准编制小组）、生产 / 服务部门、财务管理岗（或部门）。各主体之间的关系如图 15-6 所示。

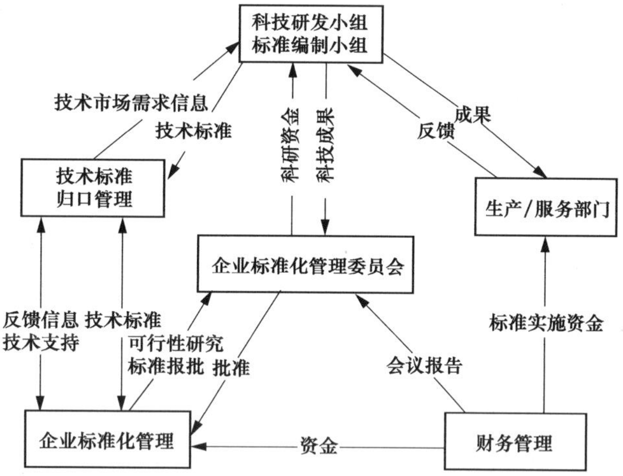

图 15-6　企业科研成果转化为技术标准的主体关系图

1. 企业标准化管理委员会的职责

企业标准化管理委员会的职责包括：①提高企业对科技成果转化为技术标准的重要性认识；②引导和支持企业将更多有价值的科技成果转化为企业技术标准，逐步涉及行业标准、国家标准等；③要主动给予政策、人力、物力和资金的支持；④实施激励措施，培养人才和培育创新成果。

2. 企业标准化归口部门的职责

企业标准化归口部门是企业开展标准化工作的标准知识技术支撑、标准化的过程管理和对外交流沟通的渠道。主要任务如下：

（1）了解行业标准化政策及目前的标准化状况；

（2）指导科技成果转化为技术标准的可行性研究；

（3）负责标准立项、编制、审批、发布等的过程管理；

（4）要强化与中电联、行业标准化委员会的沟通联系，充分利用企业的市场敏感性和技术快速更新优势，提出相关行业标准、国家标准的选题。

3. 技术标准归口部门的职责

技术标准归口部门是技术标准的归口管理部门，要提高本身的技术水平，确保拟转化的技术标准与企业标准体系的协调性、一致性；保证成果转化的标准能真正反映企业的最好、最优情况。

4. 科技研发小组（标准编制小组）的职责

在基层企业，通常科技研发小组也是该成果转化为技术标准的起草小组，承担标准的起草，编制等工作。该小组的科研攻关成果质量、技术的完整性将直接决定拟转化为技术标准的竞争能力，一方面应当积极跟踪行业技术进展，确保成果的先进性；另一方面要进一步强化与企业标准化管理人员、行业专业标准化委员会的沟通合作，从而保证其在标准化研究和标准自修订领域的权威性和前瞻性，确保科技成果向技术标准的转换。

5. 财务管理部门的职责

在科技成果转化为技术标准过程中，财务对于标准制定方案的成本和收益进行审核，以保证科技成果转化为技术标准的过程，符合成本效益原则，确保企业资金的有效使用。在转化后的标准实施和提升为行业标准、国家标准的过程中，提高必要的资金支持，促进标准在应用和推广。

6. 生产 / 服务部门的职责

科技成果转化为技术标准过程中，生产 / 服务部门要积极提出改进完善的建议；在标准批准后，要组织学习标准，将技术标准的要求落实的具体流程、岗位，明确质量要求和考核主要指标，对科技成果相应标准使用情况提供信息反馈，促进企业标准的不断完善。

第十六章

标准与专利

本章重点围绕标准中必要专利的相关问题进行介绍，供“标准化良好行为企业”在采用国际及国外先进标准及将企业专利融合入行业标准、国家标准、国际标准的工作中参考。

第一节　标准之必要专利

标准中引入专利的目的：①保护专利权人的合法利益，保障其将先进适用的技术纳入标准的积极性；②保障标准使用者的合理利益，提高标准实施的效率，进而保护公众利益。标准必要专利（standards essential patents，SEP）是专利制度中一个非常重要的概念，在不少重大知识产权纠纷案件中能看到标准必要专利的身影。

一、技术是专利、标准的纽带

标准是为了在一定的范围内获得最佳秩序，经协商一致制定并由公认机构批准，共同使用的和重复使用的一种规范性文件。专利在法律上指专利权，是知识产权中工业产权的一种，是国家按专利法授予申请人在一定时间内对其发明创造成果所享有的独占、使用和处分的权利。从表面看来，标准与专利似乎没有直接的联系，但是当一项创新技术已经成为专利（包括专利申请），并被标准采纳，标准就与专利发生了关系。

一般来说，研发产生的新技术应当满足已有的标准，否则这种技术即使能够获得专利授权也可能面临市场准入的问题；同时，新专利技术的不断涌现和应用是技术进步的重要体现。当新技术已经发展成熟，旧的标准不再能满足现实需要的时候，标准的改进和更新就在所难免。甚至，原有技术领域会因技术的进步得以进一步细分，全新的技术领域也可以出现，此后，新领域中也会有标准诞生。

专利为标准的创设奠定技术基础。标准与专利结合的根源在于标准与技术的内在联系，技术是标准的内容，标准是技术的规范化表现形式。先进的标准需要先进的技术，先进的技术往往是专利技术，这是标准与专利结合的根源。专利通过纳入标准，其价值得到显著提升，一些原本不具有太大技术贡献和许可可能性的专利，在纳入技术标准之后一跃成为重要专利。

随着技术的快速发展，产品更新换代不断加快，标准越来越需要吸收先进的技术，否则，标准就不能有效规范产业的发展。而且，随着专利保护力度的不断加大，申请专利保护的技术越来越多，先进技术几乎都申请了专利。因此，标准越来越需要先进技术的支撑，标准越来越离不开专利技术。标准与专利的结合，能够提高标准的先进性，提高标准解决产业共性技术问题的能力。

二、适合与专利结合的标准

专利是私有产品，所以最适合的是纯私有性质的企业标准；次之，是具有私有属性的团体（联盟）标准；再次，是行业标准、国家标准和国际标准等公共标准。标准与专利结合的标准，开始时，并不是标准化机构组织制定的行业标准、国家标准和国际标准等，而是由企业、研发机构和团体（联盟）所制定的相关标准。在新兴产业，特别是信息产业，标准与专利结合的团体（联盟）标准大量出现，引起了公共标准化组织的关注。而且，技术进步的加快，专利的增多，公共标准也越来越需要纳入专利以提高标准的先进性。

三、标准必要专利

与标准结合的专利，必须具有无“替代性”和“必不可少”的特征，具有这两个特征的专利称为必要专利。竞争性专利不得与标准结合，竞争性专利与标准结合就架构导致垄断。

标准必要专利的必要性主要体现在两点：①该技术的必不可少性使得没有其他的技术可供代替；②该专利技术必须与标准针对的产品或方法有直接的联系。

1. 国际通行的标准必要专利的定义

国际标准组织的章程和专利政策通常都会涉及必要专利或必要专利权利要求，但是也有以国际电联电信标准化部门（ITU-T）、国际电联无线电通信部门（ITU-R）、国际标准化组织（ISO）及国际电工委员会（IEC）《共同专利政策实施准则》为例，该文件认为当标准草案需要获得全部或部分实施某项专利的授权时，该专利即为必要专利。以上主流国际标准组织都鼓励在标准制定阶段尽早披露并认定必要专利，认为这样可提高标准制定的效率并避免产生潜在的专利权问题。与此同时又指出，标准化组织应该避免做出标准中专利相关性和必要性的判断；避免干涉许可条件的协商；避免陷入必要专利的纠纷处理中。认为上述事项应该依据以往惯例，留给标准制定参与方自行解决。标准制定过程中，标准组织内的技术机构将对所提交的专利材料进行讨论，但是不会对任何涉及专利必要性、权利范围、有效性以及具体的许可条款发表意见。因此在这份《共同专利政策实施准则》中尽管多次出现必要专利和必要专利权利要求，但是并未做出更为细致的定义或解释。又如，在美国国家标准学会（ANSI）专利政策中，认为标准中需要使用的专利即是必要专利。该文件同时指出，国家标准学会不负责确定哪些专利是标准执行所必需的，也不负责调查这些专利的法律有效性和保护范围。

与此相反，也有部分标准组织对必要专利或必要专利权利要求进行了具体阐释。例如，依据《美国电气及电子工程师学会（IEEE）标准协会章程》，必要专利权利要求是指，对实现强制性或选择性 IEEE 标准规范性建议条款所必需的专利权利要求，当 IEEE 建议标准被通过时，在商业上或技术上都没有可替代的非侵权技术方案。一项必要专利权利要求不包括仅对使能技术（enabling technology）是必需的专利权利要求，也不包括除符合以上规定以外的其他权利要求，即使这些权利要求与必要权利要求规定在同一专利中。在 IEEE 标准协会的相关文件中均使用了以上对必要专利权利要求的定义。

2. 我国关于标准必要专利的定义

在技术快速发展的信息社会中，技术标准中将不可避免地包含有众多专利。我国国家标准涉及专利的处置规则之一就是必要专利原则，即国家标准中纳入的专利必须是必要专利。

在 GB/T 20003.1—2014《标准制定的特殊程序　第 1 部分：涉及专利的标准》中给出定义为："必要权利要求是指实施标准时，某一专利中不可避免被侵犯的权力要求（3.1）"，"必要专利是指包含至少一项必要专利要求的专利（3.2）"。

四、必要专利的认定标准

1. 国际通行的必要专利的认定

标准必要专利被认为是实施某一技术标准不可回避的专利，通常并没有限定是"技术上"不可回避还是"商业上"不可回避。国际通行的做法是，仅依据"技术因素"做出判断。如欧洲电信标准协会（ETSI）认为知识产权的"必要性"必须是"基于技术而非商业的原因"，并考虑到标准制定时常见的技术实践和工艺条件，不可避免侵犯该知识产权，也有一些标准化组织将技术因素和商业因素都纳入了判断必要专利的考量因素。例如，IEEE 标准协会（IEEE-SA）规定，必要专利权利要求需要"在商业上或技术上都没有可替代的非侵权技术方案"。

无论是否考虑商业因素，对必要专利的认定首先应该针对技术因素进行判断。目前通行的做法是根据专利的核心重要性进行判断。针对技术因素判断，需要将专利权利要求书所记载的技术特征、专利说明书记载的技术方案与技术标准中的所包含的技术要素（如对产品规格或功能的指标要求）进行分析比较。必要专利权利要求应当提供实现该技术指标的技术方案，记载了解决该技术问题的技术特征。

2. 我国必要专利的认定

目前，国内大多数的专家建议在现阶段标准化工作中，对必要专利或必要专利权利要求宜采用单一的"技术因素"判断依据。专家考虑到，如果增加商业因素作为判断依据，则会扩大必要专利或必要专利权利要求的范围，因为一些可替代的技术方案在实践中可能因为许可成本、运作环境或其他商业因素限制而无法实施，这样就使得必要专利或必要专利权利要求成为实施某一标准不可回避的选择。因此，增加"商业因素"考量，实际是对专利权人更加有利的一种选择，并且必须澄清技术因素与商业因素的适用条件及适用优先顺序。

五、必要专利在标准中的表现形式

标准中的必要专利的表现形式主要有以下 3 种形式：

（1）专利技术并不为技术标准直接表述，但却是技术标准实现的途径和必要条件，如 5G 通信技术是在建立在 2G、3G、4G 基础上，其在 2G、3G、4G 上的专利布局，虽然在 5G

标准上没有直接体现之前的专利，却是5G通信实现回避不了的必要专利。

（2）技术标准产品的某些技术指标的实现技术路线需要专利技术。

（3）专利技术本身就是一套完整的技术标准。

从实践上看，标准必要专利表现形式和客观评价必要专利是很困难的，有的必要专利是整个标准实施的前提条件；有的必要专利本身就是整个标准文本；有的必要专利在语言上与某一条款文字直接对应；有的必要专利虽然不是某一条款的直接对应，但却是其技术实现的唯一解决方案；有的专利虽然不是技术实现的唯一解决方案，但是其他技术解决方案实施的可能性很小，从而构成了事实上的必要专利；有的专利能否成为必要专利还需考察其法律条件，包括可能取消专利或者其申请专利能否获得最终批准；有的专利虽然是必要专利，但其对整个标准的重要性还需要看所依附的标准条款对标准的重要性和影响力。

六、标准必要专利的判定时间点

对于采用技术因素作为对必要专利或必要专利权利要求认定标准的情况还存在不同判定时间点选择带来的问题。

标准常常会根据技术的进步而更新，因此对专利必要性的判断也可能随着时间推移而发生变化。同时，即使标准没有变化，由于技术的变化，也会使得对必要专利的判断产生变化。因此，在采用“技术因素”判断时，选取的判断时间点是技术标准颁布时还是技术标准执行时也会对认定结果产生一定的影响。目前，ETSI采用“标准制定时”，IEEE-SA采用“标准被通过时”。采用“标准执行时”作为判断标准，会增加必要专利判断的变动性，但同时可以避免当出现新的替代技术时，标准使用者仍然需要为标准制定时的必要专利支付许可费用。

由于判断时间点的选择将影响标准制定组织的工作流程和专利许可制度的设计，我国的法律法规或相关标准都没有对标准必要专利的判定时间点给出规定或者推荐意见，而是将此留给标准制定组织自行决定。

七、专利进入标准的途径

专利进入标准的途径可以分为主动进入和被动进入。

在信息社会时代，优秀的技术通常含有多个专利，且这些专利可能归属于不同的专利权人。若将这种优秀技术投入市场，则使用者必须依次向这些专利权人申请授权。技术标准无法绕开专利权而独自制定，因此，标准的制定机构需要考虑在标准制定过程中哪些专利技术必须进入标准进而与这些专利权人协商许可条件，以及在标准实施过程中如何规定专利的授权条件，这种现象可以认为是专利被动加入技术标准。

而随着专利权人对专利战略的逐渐成熟，越来越多权利人洞察到了标准与专利权结合后可能带来的巨大利益。若某一领域已经制定了相关技术标准，则凡是进入该领域的生产者都必须按照该标准进行生产或经营活动。在这种情况下，如果某项专利被纳入相关技术标准，则表示所有使用这项标准的生产商都可以使用该项专利，只要使用者在此之前获得了该专利权人的许可授权。这对于专利权人而言，无疑是专利权许可范围的进一步扩展，并且提升了该项专利在特定领域内的知名度。因此，越来越多的专利权人开始积极地申请进入标准，这种情况可以被认为是专利主动加入技术标准。

第二节　我国与标准、专利相关的法律法规

熟悉专利的相关法律、法规相关内容，有助于理解标准、专利的作用以及两者间（冲突与互促发展）的关系。

一、中华人民共和国专利法

1. 中华人民共和国专利法的相关内容

《中华人民共和国专利法》（简称《专利法》）自1985年4月1日起施行，现行的《专利法》是第四次修正的版本。其所称的发明创造是指发明、实用新型和外观设计。其中，发明是指对产品、方法或者其改进所提出的新的技术方案；实用新型是指对产品的形状、构造或者其结合所提出的适于实用的新的技术方案；外观设计是指对产品的整体或者局部的形状、图案或者其结合以及色彩与形状、图案的结合所做出的富有美感并适于工业应用的新设计。

《专利法》明确，发明专利申请公布后，申请人可以要求实施其发明的单位或者个人支付适当的费用。申请专利和行使专利权应当遵循诚实信用原则，不得滥用专利权损害公共利益或者他人合法权益。滥用专利权，排除或者限制竞争，构成垄断行为的，依照《中华人民共和国反垄断法》处理。

《专利法》规定，任何单位或者个人有意愿实施开放许可的专利的，以书面方式通知专利权人，并依照公告的许可使用费支付方式、标准支付许可使用费后，即获得专利实施许可。开放许可实施期间，对专利权人缴纳专利年费给予减免。实行开放许可的专利权人可与被许可人就许可使用费进行协商后给予普通许可，但不得就该专利给予独占或者排他许可。

《专利法》规定，取得实施强制许可的单位或者个人应当付给专利权人合理的使用费，或者依照中华人民共和国参加的有关国际条约的规定处理使用费问题。付给使用费的，其数额由双方协商；双方不能达成协议的，由国务院专利行政部门裁决。

2. 对标准必要专利的要求

现行《专利法》正式条文中没有标准必要专利的相关规定，但在2016年3月21日最高人民法院发布的《最高人民法院关于审理侵犯专利权纠纷案件应用法律若干问题的解释（二）》（法释〔2016〕1号）中，对推荐性国家标准、行业标准或者地方标准的必要专利进行了规定，确立了标准必要专利声明对标准专利持有人的重要意义。相关内容摘录如下：

第二十四条　推荐性国家、行业或者地方标准明示所涉必要专利的信息，被诉侵权人以实施该标准无需专利权人许可为由抗辩不侵犯该专利权的，人民法院一般不予支持。

推荐性国家、行业或者地方标准明示所涉必要专利的信息，专利权人、被诉侵权人协商该专利的实施许可条件时，专利权人故意违反其在标准制定中承诺的公平、合理、无歧视的

许可义务，导致无法达成专利实施许可合同，且被诉侵权人在协商中无明显过错的，对于权利人请求停止标准实施行为的主张，人民法院一般不予支持。

本条第二款所称实施许可条件，应当由专利权人、被诉侵权人协商确定。经充分协商，仍无法达成一致的，可以请求人民法院确定。人民法院在确定上述实施许可条件时，应当根据公平、合理、无歧视的原则，综合考虑专利的创新程度及其在标准中的作用、标准所属的技术领域、标准的性质、标准实施的范围和相关的许可条件等因素。

这是我国法院首次以司法解释的形式对反垄断与知识产权交叉领域的热点问题进行明确表态。在这一款中“明示”的含义主要是指通过适当渠道让公众周知，标准必要专利权人在标准组织进行声明后，它可以适用本款来保护自己正当的权利，比如发起侵权诉讼、寻求禁令救济等。

二、《国家标准涉及专利的管理规定(暂行)》

1.《国家标准涉及专利的管理规定(暂行)》的相关内容

为规范国家标准管理工作，鼓励创新和技术进步，促进国家标准合理采用新技术，保护社会公众和专利权人及相关权利人的合法权益，保障国家标准的有效实施，依据《标准化法》《中华人民共和国专利法》《国家标准管理办法》等相关法律法规和规章，2013 年 12 月 19 日，国标委（SAC）与国家知识产权局（SIPO）联合公告，正式发布了《国家标准涉及专利的管理规定(暂行)》(简称《管理规定》)，并于 2014 年 1 月 1 日起施行。《管理规定》适用于在制（修）订和实施国家标准过程中对国家标准涉及专利（包括有效的专利和专利申请）问题的处置，对专利信息的披露、专利实施许可、强制性国家标准涉及专利的特殊规定等内容进行了规定。

《管理规定》的研究制定过程备受国内外关注，历经 13 年的研制、论证，剔除争议条款，模糊处理不确定条款，不可避免地终结为一项极具宏观性的部门规范性文件。《管理规定》首次从国家管理制度的层面，明确规定了我国在制（修）订和实施国家标准过程中对国家标准涉及专利问题时的处置办法 [制（修）订行业标准和地方标准中涉及专利的，可以参照适用《管理规定》]，将在规范我国标准管理、鼓励创新和技术进步、保护社会公众和专利权人的合法权益，以及提供标准与专利结合问题的司法处置参考等方面产生积极意义。

为落实《管理规定》的实施，参照国际标准组织的常规做法，作为实施细则的 GB/T 20003.1—2014《标准制定的特殊程序　第 1 部分：涉及专利的标准》，于 2014 年 4 月 28 日正式批准发布、2014 年 5 月 1 日起实施。 GB/T 20003.1 从程序设计的角度，对标准中纳入专利的具体程序和步骤进行了规定，是《管理规定》的实施细则，与《管理规定》一起，共同构成我国国家标准制（修）订过程中涉及专利问题的处置框架。

2. 与必要专利相关内容

国家标准中涉及的专利应当是必要专利，即实施该项标准必不可少的专利。国家标准在制修订过程中涉及专利的，全国专业标准化技术委员会或者归口单位应当及时要求专利权人或者专利申请人做出专利实施许可声明。

强制性国家标准一般不涉及专利。强制性国家标准确有必要涉及专利，且专利权人或者专利申请人拒绝作出规定的专利实施许可声明的，应当由国标委、国家知识产权局及相关部门和专利权人或者专利申请人协商专利处置办法。

制（修）订国家标准涉及专利的，专利信息披露和专利实施许可声明的具体程序依据《标准制定的特殊程序　第1部分：涉及专利的标准》国家标准中有关规定执行。国家标准中所涉及专利的实施许可及许可使用费问题，由标准使用人与专利权人或者专利申请人依据专利权人或者专利申请人做出的专利实施许可声明协商处理。

三、《工程建设标准涉及专利管理办法》

1.《工程建设标准涉及专利管理办法》的相关内容

为规范工程建设标准涉及专利的管理，鼓励创新和合理采用新技术，保护公众和专利权人及相关权利人合法权益，促进标准与新技术融合，提高标准水平，依据标准化法、专利法等有关规定，中华人民共和国住房和城乡建设部办公厅2017年1月12日印发《工程建设标准涉及专利管理办法》，用于工程建设国家标准、行业标准和地方标准的立项、编制、实施过程中涉及专利相关事项的管理。

2. 与必要专利相关的内容

相关条款内容摘录如下：

第三条　标准中涉及的专利应当是必要专利，并应经工程实践检验，在该项标准适用范围内具有先进性和适用性。必要专利是指实施该标准必不可少的专利。

第四条　强制性标准一般不涉及收费许可使用的专利。

第五条　标准涉及专利相关事项的管理，应坚持科学、公开、公平、公正、统一的原则。

第三节　国内外标准化组织的专利政策

一、国际标准化组织的专利政策

国际标准化组织ISO、国际电工委员会IEC和国际电信联盟ITU为了确保全世界范围内技术和系统的兼容性，以ITU－T的专利政策为基础制定了三个组织共同的专利政策——《ITU-T/ITU-RISO/IEC共同专利政策》，并于2006年3月发布。为了更好地实施该专利政策，三大标准组织于2007年3月发布了《ITU-T /ITU-R/ISO/IEC共同专利政策实施指南》。

三大国际标准组织的专利政策只是对标准和专利问题进行了原则性的规定。这些年来，政策一直遵循其基本原则，没有发生过变化。三大国际标准组织专利政策的变化体现在其实施指南中。面对世界经济形势的不断变化和热点问题的不断出现，三大国际标准组织在经过多年的讨论和修改后于2012年发布实施了其修订后的《ITU-T / ITU-R /ISO / IEC共同专利政策实施指南》。

1. ISO/IEC 的专利政策概要

ISO/IEC 的专利政策主要体现在其发布的《ISO/IEC 导则》（ISO/IEC Directives）中。关于标准中专利权人的义务，根据《ISO/IEC 导则》，标准制定过程中的披露义务和标准制定公布以后的许可要求是 ISO/IEC 专利政策中专利权人必须履行的两项义务。

关于信息披露义务的具体规定如下：如果一项国际标准在提交 ISO/IEC 审议时，标准中并不包含专利技术，那么提案中应该陈述：“（提交人）已经注意到在这项标准中可能含有专利技术，ISO/IEC 不承担确立专利的责任。”如果一项国际标准在提交审议时，方案中已经包含有专利技术，那么提交人应当在提案中标注清 ISO/IEC，首席执行官注意提交人所知晓的自己组织的或是其他组织的任何专利或任何正在处理的专利申请，任何参与提案编写的相关方也应当如此，尽管 ISO/IEC 方面并不能确认任何关于此类专利的信息。任何征求意见的技术标准提案都应当在封面上说明：任何收到此文件的人都可以提供关于本提案中专利技术的资料、个人的评论以及其他支持性文件。关于许可义务的具体规定如下：“如果由于技术原因接受了该提案，则提出者应要求已确定的专利权持有人发表声明，说明专利权持有人愿意在公平、合理和非歧视的条款和条件下与全球的申请人协商其授权的国际许可证。”上述的声明应当以书面形式向 ISO 中央秘书处或 IEC 中央办公室提交一份备案，并且应当在相关技术标准中反映。如果权利人不愿出具上述声明，那么 TC 和 SC 在 ISO/IEC 技术管理委员会给出明确的处理意见之前不能继续对含有此专利技术的标准提案的工作。除非 ISO/IEC 技术管理委员会有特别授权，否则只有在标准所涉及的所有专利的权利人许可声明齐备的条件下，一个国际标准才能够被出版。

许可声明中的公平、合理和非歧视（fair, reasonable and non- discriminatory, FRAND）的条款，是包括 ISO、IEC 及下文提到的 IEEE、欧洲电信标准协会（ETSI）等国际化的或其他具有代表性的标准组织的知识产权许可政策，通常是指标准专利人在许可过程中所遵守的“FRAND”的许可义务，目的是平衡公众的标准化需求、保护合理竞争秩序，要求专利权人在加入标准组织时做出许可声明，承诺在对第三人进行许可时遵循 FRAND 原则。标准组织并没有对“FRAND”许可原则进行统一的定义，而是将解释权限留给司法人员。

2. ITU 的专利政策概要

ITU 的专利政策在很大程度上和 ISO/IEC 相似，如都将组织本身定义为只负责收集信息，而不负责实质的专利审查或争端解决。不同之处在于，ITU 在相关规定上更具有可操作性。任何人都可以在 ITU 的网站上找到并填写《一般性专利陈述和许可声明表》，以此作为专利的一般许可声明或专利信息披露。这样做的优势在于，能够大大缩减标准专利获得授权的时间，使标准更快地在市场上普及开来。众所周知，电信技术的更新周期更快于传统技术，在无法及时得到专利权人的许可又不能找到替代专利时，对标准的制定是不利的，而 ITU 提供这种格式文本的方式可以有效减少因缺少专利授权导致的标准制定搁置。

3. 其他组织或国家的专利政策概要

欧洲电信标准学会在其知识产权政策和知识产权指南中，确定应在“公平、合理和无歧视的条款和条件下” 授予许可；日本工业标准调查会（JISC）于 2012 年修改了其《制定使用受专利权保护技术的日本工业标准的程序》,该程序作为日本工业标准调查会的专利政策,“在无歧视的基础上、以合理的条款和条件”对外许可,成为专利持有人参与标准制定的前提;美国国家标准学会在《美国国家标准发展与协调规划》中制定的标准专利政策,几经修改,将许可政策确立为“在明显不存在任何歧视的、合理的条款和条件下”授予许可或免费许可。

二、我国的标准涉及专利处置规则

《管理规定》和 GB/T 20003.1 共同构成我国国家标准制(修)订过程中涉及专利问题的处置框架,该处置框架既兼顾了与国际标准组织专利政策的协调,又参考了区域和主要发达国家标准组织的专利政策,尽量与核心原则保持一致,在个性化上也充分考虑到了我国国家标准体系的特殊性。概括来说,我国国家标准涉及专利的处置规则主要涵盖以下核心原则与立场。

1. 必要专利原则,国家标准中纳入的专利必须是必要专利

《管理规定》在第一章第四条明确规定,“国家标准中涉及的专利应当是必要专利,即实施该项标准必不可少的专利。”即国家标准中涉及的专利技术应该是实施该项国家标准所必需的、绕不开的技术,不存在排除国家标准涉及该项专利的实质性理由。鉴于国际上还未对必要专利的定义形成一致意见,GB/T 20003.1 中 3.1 从必要权利要求的角度为《管理规定》做出配套定义,“必要权利要求”为“实施标准时,某一专利中不可避免被侵犯的权利要求”,并以此为基点定义“必要专利”为“包含至少一项必要权利要求的专利”(GB/T 20003.1 中 3.2),从而使必要专利的界定较为清晰和准确。

2. 专利披露原则,视参与度不同规定不同的披露义务

专利披露制度是标准组织知识产权政策或专利政策的核心制度之一,其主要内容是要解决谁有什么样的义务、在什么时候、披露谁的专利的问题;其主要作用在于排除标准制(修)订过程中的潜在风险,加快标准制(修)订和推广实施的进程。

《管理规定》遵循专利披露原则,区分参与和未参与两种情况,规定了不同程度的披露义务。对于参与标准制(修)订的组织或个人,负有强制性的披露义务,在国家标准制(修)订的任何阶段,都应当尽早披露其自己和知悉的必要专利,同时提供有关专利信息及相应证明材料,并要求其对所提供证明材料的真实性负责。否则,未按要求披露其专利,违反诚信原则的,还应当承担相应的法律责任。对于未参与标准制(修)订的组织或个人,不施加强制性的披露义务,而是鼓励其在标准制(修)订的任何阶段,披露其拥有和知悉的必要专利。GB/T 20003.1 的 4.1 部分对专利披露程序、披露时间、披露范围、披露方式、证明材料、信息公示,以及是否充分履行了披露义务的判断标准等内容做了详细规定。

3. 承诺许可原则

承诺许可原则,做出许可声明是专利纳入标准的前提;许可承诺随专利权转让而转移。

许可声明是专利权人同意就其纳入标准的专利做出许可的承诺。许可声明并不是实际的许可合约,但它是标准化组织或机构必须要从专利权人那里获得的法律文件,以保证标准发布以后的标准实施过程不因专利权人的拒绝许可行为而受阻。国际上通行的做法是,标准化

组织或机构获得专利权人的许可声明之后，方可将其专利纳入标准，否则将予以删除。

我国对推荐性国家标准涉及的必要专利，获得专利权人的许可声明是专利纳入标准的前提条件。《管理规定》第十条要求，未获得专利权人或专利申请人的专利实施许可声明的，该专利不得纳入国家标准。标准组织或机构要么修改涉及该专利的技术条款以绕开该专利，要么直接删除。

相应地，该许可承诺也应随专利权的转让而一并转移。专利权人或专利申请人本着诚实信用原则，应当事先告知受让人该专利在标准组织中专利实施许可声明的内容，并保证受让人同意受该许可承诺的约束（GB/T 20003.1 中 4.2.4），否则将使得标准组织的专利政策目的落空，不利于国家标准的顺利实施和推广。

4. 公平合理无歧视的许可原则

合理无歧视原则是标准组织知识产权政策或专利政策的基础性原则，以此原则为基点形成的许可制度是标准组织专利政策核心制度最重要的组成部分。虽然对该原则的表述方式和赋予的内涵各有不同，但该原则作为基本的核心准则普遍存在于国际、区域和国外标准化组织的专利政策当中。

我国对国家标准必要专利的许可方式规定为三种，专利权人只能择其一而行之，要么同意在公平、合理、无歧视基础上免费许可（第一种）或收费许可（第二种），要么不同意按照以上两种方式实施许可（第三种）。不管专利权人选择的是第一种还是第二种，其许可基础均为“FRAND”原则；如果专利权人或专利申请人选择第三种，则意味着其不同意将专利纳入标准，在这种情况下，国家标准将不得包括基于该专利的条款。这三种方式主要参考了ISO、IEC 和 ITU 共同专利政策中的许可条件，为我国参与 ISO、IEC 和 ITU 的国际标准化工作奠定了基础，规避了因政策不一致可能引发的矛盾冲突，有利于等同采标的专利许可承诺的适用，也有利于我国国家标准与国际标准之间的相互转化。

5. 不介入原则

不介入原则是指，标准组织不负责核查专利法律状态和有效性，不提供证明相关专利有效性的证据材料，不介入专利识别事务，不评估专利相关性或必要性，不介入标准必要专利的许可谈判，不参与标准专利纠纷的解决，标准必要专利的许可事务由专利权人和标准实施者自行协商确定，标准专利纠纷自行解决。三大国际标准化组织、主流的区域标准化组织和主要发达国家的标准机构均从不同角度采用了这一原则。

《管理规定》第十七条与国际实践通行的这一原则保持高度一致，“国家标准中所涉及专利的实施许可及许可使用问题，由标准使用者与专利权人或者专利申请人依据专利权人或者专利申请人做出的专利实施许可声明协商处理，”SAC 不负责标准必要专利的对外许可工作和许可费的谈判事务。这一方面使得 SAC 专注于组织技术专家制定技术标准，将涉及标准必要专利许可谈判的法律事务留给法律专家；另一方面，也赋予专利权人或专利申请人和标准实施者以基于许可声明自由洽谈的权利，以及依其意愿对所涉纠纷自择方式、自行解决的空间。

6. 推荐性标准和强制性标准区别处置原则

在我国，保障人体健康，人身、财产安全的标准和法律、行政法规规定强制执行的标准是强制性标准，其他标准是推荐性标准。强制性国家标准具有法规属性，在全国范围内必须强制执行，否则就要承担相应的法律后果。这与国际国外的标准体系大多为自愿性标准体系存在很大不同。因此，在不同标准体系基础上设计制定的知识产权政策或专利政策必然需要差异化处理，因地制宜，以避免与相关法律法规产生冲突。

《管理规定》对强制性国家标准涉及专利的特殊规定单独成章，首先明确了强制性国家标准一般不涉及专利的原则立场，以避免强制性国家标准这种代表公共利益的、具有法规属性的公共产品被专利这种私有权利搭上而获取额外利益；其次，如果强制性标准确有必要涉及专利，而专利权人或专利申请人又拒绝提交许可声明的，则由 SAC、SIPO 及相关部门出面干预，与专利权人或专利申请人协商专利处置办法；再次，在强制性标准实施过程中新发现的必要专利，又未能获得专利许可声明的，不暂停国家标准的实施，也不修订该标准以规避该专利，而仍然是由 SAC、SIPO 及相关部门出面干预，与专利权人或专利申请人协商处理。

第四节　标准与专利的互促发展

在信息社会时代，技术专利化、专利标准化对企业竞争力的贡献有目共睹，企业在制定内部技术标准时应尽可能结合自主知识产权，已经成为广泛共识。

一、专利进入标准已经成为社会共识

20 世纪 70 年代以前，无论是政府的还是非政府的标准化组织，都坚持采用公有领域的技术，尽可能避免将难以绕开知识产权的技术要求引入标准，以使标准颁布后便于推广。尤其我国当时还没有建设起知识产权法律体系，知识产权观念极为淡漠，所以人们曾经以为所有技术标准都是可以免费使用的，属于公有领域。

近年来，这种观念已经改变。随着技术的不断发展，特别是信息技术的突飞猛进，技术更替的周期越来越短。为了保证标准不至于落后，各种标准组织在制定标准时经常会面对不得不采用专利技术的情况。有时出于对实用性的考虑，政府制定标准时也不得不把已有包含专利技术的非政府标准作为基础，这就造成国际标准组织和外国政府制定的标准中，有专利技术的标准越来越多。

发达国家在制定标准时对待专利的态度已经比较宽容。发达国家的行业协会、企业联盟等非政府组织比较多，影响力也比较大，所以非政府标准随处可见。非政府标准对待知识产权的政策可以比政府标准更加灵活，它们制定的很多技术领域的标准中，经常会包含专利技术。在非政府标准的带动下，政府也在强制性标准的制定中逐渐采用了越来越多的专利技术，或者将含有专利技术的非政府标准转化为政府强制性标准。

加入世界贸易组织以后，我国的标准面临国际标准和外国标准的竞争，而竞争的结果是由市场来决定的。虽然，有时使用包含专利的标准可能会因知识产权使用费的支付而导致产

品价格的提高，但这只是市场主体考虑的因素之一，而绝不是唯一的因素或者最重要的因素。生产者最为关心的是产品的市场前景，是消费者的需求。在决定产品的市场前景的众多因素中，产品的兼容性和先进性比产品的价格更为重要。尤其在技术集中、产品之间需要互联互通的那些技术领域，与市场上已有产品的兼容性更能决定产品在消费者中的被接受程度，更能启动新产品与其他产品间的网络效应，使新产品得以迅速融入已有产业链，存活和发展起来。同时，功能和技术上是否先进，也是消费者在选择商品时考虑的重要因素，先进性对消费需求有比价格更强的引导作用，是开发和培育新的市场需求的关键因素。

何况，将专利纳入标准并不一定会导致产品价格的提高。如果专利技术能够大幅降低产品的生产成本，那么在可以依据专利法和反垄断法把专利的许可费用控制在合理范围内的情况下，采用了专利的产品的价格不但不会上升，而且还会有所下降的。从效果上看，标准对待专利的宽容态度提升了标准的水平。更高的标准在市场上更具有生命力，能为专利权人创造更多利润。近年来发达国家科技、经济持续发展的事实可以证明，包含专利的标准也能够促进科技和经济的发展。

二、标准与专利互促发展的可行性

标准与专利都以技术为主题，在市场中发挥作用、实现价值。在促进技术创新、推动创新成果的传播和应用、增进消费者福利、促进贸易活动和社会经济发展的宗旨上，两者是相同的，标准和专利具有更多的同一性，使它们互相作用、互相影响、互相促进。

1. 标准与专利互促发展的基础

专利与标准的相互影响从表面上看，专利的独占性与标准的公益性有些格格不入。但是，它们都具有实用性、公开性和不断发展的动态性。同时，专利的专有性中也包含着公益目的，可以鼓励专利权人更好地创新，发展新技术；专利文件的充分公开制度也可以促进人们在现有专利技术基础上改进、创新，起到促进科技进步的作用。

标准和专利互相作用、互相影响、互相促进，从而推动技术向前发展。一方面，标准可以带动专利的发展，标准是一定领域内已有技术的总结和提炼，可以作为研发活动的基础资料，进而提高新技术研发效率，从而促进新专利技术的形成。另一方面，专利也带动标准的发展，新专利技术的不断涌现和推广应用是技术进步的重要体现，当新技术发展成熟，旧标准无法满足现实需要时，标准的改进、更新甚至重新建立就在所难免。

也正因为与此，在当前经济全球化过程中，标准和专利的联系日益紧密，技术标准和专利技术的融合已成为经济发展的必然要求和趋势。“专利标准化”“专利 + 标准”等成为当前热点。如何将标准与专利更好地结合在一起成为业内研究重点和要解决的难题。

总之，标准与专利融合发展，实现两者的良性互动，各自才能更好地发展，同时能更加有效促进科技进步，更好地为全社会的共同利益服务。

2. 标准与专利互促发展的外部环境

我国在专利与标准的融合运用整体上还处在起步阶段，但是国际国内社会已经通过出台相关政策，修订相关法律法规等措施，不断在研究和改善标准与专利融合的外部环境。

国际三大标准化组织（ISO、IEC 和 ITU）确立技术标准中 FRAND 原则和“不介入、不干涉、不参与”的立场，建立了标准制定的专利信息披露制度，并规定了在 FRAND 原则下专利实施许可声明的三种方式。各国家和地区，如美国、欧盟、日本等高度重视有关技术标准涉及专利问题的研究，纷纷出台专利标准化战略，并大力支持标准与专利融合问题的相关研究，都希望将各国的专利技术纳入国际标准中，争夺在国际博弈中的话语权。

当前各国都积极地致力于将自己国家制定的技术标准推向世界，希望成为被普遍接受的标准，这是因为专利权人比其他人更为熟悉专利技术，甚至可能还有经济上更为合理的相关实施方式或者技术诀窍被作为技术秘密保留，专利权人在技术上的优势仍然可以存在。而且，专利权人在包括设备、人员、管理等方面的生产准备也往往走在其他人的前面，在别人还在学习、消化标准中的专利技术、为了生产目的建设生产线和试生产的时候，可能已经有大量产品投入市场。

3. 标准与专利互促发展具有必然性

进入外国市场的产品和服务必须符合外国的标准，否则，必定影响产品的国际销路，影响我国产业在国内外的发展。广泛采用国际标准和发达国家的先进标准，是我国在标准方面达到国际先进水平的最为方便、快捷的方法。这样做不仅有利于我国产品走向国际市场，也可以有效地促进我国生产水平和科技水平的提高，使我国高科技产业的国际竞争力更快地强大起来。在制定标准时对技术的选择上，考虑的首要因素应当是技术的品质和效果，需将必要的专利技术采纳进来。对于与专利权人谈判，要求专利权人做出承诺，放弃收取专利使用费，或者至少做出在标准将施行的范围内以合理的条件无歧视地进行许可的承诺。

技术标准与专利技术联系日益紧密，而且人们越来越注重知识产权，大多数科技成果已经申请专利保护，专利数量日益增大，使得技术标准编制中不可避免涉及专利。在传统产业中，产品的经济效益主要取决于生产规模和质量，技术标准的主要作用是保证产品的互换和通用性，技术标准通常与专利技术是分隔的。而在当前科技发展日新月异，产品的经济效益则更多取决于科技创新和知识产权，技术标准逐渐成为专利推广的高级表现形式。

这种专利技术标准化的趋势表现在：标准化组织制定的标准中包含的专利技术越来越多，各大企业提交技术提案时，都会尽可能将提案与专利捆绑在一起，并希望这些提案被标准化组织接受成为正式标准；受专利保护的企业私有技术通过竞争获得市场主导地位并成为产业的事实标准，这类标准通常是由处于技术领先的企业制定、由市场实际接纳的技术标准。所以，“技术专利化、专利标准化”作为国际竞争新的游戏规则，已然成为当今科技产业发展的大趋势，必须引起企业重视，利用好“专利 + 标准”工具提高生产效率，占得先机，获得最大化的经济和社会效益。

通常，免费或者无歧视许可的要求是可以被专利权人接受的。因为拟列入标准的技术是已经成熟的技术，通常会有不同的专利可以达到大致相同的技术水平。旁观别人的专利进入了标准，很可能使自己的专利面临失去市场的危险；而一种专利一旦被列入标准，则经常会获得很大的市场——即便是以免费实施的条件列入了标准，也绝不会无利可图。

三、标准必要专利的声明类型及作用

为了平衡专利持有人和标准实施者之间的权益，标准组织一般都会要求专利持有人对要纳入标准的专利进行披露声明。比如大家所熟知的 ITU、ETSI 等标准组织一直在鼓励相关的专利权人进行事前披露，并建立了知识产权声明数据库，方便使用标准的个人或团体了解相关的专利情况。纵观国内外标准组织声明的规定，专利声明主要分为通用的专利声明和具体的专利声明两种类型。

1. 通用的专利声明

在很多标准组织，比如 ITU、ETSI、CCSA（中国通信标准化协会），我国国家标准 GB/T 20003.1 都保留有一种通用的专利声明表格，即专利权人就某个标准文件提供一揽子的专利许可声明，尽管不用填写具体的专利信息，但也要对该标准所涉及的专利进行整体的许可承诺，比如免费或 FRAND 等。

2. 具体的专利声明

在标准组织的声明要求中，一般也都会有一种具体的专利声明表，要求披露专利号、专利名称或与标准文本对应等信息内容。当然，披露具体的专利信息时，也需要对这些专利进行许可承诺，比如在 ETSI 的具体专利信息的声明表格中，要求所有者声明其准备在 FRAND 条款和条件下授予不可撤销的许可。

从标准组织的角度来看，通过声明想要传达两个重要事实：首先，声明的专利或专利申请（或者至少权利拥有者声称）对于标准是必要的或可能必要的；其次是专利持有人准备根据 FRAND 条款（或免费）授予许可。

标准必要专利声明对标准的实施具有重要意义，它的重要性归纳为三点：一是在标准制定前后做出的声明，反映了在标准被采纳之前对合理累积许可费的事先预期；二是对于既是专利权人又是被许可人的实体来说，有追求合理平衡许可的动机；三是这些声明可以提供行业洞察和激励机制，用以鼓励其他公司向该标准投资。

3. 声明主体

在标准组织的专利政策中，都要求成员积极披露其所知悉的专利信息，知悉的范围包括自身所拥有的，也可以是来自第三方的专利。

我国颁布的《管理规定》的第六条中也鼓励没有参与国家标准制（修）订的组织或者个人在标准制（修）订的任何阶段披露其拥有和知悉的必要专利，同时将有关专利信息及相应证明材料提交给相关全国专业标准化技术委员会或者归口单位，并对所提供证明材料的真实性负责。

比如 ITU 在征集专利信息时，要求任何标准组织的成员或部门成员意识到要提议批准的建议草案中部分或全部包含了属于他们的或其他成员的专利时，应该在建议书批准之前，提交相关的材料。如果是披露自己的专利时，专利持有人必须将相关信息以“专利声明和许可”表格形式通知标准组织；如果是披露第三方的专利，应将专利信息的材料以书面形式邮寄给标准组织，然后如果可以的话，标准组织的主管或 CEO 将要求潜在的专利持有人提交声明表。

同样的，ETSI 知识产权政策也表明，声明人是否为 ETSI 成员对于该承诺并不重要，重要的是做出许可承诺的必须是专利持有人。

4. 声明的含义

在标准组织的专利政策中，标准组织往往会设定一些免责条款，其中一项就是不对所披露的专利进行检索，不负责其准确性，其原因在于参与标准制定的都是技术专家，而非法律专家，所以企业间的谈判或争议要在其他场合讨论。

对标准必要专利权利人而言，声明将意味着更重要且具有深远法律后果的义务，比如需要根据 FRAND 条款向所有可能的被许可人授予专利许可。

当然，有些专利声明为必要专利，但实际并非必要专利。发生这种情况是正常的，原因也是多方面的。以 ETSI 为例，对于 ETSI 成员而言，知识产权政策要求成员及时声明必要专利，并建立一种有备无患的激励制度，由于标准必要专利声明的主体对标准必要专利的理解深度可能不尽相同，因此披露的尺度可能不完全一致；其次，专利权利要求书也在随着时间不断修改，而且在单个专利族中，世界不同国家 / 地区的专利在覆盖范围层面也各不相同。基于以上原因，同时也考虑到持续追踪所有这些专利需要耗费大量时间和成本，如果在无需确定必要性的前提下可达成合理的许可费率，这就成了一项不合理的任务。因此，不需要在声明阶段就对每件专利进行逐一判断。

第十七章

标准化精益管理卓越绩效

第一节　标准化管理与精益管理

一、精益管理的概念

精益管理的概念始创于丰田公司大野耐一实行的即时生产（just-in-time，JIT）概念，核心是在企业的生产环节及其他运营活动中彻底消灭浪费现象。精益管理源自精益生产，精益生产是美国麻省理工学院教授詹姆斯 .P. 沃麦克等专家通过“国际汽车计划（IMVP）”对全世界 17 个国家 90 多个汽车制造厂的调查和对比分析，认为日本丰田汽车公司的生产方式是最适用于现代制造企业的一种组织管理方式。1985 年，IMVP 组织了一支国际性的研究队伍，耗资 500 万美元，历时 5 年，对全世界 17 个国家地区（北美、西欧、日本以及韩国墨西哥和中国台湾等）90 多个汽车制造厂的调查和对比分析，写出了大量研究报告，最后出版了一本名为《改变世界机器》的著作，推出了以日本丰田生产方式为原型的“精益生产方式”。

在过去，精益思想往往被理解为简单地消除浪费，表现为许多企业在生产中提倡节约、提高效率、取消库存、减少员工、流程再造等。但是，这仅仅是要求“正确地做事”，是一种片面的视角。而现在的精益思想，不仅要关注消除浪费，同时还以创造价值为目标“做正确的事”，通过提高顾客满意度、降低成本、提高质量、加快流程速度和改善资本投入，使企业价值实现最大化。也正因为此，精益管理由最初的在生产系统的管理实践成功，已经逐步延伸到企业的各项管理业务，也由最初的具体业务管理方法，上升为战略管理理念。

精益管理的本质是利用最小的资源创造最大的价值，达到效益最大化。因此，精益管理两要素包括：

“精”——少投入、少消耗资源、少花时间，尤其是要减少不可再生资源的投入和耗费，高质量；

“益”——多产出经济效益，实现企业升级的目标。更加，精益求精。

精益管理的目标可以概括为：企业在为顾客提供满意的产品与服务的同时，把浪费降到最低程度。

二、精益管理14项原则

精益管理要求企业的各项活动都必须运用“精益思维”。而“精益思维”的核心就是以最小资源投入，包括人力、设备、资金、材料、时间和空间，即时地（JIT）创造出尽可能多的价值，为顾客提供新产品或服务。研究精益生产的专家把精益生产模式总结为14项原则，具体如下：

原则1：管理决策以长期理念为基础，即使因此牺牲短期财务目标也在所不惜。

（1）企业应该有一个优先于任何短期决策的目的概念，使整个企业的运作与发展能够相互呼应，朝向这个比赚钱更重要的共同目的迈进。了解公司的历史地位，设法使公司迈向下一个阶段。企业理念的使用是所有其他原则的基石。

（2）起始点是为顾客、社会、经济创造价值。评估公司每个部门实现此目的的能力。

（3）要有责任感。努力决定自己的命运，依靠自己，相信自己的能力。对自己的行为、保持与提高创造价值的技能等负起责任。

原则2：建立连续的作业流程以使问题浮现。

（1）重新设计工作流程，使其变成创造高附加价值的连续流程。尽力把所有工作计划中闲置或等候他人工作的时间减少到零。

（2）建立快速输送材料与信息的流程，使流程与人员紧密地联结在一起，以便立即浮现问题。

（3）使整个企业文化重视流程，这是促成真正的持续改善及员工发展的关键。

原则3：使用拉动式生产方式以避免生产过剩。

（1）在生产流程下游的顾客需要的时候，供应给他们正确数量的正确东西。材料的补充应该由消费量决定，这是准时生产的基本原则。

（2）使在制品及仓库存货减至最少，每项产品只维持少量存货，根据顾客实际领取的数量，经济地补充存货。

（3）按顾客的需求每天变化，而不是依靠计算机的时间表与系统来追踪浪费的存货。

原则4：使工作负荷平均（生产均衡化），工作应该像龟兔赛跑中的乌龟一样。

（1）杜绝浪费只是实现精益所必须做的工作的1/3。避免员工与设备的工作负荷过重，以及生产安排的不均匀，也同等重要，但多数实行精益原则的企业并不了解这些。

（2）尽量使所有制造与服务流程的工作负荷平均化，以取代大多数公司实行的批量生产方法中经常启动、停止，停止、启动的做法。

原则5：建立立即暂停以解决问题、从一开始就重视质量控制的文化。

（1）为顾客提供的品质决定着你的定价。

（2）使用所有确保品质的现代方法。

（3）使生产设备具有发现问题及一发现问题就停止生产的能力。设置一种可视的系统以警示团队或计划领导者某部机器或某个流程需要协助。“自动化”（具有人类智慧的机器）

是“内建”质检的基础。

（4）在企业中设立支持快速解决问题的制度和对策。

（5）在企业文化中融入发生问题时立即暂停或减缓速度、就地改进质量以提升长期生产力的理念。

原则6：工作的标准化是持续改善与授权员工的基础。

（1）在工作场所中的任何地方都使用稳定、可重复的方法，以维持流程的可预测性、规律的动作时间，以及规律的产出，这是“单件流”与拉动方式的基础。

（2）到一定时间时，应该汲取对流程的累积学习心得，把现今的最佳实务标准化，让员工对于标准提出有创意的改进意见，把这些见解纳入新标准中。如此一来，当员工变动时，便可以把学习心得传递给接替此职务工作的员工。

原则7：通过可视化管理使问题无所隐藏。

（1）使用简单的视觉指示，以帮助员工立即确定他们是否处于标准状况下或状况是否发生变异。

（2）避免因使用计算机屏幕而致使员工的注意力从工作场所移开。

（3）设计简单的可视系统，安装于工作的场所，支持“单件流”与拉动式生产方式。

（4）尽可能把报告缩减为一页，即使是最重要的财务决策报告亦然。

原则8：使用可靠且已经充分测试的技术以协助员工及生产流程。

（1）技术应该是用来支持员工的，而不是取代员工。许多时候，最好的方法是在把技术运用于流程之前，先以人工方式证实其切实可行。

（2）新技术往往不可靠且难以标准化，因此会危害到流程。让检验过的流程正常运转的重要性要优于未经充分测试的新技术。

（3）在企业流程、制造系统或产品研发中采用新技术之前，必须先经过实际测试。

（4）与企业文化有冲突，或可能会损及稳定性、可靠性与可预测性的技术，必须予以修正或干脆舍弃。

（5）不过，在寻求新的工作方法时，必须鼓励员工考虑新技术。若一项适合的技术已经过充分测试，且能改进你的流程，就应该快速实施。

原则9：培养深谙公司理念的领袖，使他们能教导其他员工。

（1）宁愿从企业内部栽培领导者，也不要从企业外聘用。

（2）不要把领导者的职责视为只是完成工作和具备良好的人际关系技巧。领导者必须是公司理念与做事方法的模范。

（3）一位优秀的领导者必须对日常工作有事无巨细的了解，方能成为公司理念的最佳教导者。

原则10：培养与发展信奉公司理念的杰出人才与团队。

（1）创造坚实稳固的文化，使公司的价值观与信念普及并延续多年。

（2）训练杰出的个人与团队以实现公司理念，获得杰出成果。非常努力地持续强化公司文化。

（3）运用跨部门团队以提高品质与生产效率，解决困难的技术性问题，以改进流程。所谓授权，是指员工使用公司的工具以改善公司运营。

（4）持续努力教导员工如何以团队合作方式实现共同目标。团队合作是员工务必学习的东西。

原则 11：重视合作伙伴与供货商，激励并助其改善。

（1）重视你的合作伙伴与供应商，把他们视为你事业的延伸。

（2）激励你的外部合作伙伴，要求他们成长与发展。这种态度显示你重视他们。为他们制订挑战性的目标，并帮助他们实现这些目标。

原则 12：亲临现场，彻底了解情况（现地现物）。

（1）解决问题与改进流程必须追溯源头、亲自观察，然后验证所得数据，而不仅仅是根据他人所言及计算机屏幕所显示的东西得出结论。

（2）根据亲自证实的资料来思考与叙述。

（3）即使是高层经理与主管，也应该亲自查看情况，才不会对实际情况只有肤浅的表面了解。

原则 13：制定决策时要稳健，穷尽所有的选择，并征得一致意见；实施决策时要迅速。

（1）在还没有周全考虑所有其他选择之前，不要武断地选定一个方向一路走下去。一旦经过周全考虑而选定途径后，就要快速而谨慎地采取行动。

（2）和所有相关者、受到影响者共同讨论问题及可能的解决方法，收集他们的意见，并对解决途径取得共识。这种共识过程虽花时间，但有助于全面地寻求解决方案，一旦做出决定，便应该快速执行。

原则 14：通过不断省思与持续改善以成为一个学习型组织。

（1）在建立了稳定的流程后，运用不断改进的工具以找出导致缺乏效率的根本原因，并采取有效的对策。

（2）设计几乎不需要存货的流程，这将使所有人明显看出时间与资源的浪费。一旦浪费出现，要求员工改进流程、去除浪费。

（3）制定人事稳定、缓慢升迁及非常谨慎的接班人制度，以保护企业的知识库。

（4）使用“反省”作为重要的里程碑，在完成某计划后，诚实地找出此计划的所有缺点，然后制定避免相同错误再发生的对策。

（5）把最佳实务标准化，以促进学习，而不是在每个新计划及每位新经理人上台后，又重新发明新方法。

需要特别强调的是，“精益”并不是在特定的制造流程中仿效丰田公司使用的工具，它的核心在于找到适合你所在组织的原则，并勤勉地实践这些原则以达成高绩效，获得竞争力和盈利能力，为顾客及社会持续创造价值。

三、标准化与精益管理的异同点

从上面的介绍可以得出，标准化、精益管理二者之间既有联系又有区别，标准化管理模式以“制度”来控制管理对象的行为；精益化管理模式以“成效”来倒逼管理对象的行为，两者从本质上讲是一致的，相互促进，共同构建科学的管理系统。

标准化管理是对整个工作过程的制度性设计，精益化管理更倾向一种管理理念与成效，前者是一门组织管理技术，通过对过程进行设计，而获得最佳的工作方法。后者是管理者内在的对外体现，具有很大的弹性空间，从成效倒逼、优化行为。

1. 二者的共同点

（1）管理对象相同。二者都属于管理学范畴，均为一种管理的模式和管理的工具、方法，均属于企业管理子系统。管理对象均围绕提高和保证企业具有核心竞争力产品（服务）的人的行为。

（2）管理目的相同。开展标准化建设、精益管理，都是为了优化流程、规范管理、降本减耗、提高质量，都是为了向管理要效率、强管理增效益，都是为了增强企业内生动力，实现企业健康发展，获取良好经济效益、社会效益。

（3）运行手段相同。二者均遵循 PDCA（即计划、实施、检验、改进）循环模式，都是一个系统性、持续性、闭环管理的过程。

（4）以流程为基础。无论是标准化还是精益管理，都需要通过完成项目的方式来达到改善的目标，而每个项目都是有相对应的流程，需要对其作详细的分析，然后加以改进。

（5）都需要企业最高领导者的重视。无论是标准化管理还是精益管理，都是一项系统性管理工程，需要革新观念、打破旧有框规，需要企业众多的人员和部门参与，涉及部门职能甚至个人自身利益，如果不想做成“两张皮”甚至“多张皮”，必须由企业最高管理者的部署和督导执行。

（6）都需要循序渐进地推行。无论是标准化管理还是精益管理，都不是企业管理活动的全部，它应与企业的其他管理活动相协调，不同企业的客观环境不一样，企业管理适宜方法也不一致。二者也只是管理的一种较好模式，具体实施要因地制宜。只有每一个企业都加强对学习和研究，逐步建立自己的“标准化体系”或“精益原则”，这才真正得到了“最佳秩序”或“精益效益”。

2. 二者的不同点

首先是功能定位不同。企业标准化体系是企业各项管理体系之中最大的工作系统，是企业各类管理体系包括安全生产管理、质量管理、精益管理的基础性、支撑性体系，其建立在以技术标准为主体、包括岗位标准和管理标准在内的企业标准化系统，以便使企业在产品、技术、生产、人事、财务、后勤等各个方面建立起以各自标准为依据的管理体系，它几乎覆盖企业的方方面面、所有环节，并渗透到各项管理工作之中，体现了管理上的全息性。企业精益管理是建立在扎实的标准化基础之上的更高层次的管理活动，其开展的精益营销、精益物流、精益研发、精益质检等工作，追求的“质量零缺陷、过程零浪费、现场零无序”的目标，从本质上来看就是一个标准再优化、质量再提升的过程。可以这么说，标准管理是基础，精益管理是手段，质量管理是目的。

其次是管理侧重点不同。企业标准化是为在企业的生产、经营、管理范围内获得最佳秩序，以业务梳理为基础，对实际的或潜在的问题制定共同的和重复使用的规则的活动，通过建立和实施企业标准体系，制定、发布企业标准和贯彻实施各级标准，建立企业最佳秩序。

精益管理是以市场和客户为导向，侧重于研究营销、物流、研发、生产制造等具体工作领域或流程，更多的关注在于时间和浪费有关的问题。希望通过生产流程的改善，达到减少浪费、优化各生产时间、生产柔性的目的。精益管理关注更多的是流程的速度。

第二节 标准化管理与卓越绩效管理

一、卓越绩效管理的概念

GB/T 19580—2012《卓越绩效评价准则》对“卓越绩效”的定义为：通过综合的组织绩效管理方法，为顾客、员工和其他相关方不断创造价值，提高组织整体的绩效和能力，促进组织获得持续发展和成功。

卓越绩效管理模式是当前国际上广泛认同的一种组织综合绩效管理的有效方法 / 工具。它产生于美国 1987 年设立的“波多里奇国家质量奖”，该评奖标准后来风行世界发达国家与地区，成为一种卓越的管理模式，即“卓越绩效模式”。它提供一种评价方法，核心思想是以顾客为导向，聚焦结果，追求卓越的经营管理理念、持续改进创新。

有专家认为，卓越绩效模式的本质是对全面质量管理的标准化、规范化和具体化。2001 年起，中国质协在研究借鉴卓越绩效模式的基础上，启动了全国质量管理奖评审，致力于在中国企业普及推广卓越绩效模式的先进理念和经营方法，GB/T 19580《卓越绩效评价准则》于 2004 年 9 月正式发布、于 2012 年得到修订，它标志着我国质量管理进入了一个新的阶段。

我国在积极引进该模式的同时，根据国情对其进行完善与丰富。“4.1 领导”“4.2 战略”“4.3 顾客与市场”三部分构成的“领导作用三角”，体现了它们在绩效管理系统中起到的驱动作用；“4.4 资源”“4.5 过程管理”“4.7 结果”三部分构成了“资源、过程和结果三角”，表明利用“资源”、通过“过程管理”来取得卓越的结果；而“4.6 测量、分析与改进”是绩效管理系统的基础，是连接两个三角的链条，能够有效推动企业的改进和创新，为提升企业的绩效和竞争力发挥着至关重要的作用。评价准则框架，如图 17-1 所示。

在电力行业，卓越绩效模式在许多企业也得到了较好的推进，相关团体标准也即将发布。企业引入卓越绩效模式，构建具有电力行业特色的卓越绩效评价体系，持续践行“追求卓越，努力超越”企业精神，探索卓越之路，实现管理成熟向卓越的跨越式发展。

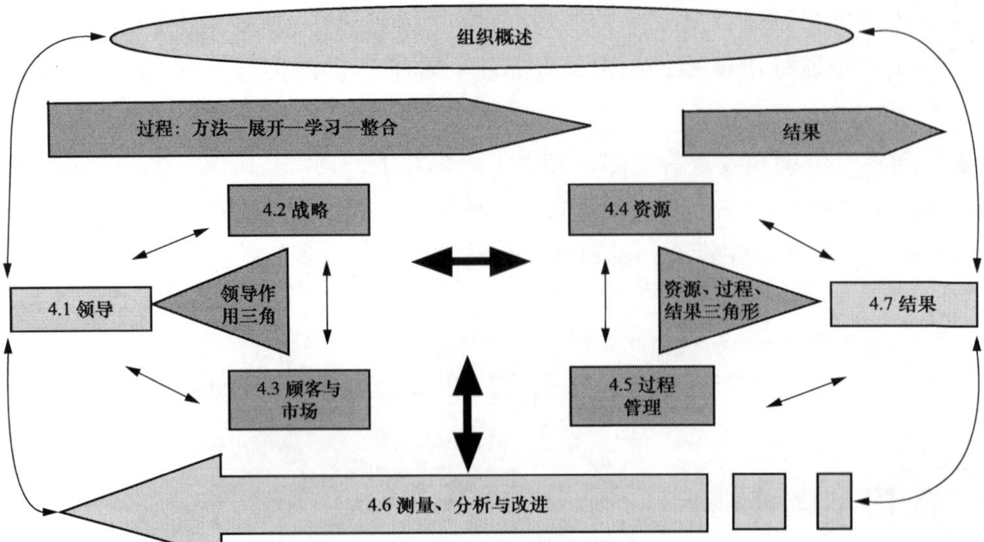

图 17-1　卓越绩效评价准则框架图

二、卓越绩效管理的九项基本理念

GB/T 19580—2012 建立的 9 项相互关联的基本理念简述如下。

1. 有卓识远见的领导

以前瞻性的视野、敏锐的洞察力，确立组织的使命、愿景和价值观，带领全体员工实现组织的发展战略和目标。领导力是一个组织持续成功的关键。组织的高层领导应当以其前瞻性的视野和敏锐的洞察力，确定组织正确的发展方向和以顾客为中心的企业文化，并提出有挑战性的目标。组织的使命、愿景、价值观和目标应均衡地考虑其利益相关方的需求，用于指导组织所有的活动和决策。

高层领导应确保建立组织追求卓越的战略、管理系统、方法和激励机制，激励员工勇于奉献、成长、学习和创新。高层领导应完善治理机制，对组织的行动、绩效负责，并以自己的道德行为、能力、进取精神发挥其表率作用，有力地强化组织的文化、战略和目标意识，确保质量安全，强化风险意识，培养接班人，提高员工对组织的忠诚度，带领全体员工实现组织的目标。

2. 战略导向

以战略统领组织的管理活动，获得持续发展和成功。在复杂多变的竞争环境下，组织要有战略性思维，以坚定的未来导向，关注组织未来持续稳定的发展，获得可持续增长和市场领导地位，让组织的利益相关方——顾客、员工、供应商以及股东、公众对组织建立长期信心。

组织应分析、预测影响组织发展的诸多因素，包括：顾客的期望、新的商机和合作机会、员工的发展和聘用、新的顾客和市场细分、技术的发展和法规的变化、社区和社会的期望、竞争对手的战略等，制定长期发展战略和目标，并通过长短期战略实施计划进行部署，配置资源，建立关键绩效指标监测战略进展，保证战略目标的实现。组织的战略要与员工和关键供应商沟通，使员工和关键供应商与组织同步发展。

3. 顾客驱动

将顾客当前和未来的需求、期望和偏好作为改进产品和服务质量，提高管理水平及不断创新的动力，以提高顾客的满意和忠诚程度。组织要树立顾客驱动的理念，认识到质量和绩效是由组织的顾客来评价和决定的。组织必须考虑产品和服务如何为顾客创造价值，达到顾客满意和顾客忠诚，并由此提高组织绩效。

组织既要关注顾客现时需求，也要预测顾客未来需求，以及潜在顾客的需求。顾客驱动要体现在组织运作的全过程，因为很多因素都会影响到顾客感知的价值和满意，包括：要与顾客建立良好的关系，以增强顾客对组织的信任、信心和忠诚；在预防缺陷和差错产生的同时，要重视快速、热情、有效地解决顾客的投诉和抱怨，留住顾客并驱动改进；在满足顾客基本要求基础上，要努力掌握新技术和竞争对手的发展，为顾客提供个性化、差异化的产品和服务；对顾客需求变化和满意度保持敏感性，做出快速、灵活的反应。

4. 社会责任

为组织的决策和经营活动对社会的影响承担责任，促进社会的全面协调可持续发展。组织应注重对社会所负有的公共责任，遵守道德规范，并履行好公民义务。高层领导应成为组织的表率。组织对于社会责任的管理应采用适当的绩效测量指标，并明确领导的责任。

在组织的经营过程中，以及在组织提供的产品和服务的生命周期内，要保护公众健康、安全和环境，注重节约资源。组织不应仅满足于达到国家和地方法律法规的要求，还应寻求更进一步的改进机会。要有发生问题时的应对方案，能做出准确、快速的反应，保护公众安全，提供所需的信息与支持。组织应严格遵守道德规范，建立组织内外部有效的监管和信用体系。履行公民义务是指组织在资源许可的条件下，对社区公益事业的积极参与和重点支持。公益事业包括改善社区内的教育和保健、美化环境、社区服务、改善工商业实践和分享非专利性信息等。

5. 以人为本

员工是组织之本，一切管理活动应以激发和调动员工的主动性、积极性为中心，促进员工的发展，保障员工的权益，提高员工的满意程度。

组织的成功越来越取决于全体员工不断增长的知识、技能、创造力和工作动机。组织要让顾客满意，首先要让创造产品和提供服务的员工满意。以人为本意味着激发和调动员工的主动性、积极性，确保员工的权益、发展和满意。为此组织应关注员工工作和生活的需要，创造公平竞争的环境，对优秀者给予奖励；为员工提供学习、交流和晋升的机会，促进员工发展与进步；营造一个鼓励员工共享知识、挑战困难和积极创新的环境。

6. 合作共赢

与顾客、关键的供方及其他相关方建立长期伙伴关系，互相为对方创造价值，实现共同发展。

组织与顾客、供应商和研究、教育、金融机构等相关方之间通过互利和优势互补，建立长期合作伙伴关系，以有利于组织进入新的市场领域，开发新的商品和服务，进行知识和资源共享，提高快速反应速度，增强双方实力和获利能力。组织良好的合作伙伴关系，应着眼于共同的长远战略目标，从制度和渠道上保证做到加强沟通，互相为对方创造价值，实现共同发展。

7. 重视过程

组织的绩效源于过程。要实现期望的绩效结果，就要重视过程，建立有效的过程管理系统，识别、设计关键过程，进行过程的实施和改进，减少过程波动与非增值性活动，使关键过程与组织发展方向和业务要求保持一致。

组织的绩效体现于结果，因此更要关注结果。结果不能仅是销售额和利润等财务结果，还应包括产品和服务、顾客与市场、资源、过程有效性以及组织治理、战略、社会责任等领导方面的结果。这些结果能为组织关键的利益相关方——顾客、员工、股东、供应商和合作伙伴、公众及社会创造价值，并平衡其相互间的利益。

8. 学习、改进与创新

组织的学习是组织针对环境变化的一种持续改进和适应能力，通过引入新的理念和做法带来系统的改进。学习必须成为组织日常工作的一部分，通过员工的创新、产品的研究与开发、顾客的意见、最佳实践分享和标杆学习以实现产品、服务的改进，开发新的商机，提高组织的效率，降低质量成本，更好地履行社会责任。

组织应通过系统的知识管理，传承内外部的知识积淀，并在高层领导积极推动和参与下，营造改进和创新的文化氛围，建立改进和创新的策划、实施、监测与评价激励机制，持续、有效地开展改进和创新活动，使改进和创新成为学习的一部分，融入组织的各项工作中。

9. 系统管理

将组织视为一个整体，以科学、有效的方法，实现组织经营管理的统筹规划、协调一致，提高组织管理的有效性和效率。系统管理体现了组织所有活动都是以顾客和其他相关方需求和期望为出发点，最终达到关键利益相关方综合满意与和谐共赢。各项活动以战略为主线、关键绩效指标为纽带，按照 PDCA 循环展开，进行系统的管理。

卓越绩效评价准则强调以系统的观点来管理整个组织及其关键过程。卓越绩效评价准则 7 个方面的要求和基本理念构成了一个系统的框架和整合机制，强调了组织的整体性、一致性和协调性。“整体性”是指把组织看成一个整体，确立共同的战略目标和行动计划；“一致性”是指应用准则各条款要求之间的关键联系，确保从计划、过程、测量到行动的一致性，通过关键绩效指标使组织的战略重点与关键过程统一；“协调性”是指组织管理体系的各部门、各过程和各要素之间相互协调，以充分互联的方式运作。

要理解和实施卓越绩效评价准则，首先要理解以上这 9 项基本理念并付诸实践，在应用中为企业追求卓越、持续成功创造价值。知易行难，只有付出艰辛的努力，并密切结合行业和企业实际，才能将卓越绩效评价准则的 9 项基本理念融入卓越绩效评价准则的学习和实践过程，不断适应环境的变化，实现观念变革和管理创新。

三、企业标准体系和卓越绩效评价准则的相同点

通过对企业标准体系与卓越绩效评价准则的研读和分析，这两个主要提供给企业等相关组织的标准，存在着很多的相同或相似的内容和要求，主要包括以下 6 个突出的相同点。

1. 强调最高管理者的作用

企业标准体系中 GB/T 15496《企业标准体系要求》中明确规定了企业最高管理者的职责，明确规定了企业最高管理者要在贯彻国家法律法规、强制性标准的基础上，制订与企业方针、目标相适应的标准化工作任务和目标，确保标准化工作开展的人、财、物等资源，采取相应激励性措施。

卓越绩效模式关注领导要素的作用。领导要素主要包括高层领导的作用、组织治理和社会责任三个方面，其中高层领导的作用是企业实施卓越绩效模式的前提条件。在卓越绩效模式中，不仅要明确领导者工作内容，还要关注领导者相关能力的考核，考察企业决策层领导力，根据卓越绩效模式要求及能力范围建立高层领导的工作标准，不断完善与持续改进。

2. 采用过程管理

无论是在企业标准体系还是卓越绩效管理模式都采用的过程管理方法，企业标准体系中主要是对企业所涉及全过程的标准按照其内在的关系建立起来的标准体系，主要标准化管理的对象为企业所有的过程。卓越绩效评价准则中的评价主要是对工作系统和工作过程两部分内容进行考核。

3. 强调持续改进

企业标准体系系列标准专门将评价与改进的内容从 GB/T 15496 中单列出来，形成单独的标准 GB/T 19273，以突出持续改进的重要性。卓越绩效评价准则自身非常重视持续改进，每两年根据应用的情况，修改和完善评价标准，同时在准则的内容中不断重复对于不同方面的内容企业所采取的持续改进的措施。

4. 系统性管理方法

企业标准体系在 GB/T 15496 的引言中，提出企业为实现确定的目标，将其生产服务经营、管理全过程需要实施的标准，运用系统管理的原理和方法将相互关联、相互作用的标准化要素加以识别，制定标准，建立标准体系并进行系统管理，有利于发挥标准化的系统效应，有助于企业提高实现目标的有效性和效率。卓越绩效评价准则中的评分标准中对企业过程管理类目的参考依据将企业成熟的几个步骤分为对问题的被动反应、早期的系统方法、校准的方法和整合的方法，从这里也看出卓越绩效评价准则同样强调企业采用系统性管理方法。

5. 全员参与

企业着手开展企业标准体系建设、还是导入卓越绩效管理模式，无论是哪个体系的实施和贯彻，都必须是企业全体员工共同的工作，从全员的培训理解标准内容开始，到每个员工按照标准的要求开展具体工作，都需要所有的员工参与其中，特别是企业若实质性地获取两个体系的实施对企业发展的收益，那么也必须让全员参与到体系建设和实施的工作中去，避免出现“两张皮”的现象发生。

6. 相似的评价方式

企业标准化建设成效与卓越绩效管理都是通过自评或第三方评价，找出需要改进的管理短板，并合理配置相应的资源，持续进行改进。

四、企业标准体系和卓越绩效评价准则的差异

虽然企业标准体系和卓越绩效评价准则存在着很多的相同内容，采用类似的方法，但由于其出发点和管理范畴的不一致，致使二者存在一定的差异，有着各自的特点。

1. 企业标准体系

（1）覆盖企业全过程是企业管理的基础。企业标准体系区别其他管理体系的最根本的内容在于其采用过程管理的范围基本涵盖了企业中所涉及的各类过程，包括与质量相关的过程，也包括与质量无直接关系的，例如财务管理、风险管理等。由于企业标准体系中的过程管理涉及企业的全过程，也是企业管理和其他管理体系运行的基础。任何企业都存在管理的措施、工作岗位管理、技术相应的标准规程等，基本上所有的企业都有相应的企业标准体系，只是这个体系不一定是按照 GB/T 15496 系列标准的要求而建立的。

（2）对其他管理体系的充分融合，方法的多样性和可扩展性。其他管理体系及企业自行采用的管理方法是企业标准体系中管理标准体系的重要组成部分，也就是说企业标准体系涵盖了企业所引入和采取的各类管理体系的管理方法和理念，使得企业标准体系能够充分地融合其他管理体系，可以在管理方法和措施吸纳其他管理体系的优势。同时企业采取的管理方法和管理措施可以伴随着企业管理理论和实践的不断提升，引入更为科学的管理理念，导入更为先进的管理体系，采取更为有效管理方法，所以说企业标准体系在管理方法上并非一成不变，存在着多样性和可扩展性，会随着企业发展的需要不断地完善和发展。

2. 卓越绩效评价准则

采用非符合性评定。卓越绩效评价准则与企业标准体系最核心的区别，就是采用非符合性评定。企业标准体系主要是依照企业标准体系系列标准及企业所建立的自身的标准体系与企业实际运行情况的对照检查，以发现企业存在不合格项，也就是企业管理中还存在的问题，不断地完善和提高。而卓越绩效评价准则通篇采用问句的形式，如企业的愿景是什么？企业如何确立这个愿景的？等类似的问题，通过企业回答这些问题来了解企业是如何开展相关工作的，以挖掘企业管理中科学性、系统性、有效性，用文件和现场评审的形式来证实企业在管理过程中存在的优势及改进机会，对企业展现出来的强弱项进行企业经营管理成熟度的综合评估。

3. 引入与行业标杆、竞争对手的对比

卓越绩效评价准则与企业标准体系相比另外一个特点就是，对企业的结果的评价中引入了与行业标杆、主要竞争对手的结果的比较。企业标准体系中主要是对企业自身提出的相应的目标的达成情况进行比较，而卓越绩效评价准则不仅要求自身目标的实现程度，同时要求与行业标杆和竞争对手的比较，通过这个比较，来发现企业在行业中的地位，综合评价企业近年来的发展趋势。

第三节　精益管理与卓越绩效管理

精益管理作为一种从丰田生产方式成长起来的管理模式，可通过对生产管理进行精益改善，带动研发、供应、成本、销售等方面的管理提升，实现全价值链最大化，为卓越绩效的落地提供管理和技术支撑。

卓越绩效作为一种系统管理模式，为组织追求卓越提供了一个系统的"诊断测量仪"，为企业实施管理提供了框架和标准。卓越绩效管理主要是通过自我评价或第三方评价，找出需要改进的管理短板，并合理配置相应的资源，持续进行改进。

一、精益管理和卓越绩效的异同点

精益管理是指将精益的理念用到生产以及其他经营的各个主要环节中，其核心是消除一切无效作业和浪费，提高效率，降低成本，提升质量，达到企业利润的最大化。通过无止境地去追求这一目标，来保证企业强大的竞争力，使企业得到持续改进、永远保持进步。

卓越绩效是建立在大质量概念上的质量管理体系，它是在全面质量管理的基础上发展起来的、更具有操作性和系统性的管理模式。卓越绩效强调以系统的思维方式来管理整个组织，以战略为核心，通过与标杆企业的比较学习，持续开展管理诊断、自我评价、实施改进和创新、推进企业经营管理，提高管理成熟度，取得卓越的结果。

两个优秀管理模式均有自己的管理哲学，卓越绩效建立在 9 条相互关联的基本理念之上，精益管理建立在 14 项管理原则之上。这些基本理念和原则反映了国际上最先进的经营管理理念和方法，是各企业成功经验的总结，是实践的结晶、浓缩的标准。两类管理理念和原则具体内容及对应关系如图 17–2 所示。

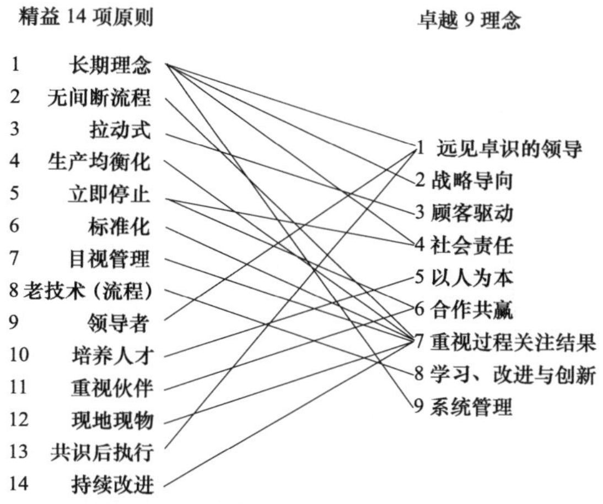

图 17–2　卓越绩效和精益管理的对应关系

从以上两类管理理念和原则对应关系分析，可得出两种管理体系的相同点和不同点：

（1）两者的基本理念和思维方式相同。卓越绩效的 9 条理念与精益管理 14 项原则存在交叉对应关系，均从理念层、行为层、方法层进行了规定。都是以顾客为中心，追求持续改进，以系统的思维来提高综合管理水平，保证企业强大的竞争力，达到企业利润的最大化，从而使企业基业长青。

（2）两者的使用方法不相同。卓越绩效将 9 条基本理念的要求，体现在 GB/T 19580 中 7 个类目 23 项要求中，是许多世界级成功企业的经验总结，形成了一个引导组织追求卓越的系统模式，是一张诊断表，可系统地诊断企业的薄弱环节，给企业看病。

精益管理 14 项管理原则中有 6 条原则是以消除浪费为核心的精益技术和工具（无间断流程、拉动式、生产均衡化、立即停止、标准化、目视化管理），能为过程提供改进思路和工具，减少过程波动和非增值性活动，使价值链最大化，是企业的治病良药。

（3）两者实施改进的思路不同。两种管理体系在本质上没有多大区别，但实施改进的思路不同。卓越绩效以战略管理为抓手，重视系统管理；精益管理以消除浪费为抓手，关注过程管理，两者的实施均能提高企业管理水平，所以在实施卓越绩效的企业实施精益管理并不矛盾。

二、精益管理助推卓越绩效落地

1. 构建卓越精益一体化的战略目标管理体系

企业要实现卓越的绩效，管理就要上水平，不能"头痛医头，脚痛医脚"，而必须以顾客和市场为出发点，进行顶层设计，以企业的全价值链为改进方向，着眼于质量、成本和效率，开展系统性的改善，突出企业全部门产生的价值功能。具体的实施要求是找出影响企业发展的根源性问题，提出系统明确的、可量化的发展指标，纳入战略管理，并逐层分解，形成战略目标管理体系，通过配置相应的资源，长期规划和短期计划的部署，确保战略目标的实现。所以，科学合理的战略目标管理体系是卓越绩效能否落地的关键因素之一。

战略目标管理涉及企业所有的部门，意味着企业所有的部门都应一体化运营而且卓越。目标类目的设置应包含质量、成本、效率等经营改善指标，改善指标都必须通过对管理的全要素、全流程、全方位地进行价值流分析而科学设定。同时为了达成改善指标，应借助精益思想、工具进行全面优化业务流程，消除不产生价值的环节和活动，消除浪费，降低成本。

2. 用精益实施过程改进

好的过程，才能有好的结果。企业要实现期望的绩效结果，需要建立有效的控制过程系统，识别、设计关键过程，进行过程的实施和改进，减少过程波动和非增值性活动，使关键活动与组织的发展方向和业务要求保持一致。

如何减少过程波动和非增值性活动，卓越绩效模式并未提供具体的方法。运用精益管理所提供的流线化运营管理理念、技术和工具，能有效对过程进行改进。在企业的研发、采购、生产、营销全价值链中建立连续作业流程，使它们形成相互关联的整体，当任何一个环节出现问题时，促成更多的团队合作，对问题能做出快速反馈，并拉动人力资源、财务、信息化等支撑过程实施改进，实现对过程的最佳控制，达到缩短流程周期、快速响应的目的，实现价值链的整体优化，最终实现卓越结果。

卓越绩效和精益管理是国际上许多卓越企业成功经验的总结，分别提供了一张诊断企业当前管理水平的检查表和改进工具。企业利用卓越绩效和精益管理分别进行自我诊断（评价）和改进创新，提升企业各方面的质量与绩效，增强企业体质，实现管理提升。

三、企业标准化与卓越绩效相互融合

1. 标准化与精益化、卓越绩效的关系

企业标准体系、精益化管理与卓越绩效评价准则由于其建立的目标的不同，存在着各自的特点和要求，但在企业的管理中存在着密切的联系， 如果用一座大厦表示企业，那么企业标准体系是企业运行的基础，是这座大厦的地基，精益管理的 14 项原则就是企业运行的支撑，是这座大厦的墙体， 通过卓越绩效评价准则的实施，可以了解企业管理的成熟度，也就是这座大厦的高度。三者之间的关系可以用图 17–3 表示。

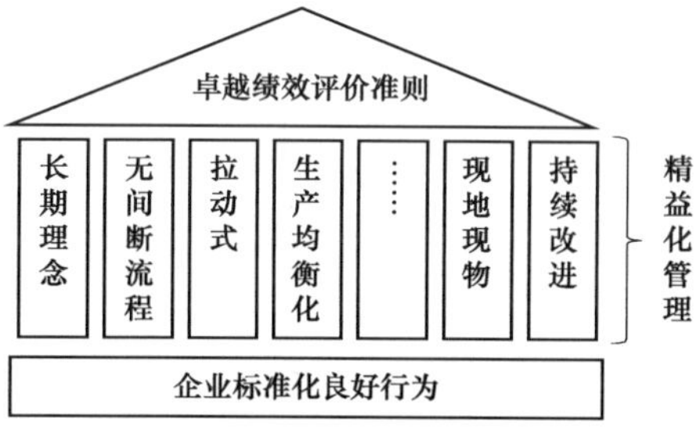

图 17–3　标准化与精益化、卓越绩效的关系示意图

企业以基于流程的标准管理体系全面导入卓越绩效模式，规范企业管理活动，提升企业管理效率和经济效益，通过建立长效运作和激励机制，夯实企业管理基础，推动企业管理迈上新的台阶，不断卓越发展。

2. 标准化与卓越绩效的融合

在实际运行中，标准体系在企业内部的有效运行，可以增强员工对标准化的认识，增强以标准规范工作的思维习惯，以及遵守文件规定的行为习惯。在此基础上导入卓越绩效模式和精益管理理念，就能够避免造成空有文件不执行的状况。完善的标准体系能够有效地解决卓越绩效模式在中国的推广可能遇到的多个问题。

离开标准化良好行为直接导入卓越绩效模式和精益管理理念，就可能像搭建海市蜃楼。在这样的企业导入卓越绩效模式和精益管理理念，必须对企业所有资源收集、整合和重建，因为缺乏基础，导入的难度比较大。而且在导入以后，往往由于企业内员工甚至领导层对大量输入的文件消化不及时，导入的体系难以在企业内部有效地运行。因而，标准化良好行为企业的建立，对卓越绩效模式和精益管理理念的有效导入，具有非常重要的基础性作用。

下面根据卓越绩效评价准则 7 个方面的要求为例，介绍“标准化良好行为”对卓越绩效模式导入的作用。

（1）关于卓越绩效管理模式中领导要素的作用与标准化实施的融合。卓越绩效模式对领导层的作用提出了 7 个方面的要求。标准化岗位标准体系中，要求有最高管理者和决策层工作人员的岗位标准，内容包括领导者的工作内容、权责和上下级关系。根据卓越绩效模式的要求，在岗位标准中增加领导者的工作内容，明确工作能力要求和考核方式，建立与卓越绩效模式对应的完整的领导者岗位标准，使卓越绩效模式对企业决策层领导力的考察有具体的落脚点。更容易发现企业决策层领导力的特点和需要改进的方向。在企业标准体系的经营综合管理中，有关于企业组织治理的相关内容，可以作为领导力要求的补充。

（2）关于卓越绩效管理模式中企业的战略与标准化实施的融合。战略要素主要包括战略制定与战略部署，其中战略制定是为了确定战略目标，并将战略目标进行具体化，指引企业持续发展。领导者工作内容与方式对企业战略制定与部署有着很大的影响。标准化体系制定了规划与计划管理标准和相应的管理流程，为确保战略规划的有效实施，公司将战略目标分解为部门、个人的目标，与绩效挂钩，以激励手段确保绩效指标按时完成，使公司的战略目标转化为上下一致、全员参与的战略行动。以卓越绩效模式中战略要素为依据，完善并改进企业标准化体系。

（3）关于卓越绩效管理模式中顾客与市场方面和标准化实施的融合。电力体制改革，促进市场交易形式与市场化交易量的增大，顾客与市场主要包括电力用户和交易市场的了解、用户关系建立与用户满意测量，通过了解电力用户需求、期望和偏好，建立良好的供需关系，提高用户的满意度和忠诚度，企业通过不断地满足用户需求提升市场占有率来增加收益，实现企业持续发展。建立企业销售管理标准，在公司岗位标准体系中，将确定用户及相关方的期望和要求、建立长期市场关系、挖掘潜在客户资源纳入员工的工作范围内，其工作内容主要依据标准化体系中对服务的相关管理标准，并且还应包括不同岗位与职能部门沟通与协调。

（4）关于卓越绩效管理模式中人力、财务、技术等资源标准化实施的融合。资源要素主要包括人力、财务、信息和知识、技术、基础设施以及相关方关系等方面的资源，为企业战略目标的实施提供强有力保障。资源要素作为企业正常运营的基本保障，影响着企业战略目标的实现和绩效的提升。标准化体系按业务流程对组织框架、岗位设置、职责任务等进行规划，科学界定事权划分，理顺各层级的管理关系，优化资源配置，建立健全结构合理、权责明确、治理科学、运营高效的管控体系。在卓越绩效模式中，提升相关资源的内容与水平，使标准化体系与之相契合，能够大幅度提高企业管理能力。

（5）关于卓越绩效管理模式中过程管理与标准化实施的融合。过程管理主要包括过程的识别、设计、实施与改进，通过管理企业的关键过程，保证企业能够良好运转，并提高生产或服务的效率。过程要素涵盖企业价值创造过程和关键支撑过程，贯穿于企业的各个管理运营环节。标准化体系依据企业流程体系，自上而下，逐级分解，明确各级流程责任人，运用 PDCA 循环管理工具将流程环节对应的岗位、依据的标准、涉及的风控、考核的绩效及输入的表单等管理要素进行匹配，对已呈现流程进行简化、优化、贯通。在卓越绩效模式中，加强对于技术标准、管理标准及过程标准改进，既能够丰富企业标准化体系内容，也是标准化体系导入卓越绩效模式的工具。

（6）关于卓越绩效管理模式中建立测量、分析和改进的方法与标准化实施的融合。测量、分析与改进主要包括绩效的测量、分析和评价以及改进与创新，贯穿于所有管理活动，并推动企业不断改进与创新，实现可持续发展。测量分析与改进是企业运营管理水平持续提升的动力源泉。通过卓越绩效模式的导入，借鉴测量分析与改进的思想对企业的学习、改进机会做出识别，有利于提升企业的管理能力从而影响企业绩效。通过软件平台，企业员工和领导者可以监督流程绩效，按照卓越绩效模式的要求对标准管理体系运行结果进行测量、分析和总结，对不符合项进行预防与修正，从而持续改进、优化和完善流程。

（7）卓越绩效管理模式中结果考察与标准化实施的融合。卓越绩效模式的最终结果是通过考察企业的经营绩效最终判定企业是否达到全面卓越，在卓越绩效模式导入过程中，通过不断地分析、测量与改进，实现企业绩效的提升。在卓越绩效导入过程中，企业标准化体系作为最重要的平台，推动了卓越绩效模式与企业实际运营有效融合。建设完善的企业标准化体系，是引导卓越绩效模式在企业中良好运行的保证。标准化体系与卓越绩效模式相互融合，共同促进企业卓越发展。

“创建标准化良好行为企业”作为卓越绩效模式导入的先行，是卓越绩效模式有效导入的保证；标准体系与卓越绩效模式捆绑，共同分析和改进，是企业获得卓越绩效的捷径。对于每个企业，一方面可邀请专家进行全面、系统地指导，梳理企业管理环节，识别企业的优势和改进空间；另一方面企业进行自我评价，建立覆盖企业各个层级和主要部门的自评师队伍，梳理管理流程，评价各关键环节的管理水平，确定企业值得改进的机会。企业根据评价结果，制订和实施相应的改进计划，并在管理中进行落实，向着“卓越”目标迈进。

在信息社会时代，企业管理的模式、理论、方法多种多样，标准化管理、精益管理、卓越绩效管理是目前成熟的、为多个企业所验证过且行之有效的方式。企业选择哪种或者哪几种管理模式，需要根据工作需要确定，不是越多越好。标准化管理、精益管理、卓越绩效管理，只要选择其中的任何一个管理方法，并持续有效推进，都会得到理想的效果。

附录

《标准化管理办法》示例

前　言

本文件按照 GB/T 1.1—2020《标准化工作导则　第 1 部分：标准化文件的结构和起草规则》的规定起草。

本文件代替 Q/××× ×××.××× — ××××《××××》，与 Q/××× ×××.××× — ×××× 相比，主要变化如下：

——增加了 ×××××××××××××××××××××××××（见 ××××）；

——删除了 ××××××××××××××××××××××××××××××；

——修改了 ×××××××××××××××××××××××××（见 ××××）。

本文件由 ××× 电厂标准化委员会提出。

本文件由 ××× 归口。

本文件起草单位：××××××××××××××××××。

本文件主要起草人：（起草人按对标准的贡献大小排列）。

本文件所代替标准的历次版本发布情况：

——Q/××× ×××.×××—××××；

——Q/××× ×××.×××—××××。

标准化管理办法

1 范围

本文件规定了该企业标准化组织机构及职责、标准化工作基本要求、标准化方针及目标、标准化管理内容和方法、报告和记录等要求。

本文件适用于该企业开展标准化工作。

2 规范性引用文件

下列文件中的内容通过文中的规范性引用而构成本文件必不可少的条款。其中，注日期的引用文件，仅该日期对应的版本适用于本文件；不注日期的引用文件，其最新版本（包括所有的修改单）适用于本文件。

GB/T 1.1—2020 标准化工作导则 第1部分：标准化文件的结构和起草规则

GB/T 1.2 标准化工作导则 第2部分：以ISO/IEC标准化文件为基础的标准化文件起草规则

GB/T 13017—2018 企业标准体系表编制指南

GB/T 15496—2017 企业标准体系 要求

GB/T 20000.1—2014 标准化工作指南 第1部分：标准化和相关活动的通用术语

GB/T 35778 企业标准化工作 指南

DL/T 485 电力企业标准体系表编制导则

DL/T 800 电力企业标准编写导则

T/CEC 181 电力企业标准化工作 评价与改进

Q/××× 2077 员工奖惩管理

3 术语和定义

GB/T 20000.1—2014、GB/T 13017—2008界定的以及下列术语和定义适用于本文件。

3.1

标准 standard

通过标准化活动，按照规定的程序经协商一致制定，为各种活动或其结果提供规则、指南或特性，供共同使用和重复使用的文件。

注1：标准宜以科学、技术和经验的综合成果为基础。

注2：规定的程序指制定标准的机构颁布的标准制定程序。

注3：诸如国际标准、区域标准、国家标准等，由于它们可以公开获得以及必要时通过修正或修订保持与最新技术水平同步，因此它们被视为构成了公认的技术规则。其他层次上通过的标准，诸如专业协（学）会标准、企业标准等，在地域上可影响几个国家。

[来源：GB/T 20000.1—2014，5.3]

3.2

标准化 standardization

为了在既定范围内获得最佳秩序，促进共同效益，对现实问题或潜在问题确立共同使用和重复使用的条款以及编制、发布和应用文件的活动。

注 1：标准化活动确立的条款，可形成标准化文件，包括标准和其他标准化文件。

注 2：标准化的主要效益在于为了产品、过程或服务的预期目的改进它们的适用性，促进贸易、交流以及技术合作。

[来源：GB/T 20000.1—2014，3.1]

3.3

规范性文件 normative document

为各种活动或其结果提供规则、指南或特性的文件。

注 1："规范性文件"是诸如标准、规范、规程和法规等文件的通称。

注 2："文件"可理解为记录有信息的各种媒介。

[来源：GB/T 20000.1—2014，5.1]

3.4

企业标准体系 enterprise standard system

企业已实施及拟实施标准按其内在联系形成的科学的有机整体。

[来源：GB/T 13017—2018，3.1]

3.5

团体标准 group standards

由相关学会、协会、商会和产业技术联盟等根据市场需要，组织制定、发布的满足相关范围市场和创新需要的标准。

4 标准化工作基本要求与任务

企业标准化工作基本要求与任务主要包括：

a）贯彻执行国家有关标准化的法律、法规、方针政策；

b）企业标准体系构建与运行、维护；

c）企业标准制（修）订与标准信息跟踪，确保实施的标准现行有效；

d）标准的实施与监督检查；

e）标准化信息的收集与整理；

f）采用国际标准或国外先进标准；

g）参与国际标准、国家标准、行业标准、地方标准及团体标准的制（修）订；

h）参与标准化试点示范；

i）参与国际、国内及社会团体组织的标准化活动；

j）评价与改进；

k）标准化创新等。

5 标准化组织机构与职责

5.1 标准化组织机构

5.1.1 企业应成立标准化管理委员会（简称“标委会”），下设技术标准专业委员会、管理标准专业委员会、岗位标准专业委员会（简称“专业委员会”），以及标准化办公室（简称“标办”）和各部门组成的标准化组织机构。公司标准化组织机构图见图1。

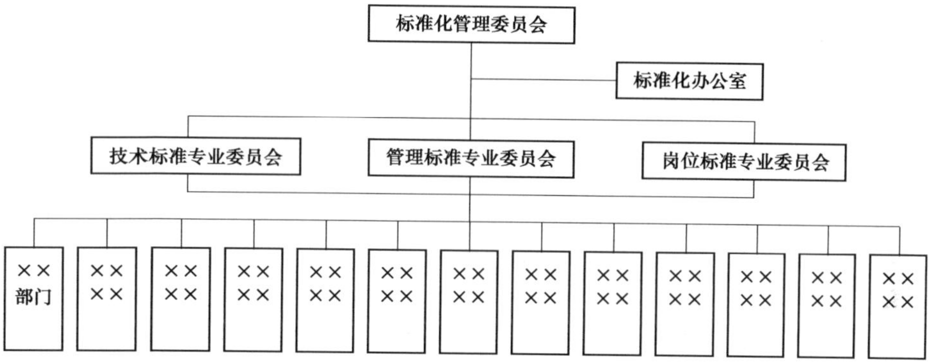

图1 公司标准化组织机构图

5.1.2 各部门均应设置专（兼）职标准化管理人员。

5.1.3 标准化管理委员会主任由总经理担任，成员由公司决策层领导和部门负责人组成。

5.1.4 技术标准专业委员会挂靠设备管理部，主任由总工程师（或生产副总）担任，成员由各生产部门和相关管理部门负责人及相关专业技术骨干组成。

5.1.5 管理标准专业委员会挂靠总经理工作部，主任由分管企业管理的公司领导担任，成员由各部门负责人组成。

5.1.6 岗位标准专业委员会挂靠人力资源部，主任由分管人力资源的公司领导担任，成员由各部门负责人组成。

5.1.7 标办挂靠总经理工作部，是标准化归口管理部门，也是标委会的日常办事机构和工作协调机构。主任由总经理工作部负责人担任，副主任由人力资源部负责人、设备管理部负责人担任，成员由相关部门专（兼）职标准化管理人员及业务骨干组成。

5.1.8 标准化组织机构成立后，应以文件形式下发通知，明确成员名单及工作职责；如遇企业人事变动，应及时调整标委会、标办、专业委员会、各部门专（兼）职标准化管理人员名单并公布。

5.1.9 标准化组织机构成员应按照《标准化管理人员通用工作标准》开展标准化工作。

5.2 标准化工作职责

5.2.1 最高管理者职责

5.2.1.1 贯彻国家标准化工作的法律、法规、方针、政策和有关强制性标准。

5.2.1.2 审批企业标准化机构、人员及其职责和标准化活动经费、设施等资源。

5.2.1.3 对企业标准化工作的开展进行督查。

5.2.1.4 表彰为标准化工作作出贡献的部门和个人，对不认真贯彻执行标准，造成损失的责任者进行处罚。

……

5.2.2 标准化管理委员会职责

5.2.2.1 落实国家标准化法律、法规和方针政策，根据公司发展战略，统一领导公司标准化管理体系的建设和管理。

5.2.2.2 审核与企业方针、目标相适应的标准化工作任务和目标。

5.2.2.3 审批企业标准化工作规划、计划。

5.2.2.4 审核企业标准化组织机构、人员及其职责。

5.2.2.5 审核企业标准体系和企业标准。

5.2.2.6 审核各部门标准化管理工作的监督和奖惩结果。

5.2.2.7 审核标准化工作成果。

5.2.3 技术标准专业委员会职责

5.2.3.1 组织实施国家、行业、地方和上级相关专业技术标准。

5.2.3.2 组织编制技术标准立项计划、经费预算等，参与编制、审核标准化方针、目标、规划和计划。

5.2.3.3 组织建立企业技术标准体系，制（修）订技术标准体系。

5.2.3.4 组织技术标准的技术培训工作。

5.2.3.5 组织对技术标准进行定期复审、确认、修订、废止。

5.2.3.6 负责对技术标准贯彻实施进行技术指导和监督、检查工作。

5.2.3.7 负责收集、研究相关专业国际标准、国外先进标准以及国家、行业、地方、团体标准，组织相关专业标准的技术交流和科学研究。

5.2.4 管理标准专业委员会职责

5.2.4.1 组织贯彻落实国家、行业、地方和上级制定发布的管理标准、管理制度或相关文件要求。

5.2.4.2 组织建立管理标准体系，制（修）订管理标准体系。

5.2.4.3 组织编制管理标准制（修）订计划，参与编制、审核标准化方针、目标、规划和计划。

5.2.4.4 组织管理标准的复审、制（修）订和实施工作。

5.2.4.5 组织收集整理国家法律、法规及上级规章制度，提供管理标准领域内的标准化服务。

5.2.4.6 负责指导、监督和检查各部门管理标准的实施情况。

5.2.5 岗位标准专业委员会职责

5.2.5.1 组织建立岗位标准体系，制（修）订岗位标准体系。

5.2.5.2 组织编制岗位标准制（修）订计划，参与编制、审核标准化方针、目标、规划和计划。

5.2.5.3 组织岗位标准的复审、制（修）订和实施工作。

5.2.5.4 负责指导、监督和检查各部门岗位标准的实施情况。

5.2.6 标办职责

5.2.6.1 在标委会的领导下，负责公司标准化平台建设，组织起草、制定标准化方针、目标、工作规划、年度计划等。

5.2.6.2 负责建立标准、资料动态数据库，在公司系统内实现标准化管理信息共享。

5.2.6.3 牵头组织企业标准的编制、定期复审、确认、修订、废止工作。

5.2.6.4 负责企业标准的发布和归库管理。

5.2.6.5 负责公司标准化建设各项工作的组织协调和日常管理。

5.2.6.6 协调督促标准化管理各项推进计划的实施与落实。

5.2.6.7 协助解决标准化信息系统建设和运行中的相关问题。

5.2.6.8 牵头组织公司各部门参加国内、外标准化活动。

5.2.6.9 组织开展“标准化良好行为企业”创建活动。

5.2.6.10 负责向标委会报告标准化工作的开展情况和需要其决策的重大问题。

5.2.7 各部门职责

5.2.7.1 负责编制部门标准化工作计划、标准化活动经费预算等。

5.2.7.2 负责部门归口管理的标准（制度）立项、调研、起草、征求意见、送审，以及标准发布后的宣讲、培训等工作。

5.2.7.3 负责组织宣贯、学习与部门业务相关的国家法律、法规及上级规章制度。组织实施与部门有关的标准。

5.2.7.4 负责按要求做好标准实施的原始记录，对发现的问题进行分析并向标办提出意见或建议。

5.2.7.5 组织实施公司标准化机构下达的其他标准化工作任务。

5.2.8 部门专（兼）职标准化管理员职责

在部门负责人的领导下，协调处理部门的标准化工作，履行 5.2.7 的各项职责。

6 标准化方针、目标

6.1 标准化方针及目标制订要求

6.1.1 标准化方针的制订应符合企业实际情况，体现规范、执行、改进的内涵，作为企业标准化工作的行动纲领。

6.1.2 标准化方针可纳入企业其他方针文件中，或与它们相融合。

6.1.3 标准化方针及目标的制订，应满足以下要求：

a）方针是方向性、纲领性的，并应与企业总体方针相协调；

b）目标是方针的具体化、可量化，体现规范、执行、改进的内涵；

c）方针与目标应协调一致。

6.2 标准化方针、目标的制订与审核

6.2.1 企业标准化方针由标办根据企业战略发展的要求组织制订，由标委会审批，作为一段时期内标准化总体要求，以文件形式下发，传达给企业所有员工。

6.2.2 企业年度标准化工作目标由标办组织制订，由标委会审批，作为年度工作任务，于每年一季度以文件形式下发、传达给企业所有员工。

6.3 标准化方针、目标的分解

企业确定标准化方针、目标后，应加强宣贯和有效分解，转变成各个部门以及各个人的分目标，通过分目标的完成，实现总目标。

6.4 标准化方针、目标实施与检查

6.4.1 企业标准化方针、目标发布后，各部门应根据部门需要承担的任务目标，编制月度实施计划，按月度管控，做到数据明了、措施有效落实。

6.4.2 月度实施计划要实行分层管理和考核，管理和考核要落实到每个部门、每个人；班组考核个人、部门考核班组、公司考核部门。

7 标准化规划和计划

7.1 公司标委会应指导标办组织制订与企业产业发展相配套的标准化工作规划。标准化规划的期限一般为 3 年 ~5 年，主要内容包括但不限于：

a）标准化工作现状分析；

b）标准化规划编制依据；

c）标准化工作方针、目标；

d）标准化工作总体思路或基本原则；

e）标准化主要工作任务；

f ）标准化工作保障措施。

7.2 公司标办应根据标准化工作规划，组织标准化工作年度计划的编制，并报标委会批准后组织实施。标准化工作年度计划应主要包含但不限于：

a）企业标准制（修）订计划；

b）标准化培训计划；

c）实施标准的项目计划；

d）标准复审计划；

e）自我评价工作计划；

f ）采用国际标准和国外先进标准的计划；

g）标准化科研的计划；

h）对外交流与参加国家标准、行业标准计划等。

7.3 公司各部门在标办的统一安排下，参与公司标准化工作规划及年度计划的编制、实施工作。

7.4 每年四季度由标办组织完成本企业本年度标准化工作总结及下年度标准化工作计划的

编制和上报工作。

7.5 每年一季度由标办发布本年度标准化工作计划。

8 企业标准体系

8.1 总体要求

8.1.1 企业标准体系应遵循“PDCA”方法构建、运行、评价与改进。

8.1.2 企业应分析需求，并根据分析结果形成企业标准体系构建规划，构建规划的制订可参照 GB/T 15496—2017 中附录 A。

8.1.3 企业标准体系应目标明确，体系内所有标准应完整、协调，满足相关方要求。

8.1.4 企业标准体系应层次清晰，结构合理，体系内所有标准边界清楚，接口顺畅，构成有机整体。

8.1.5 企业标准体系应适宜、有效。企业可根据需求和内外部环境变化调整企业标准体系。

8.1.6 企业宜将其他管理体系的标准纳入企业标准体系。

8.1.7 企业应定期开展标准体系评价工作，确保体系持续有效。

8.1.8 企业应利用标准体系评价工作所产生的结果，持续改进和完善企业标准体系。

8.2 构建方法

企业标准体系宜参照 GB/T 15496—2017、GB/T 13017—2018、DL/T 485 等的要求构建。

8.3 企业标准体系表

8.3.1 构建企业标准体系需编制企业标准体系表并能反映体系结构、相互关系以及标准明细等信息，企业标准体系表包括编制说明、体系结构图、标准明细表、标准统计表等图表文件。

8.3.2 企业应根据确定的业务清单构建标准体系总结构图、技术标准体系结构图、管理标准体系结构图和岗位标准体系结构图，并应在编制说明中解释结构图的构成、各子体系的划分情况。

8.3.3 编制说明是企业开展标准体系活动的必要说明，内容包括但不限于：

a）标准体系的建设目标、构建依据及实施原则；

b）企业现状和标准化工作情况分析；

c）体系框架结构说明；

d）与法律法规、强制性标准、上级制度关系；

e）与其他体系协调配套的情况；

f）体系运行和评价改进的建议。

8.3.4 标准明细表中标准的排列应与企业标准体系结构图相对应，格式见表 1，公司可根据实际需要调整修改。

表 1 标准明细表

序号	体系代码	标准编号	标准名称	被代替标准号	责任部门	发布日期	实施日期	备注
注：责任部门是指负责与其业务相关标准的制定、修订、收集、跟踪或监督检查的部门。								

8.3.5 标准统计表用于对纳入企业标准体系的标准进行分类统计，宜使用信息化手段实现，格式参见表2。

表2 标准统计表

标准类别	企业标准	团体标准	地方标准	行业标准	国家标准	国际标准	合计
总计							

8.4 企业标准体系表编制程序

8.4.1 由标办组织企业标准体系表编制的准备工作，做出工作计划，组建编制工作组。

8.4.2 按企业标准体系表编制计划，标办组织编制工作组成员开展企业标准化工作现状分析及需求分析，按照GB/T 15496—2017中第5章构建企业标准体系，编制企业标准体系表草案稿，形成征求意见稿。

8.4.3 标办组织相关部门对企业标准体系表征求意见稿进行讨论、审核、协调、完善并形成送审稿。

8.4.4 由标办将送审稿上报标委会审查，编制组按照审查意见修改送审稿并形成报批稿。

8.4.5 由企业法人代表或其授权的主管领导批准发布实施。

8.5 标准编号

8.5.1 企业标准编号规则应具有唯一性。

8.5.2 标准的编号由企业标办统一管理。企业标准的编号由企业标准标识、企业代号、标准分类号、标准顺序号和年代号5部分组成，编号格式如图2所示。

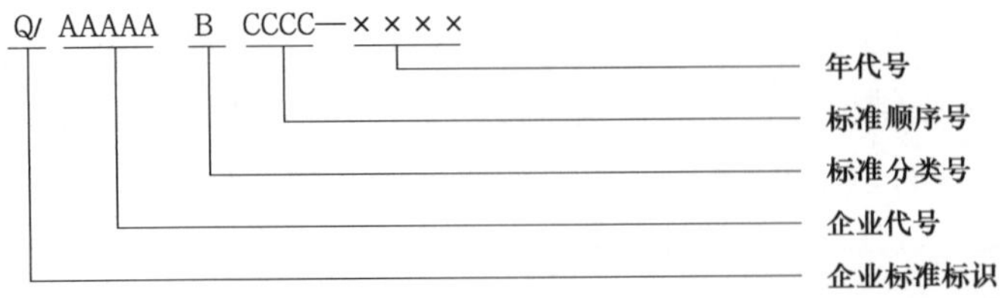

注：企业标准的标识用字母“Q”表示；企业代号宜采用企业名称字母缩写的大写方式表示；标准分类号一般分为技术标准、管理标准、岗位标准，可分别用数字1、2、3表示；标准顺序号一般采用无含义的阿拉伯数字流水号表示；年代号为标准发布的公元年号，采用4位阿拉伯数字。

图2 企业标准编号

8.5.3 企业标准修订时，标准编号不应改变，只改变标准编号中的“年代号”。如遇几项企业标准合并为一项企业标准，或一项企业标准分解为多项企业标准时，可另行编制新的企业标准编号。

8.6 企业标准的制（修）订和废止

8.6.1 标准制（修）订程序

8.6.1.1 标准制（修）订流程图

按附录A的规定。

8.6.1.2 编制计划（立项）

各部门根据标准化对象及主题以及标准使用人员的建议，经相关专业委员会论证，向标办提出制（修）订建议，标办审核后报标准化管理委员会批准，编制年度标准制（修）订计划以文件形式下达，明确责任部门。

8.6.1.3 调查研究、收集资料

8.6.1.3.1 根据公司年度标准制（修）订计划，责任部门应安排具有标准编写能力并经标准化专业培训的专业人员组成标准编写组，负责标准的起草工作。

8.6.1.3.2 在起草标准前，应开展调查研究，收集资料工作，掌握先进的科技成果和管理经验、国家和地方的相关法律法规、集团公司相关规定。

8.6.1.4 起草（修订）标准草案

8.6.1.4.1 标准编写组在调查研究掌握资料的基础上，依据国家标准化法和相关法律法规起草标准草案，经责任部门负责人审核后形成标准草案。

8.6.1.4.2 标准起草的格式、内容、规格应符合 GB/T 1.1—2020、DL/T 800 的要求。

8.6.1.4.3 关于专利征集、识别与处理按 GB/ T 1.1—2020 中附录 C 专利的要求编制。

8.6.1.5 形成标准送审稿

8.6.1.5.1 责任部门将“标准草案”“编制说明”“标准征求意见表”（按附录 B 表 B.1 的规定）发至相关部门征求意见。

8.6.1.5.2 责任部门组织标准编写组根据返回的“标准征求意见表”进行意见汇总并分析研究，编制标准送审稿。

8.6.1.5.3 责任部门负责人审核后，由标准编写组将“标准送审稿”及“标准送审稿审查表”（按附录 B 表 B.2 的规定）上报相关标准化专业委员会。

8.6.1.5.4 标准的编制说明是标准送审、报批和备案的重要文件之一。

8.6.1.6 审查标准

各专业委员会采取会审或函审的方式，组织对标准进行审查，提出审查意见并填写“标准送审稿审查表”。

8.6.1.7 编制标准报批稿

8.6.1.7.1 标准编写组应根据审查意见进行修改，形成“标准报批稿”。

8.6.1.7.2 标准编写组将“标准报批稿”提交标办，经标办进行“标准编写规范性审核”后，上报标委会。

8.6.1.8 标准的批准及发布

8.6.1.8.1 公司标准（含管理制度）报批稿经标准化管理委员会副主任审定、标准化管理委员会主任（或其授权人）批准，标办实施发布。

8.6.1.8.2 公司作业指导书由技术标准委员会审查后，报公司分管生产的副总经理（或总工程师）审批签发。

8.6.1.8.3 标准（含制度）发布后应及时宣贯、实施，如果实际情况不能满足标准要求，可待实施条件成熟后即刻实施。

8.6.1.8.4 标办应及时将发布的标准录入标准化信息系统。

8.6.2 标准的复审

8.6.2.1 企业标准应定期复审，复审周期一般不超过三年，定期复审工作由标办负责组织。

8.6.2.2 当外部或企业内部运行条件发生变化时，及时对企业标准进行复审，由标准责任部门完成动态复审工作。

8.6.2.3 复审的结论包括继续有效、修订、废止三种。

a）继续有效：标准内容不做修改仍能适应当前需要，确认继续有效。

b）修订：标准内容需要改动才能适应当前使用的需求和科学技术的发展，予以修订。

c）废止：标准已完全不适应当前需要，予以废止。

注：对标准只做少量修改时，可采用修改单（按附录 B 表 B.3 的规定），确认继续有效。

8.6.2.4 标准复审后，应及时对标准明细表中相关标准进行更新。

8.6.3 标准的废止

8.6.3.1 根据标准复审结果，标委会宜在当年集中发布企业标准废止通知。

8.6.3.2 企业修订发布的标准应同时废止被代替标准。

8.6.3.3 由公司规章制度转化为企业标准的，相应的规章制度应同时废止。

8.6.3.4 废止的企业标准及时收回，不再执行。

8.7 标准的实施与检查

8.7.1 实施要求如下：

a）确保实施标准的相关部门和人员得到相应标准。

b）进行必要的标准化与专业技能培训。

c）可将标准规定的要求转化为流程图、作业卡以及以信息技术为支撑的人机交互系统等可视化形式，提高实施效率和效果。

d）对标准中有关特定（如质量、安全、环保等）要求，应落实到关键点并有相应措施予以保障。

e）标准全面实施并连贯有效；企业标准体系运行按照 GB/T 15496—2017 中第 6 章的规定，标准执行情况检查评价表格式按附录 B 中表 B.4 的规定。

f）按照标准要求记录和保存实施证据，包括记录表 / 卡，音视频、照片等记录信息和通知、报告、计划等工作文件。记录表 / 卡按标准要求进行设计，能反映记录时间、内容、保存周期和记录人等相关信息，由标准执行部门做好数据记录的管理工作。

g）标准（制度）体系文件执行中，由各部门收集文件执行中存在的问题，反馈至标办邮箱（即总经理工作部邮箱），为下一步修订工作做好准备。

8.7.2 监督检查内容应至少包括：

a）实施标准的资源与满足标准实施要求的符合情况；

b）关键点各项控制措施的完备情况；

c）员工对标准的掌握程度；

d）岗位人员作业过程与标准符合情况；

e）作业活动产生的结果与标准的符合情况。

8.7.3 每年可采取定期检查或不定期检查、重点检查或普遍检查等形式开展监督检查，可结合安全风险评估、各类安全检查、现场检查、评优检查等进行，也可以与其他管理体系的内外部审核相结合。

8.7.4 各类检查宜在计划中予以确定。

8.7.5 监督检查可成立专门的组织，也可由标办根据计划安排组织实施。

8.7.6 监督检查可采用现场查看与询问、对记录的数据进行核实分析，运用技术或其他方法进行验证等手段。

8.7.7 监督检查结果应形成记录或文件，作为考核、改进的依据并进行处置。处置方式如下：

a）标准内容不符合实际工作需要时及时修订 / 废止标准；

b）标准内容符合要求但相关部门执行不力时，应采取措施加强标准的执行力。

8.8 标准体系的评价与改进

8.8.1 体系评价

8.8.1.1 企业应对标准体系的实施过程及效果进行分析、评价。

8.8.1.2 评价应遵循客观公正、科学严谨、全面准确、注重实效的原则。

8.8.1.3 评价依据包括以下内容：

a）国家有关的方针、政策；

b）标准化及相关法律法规和强制性标准；

c）企业方针、目标；

d）GB/T 15496—2017、GB/T 35778、DL/T 485、T/CEC 181；

e）企业标准体系及相关文件。

8.8.1.4 公司定期开展评价工作，标办每年可结合安全风险评估工作组织开展企业标准体系自我评价。

8.8.1.5 评价的程序、方法以及形成的评价结果应符合 T/CEC 181 的规定。

8.8.1.6 评价结束后，应编写报告和不符合项报告（表单按附录 B 表 B.5、表 B.6 的规定）。责任部门应会同相关人员组织对不符合项进行分析，提出改进和预防措施，并组织实施。

8.8.2 体系改进

8.8.2.1 企业应科学、有效使用评价结果，根据评价结果：

a）对不符合标准的行为采取纠正措施；

b）更新体系中的各类标准；

c）对企业提供的产品、服务进行改进与升级；

d）对企业的运行、管理和保障进行改善与提升；

e）对企业标准体系进行改进和优化。

8.8.2.2 改进的要求、措施、方法和结果应纳入企业标准体系进行固化，持续实施。

9 参与标准化活动

9.1 采用国际标准或国外先进标准

9.1.1 基本原则

采用国际标准应遵循以下原则：

a）依据企业需要，公司鼓励采用国际标准（包括采用国外先进标准，余同）；

b）采用国际标准应符合我国有关法律、法规和强制性标准要求；

c）遵循国际惯例，做到技术先进、经济合理、安全可靠；

d）应与企业的技术引进、技术改造和技术开发相结合。

9.1.2 采标要求

9.1.2.1 由标准编写组将确定要采用的国际标准或国外先进标准的内容或相关条款进行转化，制定企业标准。

9.1.2.2 配备、完善与采用国际标准相适应的生产和检测设备，培训人员，组织技术攻关、技术改造。

9.1.2.3 采用国际标准的方法、编号、表述和标识按 GB/T 1.2 的相关规定执行。

9.2 参与国家标准、行业标准、团体标准制（修）订

9.2.1 每年 9 月由科技信息中心组织国家标准、行业标准、团体标准制（修）订的申报工作，将有关申报材料提交上级主管部门。

9.2.2 由集团公司组织相关专家对申报项目进行审核后，统一报送至相关标委会或国家、行业标准主管部门。

9.2.3 承担标准的主编部门应按相关要求成立编写工作组，按项目进度要求起草标准大纲（初稿）、征求意见稿、送审稿和报批稿，并做好标准发布后的标准宣贯和培训工作。

9.2.4 科技信息中心应将公司承担标准各节点的完成情况报上级主管部门备案。

9.2.5 必要时，标准征求意见稿、送审稿、报批稿（包括编制说明）等应提交集团公司组织进行系统内征求意见和审核。

9.2.6 项目在执行过程中，需要对项目计划的主要内容（如起止年限等）进行调整，应提交集团公司审阅，并征得标准主管标委会或国家标准、行业标准主管部门同意。

9.2.7 企业参与地方标准的情况需要报集团公司备案。

9.3 参加标准化组织

9.3.1 公司应主动参加国际、国内、行业、地方标准化活动，参加相关标准化组织，推动国家标准、行业标准、企业标准国际化的应用。

9.3.2 公司鼓励承接国家、行业的相关标委会秘书处工作，并协调系统内资源做好秘书处的技术支撑和服务工作。

9.3.3　公司应积极组织推荐公司人员作为委员或专家参加国家、行业的相关标委会。
9.3.4　公司应为员工参加标准化活动创造条件。

10　标准化信息管理

10.1　标准化信息的范围

企业应掌握的标准化信息主要包括以下方面：

a）企业生产、经营、科技、贸易等方面有效的各种标准文本；

b）国内外有关标准化期刊、出版物、专著；

c）国家和地方有关标准化的法律、法规、规章和规范性文件；

d）有关的国家标准，行业标准，地区标准，团体标准，国际标准，国外先进标准，技术法规的中、外文本；

e）其他与企业有关的标准化信息。

10.2　标准化信息管理的基本要求

企业应按以下要求搜集、整理、保管和使用标准化信息：

a）建立广泛而稳定的信息搜集渠道；

b）及时了解并收集有关的标准发布、修订、更新和废止的信息；

c）对收集到的信息进行整理、分类、登记、编目和借阅，及时传递使用部门；

d）收藏的标准信息应及时更替、更改，保持良好的时效性；

e）建立标准电子文档信息库；

f）开通标准的网络服务系统。

10.3　标准化信息管理

10.3.1　公司各专业委员会组织标准归口管理责任部门利用信息系统及其他渠道，对本专业国家标准、行业标准的信息（包括标准的发布、修订、更新和作废信息）进行日常收集，并及时报送标准化委员会审核后由标办统一发布。

10.3.2　公司标办负责对外建立广泛有效的信息搜集渠道，协助跟踪标准的发布、修订、更新和作废信息。

10.3.3　公司各部门应通过各种技术和管理活动，将取得的相关标准信息，及时报送公司各专业委员会和标办。

10.3.4　各级标准化机构应完成本级的标准化信息收集和管理工作，对公司的标准化信息不断补充。

10.4　标准化管理信息系统

10.4.1　公司应建立标准化信息系统，系统应具备以下基本功能：

a）有企业标准体系信息数据库；

b）能查询适用法律法规、指导文件（参考标准、上级制度）和企业标准；

c）实现标准制（修）订、标准化信息流转；

d）标准化工作的实时管理等。

10.4.2 各部门进入系统方式按标办发布的方式进入。

10.4.3 设备部科技信息中心负责标准化系统软件和服务器的维护管理工作。系统管理员由标办人员担任，口令和密码应保密。

11 标准化培训管理

11.1 培训范围

公司全体员工。

11.2 培训目标

11.2.1 标准化组织机构人员应熟悉国家有关标准化的方针、政策和法律、法规，了解标准化基本知识，熟悉、掌握管理范围内的技术、管理和工作标准。

11.2.2 标准化专（兼）职主管在公司培训的基础上，应参加上级标准化机构组织的标准化培训班学习，并取得标准化资格证书。

11.2.3 其他人员和一般员工应熟悉并能熟练运用与本岗位工作有关的各类技术、管理和岗位标准。

11.3 培训程序

11.3.1 每年四季度，标办应组织各部门编制完成下一年度标准化培训计划，纳入公司年度教育培训计划中。

11.3.2 每年一季度，由公司人力资源部下发教育培训计划，由人力资源部与标办组织对相关人员进行培训。

11.3.3 责任部门应在标准实施之日前组织完成宣贯培训工作，标准宣贯培训可结合部门、班组月度教育培训工作开展并做好培训记录。

11.3.4 国家相关法律法规、标准以及上级相关规章制度发布后，各部门应在一个月之内完成与本专业有关的法律法规、标准以及上级规章制度的宣贯培训工作并做好培训记录。

11.4 培训方法

培训可采取多种形式，包括参加标准化会议、举办培训班、内部学习讨论、外出学习、参观等。

12 标准化资料与经费管理

12.1 各专业委员会应建立标准化人员网络，在标准化活动中建立各种资料台账，妥善保管各种文件、上级指示、标准文本、工作计划、总结、报表等。

12.2 标办应保存好标准化基础资料（包括公司标准、标准化工作计划、总结，报表等）。

12.3 总经理工作部保存各种文件、上级指示和集团公司发放的标准化资料。

12.4 经标准化管理委员会批准予以废止的标准，各部门应将其所有标准文本及时清除。如需保留文本应在各专业委员会备案，并在文本封面及首页加盖“作废文件”印章。

12.5 纳入年度标准修订计划的标准可编辑的电子文档由标办统一下发标准修订责任部门。

12.6 公司职工在对外交流或合作中需要提供公司三大标准的，应经标办负责人批准。

12.7 技术（设备）引进与成果研发时，应有考虑标准化的项目费用，并同步做好标准化相关资料的总结和标准的制订工作。

12.8 标准化经费使用的原则：标准化经费按专款专用的原则筹集和使用，经费来源按国家相关规定，由财务列入年度科技资金预算。

12.9 标准化经费的使用范围：

a）标准的制定、审查、审批费；

b）标准化工作所需要的办公用费、调查研究及科研费等；

c）标准化成果、论文的评审和奖励费；

d）标准化工作的培训、宣贯及其他有关费用；

e）参加标准化活动的相关经费。

13 标准化成果管理

13.1 标准化成果包括：主持或参与国际、国家、行业、地方、团体标准制（修）订并正式发布，运用新技术、新方法等产生经济或社会效益并形成企业标准，标准化学术或研究获得市及以上表彰。

13.2 标办统一管理标准化成果。

13.3 公司每年组织一次标准化成果申报，由各部门将标准化成果上报至各专业委员会，各专业委员会审核后，由专业委员会推荐上报集团公司，参加集团“标准贡献奖”评审。标准化成果申报表的格式按附录 B 中表 B.7 的规定。

13.4 对获奖的标准化成果公司视情给予一次奖励，奖励办法按 Q/××× 2077 执行。

14 标准化工作奖惩

14.1 公司对在标准化工作中作出突出贡献的部门和个人，参照 Q/××× 2077 给予表扬和奖励。

14.2 公司对科技、生产、经营和管理过程中产生的问题应做出客观分析评价，查找与企业标准不符或相违背的事实。对于具体情况，应按相关规定进行警示、曝光或处罚。主要惩处对象如下：

a）违反相关法律、法规，以及涉及安全、质量、环境保护和人身健康的强制性标准的单位或个人。

b）违法相关标准并对企业设备、财产造成损失的单位或个人。

c）公司规定的其他违反标准的情况。

15 报告和记录

表 3 给出了执行本标准形成的报告和记录，表单样式按照附录 B 的要求。

表 3 报告和记录

序号	编号	名称	填写人	保存地点	保存期限
1	Q/×× 0001-JL01	标准征求意见表	各部门	档案室	永久
2	Q/×× 0001-JL02	标准送审稿审查表	各专业委员会	档案室	永久
3	Q/×× 0001-JL03	标准修改通知单	标办	档案室	永久
4	Q/×× 0001-JL04	标准执行情况检查评价表	责任部门	标办	3 年
5	Q/×× 0001-JL05	标准化工作自我评价不符合项报告	标办	标办	3 年
6	Q/×× 0001-JL06	标准化工作自我评价报告	标办	标办	3 年
7	Q/×× 0001-JL07	标准化成果申报表	申报部门	标办	3 年

附录 A

（规范性）

标准制（修）订流程图

标准制（修）订流程如图 A.1 所示。

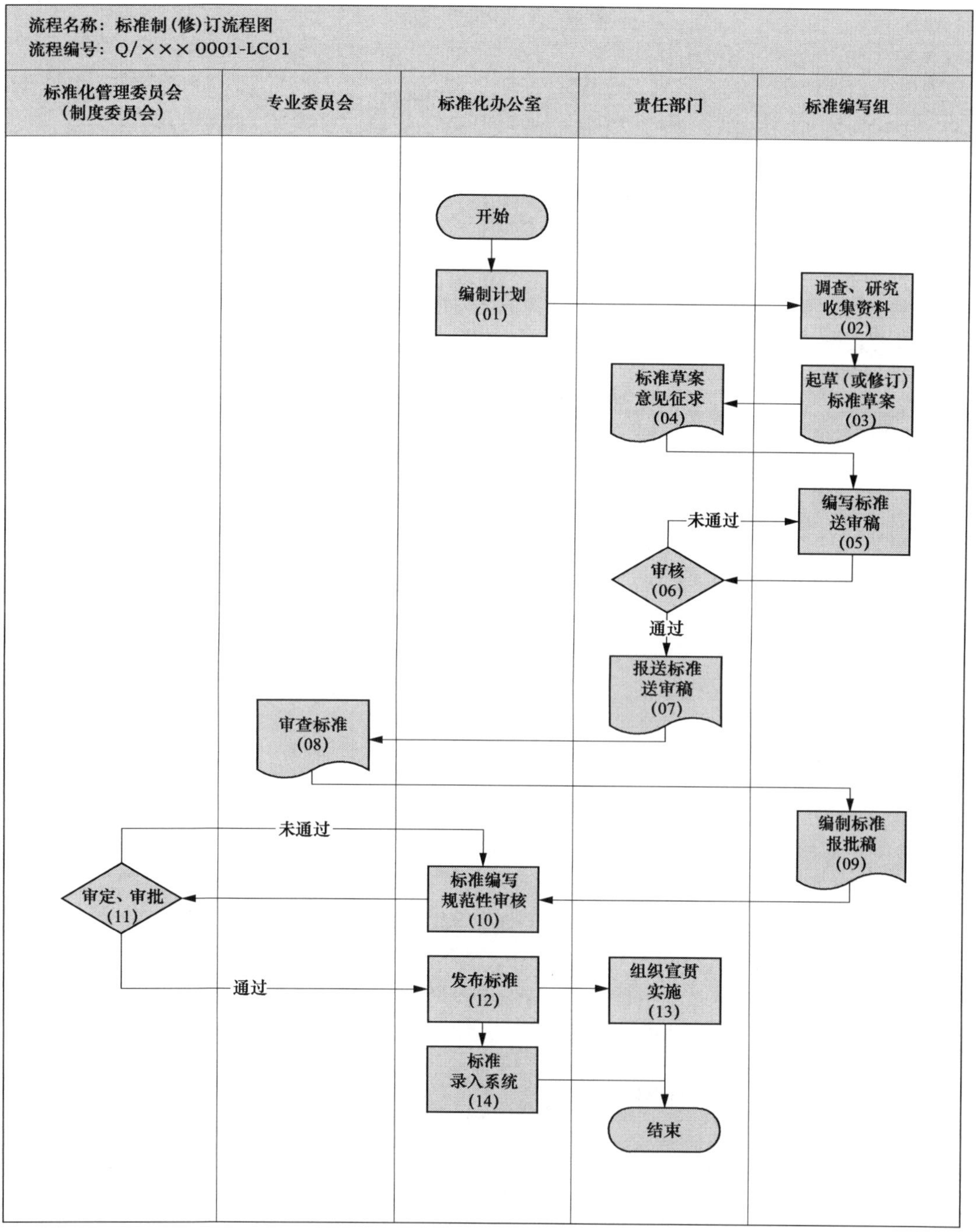

图 A.1　标准制（修）订流程

附录 B

（规范性）

表单样式

B.1 标准征求意见见表 B.1。

表 B.1 标准征求意见表

表单编号：Q/× × × 0001—JL01

标准名称			标准编号		
序号	标准章条号	意见内容	提出单位或人员	处理意见	备注
注：处理意见分采纳、部分采纳和不采纳，对不采纳的意见需说明不采纳的原因。					

B.2 标准送审稿审查见表 B.2。

表 B.2 标准送审稿审查表

表单编号： Q/× × × 0001—JL02

起草（修订）单位		标准编号	
标准名称			
审查单位（人员）			
发出日期	年 月 日	返回日期	年 月 日
审查意见及建议			
审查人（签名）：	年 月 日		

B.3 标准修改通知单见表 B.3。

表 B.3 标准修改通知单

表单编号：Q/× × × 0001—JL03

× × × × 标准修改通知单 Q/× × × × × × ×—× × × ×《× × × ×》第 × 号修改单 × × × ×—× × × ×《× × × × × ×》经审查，已予修改，原条款自 × × × × 年 × × 月 × × 日停止实施，新条款自 × × × × 年 × × 月 × × 日起实施。		
章条号	原条款内容	新条款内容

B.4 标准执行情况检查评价见表 B.4。

表 B.4 标准执行情况检查评价表

表单编号：Q/× × × 0001—JL04

被评价部门			部门负责人	
评价人员姓名			评价日期	
评价依据				
序号	评价项目和内容（依据、标准条款号）	检查要点	现场检查记录	评价结果
标准执行情况检查评价结果分析 一、检查情况 二、不合格项原因分析 三、奖惩建议				

B.5 标准化工作自我评价不符合项报告见表 B.5。

表 B.5 标准化工作自我评价不符合项报告

表单编号：Q/× × × 0001—JL05　　　　报告编号：

受检部门（班组）		负责人	
检查日期	年　月　日		
评审组成员			
不符合项事实			
受检部门（或班组）负责人确认不符合项	负责人签字：　　年　月　日		
不符合项纠正措施（不符合项部门或班组填写）	负责人签字：　　年　月　日		
纠正措施完成情况	负责人签字：　　年　月　日		
评审组长验证纠正措施完成情况	评审组长签字：　　年　月　日		

B.6 标准化工作自我评价报告见表 B.6。

表 B.6 标准化工作自我评价报告表

表单编号：Q/ × × × 0001—JL06

<table>
<tr><td>评价时间</td><td colspan="4">年 月 日至 年 月 日</td></tr>
<tr><td colspan="5">评价组成员名单</td></tr>
<tr><td>评价组职务</td><td>姓 名</td><td>工作部门及职务 / 职称</td><td>电 话</td><td>签 字</td></tr>
<tr><td>组 长</td><td></td><td></td><td></td><td></td></tr>
<tr><td rowspan="2">评价组成员</td><td></td><td></td><td></td><td></td></tr>
<tr><td></td><td></td><td></td><td></td></tr>
<tr><td>评价目的</td><td colspan="4"></td></tr>
<tr><td>评价依据</td><td colspan="4"></td></tr>
<tr><td>评价范围</td><td colspan="4"></td></tr>
<tr><td rowspan="2">评价结论</td><td>总 分</td><td>基 本 分</td><td>加 分</td><td>级别</td></tr>
<tr><td></td><td></td><td></td><td></td></tr>
<tr><td colspan="5">评价综述及结论：
评价组组长签字： 年 月 日</td></tr>
</table>

B.7 标准化成果申报样见表 B.7。

表 B.7 标准化成果申报样表

表单编号：Q/ × × × 0001—JL07

<table>
<tr><td>报送部门</td><td></td><td>报送时间</td><td></td></tr>
<tr><td>成果名称</td><td></td><td>成果负责人</td><td></td></tr>
<tr><td colspan="4">成果简述：
负责人签字： 日期：</td></tr>
<tr><td colspan="4">标办意见：
负责人签字： 日期：</td></tr>
<tr><td colspan="4">标准化管理委员会意见：
负责人签字： 日期：</td></tr>
</table>

参考文献

［1］国家标准化管理委员会国际标准部．企业参与国际标准化活动工作指南［M］．北京：中国标准出版社，2006.

［2］中国电力企业联合会标准化管理中心．电力企业标准化工作指南［M］．北京：中国电力出版社，2019.

［3］上海市标准化研究院，中国标准化协会，上海信星认证培训中心．标准化实用教程［M］．北京：中国标准出版社，2011.

［4］洪生伟．企业标准化工程［M］．北京：中国标准出版社，2013.

［5］ISO/IEC. 中国国际标准化管理委员会国际合作部译．ISO/IEC 导则（ISO/IEC DIRECTIVES）［M］．北京：中国标准出版社，2008.

［6］许松林．电力企业实施标准化管理的战略地位和作用［J］．中国电力企业管理，2020，5：53–56.

［7］吴成宗．标准化良好行为企业创建教程［M］．北京：中国质检出版社，中国标准出版社，2014.

［8］国家标准化管理委员会．企业标准体系实施指南［M］．北京：中国标准出版社，2012.

［9］［美］罗宾斯，［美］库尔特．管理学［M］．北京：清华大学出版社，2009.

［10］白殿一，刘慎，等．标准化文件的起草［M］．北京：中国标准出版社，2020.

［11］白殿一，王益谊，等．标准化基础［M］．北京：清华大学出版社，2019.

［12］朱建新，商卫东．提高企业标准审查效果的几点思考［J］．航天标准化，2016（1）：18–21.

［13］刘建华．企业标准审查分类研究［J］．品牌与标准化，2011（22）：15–16.

［14］李玉恩．标准审查的要点和方法——对标准技术内容的审查［J］．中国标准化，2000（5）：15–17.

［15］李玉恩．标准审查的要点和方法［J］．中国标准化，2000（2）：17–18.

［16］于明，刘杰，王发莲．电力企业管理体系整合及有效运行［J］．中国标准化，2018（17）：6.

［17］麦绿波．标准复审的方法（上）［J］．标准科学，2015, 7：23–27.

［18］麦绿波．标准复审的方法（下）［J］．标准科学，2015, 8：21–24, 30.

［19］高京，王德成，李海斌，等．科技成果转化为技术标准发展现状与典型路径［J］．科技管理研究，2020（8）：185–190.

［20］王益谊，朱翔华．标准涉及专利的处置规则：《国家标准涉及专利的管理规定（暂

行）》和相关标准实施指南［M］. 北京：中国标准出版社，2014.

［21］王加莹 . 专利布局和标准运营：全球化环境下企业的创新突围之道［M］. 北京：知识产权出版社，2014.

［22］王益谊，杜晓燕，朱翔华 . 国外典型联盟标准化管理运行分析及启示［J］. 中国标准化，2012（5）.

［23］王晓晔 . 标准必要专利反垄断诉讼问题研究［J］. 中国法学，2015（6）.

［24］尹新天 . 中国专利法详解［M］. 北京：知识产权出版社，2011.

［25］朱翔华 . 国际标准中的知识产权政策及对我国的启示［J］. 标准科学，2009（2）：4.

［26］郑锦秀 . 精益管理助推卓越绩效落地［J］. 船舶标准化工程师，2016（3）：45–47.

［27］刘圆圆 . 以标准化良好行为提升卓越绩效模式的导入效果［J］. 中国标准化，2013（8）：92–94，98.

［28］梁薇 . 浅析企业标准体系与质量管理体系、卓越绩效评价准则［C］// 科技引领产业、支撑跨越发展——第六届湖北科技论坛论文，2011–11–16：273–275.

［29］缑智勇，曹灏 . 企业标准化工作经济效益的综合评价［J］. 机械工业标准化与质量，2020（6）：39–43.

［30］戴承伟，常云岭，刘辉 . 火电企业标准化社会效益评价——以天津大唐国际盘山发电有限公司为例［J］. 标准科学，2016（5）：6.

［31］陈冰慧 . 企业标准化良好行为的经济效果研究［D］. 浙江工业大学，2014.

［32］王丽娟 . 深圳标准认证标准化社会效益评价模型的构建［C］// 第十五届中国标准化论坛论文集，2018.

［33］任芮萱 . 基于价值链分析的 A 发电厂成本控制研究［D］. 天津商业大学，2019.

［34］刘飚 . 企业业务流程及核心业务流程的识别［J］. 中南民族大学学报：自然科学版，2005，24（2）：101–104.